한국어능력시험

QUICK

TOPIK II

쓰기 *Writing*

저자 권현숙, 고범수

한글파크

머리말

　1997년부터 시행된 한국어능력시험(Test Of Proficiency In Korean, 이하 TOPIK)은 시행 기관도 여러 번 바뀌었고, 시험 체재도 많은 변화를 겪으며 현재의 토픽 체계로 자리 잡았습니다. 이에 시험을 준비하는 학생이나 이들을 가르치는 교사 모두 토픽 시험 준비에 적합하고 우수한 교재에 대한 기대를 갖고 있습니다. 특히 '쓰기'는 수험생들이 가장 부담스러워하고 어려워하는 영역으로, 고득점을 얻기 위해선 많은 노력이 필요합니다. 이런 노력의 결실을 위해 현재 시중에는 많은 토픽 수험서가 출판되어 있습니다. 하지만 학습자들은 늘 더 나은 교재가 나오길 기대하고 찾고 있습니다. 이에 학습자의 요구에 부응하고 계속 증가하고 있는 예비 토픽 응시자들을 위해 기존 교재의 장점은 강화하고, 부족한 점은 보완하는 교재를 만들고자 하였습니다.

　본 책은 학습자의 상황에 맞추어 '60일 학습', '30일 학습'으로 계획을 세워 토픽 쓰기를 준비할 수 있게 구성하였습니다. 먼저, 토픽 쓰기에 대한 완벽한 이해를 돕고자 쓰기 기초학습 자료를 다양하게 구성하여 제시하였습니다. 다음 쓰기에 대한 이해를 바탕으로 TOPIK 시험의 출제 경향을 정확히 파악하고 유형을 익힐 수 있도록 최근 6년간의 기출문제를 학습 자료로 분석하여 제시하였습니다. 또한 쓰기 문제 유형별로 꼭 익혀두어야 할 내용을 'PASS 정보'로 정리하여 학습에 도움을 주고자 하였습니다. 뿐만 아니라 빠르게 변화하는 현대사회를 반영하여 출제 비중이 높은 주제와 어휘 목록을 선정하여 최신 시험 경향에 대비할 수 있도록 하였습니다. 한편, 제시한 어휘를 익힐 수 있게 토픽 읽기 시험에 자주 출제되는 내용을 중심으로 어휘문제를 만들어 학습할 수 있게 하였습니다. 이를 중심으로 문항별 예상문제를 제시하고 쓰기 연습을 할 수 있도록 하였습니다. 여기에 그치지 않고 '실전 모의고사 5회분'을 수록하여 실전과 같은 연습을 통해 자신감을 가질 수 있도록 하였습니다.

　해설집에는 정답과 해설 외에도 53번과 54번 문항 답안에서 자주 나타나는 '오류와 수정방안'을 제시하여, 학습자가 자신의 오류 유형을 파악하고 개선할 수 있도록 하였습니다.

　이와 같이 준비된 <QUICK TOPIK Ⅱ 쓰기>가 수험생들에게는 혼자서도 손쉽게 토픽을 준비할 수 있도록 도움을 주고, 국내외 한국어 교육현장에서 학생들을 가르치는 선생님들에게는 좋은 교육자료로 유용하게 사용될 수 있기를 바랍니다. 그리고 수험생 모두 토픽에서 좋은 결과가 있기를 응원합니다. 또한 저희 집필진은 앞으로 더 좋은 토픽 수험서와 한국어 교재를 만들 수 있도록 끊임없이 연구하고 노력할 것입니다.

　본 책이 출판되기까지 도움을 주신 한글파크 대표님과 편집부 편집장님을 비롯한 직원분들에게도 진심으로 감사의 마음을 전합니다.

2021년 7월

권현숙, 고범수 드림

목차

이 책의 특징과 구성

특징

1. 쓰기 기초학습자료 제시
(쓰기전략, 문장부호, 원고지쓰기 등)

2. 기출문제 풀이를 통한 유형 파악

TOPIK II 쓰기

3. 출제 비중 높은 어휘 및
주제 목록 제시

4. 최근 관심 및 사회 이슈 중심
연습 문제

5. 쓰기 시험 합격을 위한
'PASS 정보' 제공

6. 주요 오류 사례 및 개선 방안 제시

구성

1. 누구나 쉽게 이해할 수 있도록 쓰기 관련 기초 학습자료 (쓰기전략, 문장부호, 원고지 쓰기) 제시

Unit 05 원고지 사용법

1 쓰기 순서

★ 원고지 사용법에 맞춰 문장부호와 띄어쓰기를 하지 않으면 감점이 된다.

통	계	청	과		여	성	가	족	부	의		조	사		결	과	에

★ 아라비아 숫자는 한 칸에 두 개씩 쓴다. 숫자가 많을 때는 앞에서부터 두 개씩 나눠 쓰고 남으면 한 칸에 한 개 쓴다.

20	21	년		5	월		01	0	-	25	37	-	84	91	

★ 알파벳의 대문자는 한 칸에 한 자씩 쓰고, 소문자는 한 칸에 두 자씩 쓴다.

	M	er	ry		C	hr	is	tm	as	

★ 문장부호는 한 칸에 쓰는 것을 원칙으로 하되, 말줄임표는 두 칸에 나눠 쓴다.

	.		!		?		'		" "		…	…	

※ 원고지에 답안을 작성하다 보면 숫자, 문장부호, 알파벳 등의 표기에 어려움을 느낄 수 있습니다.
제시된 기본 원고지 쓰는 방법을 활용해 연습해 보세요!

⬭생	살림표	지운 것을 다시 살릴 때		
⌒	붙임표	붙여야 할 곳이 떨어져 있을 때		
⌢	둠 표	붙여 쓰려다가 다시 원 상태로 둘 때		
∽	자리 바꿈표	글자, 단어의 앞, 뒤 순서를 바꿀 때		
⌐	오른 자리 옮김표	오른쪽으로 자리를 옮길 때 [도움] ⓐ-ⓑ ⓐ를 ⓑ의 위치로 옮긴다는 부호		

※ 원고지에 작성한 답안을 수정할 때에는 수정펜을 사용하면 안 되고 정해진 교정 부호를 사용하여 수정해야
합니다. 제시된 쓰기 교정부호를 활용해 연습해 보세요!

2. 기출 문제를 바탕으로 구성된 문제 풀이를 통해 TOPIK 쓰기 시험의 완벽한 유형 파악

52. 다음을 읽고 ㉠과 ㉡에 들어갈 말을 한 문장씩 쓰시오. (10점) `60회 기출문제`

> 사람들은 음악 치료를 할 때 환자에게 주로 밝은 분위기의 음악을 들려줄 것이라고 생각한다. 그러나 환자에게 항상 밝은 분위기의 음악을 (㉠). 치료 초기에는 환자가 편안한 감정을 느끼는 것이 중요하다. 그래서 환자의 심리 상태와 비슷한 분위기의 음악을 들려준다. 그 이후에는 환자에게 다양한 분위기의 음악을 들려줌으로써 환자가 다양한 감정을 (㉡).

`모범답안`

㉠ 들려주는 것은 아니다 / 사용하는 것은 아니다
㉡ 느끼도록 한다 / 느끼게 한다

문제	평가 범주 (총 10점)	세부 평가 내용
㉠	내용요소 (2점)	'환자에게' 및 '음악'과 호응하는 '들려주다 / 틀어주다 / 사용하다'의 의미를 나타내는 어휘 사용
	형식요소 (3점)	'항상'과 호응하는 '- 는 것은 아니다' 표현 사용 ('- 지 않다'는 '항상' 때문에 문장의 의미가 완전 부정으로 바뀌게 되므로 수행에서 제외할 것)
㉡	내용요소 (3점)	'감정을'과 호응하는 '느끼다'의 의미를 가진 어휘 사용
	형식요소 (2점)	'음악을 들려줌으로써 환자가 다양한 감정을'과 호응하는 '- 게 하다 / -도록 하다' 표현 사용

(채점기준)

※ 기출 문제의 분석을 통한 학습은 실제 시험 유형을 파악하고 흐름을 파악하는데 있어 매우 중요합니다. 최근 몇 년간 출제된 문제를 학습하며 시험에 대비하세요!

53. 다음을 참고하여 '인주시의 자전거 이용자 변화'에 대한 글을 200~300자로 쓰시오. 단, 글의 제목을 쓰지 마시오. (30점) `60회 기출문제`

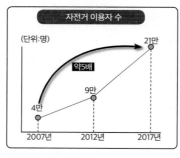

인	주	시	의		자	전	거		이	용	자		변	화	를		살	펴
보	면	,		자	전	거		이	용	자		수	는		20	07	년	에	는
21	만		명	으	로	,		지	난		10	년	간		약		5	배	증
가	하	였	다	.		특	히		20	12	년	부	터		20	17	년	까	지
자	전	거		이	용	자		수	가		급	증	한		것	으	로		나
타	났	다	.		이	와		같	이		자	전	거		이	용	자		수	가

※ 다년 간 출제된 기출문제를 학습하며 51번부터 54번까지의 각 문항별 출제 경향과 모범답안 작성 방법을 파악할 수 있습니다.

3. 최근 사회적 관심 및 이슈를 중심으로 구성된 실전 연습문제

53. 다음을 참고하여 '1인 가구 증가 현황'에 대한 글을 200~300자로 쓰시오. 단, 글의 제목을 쓰지 마시오.
(30점)

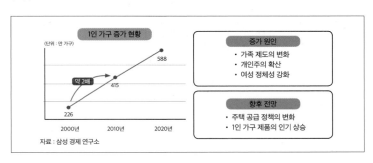

생각해 보기

※ 제시된 내용을 정확하게 파악한 후 자신의 생각을 간단히 아래에 정리해 본다.

구분	구조	주요 내용
도입		

※ 최근 사회적 관심 및 이슈를 바탕으로 한 연습문제를 통해 출제 확률이 높은 내용을 학습할 수 있도록 구성하였습니다.

53. 다음을 참고하여 '스마트폰 이용자'에 대한 글을 200~300자로 쓰시오. 단, 글의 제목을 쓰지 마시오. (30점)

생각해 보기

※ 제시된 내용을 정확하게 파악한 후 자신의 생각을 간단히 아래에 정리해 본다.

구분	구조	주요 내용
도입		

4. 합격에 필요한 'PASS 정보'를 통해 TOPIK 쓰기 시험 중요 정보 획득

52. 다음을 읽고 ㉠과 ㉡에 들어갈 말을 <u>각각 한 문장으로</u> 쓰시오. (10점)

> 일상생활에서 낮잠은 건강한 생활의 일부이다. 낮잠을 자는 것은 밤의 숙면을 방해하지 않을 뿐 아니라 오히려 밤에 더 깊은 잠을(㉠). 또한 낮잠을 자면 기억력이 좋아지는 것은 물론 집중력도 높아진다고 한다. 그러므로 낮에 졸음이 온다면 애써 참는 것보다는 잠깐이라도 (㉡). 건강에 좋은 낮잠 시간은 10~25분 정도라고 한다.

답안작성✎

㉠ _____

㉡ _____

정보!!

1. 글의 첫 문장을 읽고 이어질 내용을 추측해라.
2. 괄호를 중심으로 설명 방법을 파악해라.
3. ㉠, ㉡의 앞·뒤 문장을 읽고 내용을 써 보라.
4. 어울리는 어휘와 문법을 생각해라.

※ 각 문항별 답안 작성에 있어 꼭 확인해야 할 'PASS 정보'를 제시하였습니다. 꼭 확인하세요!

54. 다음을 주제로 하여 자신의 생각을 600~700자로 글을 쓰시오. 단, 문제를 그대로 옮겨 쓰지 마시오. (50점)

> 언어는 의사소통에 있어서 가장 중요한 수단 중의 하나이다. 그런데 최근에는 인터넷과 SNS 등의 발달로 인해 다양한 비속어나 욕설들이 전파되고 유행어와 줄임말도 늘어나면서 의사소통에 어려움을 겪는 일이 늘어나고 있다. 바른말의 사용이 더욱 요구되는 시점이다. '바른말 사용의 중요성과 방법'에 대해 아래의 내용을 중심으로 자신의 생각을 쓰라.
>
> • 바른말의 사용은 왜 중요한가?
> • 바른말을 사용하지 않는 사람들이 늘어나고 있는 이유는 무엇인가?
> • 바른말 사용을 위한 방법은 무엇인가?

정보!!

1. 제시된 문제를 활용하여 서론을 써라. (그대로 쓰기 금지)
2. 문제에 제시된 질문을 활용하여 단락을 나누어라.
3. 전개는 구체적으로 써라. (이유, 원인, 근거 등)
4. 객관적인 느낌을 주는 표현으로 써라.
5. 결론은 간단히 요약해서 써라.
6. 맞춤법과 띄어쓰기를 점검해라.

5. 출제 비중이 높은 주제 및 어휘 목록 제시를 통한 실전 시험 철저 대비

주제 분류			
경제	사회	삶과 생활	과학·IT
환경	교육	의학·건강	법과 제도
국제	문화·예술	일과 직업	기타(스포츠·도서 등)

❶ 경제

가상 화폐의 장단점, 공유경제의 미래, 윤리적 소비의 역할과 효과, 노동 소득 분배의 양면성, 기술발달의 영향력과 전망, 물가상승이 미치는 생활 물가의 변화, 실업 문제의 원인과 해결 방안, 시장 활성화를 위한 효과적인 방안, 자유 무역주의와 국가의 역할, 공정 거래, 공정 무역의 긍정적-부정적 영향, 기업의 사회 활동, 녹색 경영

▶ 최근 이슈가 되고 있는 가상 화폐에 대한 긍정적, 부정적 영향에 대해 자신의 생각을 쓰시오.
▶ 공정 무역의 의미를 알아보고 사례를 통한 발전 방향에 대한 자신의 생각을 쓰시오.

❷ 사회

임산부 배려석의 의미와 효과적인 활용 방안, 보행자 교통사고의 원인과 대책, 공동 주택 소음문제의 원인과 대책, 노쇼족, 사이버 범죄의 증가와 대책 방안, 자원봉사의 역할과 전망, 기본 소득의 의미와 사회에 미치는 영향, 택배 대란의 원인과 해결 방안, 저출산 증가의 원인과 대책, 중소기업 구인난 문제의 해결 방안, 시민참여, 현대사회, 필요한 인재, 외국인 유학생, 의사소통, 사회적 갈등, 청소년기의 올바른 태도와 교육 방안, 언론의 역할과 기능, 가짜 뉴스의 원인과 해결 방안, 사례를 통한 시아버 범죄의 해결 방안, 빈부 격차의 해소 방안, 아동 학대의 원인과 개선 방안, 성차별 문제의 원인과 해결 방안, 반려동물의 증가와 긍정적-부정적 영향, SNS 활동의 장단점과 영향력, 현대 사회 에서의 봉사의 가치

※ 출제 비중이 높은 주제 목록을 확인하여 사전 학습을 통해 시험에 미리미리 대비하세요!

주제 분류			
경제	사회	삶과 생활	과학·IT
환경	교육	의학·건강	법과 제도
국제	문화·예술	일과 직업	기타(스포츠·도서) 등

경제				
비즈니스	사업	사업비	마케팅	회계
프로젝트	창업	투자	무역	규모의 경제
구매	사업자	투자자	소비자	소비재
홍보	가상 화폐	전자 화폐	생산	보관
도난	분실	투자 자금	불법 자금	불법 투자
세금	탈세	거래	소유	공유
교류	자원	재물	구직난	직무
업무	전세	대출	빚	차입금
미분양	입주	세입자	공급	수요
물량	소비량	소모품	생산량	생산재

※ 출제 비중이 높은 어휘 목록을 주제별로 구분하여 제시하였습니다. 제시된 주제에 따라 활용할 수 있는 어휘 목록을 확인하여 사전학습을 통한 고득점 취득 전략을 수립할 수 있습니다.

6. 오류 사례를 통한 틀리기 쉬운 문장 보완 학습하기(해설집에 수록)

✔ 첨삭

요즘 인주시의 자전거 이용자가 늘어나고 있다. 10년전에 대해서 지금은 약 5배 증가했다. 큰 이유는 2개 있었다. 먼저 자전거 도로 개발이 되는 것이다. 다음에는 자전거를 빌리는 곳이 확대됐다 것이다. 사람들이 어떤 목적으로 자전거를 이용하고 있나면 대부분이 운동 및 산책 그리고 출퇴근이다. 운동 및 산책을 하는 사람들은 10년전보다 4배로 늘어났다. 출퇴근하기 위해 이용하는 사람들도 10년전에 대해서 14배나 늘었다. 끝에, 기타는 3배로 증가했다. 그런 이유 때문에 인주시의 자전거 이용자가 크게 변화하고 있다.

수정 방안

띄어쓰기에 주의하고, 적절한 어휘를 선택하여 정확한 문장으로 정리해야 한다. 다음 내용은 자전거 이용자 수의 증가와 원인, 현황 순으로 정리해야 한다. 즉, 제시된 내용을 차례대로 모두 써야한다.

✔ 첨삭

최근 K-드라마가 해외에서 인기가 높아지고 있다. 넷플릭스에 K-드라마가 순위권에 많이 올라오고 있다. 또 해외 수출도 많아지고 있다. 다음 수출 현황은 2016년에 2억182만 달러, 2017년에는 2억325만 달러로 늘어났다. 다음 2018년에 2억413만 달러, 2019년에 2억7327만 달러, 2020년에는 3억5837만달러로 증가하였다. 수출이 증가한 이유는 흥미로운 드라마 내용과 우수한 제작 기술력과 배우들의 뛰어난 연기력이라고 했다. 향후 전망은 해외 투자가 증가하고 한국 문화와 한국 방문객이 늘어날 것으로 보았다.

수정 방안

처음 글을 시작할 때 한 칸 들여쓰기를 해야 한다. 또 문장과 문장을 이어주는 접속사나 지시어를 적절히 활용하여 문장 간 연결을 자연스럽게 한다. 다음 단위는 '천 단위'로 떼어쓰기를 해야하며, 동일 어휘를 반복 사용하지 말고 대체할 수 있는 유사 어휘를 사용한다.

✔ 첨삭

다음 조사 결과에 따르면 초중고 학생들의 평균 수면시간에 차이가 있다. 초등학생은 8시간 42분이고 중학생은 7시간 24분이며 고등학생은 6시간으로 학교가 올라가면 수면시간이 줄어들었다. 다음 초등학생의 75.3%이고, 중학생이 51.4%이고, 고등학생이 40.1%가 건강을 위해서 운동을 하고 있다는 것을 보여 주고 있었다. 그러므로 청소년들이 학교가 올라가면, 삶은 학교 때보다 평균 수면시간이 줄어든다. 또, 규칙적으로 운동을 하는 학생 수도 학교가 올라가면, 떨어지는 것을 알게 해준다.

수정 방안

'조사기관'을 반드시 써야한다. 다음 문장의 주어와 서술어가 일치하도록 해야 하며, 명확한 어휘를 사용해서 문장을 완성해야 한다. 또한 '표나 그래프'에서 나타내고 있는 내용을 서술할 때 사용하는 문법이나 표현을 사용해야 한다.(예: '-을수록', 'N보다/N에 따르면' 등의 문법과 증가한다. 늘어나다, 높아지다/감소한다, 줄어들다, 낮아지다'등의 어휘와 표현을 적절히 사용해서 조사 내용과 결과를 설명해야 한다.

※ 각 문항별로 학습자들이 틀리기 쉬운 '오류 사례'를 수록하여 실제 TOPIK 시험에 대비할 수 있도록 하였습니다.

✔ 첨삭

요즘 가족제도의 변화로 1인 가구가 증가하고 형제자매가 없는 가정도 점점 많아지는 추세이다. 그러다 보니 가족 대신 반려동물을 키우는 가정이 늘고 있다. 이와 같이 반려동물을 키우면 좋은 점도 있지만 힘든 점도 있다. (1단락)
반려동물을 키우면 좋은 점은 여러 가지이다. 그중 가장 좋은 점은 정신적인 안정을 준다는 것이다. 정신적인 스트레스를 줄여주고 외로움도 달래준다. 또 반려동물이 항우울제 역할을 하여 불안감이나 우울증 같은 정서적인 문제를 해결해 준다. 다음 반려동물과 자녀를 함께 키우면 사회성이 길러진다고 한다. 연구 결과 인성, 사회성, 자아존중감은 높아지고 공격성과 긴장감 같은 부정적인 정서는 낮아졌다고 나왔다. (2단락)

수정 방안

1단락과 2단락의 내용을 정리하여 1단락으로 만든다. 도입에 해당되는 문장을 1문장이나 2문장을 쓰고 이어서 바로 '반려동물을 키우면 좋은 점'으로 내용을 이어 쓰면서 적당한 분량으로 1단락을 만들면 된다.

✔ 첨삭

반면에 부정적인 면도 있다. 먼저 털 알레르기가 있는 사람들은 비염에 걸리기 쉽다. 집안에 날리는 동물 털은 청소를 해도 절대로 완전하게 제거되지 않는다. 그러므로 비염에 걸릴 수밖에 없다. 한편 아파트 같은 다가구 공간에서는 반려동물의 소리로 층간소음 문제가 발생할 수도 있다. 이와 같이 층간소음이 발생하면 심각할 경우는 싸움으로까지로 번질 것이다. 그래서 동물의 성대 수술을 시키는 사람도 있다. 하지만 이것은 동물을 보호하는 것이 아니라 학대하는 것이다. 여기에다가 반려동물의 키우는데 드는 비용도 만만치 않다는 것이다. 심하면 사람을 키우는 것보다 더 많은 비용과 노력이 필요할 것 같기도 하다.

수정 방안

명확한 중심문장을 쓰고, 근거나 부연 설명은 분량을 고려하면서 간략하게 제시한다. 이때 지극히 개인적인 의견보다는 객관적으로 증명된 것이나 타당한 근거를 바탕으로 하여 부연 설명을 해야 한다. 또한 추측 표현이나 구어 표현을 써서는 안 된다.

※ 상황별로 학습자들이 틀리기 쉬운 '오류 사례'를 수록하여 실제 TOPIK 시험에 대비할 수 있도록 하였습니다.

TOPIK Ⅱ 소개

1. 한국어능력시험은 누구에게 필요한가? 활용처는 어디인가?

한국어를 모국어로 하지 않는 재외 동포 및 외국인으로서 아래에 해당하는 사람	
◎ 한국어 학습자 및 국내외 대학 유학 희망자 ◎ 국내외 한국 기업체 및 공공기관 취업 희망자 ◎ 외국 학교에 재학 중이거나 졸업한 재외국민	
학업 목적 활용	정부 초청 외국인 장학생 진학 및 학사관리
	외국인 및 12년 외국 교육과정 이수 재외 동포의 국내 대학 및 대학원 입학
취업 목적 활용	한국 기업체 취업 희망자의 취업 비자 획득 및 선발, 인사 기준
	외국인 의사 자격자의 국내 면허 인정
	외국인의 한국어 교원 자격 심사 응시 자격 취득(국립국어원 2~3급)
이민 목적 활용	영주권 취득
	결혼 이민자 비자 발급 신청

2. 원서 접수 방법(www.topik.go.kr)

구분	개별접수	단체접수
한국	개인별 인터넷 접수	단체 대표자에 의한 일괄 접수
해외	해외접수기관 방침에 의함	

3. TOPIK Ⅱ 문항 구성

(1) 수준별 구성

시험 수준	교시	영역(시간)	유형	문항수	배점	총점
TOPIK Ⅱ	1교시	듣기(60분)	선택형	50	100	300
		쓰기(50분)	서답형	4	100	
	2교시	읽기(70분)	선택형	50	100	

(2) 쓰기 문제 유형

▶ 문장 완성형(단답형): 2문항
▶ 서술형(작문형): 2문항(200~300자 정도의 중급 수준 설명문 1문항, 600~700자 정도의 고급 수준 논술문 1문항)

4. TOPIK Ⅱ 평가 구성

시험 구분	등급	점수	평가 기준
TOPIK Ⅱ	3급	120점 이상	일상생활을 영위하는데 별 어려움을 느끼지 않으며 다양한 공공시설의 이용과 사회적 관계 유지에 필요한 기초적 언어 기능을 수행할 수 있다. 친숙하고 구체적인 소재는 물론, 자신에게 친숙한 사회적 소재를 문단 단위로 표현하거나 이해할 수 있다. 문어와 구어의 기본적인 특성을 구분해서 이해하고 사용할 수 있다.
	4급	150점 이상	공공시설 이용과 사회적 관계 유지에 필요한 언어 기능을 수행할 수 있으며, 일반적인 업무 수행에 필요한 기능을 어느 정도 수행할 수 있다. 또한 뉴스, 신문 기사 중 비교적 평이한 내용을 이해할 수 있다. 일반적인 사회적·추상적 소재를 비교적 정확하고 유창하게 이해하고 사용할 수 있다. 자주 사용되는 관용적 표현과 대표적인 한국 문화에 대한 이해를 바탕으로 사회 · 문화적인 내용을 이해하고 사용할 수 있다.
	5급	190점 이상	전문 분야에서의 연구나 업무 수행에 필요한 언어 기능을 어느 정도 수행할 수 있으며 정치, 경제, 사회, 문화 전반에 걸쳐 친숙하지 않은 소재에 관해서도 이해하고 사용할 수 있다. 공식적·비공식적 맥락과 구어적·문어적 맥락에 따라 언어를 적절히 구분해 사용할 수 있다.
	6급	230점 이상	전문 분야에서의 연구나 업무 수행에 필요한 언어 기능을 비교적 정확하고 유창하게 수행할 수 있으며 정치, 경제, 사회, 문화 전반에 걸쳐 친숙하지 않은 주제에 관해서도 이해하고 사용할 수 있다. 원어민 화자의 수준에는 이르지 못하나 기능 수행이나 의미 표현에는 어려움을 겪지 않는다.

5. TOPIK Ⅱ 시험 진행 안내

구분	시간	내용	시험장 내 진행 상황
TOPIK Ⅱ	12 : 20~12 : 50 (30분)	시험 준비	휴대폰 및 전자기기 수거, 답안지 작성 방법 안내
	12 : 50~13 : 00 (10분)	배부	문제지 및 답안지 배부
	13 : 00~14 : 00 (60분)	듣기 평가	
	14 : 00~14 : 50 (50분)	쓰기 평가	1차 본인 확인 : 듣기 평가 후 실시
	14 : 50~15 : 10 (20분)	쉬는 시간	고사실 대기, 건물 밖 이동 금지
	15 : 10~15 : 20 (10분)	시험 준비	답안지 작성 안내 및 본인 확인
	15 : 20~16 : 30 (70분)	읽기 평가	2차 본인 확인

6. TOPIK II 시험 주의사항 및 준비물

(1) 한국어능력시험(TOPIK) 주의사항

▶ 휴대전화나 전자기기는 반드시 전원을 끄고 감독자의 지시에 따라 행동하면 된다.

▶ 듣기 평기 시 문제를 들으며 마킹을 해야 한다. 별도의 마킹 시간을 부여하지 않으므로 주의해야 한다.

▶ TOPIK II는 듣기 평가와 쓰기 평가 문제가 동시에 배부 된다.

▶ 주어진 시험 시간에는 해당되는 과목만 풀이해야 한다.

▶ 듣기 평가 시간에 쓰기 문제를 풀이할 경우 부정행위로 처리되니 주의해야 한다.

(2) 한국어능력시험(TOPIK) 준비물

▶ 필수 준비물: 수험표, 신분증(규정된 신분증 이외의 서류나 학생증, 자격증 등은 인정하지 않는다)

▶ 선택 준비물: 수정테이프, 손목시계(아날로그만 가능, 디지털 시계 및 휴대전화는 사용 불가)

▶ 필기도구는 시험장에서 감독관이 배부하는 필기구를 사용하도록 한다.

※ 답안지를 작성할 때 사용하는 필기도구는 고사장에서 감독자가 무료로 배부한다.

7. 쓰기 영역 구성 및 평가 범주

(1) 쓰기영역 문제 구성 및 세부 유형

문제 번호	문제 수준	문제 유형	시험 시간	시험 배점
51번	3급	실용문 빈칸 채우기(1문장) × 2문제	50분	10점
52번	3급	설명문 빈칸 채우기(1문장) × 2문제		10점
53번	3 ~ 4급	표나 그래프를 보고 조사결과 설명하기(200~300자) 1문제		30점
54번	5 ~ 6급	주어진 주제에 대한 자기 생각 쓰기(600~700자) 1문제		50점

(2) 쓰기영역 작문 문항 평가 범주

문항	평가 범주	평가 내용
51-52	내용 및 과제수행	- 제시된 과제에 맞게 적절한 내용으로 썼는가?
	언어사용	- 어휘와 문법 등의 사용이 정확한가?
53-54	내용 및 과제수행	- 주어진 과제를 충실히 수행하였는가? - 주제에 관련된 내용으로 구성하였는가? - 주어진 내용을 풍부하고 다양하게 표현하였는가?
	글의 전개 구조	- 글의 구성이 명확하고 논리적인가? - 글의 내용에 따라 단락 구성이 잘 이루어졌는가? - 논리 전개에 도움이 되는 담화표지를 적절하게 사용하여 조직적으로 연결하였는가?
	언어사용	- 문법과 어휘를 다양하고 풍부하게 사용하며 적절한 문법과 어휘를 선택하여 사용하였는가? - 문법, 어휘, 맞춤법 등의 사용이 정확한가? - 글의 목적과 가능에 따라 격식에 맞게 글을 썼는가?

30일 만에 끝내는 학습 계획 (총 30회 60시간, 회별 기준 학습 시간 2시간)

일정	공부한 날짜			학습 내용	학습 시간	학습 결과	메모
	월	일	D-30	쓰기 시험 유형 및 경향 파악 [기출문제 60회]		상, 중, 하	
	월	일	D-29	쓰기의 기초 [Unit.1~6]		상, 중, 하	
1주	월	일	D-28	기출문제를 통한 유형 익히기 [51~52번]		상, 중, 하	
	월	일	D-27	기출문제를 통한 유형 익히기 [53번]		상, 중, 하	
	월	일	D-26	기출문제를 통한 유형 익히기 [53번]		상, 중, 하	
	월	일	D-25	기출문제를 통한 유형 익히기 [54번]		상, 중, 하	
	월	일	D-24	기출문제를 통한 유형 익히기 [54번]		상, 중, 하	
2주	월	일	D-23	예상 문제를 통한 실전 익히기 [51번 문제 (1)~(6)]		상, 중, 하	
	월	일	D-22	예상 문제를 통한 실전 익히기 [52번 문제 (1)~(6)]		상, 중, 하	
	월	일	D-21	[53번] 필수 표현 학습 ①~②		상, 중, 하	
	월	일	D-20	[53번] 필수 표현 학습 ③~④		상, 중, 하	
	월	일	D-19	[53번] 필수 표현 학습 ⑤~⑥		상, 중, 하	
3주	월	일	D-18	예상 문제를 통한 실전 익히기[53번 문제 (1)~(3)]		상, 중, 하	
	월	일	D-17	예상 문제를 통한 실전 익히기[53번 문제 (4)~(6)]		상, 중, 하	
	월	일	D-16	[54번] 필수 표현 학습 [도입]에 쓰이는 표현		상, 중, 하	
	월	일	D-15	[54번] 필수 표현 학습 [전개]에 쓰이는 표현		상, 중, 하	
	월	일	D-14	[54번] 필수 표현 학습 [마무리]에 쓰이는 표현		상, 중, 하	
4주	월	일	D-13	예상 문제를 통한 실전 익히기 [54번 문제 (1)~(2)]		상, 중, 하	
	월	일	D-12	예상 문제를 통한 실전 익히기 [54번 문제 (3)~(4)]		상, 중, 하	
	월	일	D-11	예상 문제를 통한 실전 익히기 [54번 문제 (5)~(6)]		상, 중, 하	
	월	일	D-10	[54번 어휘 연습 문제] (1)~(6)		상, 중, 하	
	월	일	D-9	출제 비중 높은 주제 목록 및 문제 ①~⑥		상, 중, 하	
5주	월	일	D-8	출제 비중 높은 주제 목록 및 문제 ⑦~⑫		상, 중, 하	
	월	일	D-7	출제 비중 높은 어휘 목록 및 문제 ①~⑥		상, 중, 하	
	월	일	D-6	출제 비중 높은 어휘 목록 및 문제 ⑦~⑫		상, 중, 하	
	월	일	D-5	제1회 실전 모의고사 및 리뷰		상, 중, 하	
	월	일	D-4	제2회 실전 모의고사 및 리뷰		상, 중, 하	
6주	월	일	D-3	제3회 실전 모의고사 및 리뷰		상, 중, 하	
	월	일	D-2	제4회 실전 모의고사 및 리뷰		상, 중, 하	
	월	일	D-1	제5회 실전 모의고사 및 리뷰		상, 중, 하	

60일 만에 끝내는 학습 계획 (총 60회 60시간, 회별 기준 학습 시간 1시간)

일정	공부한 날짜			학습 내용	학습 시간	학습 결과	메모
1주	월	일	D-60	쓰기 시험 유형 및 경향 파악 [기출문제 60회, 51~53번]		상, 중, 하	
	월	일	D-59	쓰기 시험 유형 및 경향 파악 [기출문제 60회, 54번]		상, 중, 하	
	월	일	D-58	쓰기의 기초 [Unit. 1~4]		상, 중, 하	
	월	일	D-57	쓰기의 기초 [Unit. 5~6]		상, 중, 하	
2주	월	일	D-56	기출문제를 통한 유형 익히기 [51번]		상, 중, 하	
	월	일	D-55	기출문제를 통한 유형 익히기 [52번]		상, 중, 하	
	월	일	D-54	기출문제를 통한 유형 익히기 [53번]		상, 중, 하	
	월	일	D-53	기출문제를 통한 유형 익히기 [53번]		상, 중, 하	
	월	일	D-52	기출문제를 통한 유형 익히기 [53번]		상, 중, 하	
3주	월	일	D-51	기출문제를 통한 유형 익히기 [53번]		상, 중, 하	
	월	일	D-50	기출문제를 통한 유형 익히기 [54번]		상, 중, 하	
	월	일	D-49	기출문제를 통한 유형 익히기 [54번]		상, 중, 하	
	월	일	D-48	기출문제를 통한 유형 익히기 [54번]		상, 중, 하	
	월	일	D-47	기출문제를 통한 유형 익히기 [54번]		상, 중, 하	
4주	월	일	D-46	예상 문제를 통한 실전 익히기 [51번 문제 (1)~(3)]		상, 중, 하	
	월	일	D-45	예상 문제를 통한 실전 익히기 [51번 문제 (4)~(6)]		상, 중, 하	
	월	일	D-44	예상 문제를 통한 실전 익히기 [52번 문제 (1)~(3)]		상, 중, 하	
	월	일	D-43	예상 문제를 통한 실전 익히기 [52번 문제 (4)~(6)]		상, 중, 하	
	월	일	D-42	[53번] 필수 표현 학습 ①		상, 중, 하	
5주	월	일	D-41	[53번] 필수 표현 학습 ②		상, 중, 하	
	월	일	D-40	[53번] 필수 표현 학습 ③		상, 중, 하	
	월	일	D-39	[53번] 필수 표현 학습 ④		상, 중, 하	
	월	일	D-38	[53번] 필수 표현 학습 ⑤		상, 중, 하	
	월	일	D-37	[53번] 필수 표현 학습 ⑥		상, 중, 하	
6주	월	일	D-36	예상 문제를 통한 실전 익히기 [53번 문제 (1)~(2)]		상, 중, 하	
	월	일	D-35	예상 문제를 통한 실전 익히기 [53번 문제 (3)~(4)]		상, 중, 하	
	월	일	D-34	예상 문제를 통한 실전 익히기 [53번 문제 (5)~(6)]		상, 중, 하	
	월	일	D-33	[54번] 필수 표현 학습 [도입]에 쓰이는 표현		상, 중, 하	
	월	일	D-32	[54번] 필수 표현 학습 [도입]에 쓰이는 표현		상, 중, 하	
	월	일	D-31	[54번] 필수 표현 학습 [전개]에 쓰이는 표현		상, 중, 하	

일정	공부한 날짜			학습 내용	학습 시간	학습 결과	메모
7주	월	일	D-30	[54번] 필수 표현 학습 [전개]에 쓰이는 표현		상, 중, 하	
	월	일	D-29	[54번] 필수 표현 학습 [마무리]에 쓰이는 표현		상, 중, 하	
	월	일	D-28	[54번] 필수 표현 학습 [마무리]에 쓰이는 표현		상, 중, 하	
	월	일	D-27	예상 문제를 통한 실전 익히기 [54번 문제 (1)]		상, 중, 하	
	월	일	D-26	예상 문제를 통한 실전 익히기 [54번 문제 (2)]		상, 중, 하	
	월	일	D-25	예상 문제를 통한 실전 익히기 [54번 문제 (3)]		상, 중, 하	
	월	일	D-24	예상 문제를 통한 실전 익히기 [54번 문제 (4)]		상, 중, 하	
8주	월	일	D-23	예상 문제를 통한 실전 익히기 [54번 문제 (5)]		상, 중, 하	
	월	일	D-22	예상 문제를 통한 실전 익히기 [54번 문제 (6)]		상, 중, 하	
	월	일	D-21	[54번 어휘 연습 문제] (1)~(2)		상, 중, 하	
	월	일	D-20	[54번 어휘 연습 문제] (3)~(4)		상, 중, 하	
	월	일	D-19	[54번 어휘 연습 문제] (5)~(6)		상, 중, 하	
9주	월	일	D-18	출제 비중 높은 주제 목록 및 문제 ①~③		상, 중, 하	
	월	일	D-17	출제 비중 높은 주제 목록 및 문제 ④~⑥		상, 중, 하	
	월	일	D-16	출제 비중 높은 주제 목록 및 문제 ⑦~⑨		상, 중, 하	
	월	일	D-15	출제 비중 높은 주제 목록 및 문제 ⑩~⑫		상, 중, 하	
	월	일	D-14	출제 비중 높은 어휘 목록 및 문제 ①~③		상, 중, 하	
10주	월	일	D-13	출제 비중 높은 어휘 목록 및 문제 ④~⑥		상, 중, 하	
	월	일	D-12	출제 비중 높은 어휘 목록 및 문제 ⑦~⑨		상, 중, 하	
	월	일	D-11	출제 비중 높은 어휘 목록 및 문제 ⑩~⑫		상, 중, 하	
	월	일	D-10	제1회 실전 모의고사		상, 중, 하	
	월	일	D-9	제1회 실전 모의고사 리뷰		상, 중, 하	
11주	월	일	D-8	제2회 실전 모의고사		상, 중, 하	
	월	일	D-7	제2회 실전 모의고사 리뷰		상, 중, 하	
	월	일	D-6	제3회 실전 모의고사		상, 중, 하	
	월	일	D-5	제3회 실전 모의고사 리뷰		상, 중, 하	
	월	일	D-4	제4회 실전 모의고사		상, 중, 하	
12주	월	일	D-3	제4회 실전 모의고사 리뷰		상, 중, 하	
	월	일	D-2	제5회 실전 모의고사		상, 중, 하	
	월	일	D-1	제5회 실전 모의고사 리뷰		상, 중, 하	

쓰기 시험 유형 및 경향 파악

Unit 01 실용문 문장 완성하기

51. 다음을 읽고 ㉠과 ㉡에 들어갈 말을 각각 한 문장으로 쓰시오. (10점) 〔60회 기출문제〕

> 한국대학교를 졸업한 학생인데 도서관을 이용하고 싶습니다.
>
> 선배에게 물어보니 졸업생이 도서관을 이용하려면 출입증이 (㉠   ).
>
> 출입증을 만들려면 (㉡   )? 방법을 알려 주시면 감사하겠습니다.

〔모범답안〕

㉠ 필요하다고 합니다 / 있어야 한다고 합니다
㉡ 어떻게 해야 합니까 / 어떻게 해야 됩니까

	문제	평가 범주 (총 10점)	세부 평가 내용
채점기준	㉠	내용요소(3점)	'출입증이'와 호응하는 '필요하다 / 있어야 하다' 등의 의미를 나타내는 어휘 사용
		형식요소(2점)	'선배에게 물어보니'와 호응하는 간접화법 ' – 다고 하다 / 듣다' 표현 사용. 격식체
	㉡	내용요소(2점)	'어떻게 하다'의 의미를 나타내는 어휘 사용 ('무엇을 하다 / 어디로 가다' 와 같은 의미도 정답으로 처리)
		형식요소(3점)	'만들려면'과 호응하는 '-아/어/여야 하다' 표현 사용. 격식체

※ 문항의 수준(3급 하 ~ 3급 중)을 고려하여 난이도가 높은 ㉠의 경우, 문법 점수 비중을 낮춤.

1 유형 분석

문제 번호	종류	유형	문항	난이도	수준
51번	실용문	문장 완성하기	2문항	중급	3급

실용문의 종류	주제 및 목적
편지글(이메일, 문자)	감사, 안부, 교환, 환불, 확인, 취소 등
안내문	안내, 모집, 광고, 분실, 경고 등
초대장	결혼식, 집들이, 졸업식, 입학식, 생일 파티 등
인터넷 글	환불, 교환, 취소, 후기, 상품 평, 문의 등

2 유형 설명

✓ 51번 문제는 괄호 안에 알맞은 표현의 문장을 쓰는 유형이다.

✓ 이메일, 문자 메시지, 게시판, 안내문, 공지문 등과 같은 실용문이 출제된다.

✓ 난이도는 중급 정도의 난이도로 3급 정도의 수준에 해당된다.

✓ 문제를 풀기 위해 우선 글의 종류(문자, 이메일, 게시판, 안내문 등)와 목적(모집, 판매, 안내 등)을 확인해야 한다.

✓ 글의 종류를 파악한 후 괄호의 앞과 뒤에 있는 문장을 살펴 현재 상황을 파악한다.

✓ 상황 파악 후 호응할 수 있는 주요 문장과 단어를 선택해 중급 수준의 답안을 작성한다.

3 경향분석

🔍 5~10 줄로 구성된 문자, 이메일, 공고문 등의 실용문을 제시하고 답하도록 하고 있다.

🔍 빈칸의 앞이나 뒤에 주어나 목적어 등의 길잡이 말이 있고 이에 맞는 적합한 문장을 완성하도록 하는 문제가 출제되고 있다.

4 문제해결 방법 (문제 푸는 순서)

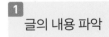 1 글의 내용 파악 ⇨ 2 주제 및 목적 파악 ⇨ 3 앞, 뒤 내용과 연결 관계 확인 ⇨ 4 답안 작성 후 문법 및 단어 확인

5 기술 방법

✎ 괄호 부분의 앞뒤 문장을 꼼꼼하게 살펴본 후 자연스럽게 이어질 수 있는 괄호 안의 문장을 떠올려야 한다.

✎ 불필요한 어휘나 문장을 추가하거나 본래의 의미를 해치는 문장을 제시하지 않도록 주의해야 한다.

✎ 특히, 괄호의 답안에 앞뒤의 어구를 함께 포함하여 쓰지 않도록 주의해야 한다.

✎ 문장의 끝은 '-니다, -요' 등의 끝나는 말로 통일하여 완성하도록 해야 한다.

✎ 괄호 안의 문장이 전체 문장과 문법적 요소들이 어울릴 수 있도록 해야 한다.

설명문 문장 완성하기

52. 다음을 읽고 ㉠과 ㉡에 들어갈 말을 한 문장씩 쓰시오. (10점) **60회 기출문제**

> 사람들은 음악 치료를 할 때 환자에게 주로 밝은 분위기의 음악을 들려줄 것이라고 생각한다. 그러나 환자에게 항상 밝은 분위기의 음악을 (㉠   ). 치료 초기에는 환자가 편안한 감정을 느끼는 것이 중요하다. 그래서 환자의 심리 상태와 비슷한 분위기의 음악을 들려준다. 그 이후에는 환자에게 다양한 분위기의 음악을 들려줌으로써 환자가 다양한 감정을 (㉡   ).

모범답안

㉠ 들려주는 것은 아니다 / 사용하는 것은 아니다
㉡ 느끼도록 한다 / 느끼게 한다

	문제	평가 범주 (총 10점)	세부 평가 내용
채 점 기 준	㉠	내용요소 (2점)	'환자에게' 및 '음악을'과 호응하는 '들려주다 / 틀어주다 / 사용하다'의 의미를 나타내는 어휘 사용
		형식요소 (3점)	'항상'과 호응하는 ' - 는 것은 아니다' 표현 사용 (' - 지 않다'는 '항상' 때문에 문장의 의미가 완전 부정으로 바뀌게 되므로 수행에서 제외할 것)
	㉡	내용요소 (3점)	'감정을'과 호응하는 '느끼다'의 의미를 가진 어휘 사용
		형식요소 (2점)	'음악을 들려줌으로써 환자가 다양한 감정을'과 호응하는 ' - 게 하다 / -도록 하다' 표현 사용

1 유형 분석

문제 번호	종류	유형	문항	난이도	수준
52번	설명문	문장 완성하기	2문항	중급	3급

설명문이란, 객관적인 정보를 다른 사람에게 알려주는 글로 나열, 대조 등의 표현 방법을 사용한다.

표현 방법의 종류	표현 방식
나열	그리고, 또, 게다가, 첫째/둘째/셋째, 먼저/다음으로, 하나는/다른 하나는
대조	하지만, 그러나, 그런데, 그렇지만, 반면에, 반대로, 오히려, -와/과, 다르게(달리)
요약	즉, 요약하면, 곧, 다시 말하면
유추	이처럼, -도 마찬가지이다, -도 같다

2 유형 설명

✓ 52번 문제는 괄호 안에 알맞은 표현의 문장을 쓰는 유형이다.

✓ 한 단락으로 이루어진 설명문이 출제되며 난이도는 중급 정도의 난이도로 3급 정도의 수준이다.

✓ 이 문제를 풀기 위해서는 우선 이 글이 무엇에 관해 이야기하고 있는 지를 파악해야 한다.

✓ 이야기의 내용을 파악한 후 괄호의 앞과 뒤에 있는 문장을 살펴 현재 상황을 파악한다.

✓ 상황 파악 후 호응할 수 있는 주요 단어와 문장을 선택해 중급 수준의 답안을 작성한다.

3 경향분석

🔍 4~7 개의 문장으로 이루어진 설명문을 제시하고 답하도록 하고 있다.

🔍 51번보다 단어와 문법이 조금 어려운 것이 출제된다.

🔍 빈칸의 앞이나 뒤에 주어나 목적어 등의 길잡이 말이 있고 이에 맞는 적합한 문장을 완성하도록 하는 문제가 출제되고 있다.

4 문제해결 방법 (문제 푸는 순서)

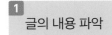 **1** 글의 내용 파악 ⇨ 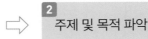 **2** 주제 및 목적 파악 ⇨ 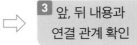 **3** 앞, 뒤 내용과 연결 관계 확인 ⇨ 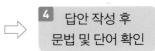 **4** 답안 작성 후 문법 및 단어 확인

5 기술 방법

✎ 괄호 부분의 앞뒤 문장을 꼼꼼하게 살펴본 후 자연스럽게 이어질 수 있는 괄호 안의 문장을 떠올려야 한다.

✎ 불필요한 어휘나 문장을 추가하거나 본래의 의미를 해치는 문장을 제시하지 않도록 주의해야 한다.

✎ 특히, 괄호의 답안에 앞뒤의 어구를 함께 포함하여 쓰지 않도록 주의해야 한다.

✎ 문장의 끝은 '-니다, -요' 등의 끝나는 말로 통일하여 완성하도록 해야 한다.

✎ 괄호 안의 문장이 전체 문장과 문법적 요소들이 어울릴 수 있도록 해야 한다.

Unit 03 표, 그래프 보고 글로 표현하기

53. 다음을 참고하여 '인주시의 자전거 이용자 변화'에 대한 글을 200~300자로 쓰시오. 단, 글의 제목을 쓰지 마시오. (30점) **60회 기출문제**

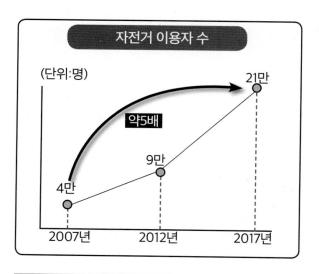

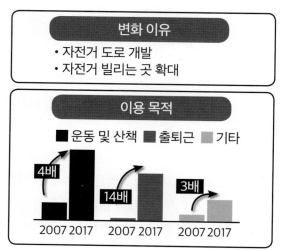

	인	주	시	의		자	전	거		이	용	자		변	화	를		살	펴
보	면	,		자	전	거		이	용	자		수	는		20	07	년	에	는
21	만		명	으	로	,		지	난		10	년	간		약		5	배	증
가	하	였	다	.		특	히		20	12	년	부	터		20	17	년	까	지
자	전	거		이	용	자		수	가		급	증	한		것	으	로		나
타	났	다	.		이	와		같	이		자	전	거		이	용	자		수	가
증	가	한		이	유	는		자	전	거		도	로	가		개	발	되	고
자	전	거		빌	리	는		곳	이		확	대	되	었	기		때	문	인
것	으	로		보	인	다	.		자	전	거		이	용		목	적	을		보
면	,		10	년	간		운	동		및		산	책	은		4	배	,	출	퇴
근	은		14	배	,		기	타	는		3	배		늘	어	난		것	으	로
나	타	났	으	며	,		출	퇴	근		시		이	용	이		가	장		높
은		증	가	율	을		보	였	다	.										

구분		채점기준
과제 1	자전거 이용자 수 그래프 읽기	1) 그래프에 표시된 모든 정보 제시 - 연도별 이용자 수 및 증가폭 2) 자전거 이용자 수의 변화 읽기 - 2007년에서 2012년까지의 자전거 이용자 수의 변화 : 증가하다 / 많아지다 / 늘어나다 (2012년에서 2017년까지의 자전거 이용자 수의 변화 : 급격하게 증가하다)
과제 2	자전거 이용자 수의 변화 이유 밝히기	1) 자전거 도로 개발 2) 자전거 빌리는 곳 확대
과제 3	이용 목적 그래프 읽기	1) 그래프에 표시된 모든 정보 제시 - 이용 목적, 증가폭 2) 이용 목적별 변화 읽기 - 이용 목적별 증가폭 비교(10년간 출퇴근 시 이용 목적이 큰 폭으로 증가함

1 유형분석

문제 번호	종류	유형	문항	난이도	수준
53번	설명문	문장 완성하기	2문항	중급	3급

문항 유형	설명문
분류	개념을 종류에 따라서 나누어 설명하기
비교	둘 또는 그 이상의 사물이나 현상을 견주어 서로 간의 유사점과 공통점, 차이점 등을 밝히기
현황과 원인	현재의 상황과 그 원인을 밝히기

2 유형 설명

✓ 53번 문제는 표나 그래프 등으로 제시된 자료를 보고 그 내용을 설명하는 문제가 출제된다.

✓ 200~300자로 단락을 완성하여 글을 쓰는 문제이다.

✓ 난이도는 중급 정도의 난이도로 3~4급 정도의 수준에 해당된다.

✓ 이 문제는 답안 작성에 필요한 모든 정보가 문제에 제시되어 있다.

✓ 제시된 정보가 모두 포함되도록 답안을 작성해야 한다.

✓ 정보나 제시의 유형에 따라 어울리는 표현이 있으므로 문제를 정확히 파악해야 한다.

✓ 문제 파악 후 알맞은 표현을 사용하여 정확하게 하나의 단락으로 완성하도록 한다.

✓ 중급 수준의 답안을 작성한다.

3 경향분석

🔍 표, 그래프로 구성된 설문조사내용, 현황자료, 통계 등의 시각 자료를 제시하고 답하도록 한다.

🔍 제시된 자료의 정보를 이용하여 200~300자 길이의 글을 쓰도록 하는 문제가 출제되고 있다.

🔍 과거에는 줄글 형식으로 정보가 주어졌으나 최근에는 도표나 그래프를 보고 정보를 스스로 파악 및 분석한 후 답안을 작성하도록 하는 문제가 주로 출제되고 있다.

4 문제해결 방법 (문제 푸는 순서)

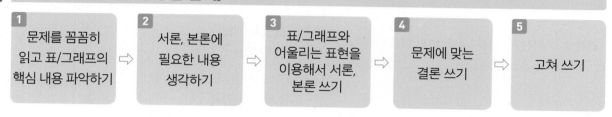

1. 문제를 꼼꼼히 읽고 표/그래프의 핵심 내용 파악하기 ⇨ 2. 서론, 본론에 필요한 내용 생각하기 ⇨ 3. 표/그래프와 어울리는 표현을 이용해서 서론, 본론 쓰기 ⇨ 4. 문제에 맞는 결론 쓰기 ⇨ 5. 고쳐 쓰기

5 기술 방법

✎ 그래프나 표로 제시된 정보를 정확하게 분석하는 것이 중요하다.

✎ 주어진 자료의 정보를 객관적으로 분석하지 못하고 불필요한 개인의 의견이 다수 포함된 답안을 작성하면 안 된다.

✎ 개인의 의견이 다수 포함된 답안을 작성할 경우 문장의 표현이나 글의 완성도가 높다 해도 좋은 점수를 받을 수 없다.

✎ '반면, 한편, 또한, 그러나' 등의 접속사나 '첫째, 둘째, 셋째' 등의 순서를 나타내는 어휘를 사용하여 표현하는 것이 좋다.

✎ 가급적 중급 이상의 어휘와 문법을 사용하는 것이 좋다.

✎ 문장의 끝맺음은 '-습니다, -요' 대신 '-ㄴ / 는다'로 마무리 하는 것이 좋다.

※ 시험 전에 미리 그래프, 도표 등이 제시된 비슷한 유형의 문제를 풀어보면서 도표나 그래프가 제시하고 있는 정보에 대해 이해하고 분석하여 문장을 완성하는 연습을 통해 문제 해결 능력을 키워두는 것이 좋다.

MEMO

Unit 01

Unit 02

Unit 03

Unit 04

Chapter 1

Unit 04 자신의 생각을 글로 표현하기

53. 다음을 주제로 하여 자신의 생각을 600~700자로 글을 쓰시오. 단, 문제를 그대로 옮겨 쓰지 마시오. (50점)

60회 기출문제

> 요즘은 아이가 학교에 들어가기 전 어릴 때부터 악기나 외국어 등 여러 가지를 교육하는 경우가 많다. 이러한 조기 교육은 좋은 점도 있지만 문제점도 있다. 아래의 내용을 중심으로 '조기 교육의 장점과 문제점'에 대해 자신의 의견을 쓰라.
>
> - 조기 교육의 장점은 무엇인가?
> - 조기 교육의 문제점은 무엇인가?
> - 조기 교육에 찬성하는가, 반대하는가? 근거를 들어 자신의 의견을 쓰라.

모범답안

요즘은 학교에 들어가지 않은 아이들에게 다양한 교육을 실시하는 경우가 많다. 어릴 때부터 이루어지는 조기 교육은 좋은 점도 있지만 문제점도 있다.

먼저 조기 교육의 가장 큰 장점은 아이의 재능을 일찍 발견하고 아이가 가진 잠재력을 극대화할 수 있다는 점이다. 예를 들어 예체능계의 유명인 중에는 어릴 때부터 체계적인 교육을 받은 경우가 많다. 또 다른 조기 교육의 장점은 아이의 학업 경쟁력을 높일 수 있다는 점이다. 이 외에도 조기 교육에서의 다양한 경험은 아이의 세계관을 넓히는 데 도움이 된다.

그러나 조기 교육은 부모의 강요에 의해 이루어질 수 있다는 문제점이 있다. 이로 인해 아이는 스트레스를 받거나, 억압적인 학습 경험의 반발로 학업에 흥미를 느끼지 못할 수 있다. 또한 조기 교육이 과도하게 이루어질 경우, 아이들의 정서 발달에 부정적인 영향을 미칠 수 있다.

　조기 교육의 장점에도 불구하고 위의 문제점을 고려하였을 때 조기 교육을 실시하는 것이 적절하지 않다고 생각한다. 진정한 교육이란 학습자의 자발성과 내적 동기를 전제로 이루어 진다고 생각하기 때문이다. 아이는 발달 과정에 있고 경험이 적기 때문에 자신이 무엇을 배우고 싶은지 명확히 인지하지 못할 가능성이 크다. 이는 아이의 동기보다 보호자의 바람이 조기 교육에 더 큰 영향을 미치게 되는 이유이기도 하다. 이러한 이유로 조기 교육을 실시하는 것에 반대한다.

구분		채점기준
과제 1	조기 교육의 장점	1) 재능을 일찍 발견함으로써 잠재력을 극대화할 수 있음. 2) 조기 교육을 통해 학업 경쟁력을 높일 수 있음. 3) 조기 교육에서의 다양한 경험을 통해 아이의 세계관을 넓힐 수 있음.
과제 2	조기 교육의 문제점	1) 부모의 강요에 의해 이루어질 수 있음. 2) 과도한 부담감 및 스트레스로 인하여 학업에 흥미를 느끼지 못할 수 있음. 3) 지나친 조기 교육은 아이의 정서 발달에 좋지 않음.
과제 3	조기 교육에 대한 나의 생각	1) 교육의 진정한 의미는 자발성과 내적 동기에 있음. 2) 어릴 때는 자신이 원하는 것을 인식하지 못할 가능성이 큼. 3) 조기 교육의 특성상 아이의 자발성보다는 보호자의 뜻이 더 중요하게 작용할 수 밖에 없으므로 조기 교육은 진정한 교육이 아니라고 생각함. (장단점에 기술된 내용을 과제 [3]에서 반복할 경우 수행에서 제외할 것)

1 유형분석

문제 번호	종류	유형	문항	난이도	수준
54번	논설문	글 완성하기	600~700자 쓰기	고급	5~6급

✓ 54번 문제는 주어진 주제에 맞게 자신의 의견을 쓰는 유형의 문제가 출제된다.

✓ 600~700자로 글을 완성하는 문제이다.

✓ 난이도는 고급에 해당하는 난이도로 5~6급 정도의 수준에 해당된다.

✓ 이 문제는 '도입-전개-마무리'로 나누어 써야한다.

✓ 제시된 주제를 정확히 파악한 후 요구하는 조건이 모두 포함되도록 답안을 작성해야 한다.

✓ 자신의 생각을 정리하여 요구하는 내용에 맞도록 답안을 작성하기 위해서는 많은 시간이 소요된다.

✓ 시간 소모를 줄이기 위해 문제를 읽고 짧게 전체 글의 흐름을 구상한 후 '도입-전개-마무리'의 구조로 된 알맞은 글로 완성하도록 한다.

✓ 고급 수준의 답안을 작성한다.

2 경향분석

🔍 줄글로 제시된 문제를 읽고 자신의 생각을 글로 표현하는 문제가 제시된다.

🔍 제시된 주제와 과제에 맞게 자신의 생각을 600~700자 길이의 글로 작성해야 한다.

🔍 사회적 분위기나 최근 이슈에 대한 수험자의 생각을 묻는 문제가 많다.

3 문제해결 방법

✎ 주어진 과제를 모두 수행해야 하며 우선 문제에서 요구하는 과제가 무엇인지를 정확히 파악해야 한다.

✎ 600~700자로 자신의 생각을 정리하기에 앞서 전체 생각을 '도입 – 전개 – 마무리'로 나누어 구상한 뒤 간단하게 정리해 본다.

✎ 간략히 정리해 본 후 자신이 생각한 내용을 빠짐없이 넣어서 체계적으로 글을 완성하도록 한다.

✎ 평소에 뉴스나 신문 등을 통해 관련된 이슈를 접한 후 생각을 정리하는 연습을 해 두면 좋다.

쓰기의 기초

1 쓰기 순서

번호	내용
1	문제를 정확하게 읽고 이해한다.
2	문제별로 요구하는 것이 무엇인지 정확하게 파악한다.
3	핵심 어휘나 중심문장을 찾는다.
4	51과 52번 문항은 앞뒤 문맥을 고려하여 문법에 맞추어 쓴다.
5	53번 문항은 표나 그래프에서 나타내는 것이 무엇인지 정확하게 파악한다.
6	53번 문항은 표나 그래프에 제시된 내용(숫자 포함)을 모두 쓴다.
7	그래프나 표 설명에 필요한 표현을 사용하여 객관적으로 답안을 쓴다.
8	문제에 맞는 결론으로 마무리를 한다.
9	54번 문항은 지시문을 읽으면서 '도입-전개-마무리'에 넣을 내용을 정리한다.
10	제시된 조건을 중심으로 생각을 정리하여 '도입-전개-마무리'에 나눠 잘 배치해서 쓴다.
11	표현 방법을 신경 쓰며 구체적으로 쓴다.
12	'도입-전개-마무리'에 맞춰 분량을 지키면서 쓴다.
13	모든 쓰기는 적절한 문법과 어휘를 사용하여 쓴다.
14	모든 쓰기는 마지막에 맞춤법과 띄어쓰기를 확인한다.

2 쓰기에서 많이 사용하는 표현 방법

표현 방법	개념	유용한 표현
정의	어떤 대상이나 단어의 의미를 설명하는 방법	• N(이)란 _____은 / 는 N이다.
	예문) 대중매체란 많은 사람에게 대량으로 정보를 전달하는 수단이다.	
분류	어떤 대상을 공통적인 특성을 바탕으로 작은 항목을 큰 항목으로 묶어 설명하는 방법	• N을 / 를 기준으로 • N은 / 는 ~에 해당되며 N은 / 는 ~에 해당된다. • N은 / 는 ~에 속하며 N은 / 는 ~에 속한다. • N은 / 는 ~이며 ~은 / 는 ~이다.
	예문) 책, 한국, 학교 등의 단어는 명사에 해당되고 자다, 먹다, 공부하다 등은 동사에 해당된다.	

구분	어떤 대상의 큰 항목을 작은 항목으로 나누어 설명하는 방법	• N을/를 기준으로 • N은/는 크게/대부분/일반적으로 ~ 와/과 ~(으)로 나뉜다/구분된다.
	예문) 문학은 창작 시기에 따라 고전문학, 근대문학, 현대문학으로 구분한다.	
예시	설명 대상에 대해 구체적으로 예(보기)를 들어 설명하는 방법	• N은/는 N, N, N 등이다. • N, N 등이 이에 속한다.
	예문) 대중매체 중 전파매체가 있는데 텔레비전, 라디오 등이 여기에 속한다.	
비교	둘 이상의 사물이나 대상을 견주어 서로 간의 유사점이나 공통점을 설명하는 방법	• A와 B의 공통점은 -다는 것이다. • A도 B와 마찬가지로 • A와 B가 동일하게 나타났다.
	예문) 공공시설의 필요성에 대해서는 30대와 60대가 22%로 동일하게 나타났다.	
대조	둘 이상의 사물이나 대상을 견주어 서로 간의 차이점을 설명하는 방법	• A와 B의 차이점은 -다는 것이다. • 반면에 / 반대로 / 오히려 • -(으)ㄴ/는데 반해 • -(으)ㄴ/는 반면
	예문) 60대는 병원·약국이 50%로 가장 높게 나타난 반면에 30대는 공연장·문화센터가 40%로 가장 많았다.	
분석	하나의 사물이나 사실을 그 구성 요소나 역할에 따라 나누어 자세히 설명하는 방법	• N은/는 N와/과 N(으)로 이루어져 있다. • N은/는 N(으)로 구성되어 있다.
	예문) 한국어능력시험은 듣기와 읽기, 쓰기 세 영역으로 이루어져 있으며, 2022년부터 말하기 평가가 추가될 예정이다.	
인과	하나의 사물이나 사실을 그 구성 요소나 역할에 따라 나누어 자세히 설명하는 방법	• N(으)로 인해서 / 이로 인해 그 결과 • N(으)로 말미암아
	예문) 흐엉은 매일 4시간 씩 토픽 시험 준비를 꾸준히 했다. 그래서 이번에 4급을 취득하여 한국 대학에 입학하게 되었다.	

나열	관련 내용이나 종류를 여러 개 늘어놓으며 설명하는 방법	• N도 있고 N도 있다.
		• N에는 N가지로 나눌 수 있다.
		• -고 있다 / -(으)며 -다
		  -기도 하고 -기도 하다
		  -뿐만 아니라 / -(으)ㄹ 뿐더러
		• 먼저(우선) / 다음으로
		  첫째, 둘째, 셋째...
		  하나는 / 다른 하나는

	예문) 코로나 예방을 위해서는 먼저 손을 자주 씻는다. 다음 마스크를 착용한다. 마지막으로 외출을 자제한다.	

인용	다른 사람의 글이나 말을 빌려서 설명하는 방법	• -라고 하다. • -(는/ㄴ)다고 하다.
	예문) 소크라테스가 "너 자신을 알라" 라고 말했습니다.	
과정	어떤 특정한 목표나 결과를 이끌어 내게 된 절차나 과정을 단계별로 하나하나 설명하는 방법	• -에 따라 • 첫째, 둘째, 셋째...
	예문) 책을 만드는 과정은 인쇄 과정에 기여하는 각 기능에 따라 3단계로 나뉜다. 첫째 과정은 조판 단계, 둘째 과정은 제판 단계, 셋째 과정은 인쇄 단계이다.	
유추	유사한 두 대상이나 개념의 속성을 가지고 비교하여 이끌어내는 설명 방법	• 가는 ~다 / 나도 마찬가지이다. • 이처럼
	예문) 마라톤은 정신적으로나 육체적으로 오랜 시간 동안 고통을 참고 이겨내야 하는 스포츠이다. 인생도 마찬가지이다.	
환언	글에서 앞의 내용을 정리해서 다시한번 말하면서 강조하는 방법	• 즉 / 다시 말하면 / 바꾸어 말하면 / 곧
	예문) 외국어 학습법은 매일 일정 시간 꾸준히 공부하고 반복하는 것이 중요하다. 다시 말하면 성실과 반복이 중요하다는 것이다.	
요약	주요 내용을 짧게 줄여서 설명하는 방법	• 즉 / 요약하면 / 정리하면
	예문) '열쇠의 법칙'은 '마케팅에 대한 새로운 아이디어는 마케팅 책 밖에서 나온다'는 법칙입니다. 즉 마케팅의 열쇠는 항상 외부에 있다는 말입니다.	
당위	꼭(당연히/반드시) 그렇게 해야 하는 것을 설명하는 문법 표현 방법	• -(으)려면 / -기 위해서 -아/어/해야 한다. • 그래야 -(으)ㄹ 수 있다. • 그래서 / 그러므로, 따라서 / 그렇기 때문에 -(으)ㄴ는 것이 좋다. / -(으)ㄹ 필요가 있다 / -아/어 / 해야 한다.
	예문) 다이어트에 성공하려면 식사 조절과 운동이 병행되어야 한다.	
가정	사실은 아니지만 사실인 것처럼 또는 가능하다고 미루어 생각해보는 문법 표현 방법	• 만일 / 만약에 -(으)면 -(으)ㄹ 것이다 / -(으)ㄹ 수도 있다.
	예문) 만일 우주여행이 자유로워진다면 나는 제일 먼저 화성에 가 보고 싶다.	
강조	자신의 주장이나 이유를 강조할 때 사용하는 표현 방법	• N이야말로 • -(으)ㄴ/는 것이야말로 • 무엇보다도 / 누구보다도 / 어디보다도
	예문) 환경오염을 줄이려면 무엇보다도 일상생활에서 분리수거를 철저히 하는 것이 중요하다.	

Unit 01

Unit 02

Unit 03

Unit 04

Unit 05

Unit 06

Chapter 2

근거와 원인	주장에 대한 근거나 일이 발생한 원인을 밝히는 설명 방법	• 그 이유는 / 왜냐하면 + N 때문이다. • 그 이유(원인)를 살펴보면 다음과 같다. 　첫째, -기 때문이다.
	예문) 코로나19로 인한 재난지원금은 전 국민에게 지급해야 한다. 왜냐하면 그 피해는 전 국민이 모두 받고 있기 때문이다.	
판단 기준	어떤 판단의 기준이 되는 것을 설명하는 문법 표현	• N은/는 N에 따라(서) 다르다 / 달라지다. • -(으)/느냐에 따라(서) 다르다 / 달라지다.
	예문) 요리할 때는 재료의 신선도에 따라 음식의 맛이 달라질 수 있다.	
의향 물어 보기	어떤 것이 가능한지 상대방에게 정중하게 의향(의중)을 물어볼 때 사용하는 문법 표현	• N이/가 되십니까? • N이/가 좋으십니까? • N이/가 괜찮으십니까? / 괜찮으세요? 　/ 괜찮으신가요? • N이/가 되세요?
	예문) 주말에 시간이 괜찮으십니까?	
돌려 말하기	난처한 상황에 대해 조심스럽게 이야기할 때 사용하는 문법 표현(약속을 변경하거나 취소 또는 거절할 때 자주 사용)	• -(으)ㄹ 것 같습니다. • -기(가) 어려울 것 같습니다.
	예문) 상품이 파손이 되어 환불해 드리기 어려울 것 같습니다.	
금지	어떤 것을 하지 말라고 하거나 불가능함을 알려 줄 때 사용하는 문법 표현	• -(으)ㄹ 수 없습니다. • -(으)면 안 됩니다. • N이/가 불가능합니다.
	예문) 엘리베이터 검사 중이므로 사용하실 수 없습니다. 공사 중이므로 지하철 화장실 이용이 불가능합니다.	
가능	어떤 것을 할 수 있다는 가능을 말할 때 사용하는 문법 (모집글이나 신청글에서 신청 자격을 말할 때 주로 사용)	• N(이)라면 (누구나) -(으)실 수 있습니다. • N이/가 가능합니다.
	예문) 한국에 거주중인 외국인이라면 누구나 말하기대회에 참가하실 수 있습니다.	
전달	들은 이야기나 읽을 내용을 전달할 때 사용하는 문법 (간접 인용)	• -(는/ㄴ)다고 하다 / -냐고 하다 / 　-(으)라고 하다 / -자고 하다.
	예문) 일기예보에 의하면 내일은 전국적으로 비가 내린다고 합니다.	

3 문항별 특징

문항	특징	비고
51	• 실용문이다. (안내문, 초대장, 이메일, 편지글, 문자 메시지, 인터넷 글 등) • 빈칸이 2개로 문장을 완성해야 한다. • 배점은 각 5점으로 10점 만점이다. • 3급 수준이다. • 작성 시간은 5분 정도이다.	답안은 3급 수준의 문법과 어휘를 사용하여 작성
52	• 설명문이다. • 빈칸이 2개로 문장을 완성해야 한다. • 일반적으로 4~7문장으로 이루어져 있다. • 배점은 51번과 동일하게 각 5점으로 10점 만점이지만, 단어나 문법이 조금 더 어렵다. • 3급 수준이다. • 작성 시간은 5분 정도이다.	답안은 51번 보다 조금 어려운 문법과 어휘를 사용하여 작성
53	• 그래프나 표가 나온다. • 제시된 정보(그래프나 표)를 이용하여 설명하는 글을 쓰는 문제이다. • 분량은 200~300자를 써야 한다. • 배점은 30점이다. • 3~4급 수준이다. • 작성 시간은 10~15분 정도이다.	그래프나 표에 제시된 내용 및 숫자를 모두 다 넣어서 작성
54	• 주장(의견)하는 글이다. • 사회적으로 이슈가 되는 주제에 대한 자신의 생각을 논리적으로 쓰는 문제이다. • 분량은 600~700자를 써야 한다. • 배점은 50점이다. • 5~6급 수준이다. • 작성 시간은 25~30분 정도이다.	지시문 아래에 제시된 조건문을 중심으로 작성

MEMO

Unit 01

Unit 02

Unit 03

Unit 04

Unit 05

Unit 06

Chapter 2

Unit 02 쓰기에서 주의할 점

★ 문장의 끝은 '–ㄴ/는다'로 끝나야 한다.

★ 문어체를 써야 한다.

★ 문장에 맞는 시제를 사용해야 한다.

★ 조사를 반드시 써야 한다.

★ 주어와 서술어가 호응되게 써야 한다.

★ 문장 간, 문맥 간 알맞은 접속부사를 사용해야 한다.

★ 문항에 따라(53번, 54번) 단락 나누기를 잘 해야 한다.

Unit 03 감점 요소 보완

★ 담화의 문맥에 적합하지 않은 어휘나 문법을 사용하면 감점이 된다.

★ 불필요한 내용이 추가되어 원래의 의미를 해치는 경우 감정이 된다.

★ 글의 형식과 격식에 맞게 써야 한다. 구어표현을 사용하거나 '–ㅂ/습니다, –아/어요' 등의 표현을 사용하면 감점이 된다.

★ 번역투의 문장이나 어법에 맞지 않는 비문은 감점이 된다.

★ 문장의 어순을 정확히 지키지 않아 의미 전달이 애매모호할 경우도 감점이 된다.

★ 출제자가 요구하는 문법 표현 외 유사 문법을 사용하여 의미 전달은 되나 문맥이 어색한 쓰기는 비중에 따라 차별적으로 감점이 된다.

★ 맞춤법 오류는 횟수에 관계없이 동일 오류는 한 개로 취급하여 감점이 된다.

★ 단락 구분이 제대로 되지 않아 형식에 맞지 않는 쓰기는 감점이 된다.

★ 원고지 사용법에 맞춰 문장부호와 띄어쓰기를 하지 않으면 감점이 된다.

Unit 01

Unit 02

Unit 03

Unit 04

Unit 05

Unit 06

Chapter 2

Unit 04 띄어쓰기

① 조사는 앞 말에 붙여 쓴다.
- 버스로, 집에서, 학교에서만이라도, 들어가기는커녕…

② 의존 명사는 앞 말과 띄어 쓴다.
- 머리 아픈 데 먹는 약, 집 떠난 지 1년, 느낀 바를, 사랑을 할 거야, 시험을 잘 봐야 할 텐데…

③ 단위를 나타내는 명사는 앞 말과 띄어 쓴다.
- 한 개, 차 한 대, 고양이 한 마리, 커피 한 잔, 책 한 권…
   단, 다음과 같은 경우는 붙여 쓴다.
- 순서를 나타내는 경우 : 두시 삼십분 오초, 제일과, 삼학년, 육층
- 숫자와 함께 쓰는 경우 : 1446년 10월 9일, 16동 502호, 80원, 10개

④ 두 말을 이어 주거나 열거(나열)할 때에 사용하는 말들은 띄어 쓴다.
- 청군 대 백군 이사장 및 이사들 : 말을 이어 주는 말
- 책상, 걸상 등이 있다 : 열거(나열)할 때 쓰는 말

⑤ 단음절로 된 단어가 연이어 나타날 때에는 붙여 쓸 수 있다.
- 좀더 큰것 (○)   좀 더 큰 것 (○)   이말 저말 (○)   이 말 저 말 (○)
- 한잎 두잎 (○)   한 잎 두 잎 (○)

⑥ 보조 용언은 띄어 쓰는 것이 원칙이지만, 경우에 따라 붙여 쓸 수 있다.
- 불이 꺼져 간다. (원칙)   불이 꺼져간다. (허용)

⑦ 성과 이름, 성과 호는 붙여 쓰고, 호칭어, 관직명은 띄어 쓴다.
- 이순신(이름), 이율곡(호), 채영신 씨(호칭), 최치원 선생(호칭), 이순신 장군(관직)

⑧ 성과 이름을 구분할 필요가 있을 경우에는 띄어 쓸 수 있다.(성이 한 자거나 두 자)
- 이훈(○) / 이 훈(○),   남궁억 (○) / 남궁 억 (○),   독고준 (○) / 독고 준 (○)

⑨ 전문 용어는 단어별로 띄어 씀을 원칙으로 하되, 붙여 쓸 수 있다.
- 만성 골수성 백혈병 (원칙)   만성골수성백혈병 (허용)

Unit 05 원고지 사용법

1 쓰기 순서

★ 원고지 사용법에 맞춰 문장부호와 띄어쓰기를 하지 않으면 감점이 된다.

통	계	청	과		여	성	가	족	부	의		조	사		결	과	에

★ 아라비아 숫자는 한 칸에 두 개씩 쓴다. 숫자가 많을 때는 앞에서부터 두 개씩 나눠 쓰고 남으면 한 칸에 한 개 쓴다.

	20	21	년		5	월		01	0	–	25	37	–	84	91			

★ 알파벳의 대문자는 한 칸에 한 자씩 쓰고, 소문자는 한 칸에 두 자씩 쓴다.

	M	er	ry		C	hr	is	tm	as									

★ 문장부호는 한 칸에 쓰는 것을 원칙으로 하되, 말줄임표는 두 칸에 나눠 쓴다.

.		!		?		' ,		" "		…	…							

★ 말줄임표(……)는 한 칸에 세 점씩 찍되 두 칸을 차지한다. 말줄임표로 끝날 경우, 다음 칸에 온점이나 반점을 쓰며, 그 다음 칸을 비우지 않는다.

모	두		같	은		마	음	일	텐	데	…	…	.		하	지	만

★ 느낌표(!)와 물음표(?)는 칸 가운데에 넣고, 다음 글자를 쓸 때는 한 칸을 띄어 쓴다.

아	름	답	구	나	!		그	건		무	엇	일	까	?				

★ 쉼표(반점 ,)와 마침표(온점 .)는 칸의 왼쪽 아래에 쓰고, 다음 글자를 쓸 때는 띄어 쓰지 않는다.

수	면	시	간	이		초	등	학	생	이		8	시	간	,	중	학	생	이
7	시	간	으	로		나	타	났	다	.	다	음							

★ 작은따옴표(' ')와 큰따옴표(" ")는 각각 왼쪽 위와 오른쪽 위에 쓴다.

	'	T	op	ik	'	은		6	급	까	지		있	다	.			
	"	엄	마	,		내	일		갈	게	요	.	"					

★ 마침표(온점 .)와 작은따옴표(' '), 큰따옴표(" ")를 원고지 마지막 칸에 쓸 때는 한 칸에 같이 쓴다.

	'	T	op	ik	'	은		6	급	까	지		있	다	.			
	"	엄	마	,		내	일	은		일	찍		학	교	에		갈	게	요."

★ 괄호는 한 칸에 쓰고 괄호와 따옴표를 같이 쓸 때도 한 칸에 쓴다.

〈	토	픽		일	정	〉						
'〈	토	픽		일	정	〉	알	아	보	기	'	는		매	우

★ 원고지 마지막 칸에서 문장이 끝날 때 마침표(온점)는 마지막 칸 안에 함께 쓰거나 옆의 여백에 쓴다.

상	당	히		낮	아	진	다	는		것	을		알		수		있	었	다.
상	당	히		낮	아	진	다	는		것	을		알		수		있	었	다 .

★ 제시문 표시인 (가), (나) 등은 다음 두 가지 표기 중 하나를 선택하여 일관되게 써야 한다.

다	음		제	시	문		(	가	)	는		수	면		시	간	에
다	음		제	시	문		(가)	는		수	면		시	간	에		

★ 제목을 쓸 때는 첫째 줄을 비우고 둘째 줄 가운데에 쓴다.

★ 내용을 쓸 때는 제목 아래 줄을 비우고 넷째 줄부터 쓴다.

★ 글이 처음 시작될 때는 한 칸을 띄어 쓰고 문단이 끝날 때는 줄을 바꿔서 쓴다.

★ 새로운 문단이 시작될 때는 한 칸을 띄어 쓴다.

★ 대화 내용은 모두 한 칸을 띄어 쓴다.

Unit 01

Unit 02

Unit 03

Unit 04

Unit 05

Unit 06

Chapter 2

소　나　기

　소년은　개울가에서　소녀를　보자　곧　윤　초시네　증손녀　딸이라는　걸　알　수　있었다.　소녀는　개울에다　손을　담그고　물장난을　하고　있는　것이다.　서울서는　이런　개울물을　보지　못하기나　한　듯이.

　벌써　며칠째　학교에서　돌아오는　길에　물장난이었다.　그런데　어제까지　개울　기슭에서　하더니　오늘은　징검다리　한가운데서　앉아　하고　있다.

　드디어　소녀의　모습이　보였다.　소년은　두근거리는　마음으로　달려갔다.

　"그동안　앓았다.　오늘은　하도　갑갑해서　나왔다.　참,　그날　재미있었어…….　그런데　그날　어디서　이런　물이　들었는지　잘　지지　않는다."

　소녀가　분홍　스웨터　앞자락을　내려다본다.　거기에　검붉은　진흙물　같은　게

부호	이름	쓰임	예시 (고치기 전)	예시 (고친 후)
⬭생	살림표	지운 것을 다시 살릴 때	고즈넉한 고요맨	고즈넉한 고요맨
⌒	붙임표	붙여야 할 곳이 떨어져 있을 때	아름 다운	아름다운
둠표기호	둠 표	붙여 쓰려다가 다시 원 상태로 둘 때	몇 가지	몇 가지
S	자리 바꿈표	글자, 단어의 앞, 뒤 순서를 바꿀 때	생각 좋은	좋은 생각
┐┘	오른 자리 옮김표	오른쪽으로 자리를 옮길 때 **[도움]** ⌐-ⓑ ⓐ-⌐ ⓐ를 ⓑ의 위치로 옮긴다는 부호	아직도 남아있는 / 매일 따스한 밥과	아직도 남아있 / 매일 따스한 밥과 반찬
┌┐	왼자리 옮김표	왼쪽으로 자리를 옮길 때	나 보기가	나 보기가 역
♂	부분 자리 옮김표	지시하는 부분만 자리를 옮길 때	사 랑	새 랑

부호	이름	설명	예 (고치기 전)	예 (고친 후)
⌐	줄 바꿈표	한 줄로 된 것을 두 줄로 바꿀때	떠났대. 로웰이	~ 떠났대. / 로웰이 ~
⌒	줄 이음표	두 줄로 된 것을 한줄로 이을 때	…를 못한다. ← / 언어란 본	…를 못한다. 언어란
✕	줄 비음표	줄을 비울 때 **[도움]** 1. 필요시 여백에 비울 줄 수를 명시함. 2.인쇄 교정 부호 는 '줄 넓힘표'임.	산에는 꽃피네 / 꽃이 피네 / 갈 봄 여름 없 / 꽃이 피네.	산에는 꽃피네 / 꽃이 피네 / / 갈 봄 여름 없 / 꽃이 피네.
( )	줄 붙임표	줄을 비울 필요가 없을 때	골짝물 예는 / 배람결처럼 / / 세월은 덧없어 / 개신 지 이미	골짝물 예는 / 배람결처럼 / 세월은 덧없어 / 개신 지 이미
𝄑	줄 서로 바꿈표	윗줄과 아랫줄을 서로 바꿀 때	접동 / 아우래비 접동 / 접동	접동 / 접동 / 아우래비 접동

부호	이름	사용하는 경우	표시 방법	읽는 사람이 볼 때
∨	띄움표	띄어 써야 할 곳을 붙였을 때	사랑하는조국	사랑하는 조국
⊽	둠 표	띄어 쓰려다가 다시 원상태로 둘때	뛰어오른다	뛰어오른다
∨ ‿	고침표	틀린 글자나 내용을바꿀때	좋아하명(면) 적었든칸에(거나)	좋아하면 적거나
∧	부호 넣음표	밑에 찍는 문장 부호를 넣을 때	믿음소망사랑	믿음, 소망, 사랑
＝	지움표	필요없는 내용을 지울 때	너무 너무 고와서	너무 고와서
‿	넣음표	글자나 부호가 빠졌을 때	언제나(까지)	언제까지나
ℓℓ	뺌 표	필요없는 글자를 없앨 때	봄이이면	봄이면

원고지 쓰기 연습

연습 문장

- 글을 쓸 때, 각 낱말을 띄어 쓰는 일을 이르는 말로 '띄어쓰기'는 한 단어이다.

- 지난 11일 열린 제93회 아카데미상 시상식에서 새 역사를 쓰게 되었다.

- 최저임금은 2018년도분이 16.4%, 2019년도분은 10.9% 인상됐지만, 이후 인상률이 급격히 줄어 2020년도분은 2.9%, 올해분은 역대 최저 수준에 그쳤다.

- "Hello, how are you?" 등의 교과서적 영어 표현을 떠올리게 된다.

- 지금 무엇을 준비하고 계신가요?

- 가족 모두가 안타까운 마음일텐데……, 그러나

- 올 가을 단풍은 유난히 아름답구나!

- 컵, 용기, 세면도구 등 1회용품들이 무분별하게 사용되고 있다.

- 학교 체육대회에서 '단체 응원상' 대신 '사회적 거리두기상'을 만들어 시상하게 되었다.

- "지금 필요한 건 '실천'입니다."

- EBS 라디오 <아름다운 가요세상>

- 인생은 다섯 단계를 거치는데, 첫째는 유년기, 둘째는 소년기, 셋째는 청년기, 넷째는 장년기, 마지막은 노년기이다.

- 회사명을 표현할 때 주식회사가 뒤에 붙은 경우, 일반적으로 ㈜로 약칭하여 사용한다.

- CCTV 설치를 반대하는 사람들은 사생활 보호를 이유로 설치를 반대하고 있다.

- 노사가 서로 팽팽하게 대립하고 있다.

- 제 연락처는 010-1234-5678입니다.

* 답안은 해설집 p.26~27에서 확인 가능합니다.

※ 원고지에 앞 페이지에 있는 연습 문장을 작성해 보세요.

Unit 01
Unit 02
Unit 03
Unit 04
Unit 05
Unit 06
Chapter 2

기출문제를 통한 유형 익히기

실용문 문장 완성하기

51. 다음을 읽고 ㉠과 ㉡에 들어갈 말을 한 문장씩 쓰시오. (10점) **37회 기출문제**

> 모　집
>
> 태권도 동아리 '태극'입니다.
> 이번에 (　　　　㉠　　　　).
> 신입 회원은 태권도에 관심 있는 학생이라면 누구나 환영합니다.
> (　　　　㉡　　　　)?
> 그래도 걱정은 마십시오. 처음부터 천천히 가르쳐 드립니다.
> 다음 주 금요일까지 학생 회관 201호에서 신청하십시오.

문제 풀이

이 글은 태권도 동아리에서 신입회원을 모집하기 위해 모집을 알리는 게시글이다.

필수 어휘	동아리 / 신입 / 회원 / 모집 / 관심 / 뽑다 / 걱정하다 / 가르치다 / 신청하다
필수 문법	<중급 수준의 표현과 문법을 사용해야 한다.> ㉠ 모집을 위한 게시글에서 문장 앞에 '이번에'라는 표현이 나오고 문장 뒤에 '누구나 환영합니다'라는 표현이 나왔으므로 문맥상 '모집하다 또는 뽑다'를 써야 하며 '(으)려고 하다'라는 문법을 사용하여 답안을 작성하면 된다. ㉡ 신입회원을 모집하고 있는 글의 내용에서 문장 뒤에 '물음표'와 '그래도 걱정하지 마십시오'라는 문장이 나왔으므로 담화의 문맥상 묻는 '-십니까?'를 사용해서 답안을 작성하면 된다.

답안 작성 방법

① 우선 답안지 작성에 앞서 전체적인 글의 내용을 파악한 후, 글의 주제와 목적을 파악하도록 한다.
② 글의 주제와 목적이 파악되고 나면, 괄호 안에 들어갈 문장과 괄호 앞, 뒤의 문장이 어떻게 연결될 수 있는지 내용을 구상하도록 한다.
③ 최종 구상이 끝나면 답안을 작성한 후 문법과 단어, 맞춤법 등을 최종 점검하여 제출한 답안에 이상이 없는지 다시 한번 살펴보도록 한다.

답안 작성 주의사항

① 답안을 작성할 때는 괄호 부분의 앞뒤 문장을 꼼꼼하게 살펴보고 자연스럽게 이어질 수 있는 괄호 안의 문장을 떠올려야 한다. 이때, 불필요한 어휘나 문장을 추가하거나 본래의 의미를 해치는 문장을 제시하지 않도록 주의해야 한다.

② 괄호의 답안에 앞뒤의 어구를 함께 포함하여 쓰지 않도록 주의해야 한다.

③ 문장의 끝은 '-니다, -요, -니까' 등의 끝나는 말로 통일하여 완성하도록 해야 한다.

④ 괄호 안의 문장이 전체 문장과 문법적 요소들이 어울릴 수 있도록 해야 한다.

⑤ ㉠의 답안을 작성할 때 괄호 뒤에 마침표가 있으므로 정답에는 마침표 ' . '를 기입하지 말아야 한다.

⑥ ㉡의 답안을 작성할 때 괄호 뒤에 물음표가 있으므로 정답에는 물음표 ' ? '를 기입하지 말아야 한다.

모범답안

㉠ 새로 신입 회원을 모집하려고 / 뽑으려고 합니다

㉡ 태권도를 처음 배우십니까 / 태권도가 처음이십니까 / 태권도를 잘 모르십니까

확장 어휘

부사	그래서 / 그러나 / 그리고 / 그런데 / 하지만
동사	뽑히다 / 가르쳐 드리다 / 모집하다

51. 다음을 읽고 ⊙과 ⓒ에 들어갈 말을 각각 한 문장으로 쓰시오. (10점) **41회 기출문제**

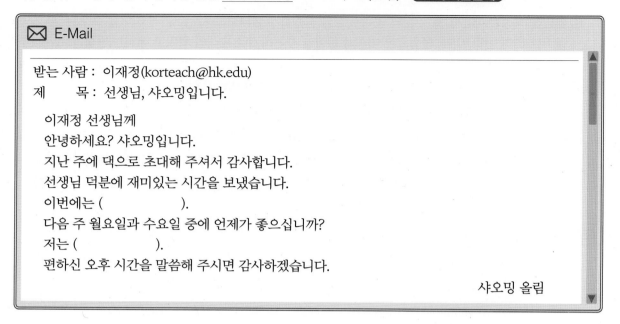

> 📧 E-Mail
>
> 받는 사람 : 이재정(korteach@hk.edu)
> 제   목 : 선생님, 샤오밍입니다.
>
> 　이재정 선생님께
> 　안녕하세요? 샤오밍입니다.
> 　지난 주에 댁으로 초대해 주셔서 감사합니다.
> 　선생님 덕분에 재미있는 시간을 보냈습니다.
> 　이번에는 (　　　　　　).
> 　다음 주 월요일과 수요일 중에 언제가 좋으십니까?
> 　저는 (　　　　　　).
> 　편하신 오후 시간을 말씀해 주시면 감사하겠습니다.
>
> 　　　　　　　　　　　　　　　　　　　　　　　샤오밍 올림

📝 **문제 풀이**

이 글은 제자가 답례로 선생님을 집으로 초대하기 위해 보내는 이메일이다.

필수 어휘	댁 / 덕분 / 언제 / 보내다 / 초대하다 / 편하다 / 말씀하다 / 주시다 / 감사하다
필수 문법	<중급 수준의 표현과 문법을 사용해야 한다.> ⊙ 초대를 위한 이메일의 문장 앞에 '이번에는'이라는 표현이 나오고 문장 뒤에 '다음 주 월요일과 수요일 중'이라는 표현이 나왔으므로 문맥상 '초대하다'를 써야하며 '-고 싶다'라는 문법을 사용하여 답안을 작성하면 된다. ⓒ 선생님을 집으로 초대하고 있는 글의 내용에서 문장 앞에 '저는' 이라는 표현이 나오고 문장 뒤에 '마침표'와 '편하신 시간을 말씀해 주시면'이라는 문장이 나왔으므로 담화의 문맥상 상태를 말하는 '괜찮다'를 사용해서 '-습니다' 라는 종결어미로 답안을 작성하면 된다 .

📝 **답안 작성 방법**

① 우선 답안지 작성에 앞서 전체적인 글의 내용을 파악한 후, 글의 주제와 목적을 파악하도록 한다.

② 글의 주제와 목적이 파악되고 나면, 괄호 안에 들어갈 문장과 괄호 앞, 뒤의 문장이 어떻게 연결 될 수 있는지 내용을 구상하도록 한다.

③ 최종 구상이 끝나면 답안을 작성한 후 문법과 단어, 맞춤법 등을 최종 점검하여 제출한 답안에 이상 이 없는지 다시 한번 살펴보도록 한다.

답안 작성 주의사항

① 답안을 작성할 때는 괄호 부분의 앞뒤 문장을 꼼꼼하게 살펴보고 자연스럽게 이어질 수 있는 괄호 안의 문장을 떠올려야 한다. 이때, 불필요한 어휘나 문장을 추가하거나 본래의 의미를 해치는 문장을 제시하지 않도록 주의해야 한다.

② 괄호의 답안에 앞뒤의 어구를 함께 포함하여 쓰지 않도록 주의해야 한다.

③ 문장의 끝은 '-니다, -요, -니까' 등의 끝나는 말로 통일하여 완성하도록 해야 한다.

④ 괄호 안의 문장이 전체 문장과 문법적 요소들이 어울릴 수 있도록 해야 한다.

⑤ ㉠과 ㉡의 답안을 작성할 때 괄호 뒤에 마침표가 있으므로 정답에는 마침표 ' . '를 기입하지 말아야 한다.

모범답안

㉠ 제가 선생님을 집으로 초대하고 싶습니다

㉡ 오후에는 / 언제든지 다 괜찮습니다

확장 어휘

부사	언제든지 / 언제라도 / 항상
형용사	불편한 / 괜찮다
명사	다음 번 / 다음에 / 추후에 / 아무 때
동사	초대에 응하다 / 초대에 답하다 / 말씀해 주시다 / 시간을 보내다 / 모시다

51. 다음을 읽고 ㉠과 ㉡에 들어갈 말을 각각 한 문장으로 쓰시오. (10점) 47회 기출문제

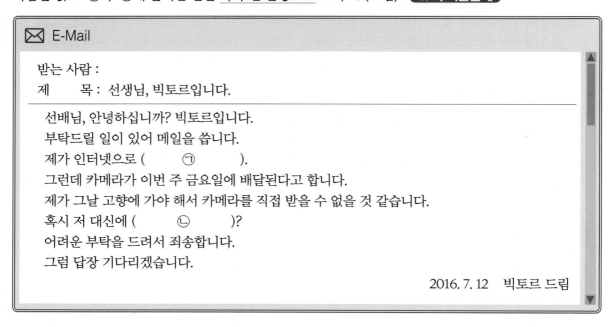

📋 문제 풀이

이 글은 인터넷으로 주문한 카메라를 대신 받아달라고 부탁하기 위해 선생님에게 보내는 이메일이다.

필수 어휘	부탁 / 메일 / 쓰다 / 인터넷 / 카메라 / 배달 / 고향 / 대신 / 답장 / 받다
필수 문법	<중급 수준의 표현과 문법을 사용해야 한다.> ㉠ 부탁을 위한 이메일의 문장 앞에 '인터넷으로'라는 표현이 나오고 문장 뒤에 '배달된다고' 라는 표현이 나왔으므로 문맥상 '주문하다/구입하다/사다'를 써야하며 '(-)습니다'라는 문법을 사용하여 답안을 작성하면 된다. ㉡ 카메라를 직접 받을 수 없다고 하는 문장 뒤에 '저 대신에'라는 표현이 나오고 부탁을 드려 죄송하다는 문장 앞에 '물음표'와 '저 대신에'라는 문장이 나왔으므로 담화의 문맥상 부탁을 말하는 '받아 주다'를 사용해서 '(으)십니까'라는 문법으로 답안을 작성하면 된다.

✏️ 답안 작성 방법

① 우선 답안지 작성에 앞서 전체적인 글의 내용을 파악한 후, 글의 주제와 목적을 파악하도록 한다.

② 글의 주제와 목적이 파악되고 나면, 괄호 안에 들어갈 문장과 괄호 앞, 뒤의 문장이 어떻게 연결 될 수 있는지 내용을 구상하도록 한다.

③ 최종 구상이 끝나면 답안을 작성한 후 문법과 단어, 맞춤법 등을 최종 점검하여 제출한 답안에 이상이 없는지 다시 한번 살펴보도록 한다.

📜 답안 작성 주의사항

① 답안을 작성할 때는 괄호 부분의 앞뒤 문장을 꼼꼼하게 살펴보고 자연스럽게 이어질 수 있는 괄호 안의 문장을 떠올려야 한다. 이때, 불필요한 어휘나 문장을 추가하거나 본래의 의미를 해치는 문장을 제시하지 않도록 주의해야 한다.

② 괄호의 답안에 앞뒤의 어구를 함께 포함하여 쓰지 않도록 주의해야 한다.

③ 문장의 끝은 '-니다, -요, -니까' 등의 끝나는 말로 통일하여 완성하도록 해야 한다.

④ 괄호 안의 문장이 전체적인 문장과 문법적 요소들이 어울릴 수 있도록 해야 한다.

⑤ ㉠의 답안을 작성할 때 괄호 뒤에 마침표가 있으므로 정답에는 마침표 ' . '를 기입하지 말아야 한다.

⑥ ㉡의 답안을 작성할 때 괄호 뒤에 물음표가 있으므로 정답에는 물음표 ' ? '를 기입하지 말아야 한다.

📃 모범답안

㉠ 카메라를 주문했습니다 / 카메라를 구입했습니다 / 카메라를 샀습니다

㉡ 카메라를 받아 주실 수 있으십니까

✏️확장 어휘

부사	그런데 / 그래서 / 그러나
형용사	죄송하다 / 죄송스럽다 / 미안하다
동사	주문하다 / 구입하다 / 사다 / 받아 주다 / 기다리다

51. 다음을 읽고 ㉠과 ㉡에 들어갈 말을 각각 한 문장으로 쓰시오. (10점) `52회 기출문제`

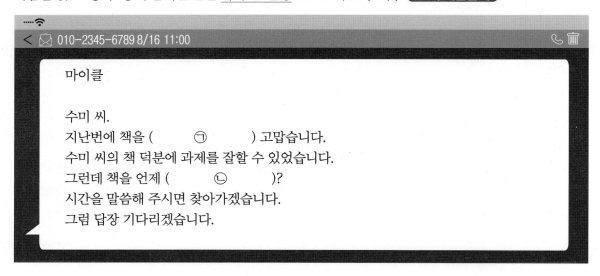

마이클

수미 씨.
지난번에 책을 (㉠   ) 고맙습니다.
수미 씨의 책 덕분에 과제를 잘할 수 있었습니다.
그런데 책을 언제 (㉡   )?
시간을 말씀해 주시면 찾아가겠습니다.
그럼 답장 기다리겠습니다.

`문제 풀이`

이 글은 빌렸던 책을 돌려주기 위해 빌려준 사람에게 보내는 휴대폰 문자 내용이다.

필수 어휘	지난번 / 책 / 덕분에 / 과제 / 언제 / 답장 / 고맙다 / 잘하다 / 빌리다 / 돌려주다 / 찾아가다 / 기다리다
필수 문법	<중급 수준의 표현과 문법을 사용해야 한다.> ㉠ 감사를 표현하는 문자의 문장 앞에 '책을'이라는 표현이 나오고 문장 뒤에 '고맙습니다'라는 표현이 나왔으므로 문맥상 '빌려 주다/주시다'를 써야하며 '(-)아 / 어서, (-)아/어 주다'라는 문법을 사용하여 답안을 작성하면 된다. ㉡ 문장 앞에 '책을 언제'라는 표현이 나오고 문장 뒤에 '물음표'와 '찾아가겠습니다'라는 문장이 나왔으므로 담화의 문맥상 '돌려 주다'를 사용해서 '(-)습니까'라는 문법으로 답안을 작성하면 된다.

📋 답안 작성 방법

① 우선 답안지 작성에 앞서 전체적인 글의 내용을 파악한 후, 글의 주제와 목적을 파악하도록 한다.

② 글의 주제와 목적이 파악되고 나면, 괄호 안에 들어갈 문장과 괄호 앞, 뒤의 문장이 어떻게 연결 될 수 있는지 내용을 구상하도록 한다.

③ 최종 구상이 끝나면 답안을 작성한 후 문법과 단어, 맞춤법 등을 최종 점검하여 제출한 답안에 이상이 없는지 다시 한번 살펴보도록 한다.

📋 답안 작성 주의사항

① 답안을 작성할 때는 괄호 부분의 앞뒤 문장을 꼼꼼하게 살펴보고 자연스럽게 이어질 수 있는 괄호 안의 문장을 떠올려야 한다. 이때, 불필요한 어휘나 문장을 추가하거나 본래의 의미를 해치는 문장을 제시하지 않도록 주의해야 한다.

② 괄호의 답안에 앞뒤의 어구를 함께 포함하여 쓰지 않도록 주의해야 한다.

③ 문장의 끝은 '-니다, -요, -니까' 등의 끝나는 말로 통일하여 완성하도록 해야 한다.

④ 괄호 안의 문장이 전체적인 문장과 문법적 요소들이 어울릴 수 있도록 해야 한다.

⑤ ㉠의 답안을 작성할 때 문장이 이어지므로 정답에는 마침표 ' . ' 또는 ' ? ' 등을 기입하지 말아야 한다.

⑥ ㉡의 답안을 작성할 때 괄호 뒤에 물음표가 있으므로 정답에는 물음표 ' ? '를 기입하지 말아야 한다.

모범답안

㉠ 빌려 줘서 / 주셔서

㉡ 돌려주면 / 돌려 드리면 됩니까 / 되겠습니까

✏️ 확장 어휘

부사	그런데 / 그래서 / 그러나 / 그건 그렇고
동사	말씀하다 / 말씀해 주시다 / 잘할 수 있다

51. 다음을 읽고 ㉠과 ㉡에 들어갈 말을 각각 <u>한 문장</u>으로 쓰시오. (10점) 〔64회 기출문제〕

> 수미 씨, 그 동안 고마웠습니다.
> 저는 다음 달이면 홍콩으로 일을 (㉠).
> 제가 원하는 회사에 취직을 해서 기쁘지만
> 수미 씨를 자주 못 볼 것 같아 아쉽습니다.
> 선물을 준비했는데 선물이 수미 씨 마음에 (㉡).

〔문제 풀이〕

이 글은 감사의 마음을 전하기 위해 선물과 함께 전달하는 감사 메모의 내용이다.

필수 어휘	그 동안 / 고맙다 / 다음 달 / 원하다 / 취직 / 기쁘다 / 자주 / 못보다 / 아쉽다 / 선물 / 가다 / 준비하다
필수 문법	<중급 수준의 표현과 문법을 사용해야 한다.> ㉠ 감사를 표현하는 메모의 문장 앞에 '홍콩으로 일을'이라는 표현이 나오고 문장 뒤에 '자주 못 볼 것 같아 아쉽다'라는 표현이 나왔으므로 문맥상 '가다/가게 되다'를 써야하며 '-(으)러'라는 문법을 사용하여 답안을 작성하면 된다. ㉡ 문장 앞에 '선물을 준비하다'라는 표현과 '선물이 수미 씨 마음에'라는 문장이 나왔으므로 담화의 문맥상 '마음에 들다'를 사용해서 '-(으)면'이라는 문법으로 답안을 작성하면 된다.

📝 〔답안 작성 방법〕

① 우선 답안지 작성에 앞서 전체적인 글의 내용을 파악한 후, 글의 주제와 목적을 파악하도록 한다.

② 글의 주제와 목적이 파악되고 나면, 괄호 안에 들어갈 문장과 괄호 앞, 뒤의 문장이 어떻게 연결 될 수 있는지 내용을 구상하도록 한다.

③ 최종 구상이 끝나면 답안을 작성한 후 문법과 단어, 맞춤법 등을 최종 점검하여 제출한 답안에 이상이 없는지 다시 한번 살펴보도록 한다.

📑 답안 작성 주의사항

① 답안을 작성할 때는 괄호 부분의 앞뒤 문장을 꼼꼼하게 살펴보고 자연스럽게 이어질 수 있는 괄호 안의 문장을 떠올려야 한다. 이때, 불필요한 어휘나 문장을 추가하거나 본래의 의미를 해치는 문장을 제시하지 않도록 주의해야 한다.

② 괄호의 답안에 앞뒤의 어구를 함께 포함하여 쓰지 않도록 주의해야 한다.

③ 문장의 끝은 '-니다, -요, -니까' 등의 끝나는 말로 통일하여 완성하도록 해야 한다.

④ 괄호 안의 문장이 전체적인 문장과 문법적 요소들이 어울릴 수 있도록 해야 한다.

⑤ ㉠과 ㉡의 답안을 작성할 때 괄호 뒤에 마침표가 있으므로 정답에는 마침표 ' . '를 기입하지 말아야 한다.

모범답안

㉠ 하러 갑니다

㉡ 들면 / 들었으면 좋겠습니다

✏️ 확장 어휘

부사	가끔 / 종종 / 이따금
동사	하러 가다 / 마음에 들다

📖 채점 기준

① 내용이 맥락에 맞게 적절한가?

② 문장 단위의 표현이 정확하고 격식에 맞는가?

Unit 02 설명문 문장 완성하기

52. 다음을 읽고 ㉠과 ㉡에 들어갈 말을 각각 한 문장으로 쓰시오. (10점) **37회 기출문제**

> 어려운 일이 생겼을 때 그 일을 대하는 우리의 태도는 크게 두 가지이다.
> (㉠   ). 다른 하나는 어려워서 불가능하다고 포기하는 것이다. 그런데 긍정적인 결과를 기대할수록 좋은 결과를 얻을 확률이 높다.
> 반대로 (㉡   ). 그러므로 우리는 시련이나 고난이 닥쳤을 때일수록 더욱 긍정적으로 생각할 필요가 있다.

문제 풀이

이 글은 어떠한 일이 생겼을 때 우리가 대하는 태도에 대해 설명하는 글이다.

필수 어휘	태도 / 불가능 / 확률 / 시련 / 고난 / 포기하다 / 기대하다 / 닥치다
필수 문법	<중급 수준의 표현과 문법을 사용해야 한다.> ㉠ 문장 뒤에 '다른 하나는'이라는 표현이 나왔으므로 문맥상 '하나는'으로 문장을 시작해야 한다. 또한, 뒤 문장에서 '포기하는 것이다'라는 표현이 나왔으므로 반대의 표현을 사용해야 하며 '-은/는 것이다'라는 문법을 사용하여 답안을 작성하면 된다. ㉡ 문장 앞에 긍정적이라는 내용의 문맥에 이어 '반대로'라는 표현이 나오고 문장 뒤에 그러므로라는 표현이 나오므로 담화의 문맥상 부정적이라는 내용의 표현이 나와야 한다. -(으)면을 사용해서 답안을 작성하면 된다.

답안 작성 방법

① 우선 답안지 작성에 앞서 전체적인 글의 내용을 파악한 후, 글의 주제와 목적을 파악하도록 한다.
② 글의 주제와 목적이 파악되고 나면, 괄호 안에 들어갈 문장과 괄호 앞, 뒤의 문장이 어떻게 연결 될 수 있는지 내용을 구상하도록 한다.
③ 최종 구상이 끝나면 답안을 작성한 후 문법과 단어, 맞춤법 등을 최종 점검하여 제출한 답안에 이상이 없는지 다시 한번 살펴보도록 한다.

답안 작성 주의사항

① 답안을 작성할 때는 괄호 부분의 앞뒤 문장을 꼼꼼하게 살펴보고 자연스럽게 이어질 수 있는 괄호 안의 문장을 떠올려야 한다. 이때, 불필요한 어휘나 문장을 추가하거나 본래의 의미를 해치는 문장을 제시하지 않도록 주의해야 한다.

② 괄호의 답안에 앞뒤의 어구를 함께 포함하여 쓰지 않도록 주의해야 한다.

③ 문장의 끝은 '-니다, -요, -니까' 등의 끝나는 말로 통일하여 완성하도록 해야 한다.

④ 괄호 안의 문장이 전체적인 문장과 문법적 요소들이 어울릴 수 있도록 해야 한다.

⑤ ㉠과 ㉡의 답안을 작성할 때 괄호 뒤에 마침표가 있으므로 정답에는 마침표 '.'를 기입하지 말아야 한다.

모범답안

㉠ 하나는 아무리 어려워도 절대 포기하지 않는 것이다

　　/ 하나는 가능하다는 믿음을 가지고 긍정적인 결과를 기대하는 것이다

㉡ 부정적으로 생각하면 좋은 결과를 얻기 어렵다

　　/ 부정적인 생각을 하면 좋은 결과를 얻을 확률이 낮다

확장 어휘

부사	그러므로 / 그래서 / 그리하여
동사	생기다 / 불가능하다 / 얻다 / 생각하다

52. 다음을 읽고 ㉠과 ㉡에 들어갈 말을 각각 한 문장으로 쓰시오. (10점) `41회 기출문제`

> 머리는 언제 감는 것이 좋을까? 사람들은 보통 아침에 머리를 감는다.
> 그러나 더러워진 머리는 감고 자야 머릿결에 좋기 때문에
> (㉠   ). 그런데 젖은 머리로 자면 머릿결이 상하기 쉽다.
> 따라서 (㉡   ). 만약 머리를 말리기 어려우면 아침에 감는 것이 더 낫다.

`문제 풀이`

이 글은 언제 머리를 감는 것이 머릿결에 좋은 지에 대해 설명하는 글이다.

필수 어휘	보통 / 머릿결 / 만약 / 감다 / 더러워지다 / 상하다 / 낫다 / 젓다 / 그런데 / 따라서
필수 문법	<중급 수준의 표현과 문법을 사용해야 한다.> ㉠ 문장 앞에 '감고 자야 머릿결에 좋기 때문에'라는 표현이 나왔으므로 문맥상 '저녁에 감다'라는 문장으로 표현해야 한다. 또한, 뒤에 문장에서 '그런데' '상하기 쉽다' 등의 표현이 나왔으므로 긍정의 표현을 사용해야 하며 '- 좋다'라는 문법을 사용하여 답안을 작성하면 된다. ㉡ 문장 앞에 '상하기 쉽다'라는 부정적이라는 내용의 문맥에 이어 '따라서'라는 표현이 나오므로 담화의 문맥상 긍정의 표현이 나와야 한다. '-아/어야 하다'를 사용해서 답안을 작성하면 된다.

📝 `답안 작성 방법`

① 우선 답안지 작성에 앞서 전체적인 글의 내용을 파악한 후, 글의 주제와 목적을 파악하도록 한다.
② 글의 주제와 목적이 파악되고 나면, 괄호 안에 들어갈 문장과 괄호 앞, 뒤의 문장이 어떻게 연결 될 수 있는지 내용을 구상하도록 한다.
③ 최종 구상이 끝나면 답안을 작성한 후 문법과 단어, 맞춤법 등을 최종 점검하여 제출한 답안에 이상이 없는지 다시 한번 살펴보도록 한다.

📜 **답안 작성 주의사항**

① 답안을 작성할 때는 괄호 부분의 앞뒤 문장을 꼼꼼하게 살펴보고 자연스럽게 이어질 수 있는 괄호 안의 문장을 떠올려야 한다. 이때, 불필요한 어휘나 문장을 추가하거나 본래의 의미를 해치는 문장을 제시하지 않도록 주의해야 한다.

② 괄호의 답안에 앞뒤의 어구를 함께 포함하여 쓰지 않도록 주의해야 한다.

③ 문장의 끝은 '-니다, -요, -니까' 등의 끝나는 말로 통일하여 완성하도록 해야 한다.

④ 괄호 안의 문장이 전체적인 문장과 문법적 요소들이 어울릴 수 있도록 해야 한다.

⑤ ㉠과 ㉡의 답안을 작성할 때 괄호 뒤에 마침표가 있으므로 정답에는 마침표 ' . '를 기입하지 말아야 한다.

📋 **모범답안**

㉠ 머리는 저녁에 감는 것이 좋다

㉡ 자기 전에 머리를 말리고 자야 한다

✏️ **확장 어휘**

부사	그러나 / 그렇지만 / 그래도 / 더 / 보다
동사	말리다 / 마르다 / 적시다

52. 다음을 읽고 ㉠과 ㉡에 들어갈 말을 각각 한 문장으로 쓰시오. (10점) 47회 기출문제

> 　　사람의 손에는 눈에 보이지 않는 세균이 많다.
> 그래서 병을 예방하기 위해서는 자주 (　　㉠　　).
> 그런데 전문가들은 손을 씻을때 꼭 (　　㉡　　).
> 비누 없이 물로만 씻으면 손에 있는 세균을 제대로 없애기 어렵기 때문이다.

문제 풀이

이 글은 손에 있는 세균을 제대로 없애기 위해 어떻게 손을 씻는 것이 좋은 지에 대해 설명하는 글이다.

필수 어휘	세균 / 병 / 예방 / 자주 / 전문가 / 비누 / 씻다 / 없애다 / 제대로
필수 문법	<중급 수준의 표현과 문법을 사용해야 한다.> ㉠ 문장 앞에 '그래서'와 '예방하기 위해서는', '자주'라는 표현이 나왔으므로 문맥상 '씻다'라는 문장으로 표현해야 한다. 또한, 뒤에 문장에서 '그런데' '손을 씻을 때' 등의 표현이 나왔으므로 긍정의 표현을 사용해야 하며 '-아/어야 한다'라는 문법을 사용하여 답안을 작성하면 된다. ㉡ 문장 앞에 '씻을 때 꼭'이라는 당부하는 내용의 문맥에 이어 '비누 없이'라는 표현이 나오므로 담화의 문맥상 '비누로 씻다'라는 표현이 나와야 한다. 문장 앞에 '전문가들'이라는 표현이 나왔으므로 인용의 '-(으) 라고'를 사용해서 답안을 작성하면 된다.

답안 작성 방법

① 우선 답안지 작성에 앞서 전체적인 글의 내용을 파악한 후, 글의 주제와 목적을 파악하도록 한다.
② 글의 주제와 목적이 파악되고 나면, 괄호 안에 들어갈 문장과 괄호 앞, 뒤의 문장이 어떻게 연결 될 수 있는지 내용을 구상하도록 한다.
③ 최종 구상이 끝나면 답안을 작성한 후 문법과 단어, 맞춤법 등을 최종 점검하여 제출한 답안에 이상 이 없는지 다시 한번 살펴보도록 한다.

답안 작성 주의사항

① 답안을 작성할 때는 괄호 부분의 앞뒤 문장을 꼼꼼하게 살펴보고 자연스럽게 이어질 수 있는 괄호 안의 문장을 떠올려야 한다. 이때, 불필요한 어휘나 문장을 추가하거나 본래의 의미를 해치는 문장을 제시하지 않도록 주의해야 한다.

② 괄호의 답안에 앞뒤의 어구를 함께 포함하여 쓰지 않도록 주의해야 한다.

③ 문장의 끝은 '-니다, -요, -니까' 등의 끝나는 말로 통일하여 완성하도록 해야 한다.

④ 괄호 안의 문장이 전체적인 문장과 문법적 요소들이 어울릴 수 있도록 해야 한다.

⑤ ㉠과 ㉡의 답안을 작성할 때 괄호 뒤에 마침표가 있으므로 정답에는 마침표 '.'를 기입하지 말아야 한다.

모범답안

㉠ 손을 씻어야 한다

㉡ 비누를 사용하라고 한다 / 비누로 씻으라고 한다

✏️확장 어휘

부사	그러나 / 그렇지만 / 그렇다 해도 / 대충 / 적당히
동사	안 보이다 / 보이지 않다 / 제거하다

52. 다음을 읽고 ⑦과 ⓒ에 들어갈 말을 각각 한 문장으로 쓰시오. (10점) [52회 기출문제]

> 우리는 기분이 좋으면 밝은 표정을 짓는다. 그리고 기분이 좋지 않으면 표정이 어두워진다.
> 왜냐하면 (⑦   ).
> 그런데 이와 반대로 표정이 우리의 감정에 영향을 주기도 한다.
> 그래서 기분이 안 좋을 때 밝은 표정을 지으면 기분도 따라서 좋아진다.
> 그러므로 우울할 때일수록 (ⓒ   ) 것이 좋다.

문제 풀이

이 글은 표정과 감정이 우리에게 어떠한 영향을 주는지에 대해 설명하는 글이다.

필수 어휘	표정 / 짓다 / 왜냐하면 / 따라서 / 그런데 / 반대로 / 감정 / 영향 / 우울하다 / 주기도 하다
필수 문법	<중급 수준의 표현과 문법을 사용해야 한다.> ⑦ 문장 앞에 표정의 변화에 대해 설명하면서 '왜냐하면'이라는 표현이 나오고, 문장 뒤에 '이와 반대로'라는 표현이 나왔으므로 '표정이 우리의 감정에 영향을 주기도 한다'의 반대에 해당하는 문장으로 답하면 된다. '-기 때문에'라는 문법을 사용하여 답안을 작성하면 된다. ⓒ 문장 앞에 '밝은 표정을 지으면 기분도 따라서 좋아진다'라는 내용의 문맥에 이어 '그러므로', '것이 좋다'라는 표현이 나오므로 담화의 문맥상 '밝은 표정을 짓다'라는 표현이 나와야 한다. 문장 뒤에 '것이 좋다'라는 표현이 나왔으므로 인용의 '-짓는 것이'를 사용해서 답안을 작성하면 된다.

📝 답안 작성 방법

① 우선 답안지 작성에 앞서 전체적인 글의 내용을 파악한 후, 글의 주제와 목적을 파악하도록 한다.

② 글의 주제와 목적이 파악되고 나면, 괄호 안에 들어갈 문장과 괄호 앞, 뒤의 문장이 어떻게 연결 될 수 있는지 내용을 구상하도록 한다.

③ 최종 구상이 끝나면 답안을 작성한 후 문법과 단어, 맞춤법 등을 최종 점검하여 제출한 답안에 이상이 없는지 다시 한번 살펴보도록 한다.

📋 답안 작성 주의사항

① 답안을 작성할 때는 괄호 부분의 앞뒤 문장을 꼼꼼하게 살펴보고 자연스럽게 이어질 수 있는 괄호 안의 문장을 떠올려야 한다. 이때, 불필요한 어휘나 문장을 추가하거나 본래의 의미를 해치는 문장을 제시하지 않도록 주의해야 한다.

② 괄호의 답안에 앞뒤의 어구를 함께 포함하여 쓰지 않도록 주의해야 한다.

③ 문장의 끝은 '-니다, -요, -니까' 등의 끝나는 말로 통일하여 완성하도록 해야 한다.

④ 괄호 안의 문장이 전체적인 문장과 문법적 요소들이 어울릴 수 있도록 해야 한다.

⑤ ㉠의 답안을 작성할 때 괄호 뒤에 마침표가 있으므로 정답에는 마침표 ' . '를 기입하지 말아야 한다.

⑥ ㉡의 답안을 작성할 때 괄호 뒤에 마침표나 물음표가 없으므로 문장 뒤의 '것이 좋다'와 연결되는 문장의 답안을 작성해야 한다.

📄 모범답안

㉠ 감정이 표정에 영향을 주기 때문이다

㉡ 밝은 표정을 짓는 / 하는, 표정을 밝게 짓는 / 하는

✏️ 확장 어휘

부사	그러나 / 하지만 / 그렇지만 / 그리하여 / 그러므로
형용사	나쁘다 / 어둡다
동사	밝아지다

52. 다음을 읽고 ㉠과 ㉡에 들어갈 말을 각각 한 문장으로 쓰시오. (10점) 64회 기출문제

> 별은 지구에서 멀리 떨어져 있다. 그래서 별빛이 지구까지 오는 데 많은 시간이 걸린다.
>
> 지구와 가장 가까운 별의 빛도 지구까지 오는 데 4억 년이 걸린다.
>
> 만약 우리가 이 별을 본다면 우리는 이 별의 현재 모습이 아니라 4억 년 전의 (㉠   ).
>
> 이처럼 별빛은 오랜 시간이 지나야 지구에 도달한다.
>
> 그래서 어떤 별이 사라져도 우리는 그 사실을 바로 알지 못하고 아주 오랜 시간이 (㉡   ).

문제 풀이

이 글은 별빛이 지구까지 오는데 걸리는 시간에 대해 설명하는 글이다.

필수 어휘	별 / 지구 / 멀리 / 별빛 / 모습 / 아주 / 오랜 / 만약 / 이처럼 / 사실을 / 걸리다 / 떨어지다 / 오다 / 도달하다 / 사라지다 / 지나다
필수 문법	<중급 수준의 표현과 문법을 사용해야 한다.> ㉠ 문장 앞에 별빛에 대해 설명하면서 '우리가 이 별을 본다면'이라는 표현과 '현재 모습이 아니라 4억 년 전의'라는 표현이 나왔으므로 문맥상 '모습을 보다'에 해당하는 문장으로 답하면 된다. '-것이다'라는 문법을 사용하여 답안을 작성하면 된다. ㉡ 문장 앞에 '바로 알지 못하고'라는 내용의 문맥에 이어 '아주 오랜 시간이'라는 표현이 나오므로 담화의 문맥상 '지나야 알다'라는 표현이 나와야 한다. 문장 뒤에 마침표 ' . '로 끝나므로 '-수 있다'를 사용해서 글을 마무리 하는 답안을 작성하면 된다.

답안 작성 방법

① 우선 답안지 작성에 앞서 전체적인 글의 내용을 파악한 후, 글의 주제와 목적을 파악하도록 한다.

② 글의 주제와 목적이 파악되고 나면, 괄호 안에 들어갈 문장과 괄호 앞, 뒤의 문장이 어떻게 연결 될 수 있는지 내용을 구상하도록 한다.

③ 최종 구상이 끝나면 답안을 작성한 후 문법과 단어, 맞춤법 등을 최종 점검하여 제출한 답안에 이상이 없는지 다시 한번 살펴보도록 한다.

📜 답안 작성 주의사항

① 답안을 작성할 때는 괄호 부분의 앞뒤 문장을 꼼꼼하게 살펴보고 자연스럽게 이어질 수 있는 괄호 안의 문장을 떠올려야 한다. 이때, 불필요한 어휘나 문장을 추가하거나 본래의 의미를 해치는 문장을 제시하지 않도록 주의해야 한다.

② 괄호의 답안에 앞뒤의 어구를 함께 포함하여 쓰지 않도록 주의해야 한다.

③ 문장의 끝은 '-니다, -요, -니까' 등의 끝나는 말로 통일하여 완성하도록 해야 한다.

④ 괄호 안의 문장이 전체적인 문장과 문법적 요소들이 어울릴 수 있도록 해야 한다.

⑤ ㉠과 ㉡의 답안을 작성할 때 괄호 뒤에 마침표가 있으므로 정답에는 마침표 ' . '를 기입하지 말아야 한다.

모범답안

㉠ 모습을 보는 것이다

㉡ 지나야 알 수 있다 / 지난 후에야 알 수 있다

✏️ 확장 어휘

부사	그러므로 / 따라서 / 그렇기 때문에 / 그런 이유로
동사	가까이 / 소요되다 / 소비되다 / 많은 / 도착하다 / 없어지다

📖 채점 기준

① 내용이 맥락에 맞게 적절한가?

② 문장 단위의 표현이 정확하고 격식에 맞는가?

Unit 03 표, 그래프 보고 글로 표현하기

53. 다음 그림을 보고 대중매체를 어떻게 나눌 수 있는지 200~300자로 쓰시오. (30점) [37회 기출문제]

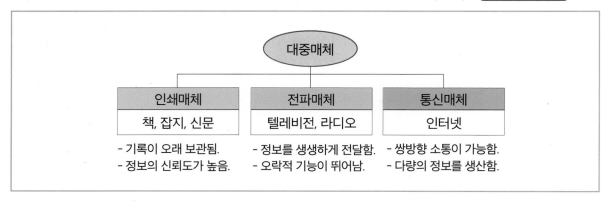

문제 풀이

정보 파악	▶ 대중매체에는 인쇄매채, 전파매체, 통신매체가 있다. ▶ 인쇄매체에는 책, 잡지, 신문이 있고 기록이 오래 보관되고 정보의 신뢰도가 높다. ▶ 전파매체는 텔레비전, 라디오가 있고 정보를 생생하게 전달하고 오락적 기능이 뛰어나다. ▶ 통신매체는 인터넷이 있고 쌍방향 소통이 가능하고 다량의 정보를 생산한다.
필수 어휘	대중매체 / 대량 / 수단 / 다양한 / 양식 / 표현 / 매체 / 보관 / 신뢰도 오락성 / 특징 / 쌍방향 / 속하다 / 생생하게 / 전달하다 / 생산하다
필수 문법	-은/는 특징이 있다 -은/는 특징을 가지다

답안 작성 방법

① 53번 문제는 각종 표나 그래프 등을 바탕으로 설문 조사, 통계, 현황자료 등에 대한 시각자료를 제시하고 있으며 제시된 정보를 바탕으로 200~300자 길이의 글을 써야 한다.

② 과거에는 줄글 형식으로 정보가 제시되는 경우가 많았으나 최근에는 도표나 그래프를 보고 스스로 정보를 분석한 후 정리하여 답안을 작성해야 하는 문제가 많아졌으므로 정보 파악이 중요하다.

③ 답안지 작성은 앞서 제시된 정보만을 이용하여 작성해야 하며 정확히 내용을 분석해야 한다.

④ 주어진 정보를 잘못 해석하거나 이해할 경우 좋은 점수를 받을 수 없으며 개인의 의견이 들어가면 안된다.

⑤ 정보 분석이 완료되면 원고지 작성법에 따라 답안을 작성해야 한다.

⑥ 수정은 수정펜을 사용하면 안 되며 쓰기 교정 부호를 사용하여 수정하거나 답안지를 교체해야 한다.

⑦ 답안 작성은 '한편, 반면, 그러나' 등의 접속사나 '첫째, 둘째, 마지막으로' 등의 순서를 나타내는 어휘를 사용하면 좋다.

⑧ 중급이상의 어휘와 문법을 사용하는 것이 좋으며 문장의 끝은 '-니다, -요, -니까' 대신 '-ㄴ/는다'로 끝맺도록 해야 한다.

⑨ 절대로 글의 제목은 쓰지 않도록 해야 한다.

⑩ 문장과 문법적 요소들이 잘 어울릴 수 있도록 답안을 작성한 후 최종적으로 문법과 단어, 맞춤법 등을 점검하여 제출할 답안에 이상이 없는지 다시 한 번 살펴보도록 한다.

모범답안

	대	중	매	체	란		많	은		사	람	에	게		대	량	으	로	
정	보	와		생	각	을		전	달	하	는		수	단	을		말	한	다.
이	러	한		대	중	매	체	에	는		다	양	한		양	식	이		있
는	데	,		표	현		양	식	을		기	준	으	로		나	누	면		크
게		인	쇄	매	체	,		전	파	매	체	,		통	신	매	체	이	다	.
	인	쇄	매	체	는		책	이	나		잡	지	,		신	문		등	으	로
기	록	이		오	래		보	관	되	고		정	보	의		신	뢰	도	가
높	다	는		특	징	이		있	다	.									
	다	음	으	로		전	파	매	체	가		있	는	데		텔	레	비	전,
라	디	오		등	이		이	에		속	한	다	.		정	보	를		생	생
하	게		전	달	하	고		오	락	성	이		뛰	어	나	다	는		특
징	을		가	진	다	.													
	마	지	막	으	로		인	터	넷	과		같	은		통	신	매	체	를
들		수		있	다	.		쌍	방	향		소	통	이		가	능	하	고
다	량	의		정	보	를		생	산	한	다	는		특	징	이		있	다.

확장 어휘

관형사	이런	형용사	이러한
부사	이같이	동사	분류하다 / 저장하다 / 저장되다 / 양방향

53. 다음은 '글쓰기 능력을 향상시키는 방법'에 대해 교사와 학생을 대상으로 실시한 설문 조사입니다. 그래프를 보고, 조사 결과를 비교하여 200~300자로 쓰시오. (30점) [41회 기출문제]

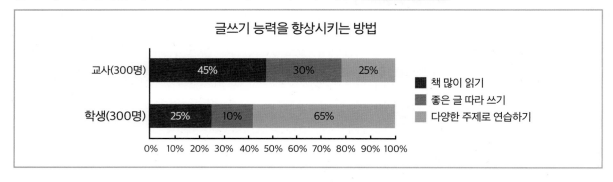

글쓰기 능력을 향상시키는 방법

교사(300명): 45% / 30% / 25%
학생(300명): 25% / 10% / 65%

- 책 많이 읽기
- 좋은 글 따라 쓰기
- 다양한 주제로 연습하기

0% 10% 20% 30% 40% 50% 60% 70% 80% 90% 100%

문제 풀이

정보 파악	▶ 교사와 학생 각 300명을 대상으로 글쓰기 능력을 향상시키는 방법에 대해 설문조사를 실시했다. ▶ 교사는 글을 잘 쓰기 위해 책을 많이 읽어야 한다가 45%, 학생은 다양한 주제로 연습하기가 65%로 가장 높았다. ▶ 교사는 좋은 글을 따라 써야 한다가 30%, 다양한 주제로 연습하기가 25%를 차지했다. ▶ 학생은 책을 많이 읽어야 한다가 25%, 좋은 글을 따라 써야 한다가 10%를 차지했다.
필수 어휘	대상 / 능력 / 향상 / 설문조사 / 다양한 / 주제 / 반면에 실시하다 / 차지하다 / 나타나다 / 그치다
필수 문법	-(으)로 나타나다 / -에 그치다 / -을 수 있다

📝 답안 작성 방법

① 53번 문제는 각종 표나 그래프 등을 바탕으로 설문조사, 통계, 현황자료 등에 대한 시각자료를 제시하고 있으며 제시된 정보를 바탕으로 200~300자 길이의 글을 써야한다.

② 과거에는 줄글 형식으로 정보가 제시되는 경우가 많았으나 최근에는 도표나 그래프를 보고 스스로 정보를 분석한 후 정리하여 답안을 작성해야 하는 문제가 많아졌으므로 정보 파악이 중요하다.

③ 답안지 작성은 앞서 제시된 정보만을 이용하여 작성해야 하며 정확히 내용을 분석해야 한다.

④ 주어진 정보를 잘못 해석하거나 이해할 경우 좋은 점수를 받을 수 없으며 개인의 의견이 들어가면 안된다.

⑤ 정보 분석이 완료되면 원고지 작성법에 따라 답안을 작성해야 한다.

⑥ 수정은 수정펜을 사용하면 안 되며 쓰기 교정 부호를 사용하여 수정하거나 답안지를 교체해야 한다.

⑦ 답안 작성은 '한편, 반면, 그러나' 등의 접속사나 '첫째, 둘째, 마지막으로' 등의 순서를 나타내는 어휘를 사용하면 좋다.

⑧ 중급이상의 어휘와 문법을 사용하는 것이 좋으며 문장의 끝은 '-니다, -요, -니까' 대신 '-ㄴ/는다' 로 끝맺도록 해야 한다.

⑨ 절대로 글의 제목은 쓰지 않도록 해야 한다.

⑩ 문장과 문법적 요소들이 잘 어울릴 수 있도록 답안을 작성한 후 최종적으로 문법과 단어, 맞춤법 등 을 점검하여 제출할 답안에 이상이 없는지 다시 한 번 살펴보도록 한다.

모범답안

교	사	와		학	생		30	0	명	을		대	상	으	로		글	쓰
기		능	력	을		향	상	시	키	는		방	법	에		대	해		설
문		조	사	를		실	시	하	였	다	.		그		결	과		교	사	와
학	생	의		생	각	이		다	르	다	는		것	을		알		수	
있	었	다	.	교	사	의		경	우		글	을		잘		쓰	려	면	
책	을		많	이		읽	어	야		한	다	가		45	%	로		가	장
높	게		나	타	났	지	만		학	생	의		경	우	에	는		다	양
한		주	제	로		연	습	하	기	가		65	%	로		가	장		높
았	다	.																	
	다	음	으	로		교	사	는		좋	은		글	을		따	라		써
야		한	다	가		30	%	,		다	양	한		주	제	로		연	습	해
야		한	다	가		25	%	를		차	지	했	다	.		반	면	에		학
생	들	은		책	을		많	이		읽	어	야		한	다	가		25	%
로		나	타	났	고	,		좋	은		글	을		따	라		써	야		한
다	는		10	%	에		그	쳤	다	.									

✏️확장 어휘

부사	한편으로 / 또한 / 그러나 / 그렇지만 / 그럼에도 불구하고
명사	상대로
동사	키우다 / 증진시키다 / 학습하다

53. 다음을 참고하여 '국내 외국인 유학생 현황'에 대한 글을 200~300자로 쓰시오. 단, 글의 제목을 쓰지 마시오. (30점) **47회 기출문제**

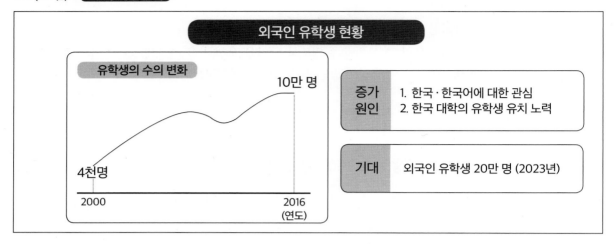

문제 풀이

정보 파악	▶ 국내에서 유학하는 외국인 유학생이 급증하는 현황을 그래프로 나타냈다. ▶ 2,000년에 4천 명이던 유학생 수가 2016년도에는 10만 명이 되었다. ▶ 증가원인으로는 한국·한국어에 대한 관심, 한국 대학의 유학생 유치를 위한 노력이 있다. ▶ 2023년에는 외국인 유학생이 20만 명에 이를 것으로 기대된다.
필수 어휘	유학생 / 급증 / 상승세 / 증가세 / 원인 / 관심 / 유치 / 영향 가파르다 / 주춤하다 / 늘다 / 미치다 / 이어지다 / 이르다 / 기대되다
필수 문법	-을 수 있다 (으)로 기대되다 / 보이다

답안 작성 방법

① 53번 문제는 각종 표나 그래프 등을 바탕으로 설문조사, 통계, 현황자료 등에 대한 시각자료를 제시하고 있으며 제시된 정보를 바탕으로 200~300자 길이의 글을 써야한다.

② 과거에는 줄글 형식으로 정보가 제시되는 경우가 많았으나 최근에는 도표나 그래프를 보고 스스로 정보를 분석한 후 정리하여 답안을 작성해야 하는 문제가 많아졌으므로 정보 파악이 중요하다.

③ 답안지 작성은 앞서 제시된 정보만을 이용하여 작성해야 하며 정확히 내용을 분석해야 한다.

④ 주어진 정보를 잘못 해석하거나 이해할 경우 좋은 점수를 받을 수 없으며 개인의 의견이 들어가면 안된다.

⑤ 정보 분석이 완료되면 원고지 작성법에 따라 답안을 작성해야 한다.

⑥ 수정은 수정펜을 사용하면 안 되며 쓰기 교정 부호를 사용하여 수정하거나 답안지를 교체해야 한다.

⑦ 답안 작성은 '한편, 반면, 그러나' 등의 접속사나 '첫째, 둘째, 마지막으로' 등의 순서를 나타내는 어휘를 사용하면 좋다.

⑧ 중급이상의 어휘와 문법을 사용하는 것이 좋으며 문장의 끝은 '-니다, -요, -니까' 대신 '-ㄴ/는다'로 끝맺도록 해야 한다.

⑨ 절대로 글의 제목은 쓰지 않도록 해야 한다.

⑩ 문장과 문법적 요소들이 잘 어울릴 수 있도록 답안을 작성한 후 최종적으로 문법과 단어, 맞춤법 등을 점검하여 제출할 답안에 이상이 없는지 다시 한 번 살펴보도록 한다.

[모범답안]

	최	근		국	내	에	서		유	학	하	는		외	국	인		유	학
생	이		급	증	했	다	.		20	20	년	에		4	천		명	이	던
유	학	생	이		가	파	른		상	승	세	를		보	이	다		잠	시
주	춤	하	더	니		다	시		증	가	세	를		보	이	며		20	16
년	에		이	르	러		10	만		명	이		되	었	다	.		이	러	한
증	가	의		원	인	으	로		우	선		외	국	인	들	의		한	국
과		한	국	어	에		대	한		관	심	이		증	가	한		것	을
들		수		있	다	.		한	국		대	학	에	서		유	학	생	을
유	치	하	려	는		노	력	도		유	학	생	의		증	가	에		큰
영	향	을		미	친		것	으	로		보	인	다	.		이	러	한		영
향	이		계	속		이	어	진	다	면		20	23	년	에	는		외	국
인		유	학	생	이		20	만	명	에		이	를		것	으	로		기
대	된	다	.																

✏️확장 어휘

부사	이같이 / 이와 같이
형용사	그러하다 / 이러하다 / 완만하다
명사	감소세 / 상승세 / 하락세
동사	끊기다 / 예상되다 / 예측되다 / 예를 들다 / 급감하다

53. 다음을 참고하여 '아이를 꼭 낳아야 하는가'에 대한 글을 200~300자로 쓰시오. 단, 글의 제목을 쓰지 마시오. (30점) 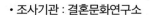 52회 기출문제

• 조사기관 : 결혼문화연구소
• 조사대상 : 20대 이상 성인 남녀 3,000명

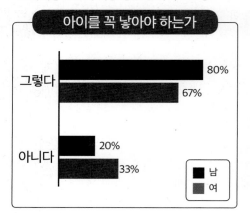

문제 풀이

정보 파악	▶ 결혼문화연구소에서 아이를 꼭 낳아야 하는가에 대한 조사결과를 그래프로 나타냈다. ▶ '그렇다' 라고 답한 남자는 80%, 여자는 67%였다. ▶ '아니다' 라고 답한 남자는 20%, 여자는 33%였다. ▶ '아니다'라고 응답한 이유는 남자는 양육비 부담, 여자는 자유로운 생활이 가장 많았다. ▶ 다음 순위로 남자는 자유로운 생활을, 여자는 직장생활 유지로 응답했다.
필수 어휘	성인 / 대상 / 조사 / 양육비 낳다 / 응답하다 / 부담스럽다 / 원하다 / 유지하다 / 자유롭다
필수 문법	-(으)라고

📝 답안 작성 방법

① 53번 문제는 각종 표나 그래프 등을 바탕으로 설문조사, 통계, 현황자료 등에 대한 시각자료를 제시하고 있으며 제시된 정보를 바탕으로 200~300자 길이의 글을 써야한다.

② 과거에는 줄글 형식으로 정보가 제시되는 경우가 많았으나 최근에는 도표나 그래프를 보고 스스로 정보를 분석한 후 정리하여 답안을 작성해야 하는 문제가 많아졌으므로 정보 파악이 중요하다.

③ 답안지 작성은 앞서 제시된 정보만을 이용하여 작성해야 하며 정확히 내용을 분석해야 한다.

④ 주어진 정보를 잘못 해석하거나 이해할 경우 좋은 점수를 받을 수 없으며 개인의 의견이 들어가면 안 된다.

⑤ 정보 분석이 완료되면 원고지 작성법에 따라 답안을 작성해야 한다.

⑥ 수정은 수정펜을 사용하면 안 되며 쓰기 교정 부호를 사용하여 수정하거나 답안지를 교체해야 한다.

⑦ 답안 작성은 '한편, 반면, 그러나' 등의 접속사나 '첫째, 둘째, 마지막으로' 등의 순서를 나타내는 어휘를 사용하면 좋다.

⑧ 중급이상의 어휘와 문법을 사용하는 것이 좋으며 문장의 끝은 '-니다, -요, -니까' 대신 '-ㄴ/는다'로 끝맺도록 해야 한다.

⑨ 절대로 글의 제목은 쓰지 않도록 해야 한다.

⑩ 문장과 문법적 요소들이 잘 어울릴 수 있도록 답안을 작성한 후 최종적으로 문법과 단어, 맞춤법 등을 점검하여 제출할 답안에 이상이 없는지 다시 한 번 살펴보도록 한다.

모범답안

결혼문화연구소에서 20대 이상 성인 남녀 3,000명을 대상으로 '아이를 꼭 낳아야 하는가'에 대해 조사하였다. 그 결과 '그렇다'라고 응답한 남자는 80%, 여자는 67%였고, '아니다'라고 응답한 남자는 20%, 여자는 33%였다. 이들이 '아니다'라고 응답한 이유에 대해 남자는 양육비가 부담스러워서, 여자는 자유로운 생활을 원해서라고 응답한 경우가 가장 많았다. 이어 남자는 자유로운 생활을 원해서, 여자는 직장 생활을 유지하고 싶어서라고 응답하였다.

확장 어휘

부사	이어서
형용사	그러하다 / 이러하다 / 완만하다
명사	상대로 / 다음으로
동사	답변하다 / 지속하다 / 걱정스럽다 / 대하다

53. 다음을 참고하여 '온라인 쇼핑 시장의 변화'에 대한 글을 200~300자로 쓰시오. 단, 글의 제목을 쓰지 마시오. (30점) 64회 기출문제

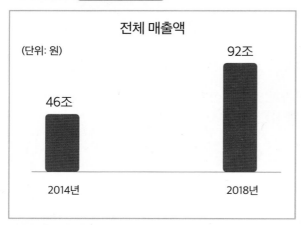

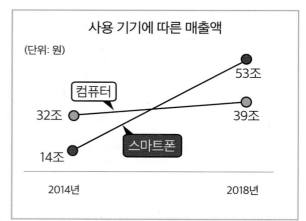

변화 원인	• 온라인으로 다양한 상품 구매 가능	• 쇼핑 접근성 : 

문제 풀이

정보 파악	▶ 온라인 쇼핑 시장의 변화에 대한 조사결과를 그래프로 나타냈다. ▶ 전체 매출액은 2014년에 46조 원에서 2018년에 92조 원으로 크게 증가했다 . ▶ 사용기기에 따른 매출액은 컴퓨터의 경우 2014년에 32조 원에서 2018년에 39조 원으로 소폭 증가했다. ▶ 스마트폰을 사용한 경우 2014년 14조 원에서 2018년 53조 원으로 큰 폭으로 증가했다. ▶ 변화의 원인은 온라인으로 다양한 상품 구매가 가능해졌고 컴퓨터에 비해 스마트폰이 쇼핑 접근성이 높기 때문이다.
필수 어휘	시장 / 변화 / 매출액 / 사용기기 / 소폭 / 접근성 / 반면 증가하다 / 나타나다 / 가능해지다 / 높아지다
필수 문법	-(으)로 나타나다 / 증가하다 -기 때문에

답안 작성 방법

① 53번 문제는 각종 표나 그래프 등을 바탕으로 설문조사, 통계, 현황자료 등에 대한 시각자료를 제시하고 있으며 제시된 정보를 바탕으로 200~300자 길이의 글을 써야한다.

② 과거에는 줄글 형식으로 정보가 제시되는 경우가 많았으나 최근에는 도표나 그래프를 보고 스스로 정보를 분석한 후 정리하여 답안을 작성해야 하는 문제가 많아졌으므로 정보 파악이 중요하다.

③ 답안지 작성은 앞서 제시된 정보만을 이용하여 작성해야 하며 정확히 내용을 분석해야 한다.

④ 주어진 정보를 잘못 해석하거나 이해할 경우 좋은 점수를 받을 수 없으며 개인의 의견이 들어가면 안된다.

⑤ 정보 분석이 완료되면 원고지 작성법에 따라 답안을 작성해야 한다.

⑥ 수정은 수정펜을 사용하면 안 되며 쓰기 교정 부호를 사용하여 수정하거나 답안지를 교체해야 한다.

⑦ 답안 작성은 '한편, 반면, 그러나' 등의 접속사나 '첫째, 둘째, 마지막으로' 등의 순서를 나타내는 어휘를 사용하면 좋다.

⑧ 중급이상의 어휘와 문법을 사용하는 것이 좋으며 문장의 끝은 '-니다, -요, -니까' 대신 '-ㄴ/는다'로 끝맺도록 해야 한다.

⑨ 절대로 글의 제목은 쓰지 않도록 해야 한다.

⑩ 문장과 문법적 요소들이 잘 어울릴 수 있도록 답안을 작성한 후 최종적으로 문법과 단어, 맞춤법 등을 점검하여 제출할 답안에 이상이 없는지 다시 한 번 살펴보도록 한다.

모범답안

	온	라	인		쇼	핑		시	장	의		변	화	에		대	해		조
사	한		결	과	,	온	라	인		쇼	핑		시	장	의		전	체	
매	출	액	은		20	14	년	에	는		46	조		원	,		20	18	년	에
92	조		원	으	로		4	년		만	에		크	게		증	가	한	
것	으	로		나	타	났	다	.		사	용		기	기	에		따	른		매
출	액	은		컴	퓨	터	의		경	우		20	14	년	에		32	조	
원	,		20	18	년	에		39	조		원	으	로		소	폭		증	가	한
반	면		스	마	트	폰	은		20	14	년	에		14	조		원	,		20
18	년	에		53	조		원	으	로		매	출	액	이		큰		폭	으
로		증	가	하	였	다	.		이	와		같	이		온	라	인	쇼	핑	시
장	이		변	화	한		원	인	은		온	라	인	으	로		다	양	한	
상	품		구	매	가		가	능	해	졌	고		스	마	트	폰	이		컴	
퓨	터	에		비	해		쇼	핑		접	근	성	이		높	아	졌	기	
때	문	이	다	.															

부사	대폭 / 한편으로 / 그러나 / 그렇지만
형용사	높게
명사	한편 / 대폭 / 구입 / 매입
동사	나아지다 / 개선되다 / 증가하다

📖 채점 기준

① 내용이 주제와 관련되어 풍부하고 다양한가?

② 제시된 정보를 적절하게 사용하였는가?

③ 글의 구성이 논리적이며 조직적인가?

④ 어휘와 문법을 적절하고 다양하게 사용하였는가?

Unit 04 자신의 생각을 글로 표현하기

54. 다음을 주제로 하여 자신의 생각을 600~700자로 글을 쓰시오. 단, 문제를 그대로 옮겨 쓰지 마시오. (50점)

37회 기출문제

> 현대 사회는 빠르게 사회화 · 전문화되고 있습니다. 이러한 현대 사회의 특성을 참고하여, '현대 사회에서 필요한 인재'에 대해 아래의 내용을 중심으로 자신의 생각을 쓰십시오.
>
> • 현대 사회에서 필요한 인재는 어떤 사람입니까?
> • 그러한 인재가 되기 위해서 어떤 노력이 필요합니까?

※ 원고지 쓰기의 예

	어	려	운		일	이		생	겼	을		때		그		일	을		대
하	는		우	리	의		태	도	는		크	게		두		가	지	이	다.

문제 풀이

글의 개요	**[도입]** 현대사회의 특성(세계화, 전문화) ▶ 과학기술과 교통의 발달에 따라 세계는 더욱 가까워지고, 지식 생산이 활발해짐에 따라 각 영역에서의 경쟁으로 전문화의 중요성이 대두됨. **[전개]** 변화되는 세계화 전문화에 따른 과거와 현대의 인재상의 변화 ▶ 세계화에 따른 글로벌 마인드 구축과 글로벌 인재로서의 역량 강화가 요구됨. ▶ 과거에는 국가 구성원으로 기본 자질을 갖추고 사회 발전에 기여하는 인재가 요구되었으나 현대의 세계화 시대에서는 세계를 무대로 활동할 수 있는 세계 시민으로서의 인재가 요구됨. **[마무리]** 현대 사회에서 필요한 인재 ▶ 단순 지식이나 기술 습득을 활용하는 인재가 아닌 대량 정보를 선택하고 활용할 수 있는 지식의 융복합 및 자신만의 특성화된 전문성이 요구됨. ▶ 내적으로는 글로벌 마인드를 기르고 외적으로는 전문적인 자기 능력을 갖춰 시대의 변화에 발맞추어 나가야 함.
필수 어휘	과학기술 / 교통발달 / 소위 / 지구촌 시대 / 지식생산 / 경쟁 / 인재 / 심화 글로벌 마인드 / 구축 / 자질 / 역량 / 테두리 / 융복합 / 특성화 / 활발해지다 치열해지다 / 강조되다 / 요구되다
필수 문법	-고 있다 -아/어야

📝 답안 작성 방법

① 54번 문제는 제시된 주제와 과제에 맞도록 자신의 생각을 정리하여 600~700자의 길이로 글을 써야한다.

② 최근의 사회 현상이나 변화, 이슈 등 사회적 분위기를 반영하는 문제를 통해 수험자의 생각을 묻는 문제가 자주 출제되고 있다.

③ 우선 답안지 작성에 앞서 제시된 과제를 정확히 이해해야 한다.

④ 문제에서 요구하는 과제가 무엇인지를 정확히 이해하지 못하면 올바른 답안 작성이 불가능하다.

⑤ 글의 내용은 '도입, 전개, 마무리'로 나누어 자신의 생각을 정리한 후 답안을 작성해야 한다.

⑥ 글을 쓰기 전에 자신이 쓰고자 하는 내용을 간단히 개요로 정리하는 연습을 해 두면 자신이 쓰고자 하는 의견을 빠뜨리지 않고 차분하게 체계적으로 글을 써 나갈 수 있다.

⑦ 답안 작성은 '한편, 반면에, 그러나' 등의 접속사나 '첫째, 둘째, 다음으로' 등의 순서를 나타내는 어휘를 사용하면 좋다.

⑧ 중급 이상의 어휘와 문법 또는 고급의 문장을 사용하도록 하며 문장의 끝은 '–니다, –요, –니까' 대신 '–ㄴ/는다'로 끝맺도록 해야 한다.

⑨ 문제에 나와 있는 제시문을 바탕으로 자신의 생각을 정리해서 답안을 작성해야 하며 절대로 내용을 옮겨 써서는 안 된다.

⑩ 문장과 문법적 요소들이 잘 어울릴 수 있도록 자신의 생각을 정리한 후 최종적으로 문법과 단어, 맞춤법 등을 점검하여 제출할 답안에 이상이 없는지 다신 한번 살펴보도록 한다.

모범답안

	현	대		사	회	는		과	학		기	술	과		교	통	의		발
달	로		많	은		변	화	를		겪	고		있	다	.		그		결	과
세	계	는		점	점		가	까	워	져		소	위		지	구	촌		시
대	라	고		불	리	게		되	었	다	.		이	와		함	께		지	식
생	산	이		활	발	해	지	고		각		영	역	에	서	의		경	쟁
이		치	열	해	지	면	서		전	문	화	의		중	요	성	이		강
조	되	었	다	.		이	러	한		사	회	에	서	는		어	떠	한		인
재	가		요	구	될	까	?												
	세	계	화	가		되	면	서		우	선		글	로	벌		마	인	드
의		구	축	과		글	로	벌		인	재	로	서	의		역	량	을	

키우는 것이 필요하다. 예전에는 국경이라는 테두리에서 국가 구성원으로서의 기본 자질을 갖추고 사회에서 요구하는 역량을 길러 사회 발전에 기여하는 인재가 요구되었다. 그러나 세계화 시대에는 기본적으로 세계 시민으로서의 역량과 자질을 갖추고 세계를 무대로 활동할 수 있는 인재가 필요하다.

또한 과학 기술의 발달과 전문화가 심화되고 있는 상황에서 각자가 가진 능력을 최대한 발휘하여 경쟁력을 갖추려고 노력해야 한다. 과거에는 단순히 지식이나 기술을 습득하여 이를 활용하는 것만으로도 인재로서의 역할이 가능하였다. 그러나 대량의 정보 속에서 이를 선택하고 활용할 수 있는 지금은 지식의 융복합이나 자신만의 특성화 등을 통하여 전문성을 인정받음으로써 상대적인 경쟁력을 갖추어야 한다. 이렇게 내적으로는 글로벌 마인드를 기르고 외적으로는 전문적인 자기 능력을 갖춰 시대의 변화에 발맞추어 나가야 한다.

✏️확장 어휘

부사	이른바 / 먼저
형용사	이러하다 / 그러하다 / 이와 같은
동사	활성화되다 / 키우다 / 공헌하다 / 나아가다

54. 다음을 주제로 하여 600~700자로 글을 쓰시오. 단, 문제를 그대로 옮겨 쓰지 마시오. (50점)

[41회 기출문제]

> 세계 어느 나라에서나 역사를 가르칩니다. 이는 지나간 일을 기록한 역사가 오늘 날의 우리에게 주는 가치가 분명히 있기 때문일 것입니다. 여러분은 우리가 왜 역사를 알아야 하고, 그 역사를 통해서 무엇을 배울 수 있다고 생각하십니까? 이에 대해 쓰십시오.

※ 원고지 쓰기의 예

	머	리	는		언	제		감	는		것	이		좋	을	까	?		사
람	들	은		보	통		아	침	에		머	리	를		감	는	다	.	그

[문제 풀이]

글의 개요	**[도입]** 역사란 무엇인가? ▶ 지난날에 대한 반성과 업적 등이 후대에 전달되기를 바라면 기록되어지는 것. ▶ 지금 일어나는 사실을 다음 세대에 전달하기 위해 기록함. **[전개]** 역사의 가치와 교훈 ▶ 지금의 '나'를 이해할 수 있는 기회를 제공함. ▶ 과거를 살펴봄으로써 현재 일어나고 있는 일에 대한 이해를 도와 줌. ▶ 가슴 아픈 사연이 반복되지 않도록 하는 교훈을 줌. ▶ 역사의 기록을 통해 앞으로 일어날 일을 예측하고 준비할 수 있도록 해 줌. **[마무리]** 역사의 중요성 ▶ 역사는 과거를 아는 데서 출발해 현재의 '나'를 이해하도록 함. ▶ 더 나은 미래를 향한 방향을 제시해 준다는 점에서 중요성을 지님. ▶ 과거와 현재, 그리고 미래의 역사로 이어지는 연속적 관계 속에 존재함.
필수 어휘	반성 / 업적 / 후대 / 기록 / 세대 / 교훈 / 예측 / 분석 / 가뭄 / 더불어 전해지다 / 이어지다 / 전달하다 / 제공하다 / 비롯되다 / 살펴보다 반복되다 / 제시하다 / 존재하다
필수 문법	-는다는 점에서

답안 작성 방법

① 54번 문제는 제시된 주제와 과제에 맞도록 자신의 생각을 정리하여 600~700자의 길이로 글을 써야한다.

② 최근의 사회 현상이나 변화, 이슈 등 사회적 분위기를 반영하는 문제를 통해 수험자의 생각을 묻는 문제가 자주 출제되고 있다.

③ 우선 답안지 작성에 앞서 제시된 과제를 정확히 이해해야 한다.

④ 문제에서 요구하는 과제가 무엇인지를 정확히 이해하지 못하면 올바른 답안 작성이 불가능하다.

⑤ 글의 내용은 '도입, 전개, 마무리'로 나누어 자신의 생각을 정리한 후 답안을 작성해야 한다.

⑥ 글을 쓰기 전에 자신이 쓰고자 하는 내용을 간단히 개요로 정리하는 연습을 해 두면 자신이 쓰고자 하는 의견을 빠뜨리지 않고 차분하게 체계적으로 글을 써 나갈 수 있다.

⑦ 답안 작성은 '한편, 반면에, 그러나' 등의 접속사나 '첫째, 둘째, 다음으로' 등의 순서를 나타내는 어휘를 사용하면 좋다.

⑧ 중급 이상의 어휘와 문법 또는 고급의 문장을 사용하도록 하며 문장의 끝은 '-니다, -요, -니까' 대신 '-ㄴ/는다'로 끝맺도록 해야 한다.

⑨ 문제에 나와 있는 제시문을 바탕으로 자신의 생각을 정리해서 답안을 작성해야 하며 절대로 내용을 옮겨 써서는 안 된다.

⑩ 문장과 문법적 요소들이 잘 어울릴 수 있도록 자신의 생각을 정리한 후 최종적으로 문법과 단어, 맞춤법 등을 점검하여 제출할 답안에 이상이 없는지 다신 한번 살펴보도록 한다.

모범답안

	지	난	날	에		대	한		반	성		또	는		위	대	한		업
적		등	이		후	대	에	게		전	해	지	기	를		바	라	는	
마	음	이		기	록	으	로		이	어	지	고		그	것	이		바	로
우	리	가		지	금		'	역	사	'	라	고		부	르	는		것	이
다	.	우	리	가		역	사	를		기	록	하	는		이	유	는		지
금		일	어	나	는		사	실	을		다	음		세	대	에	게		전
달	하	는	데		그		목	적	이		있	다	.						
	이	러	한		역	사	는		우	리	에	게		지	금	의		'	나 '
를		이	해	할		수		있	는		기	회	를		제	공	해		준
다	.	현	재	는		과	거	에	서		비	롯	된		것	이	므	로	

과거를 살펴봄으로써 현재 일어나고 있
는 일에 대해 이해하도록 돕는다. 그리
고 역사는 과거에 있었던 가슴 아픈
사건이 다시 반복되지 않도록 우리에게
교훈을 주기도 한다.
　　더불어 역사의 기록을 통해 우리는
앞으로 일어날 일을 예측하고 이를 준
비할 수도 있다. 얼마 전 신문 기사에
따르면 한 연구자가 옛 문서에 기록된
역사적인 사실을 분석하여 오늘날의 우
리가 겪고 있는 심한 가뭄을 미리 알
리면서 대비를 경고한 바 있다. 이는
역사의 가치를 보여주는 한 예라 할
수 있을 것이다.
　　이렇듯 역사는 과거의 사실을 아는
데에서 출발하여 현재의 '나'를 이해
하고 더 나은 미래를 향한 방향을 제
시해 줄 수 있다는 점에서 중요하다.
결국 과거의 역사는 현재로, 현재는 다
시 미래의 역사로 이어지는 연속적인
관계 속에 존재하기 때문이다.

✎ 확장 어휘

부사	이같이 / 이처럼 / 더욱이
동사	의하다 / 희망하다 / 보존하다 / 돌아보다

MEMO

Unit 01

Unit 02

Unit 03

Unit 04

Chapter 3

54. 다음을 주제로 하여 자신의 생각을 600~700자로 글을 쓰시오. 단, 문제를 그대로 옮겨 쓰지 마시오. (50점)

47회 기출문제

> '칭찬은 고래도 춤추게 한다'는 말처럼 칭찬에는 강한 힘이 있습니다. 그러나 칭찬이 항상 긍정적인 영향을 주는 것은 아닙니다. 아래의 내용을 중심으로 칭찬에 대한 자신의 생각을 쓰십시오.
>
> - 칭찬이 미치는 긍정적인 영향은 무엇입니까?
> - 부정적인 영향은 무엇입니까?
> - 효과적인 칭찬의 방법은 무엇입니까?

※ 원고지 쓰기의 예

	사	람	의		손	에	는		눈	에		보	이	지		않	는		세
균	이		많	다	.	그	래	서		병	을		예	방	하	기		위	해

문제 풀이

글의 개요	**[도입]** 칭찬의 긍정적인 영향은 무엇인가? ▶ 칭찬을 들으면 더 잘하고 싶어지고 좀 더 나은 사람이 되고 싶은 마음이 생김. ▶ 자신감이 생겨 성과에도 긍정적인 영향을 미치게 되며 가진 능력 이상을 발휘하고 싶어지는 도전 정신이 생김. ▶ 사람을 한 단계 더 발전시키는 힘을 지님. **[전개]** 칭찬의 부정적인 영향은 무엇인가? ▶ 칭찬이 기쁨이 아닌 부담감을 안겨 주는 경우가 있음. ▶ 기대에 부응해야 한다는 압박감에 재대로 실력을 발휘하지 못하게 됨. ▶ 칭찬 받고 싶다는 생각으로 결과만을 중시하게 됨. **[마무리]** 효과적인 칭찬의 방법은 무엇인가? ▶ 해낸 일의 결과가 아닌 그 일을 해내기까지의 과정과 노력에 초점을 맞추어야 함. ▶ 과정과 노력에 맞추어 칭찬을 해야 부담감에서도 벗어날 수 있음. ▶ 칭찬을 많이 해 주는 것보다 어떻게 칭찬을 해 주는가가 더 중요함.
필수 어휘	칭찬 / 자신감 / 긍정적 / 독 / 부담 / 압박감 / 초점 / 그런데 부응하다 / 발휘하다 / 중시하다 / 벗어나다 / 미치다 / 행해지다 / 맞추다
필수 문법	-을 뿐만 아니라 -기 때문에

답안 작성 방법

① 54번 문제는 제시된 주제와 과제에 맞도록 자신의 생각을 정리하여 600~700자의 길이로 글을 써야한다.

② 최근의 사회 현상이나 변화, 이슈 등 사회적 분위기를 반영하는 문제를 통해 수험자의 생각을 묻는 문제가 자주 출제되고 있다.

③ 우선 답안지 작성에 앞서 제시된 과제를 정확히 이해해야 한다.

④ 문제에서 요구하는 과제가 무엇인지를 정확히 이해하지 못하면 올바른 답안 작성이 불가능하다.

⑤ 글의 내용은 '도입, 전개, 마무리'로 나누어 자신의 생각을 정리한 후 답안을 작성해야 한다.

⑥ 글을 쓰기 전에 자신이 쓰고자 하는 내용을 간단히 개요로 정리하는 연습을 해 두면 자신이 쓰고자 하는 의견을 빠뜨리지 않고 차분하게 체계적으로 글을 써 나갈 수 있다.

⑦ 답안 작성은 '한편, 반면에, 그러나' 등의 접속사나 '첫째, 둘째, 다음으로' 등의 순서를 나타내는 어휘를 사용하면 좋다.

⑧ 중급 이상의 어휘와 문법 또는 고급의 문장을 사용하도록 하며 문장의 끝은 '-니다, -요, -니까' 대신 '-ㄴ/는다'로 끝맺도록 해야 한다.

⑨ 문제에 나와 있는 제시문을 바탕으로 자신의 생각을 정리해서 답안을 작성해야 하며 절대로 내용을 옮겨 써서는 안 된다.

⑩ 문장과 문법적 요소들이 잘 어울릴 수 있도록 자신의 생각을 정리한 후 최종적으로 문법과 단어, 맞춤법 등을 점검하여 제출할 답안에 이상이 없는지 다신 한번 살펴보도록 한다.

모범답안

	우	리	는		칭	찬	을		들	으	면		일	을		더		잘	하
고		싶	어	질	뿐	만		아	니	라		좀		더		나	은		사
람	이		되	고		싶	은		마	음	이		든	다	.		그	리	고
자	신	감	이		생	겨		공	부	나		일	의		성	과	에	도	
긍	정	적	인		영	향	을		미	친	다	.		그	래	서		자	신	이
가	진		능	력		이	상	을		발	휘	하	고		싶	어	지	는	
도	전		정	신	이		생	기	기	도		하	는		것	이	다	.		한
마	디	로		말	해		칭	찬	은		사	람	을		한		단	계	
더		발	전	시	키	는		힘	을		가	지	고		있	다	.		그	런
데		이	러	한		칭	찬	이		독	이		되	는		경	우	가	

있다. 바로 칭찬이 상대에게 기쁨을 주는 것이 아니라 부담을 안겨 주는 것이다. 칭찬을 들으면 그 기대에 부응해야 한다는 압박감 때문에 자신의 실력을 제대로 발휘하지 못하게 되는 일이 생기게 된다. 칭찬의 또 다른 부정적인 면은 칭찬 받고싶다는 생각에 결과만을 중시하게 되는 점이다. 일반적으로 칭찬이 일의 과정보다 결과에 중점을 두고 행해지는 경우가 많기 때문이다.

그래서 우리가 상대를 칭찬할 때에는 그 사람이 해낸 일의 결과가 아닌, 그 일을 해내기까지의 과정과 노력에 초점을 맞추는 것이 중요하다. 그래야 칭찬을 듣는 사람도 일 그 자체를 즐길 수 있다. 또한 칭찬을 듣고 잘 해내야 한다는 부담에서도 벗어날 수 있을 것이다. 우리는 보통 칭찬을 많이 해 주는 것이 중요하다고 생각하는데 칭찬은 그 방법 역시 중요하다는 것을 잊지 말아야 할 것이다.

확장 어휘

부사	이같이 / 이처럼 / 더욱이
명사	부정적 / 해 / 꾸중 / 꾸지람
동사	주다 / 끼치다 / 두다 / 간과하다

54. 다음을 주제로 하여 자신의 생각을 600~700자로 글을 쓰시오. 단, 문제를 그대로 옮겨 쓰지 마시오. (50점)

52회 기출문제

> 우리는 살면서 서로의 생각이 달라 갈등을 겪는 경우가 많다. 이러한 갈등은 의사소통이 부족해서 생기는 경우가 대부분이다. 의사소통은 서로의 관계를 유지하고 발전시키는 데 중요한 요인이 된다. '의사소통의 중요성과 방법'에 대해 아래의 내용을 중심으로 자신의 생각을 쓰라.
>
> - 의사소통은 왜 중요한가?
> - 의사소통이 잘 이루어지지 않는 이유는 무엇인가?
> - 의사소통을 원활하게 하는 방법은 무엇인가?

※ 원고지 쓰기의 예

	우	리	는		기	분	이		좋	으	면		밝	은		표	정	을	
짓	는	다	.		그	리	고		기	분	이		좋	지		않	으	면		표

문제 풀이

글의 개요	**[도입]** 의사소통은 왜 중요한가? ▶ 어떤 일을 하던 다른 사람들과의 원활한 인간관계가 필요함. ▶ 원활한 인간관계에는 많은 대화가 필요하며 이 과정에서 의사소통 능력이 매우 중요함. ▶ 원활한 의사소통이 이루어지지 않으면 오해와 불신이 생기며, 분쟁으로까지 이어질 수 있음. **[전개]** 의사소통이 잘 이루어지지 않는 이유는 무엇인가? ▶ 사람들은 서로 다른 생활환경과 경험을 갖고 있어 사고방식의 차이가 있음. ▶ 사고방식의 차이는 의사소통을 어렵게 하고 갈등을 야기하기도 함. **[마무리]** 의사소통을 원활하게 하는 방법은 무엇인가? ▶ 상대를 배려하는 입장에서 말하는 자세가 필요함. ▶ 마음을 열고 상대방의 말을 잘 듣는 자세가 필요함. ▶ 편견과 오해를 해결하기 위해 상대방의 입장에서 현상을 바라보는 자세가 필요함.
필수 어휘	계획 / 추진 / 인간관계 / 의사소통 / 역할 / 타인 / 오해 / 불신 / 분쟁 사고방식 / 갈등 / 현상 / 야기하다 / 원활하다 / 요구되다 / 이어지다 / 배려하다
필수 문법	-게 되다 -게 하다

📝 **답안 작성 방법**

① 54번 문제는 제시된 주제와 과제에 맞도록 자신의 생각을 정리하여 600~700자의 길이로 글을 써야한다.

② 최근의 사회 현상이나 변화, 이슈 등 사회적 분위기를 반영하는 문제를 통해 수험자의 생각을 묻는 문제가 자주 출제되고 있다.

③ 우선 답안지 작성에 앞서 제시된 과제를 정확히 이해해야 한다.

④ 문제에서 요구하는 과제가 무엇인지를 정확히 이해하지 못하면 올바른 답안 작성이 불가능하다.

⑤ 글의 내용은 '도입, 전개, 마무리'로 나누어 자신의 생각을 정리한 후 답안을 작성해야 한다.

⑥ 글을 쓰기 전에 자신이 쓰고자 하는 내용을 간단히 개요로 정리하는 연습을 해 두면 자신이 쓰고자 하는 의견을 빠뜨리지 않고 차분하게 체계적으로 글을 써 나갈 수 있다.

⑦ 답안 작성은 '한편, 반면에, 그러나' 등의 접속사나 '첫째, 둘째, 다음으로' 등의 순서를 나타내는 어휘를 사용하면 좋다.

⑧ 중급 이상의 어휘와 문법 또는 고급의 문장을 사용하도록 하며 문장의 끝은 '-니다, -요, -니까' 대신 '-ㄴ/는다'로 끝맺도록 해야 한다.

⑨ 문제에 나와 있는 제시문을 바탕으로 자신의 생각을 정리해서 답안을 작성해야 하며 절대로 내용을 옮겨 써서는 안 된다.

⑩ 문장과 문법적 요소들이 잘 어울릴 수 있도록 자신의 생각을 정리한 후 최종적으로 문법과 단어, 맞춤법 등을 점검하여 제출할 답안에 이상이 없는지 다신 한번 살펴보도록 한다.

모범답안

	어	떤		일	을		다	른		사	람	들	과		함	께		계	획
하	고		추	진	하	기		위	해	서	는		그		사	람	들	과	의
원	활	한		인	간	관	계	가		필	요	하	다	.		다	만		인	간
관	계	를		원	활	하	게		하	는		데	에	는		많	은		대
화	가		요	구	되	며	,		이		과	정	에	서		의	사	소	통
능	력	이		중	요	한		역	할	을		한	다	.		일	반	적	으	로
의	사	소	통	은		타	인	과	의		소	통	의		시	작	이	어	서
의	사	소	통	이		제	대	로		이	루	어	지	지		않	는		경
우		오	해	가		생	기	고		불	신	이		생	기	며		경	우
에		따	라	서	는		분	쟁	으	로	까	지		이	어	질		수	
있	게		된	다	.														

그런데　　이러한　　의사소통이　　항상　　원활
히　　이루어지는　　것은　　아니다.　사람들은　
서로　다른　　생활환경과　　경험을　　가지고
있고,　이는　　사고방식의　　차이로　　이어지게
된다.　이러한　　차이들이　　의사소통을　　어렵
게　　함과　　동시에　새로운　　갈등을　　야기하
기도　한다.

　　따라서　　원활한　　의사소통을　　위한　적극
적인　노력이　필요하다.　우선　　상대를　배
려하는　　입장에서　말을　　하는　　자세가　필
요하다.　나의　말이　상대를　불편하게　만
드는　것은　아닌지　항상　생각하며　이야
기하여야　한다.　다음으로　다른　사람의　
말을　잘　듣는　자세가　필요하다.　마음을
열고　다른　사람의　이야기를　듣는　것은
상대를　이해하는　데　꼭　필요하기　때문
이다.　마지막으로　서로의　입장에서　현상
을　바라보는　자세가　필요하다.　이는　서
로가　가질　수　있는　편견과　오해를　해
결할　수　있는　역할을　하기　때문이다.

✏️확장 어휘

부사	그러나 / 그렇지만 / 그러하지만 / 반드시
동사	실행하다 / 발생시키다 / 초래하다

MEMO

54. 다음을 주제로 하여 자신의 생각을 600~700자로 글을 쓰시오. 단, 문제를 그대로 옮겨 쓰지 마시오. (50점)

[64회 기출문제]

> 사람은 누구나 청소년기를 거쳐 어른이 된다. 아동에서 어른으로 넘어가는 이 시기에 많은 청소년들은 혼란과 방황을 겪으며 성장한다. 아래의 내용을 중심으로 '청소년기의 중요성'에 대한 자신의 생각을 쓰라.
>
> • 청소년기가 중요한 이유는 무엇인가?
> • 청소년들은 이 시기에 주로 어떤 특징을 보이는가?
> • 청소년의 올바른 성장을 돕기 위해 어떤 노력이 필요한가?

※ 원고지 쓰기의 예

	별	은		지	구	에	서		멀	리		떨	어	져		있	다	.	그
래	서		별	빛	이		지	구	까	지		오	는		데		많	은	

[문제 풀이]

글의 개요	**[도입] 청소년기가 중요한 이유는 무엇인가?** ▶ 청소년기는 자아 정체성을 찾아가는 과도기라는 점에서 매우 중요한 시기임. ▶ 정체성은 진로나 인간관계, 삶의 전 영역에서 지속적 영향을 미치게 됨. ▶ 올바른 사회 구성원이 되기 위해 준비하는 시기이므로 중요한 시기임. **[전개] 청소년기에 청소년들이 보이는 특징은 무엇인가?** ▶ 자아가 형성되지 않아서 심리적으로 매우 불안정해지기 쉬움. ▶ 가치관의 혼란, 타인의 평가, 또래 집단 내의 압박감 등으로 불안정함을 느낌. ▶ 기존의 제도에 저항하거나 자신을 억압하는 어른에 대해 강한 반항심을 보임. ▶ 옳고 그름의 기준이 정립되지 않아 주변 환경의 영향을 받기 쉬움. ▶ 이와 같은 특성으로 인해 일탈과 돌발적인 행동을 하고 극단적인 경우 자신과 사회에 해를 끼치는 행동을 하기도 함. **[마무리] 청소년들의 올바른 성장을 돕기 위해 어떤 노력이 필요한가?** ▶ 가정과 사회의 다각적인 노력이 필요함. ▶ 가정에서는 청소년의 특성을 성장을 위한 하나의 과정으로 이해하고 건강한 자아 정체성을 형성하도록 정서적인 지원이 필요함. ▶ 사회에서는 청소년 심리 상담 센터나 청소년 위탁 시설 운영 등의 제도적 지원을 통해 올바른 성장을 돕도록 해야 함.
필수 어휘	정체성 / 과도기 / 생애 / 자아 / 가치관 / 압박감 / 저항 / 억압 / 요인 / 일탈 다각적인 / 형성되다 / 그르다 / 방황하다 / 끼치다 / 형성하다
필수 문법	-도록 하다 / -도 하다

답안 작성 방법

① 54번 문제는 제시된 주제와 과제에 맞도록 자신의 생각을 정리하여 600~700자의 길이로 글을 써야한다.

② 최근의 사회 현상이나 변화, 이슈 등 사회적 분위기를 반영하는 문제를 통해 수험자의 생각을 묻는 문제가 자주 출제되고 있다.

③ 우선 답안지 작성에 앞서 제시된 과제를 정확히 이해해야 한다.

④ 문제에서 요구하는 과제가 무엇인지를 정확히 이해하지 못하면 올바른 답안 작성이 불가능하다.

⑤ 글의 내용은 '도입, 전개, 마무리'로 나누어 자신의 생각을 정리한 후 답안을 작성해야 한다.

⑥ 글을 쓰기 전에 자신이 쓰고자 하는 내용을 간단히 개요로 정리하는 연습을 해 두면 자신이 쓰고자 하는 의견을 빠뜨리지 않고 차분하게 체계적으로 글을 써 나갈 수 있다.

⑦ 답안 작성은 '한편, 반면에, 그러나' 등의 접속사나 '첫째, 둘째, 다음으로' 등의 순서를 나타내는 어휘를 사용하면 좋다.

⑧ 중급 이상의 어휘와 문법 또는 고급의 문장을 사용하도록 하며 문장의 끝은 '–니다, –요, –니까' 대신 '–ㄴ/는다'로 끝맺도록 해야 한다.

⑨ 문제에 나와 있는 제시문을 바탕으로 자신의 생각을 정리해서 답안을 작성해야 하며 절대로 내용을 옮겨 써서는 안 된다.

⑩ 문장과 문법적 요소들이 잘 어울릴 수 있도록 자신의 생각을 정리한 후 최종적으로 문법과 단어, 맞춤법 등을 점검하여 제출할 답안에 이상이 없는지 다시 한번 살펴보도록 한다.

모범답안

	청	소	년	기	는		자	아		정	체	성	을		찾	아	가	는
과	도	기	라	는		점	에	서		사	람	의		생	애		중		중
요	한		시	기	이	다	.	청	소	년	기	에		형	성	된		자	아
정	체	성	은		진	로	나		인	간	관	계	뿐		아	니	라		삶
의		전		영	역	에		지	속	적	인		영	향	을		미	친	다 .
또	한		이		시	기	는		청	소	년	이		올	바	른		사	회
구	성	원	이		되	기		위	해		준	비	하	는		시	기	이	기
도		하	다	.															
	그	러	나		청	소	년	은		아	직		자	아	가		형	성	되
지		않	았	기		때	문	에		심	리	적	으	로		불	안	정	해

지기 쉽다. 특히 가치관의 혼란, 타인의 평가, 또래 집단 내의 압박감 등은 청소년들이 불안정함을 느끼게 되는 주된 요인이다. 또한 청소년은 기존의 제도에 저항하거나 자신을 억압하는 어른에 대해 강한 반항심을 보이기도 한다. 뿐만 아니라 청소년은 아직 옳고 그름의 기준이 정립되지 않았기 때문에 주변 환경의 영향을 받기 쉽다. 이러한 특성으로 인하여 어떤 청소년은 일탈이나 돌발적인 행동을 하며 극단적인 경우 자신과 사회에 해를 끼치는 행동을 하기도 한다.

청소년이 건강하게 청소년기를 보내고 미래의 인재로 성장하도록 돕기 위해서는 가정과 사회의 다각적인 노력이 필요하다. 가정에서는 청소년의 특성을 성장을 위한 하나의 과정으로 이해하고 청소년이 건강한 자아 정체성을 형성할 수 있도록 정서적으로 지원할 필요가 있다. 사회에서는 청소년 심리 상담 센터나 방황하는 청소년을 위한 위탁 시설을 운영하는 등의 제도적 지원을 통해 청소년의 올바른 성장을 도울 수

| 있 | 을 | | 것 | 이 | 다 | . | | | | | | | | | | | | | |

✏️ 확장 어휘

부사	그렇지만 / 하지만
동사	성립되다 / 이루어지다 / 요구되다

📖 채점 기준

① 내용이 주제와 관련되어 풍부하고 다양한가?

② 글의 구성이 논리적이며 조직적인가?

③ 어휘와 문법을 적절하고 다양하게 사용하였는가?

예상 문제를 통한 실전 익히기

Unit 01 실용문 문장 완성하기

문제1

51. 다음을 읽고 ⊙과 ⓒ에 들어갈 말을 <u>각각 한 문장</u>으로 쓰시오. (각 10점)

신입 회원 환영회 장소 변경 안내
2021년 신입 회원 환영회 장소가 변경되어 안내드립니다. 환영회 참가 신청자가 늘어나 부득이하게 장소를(⊙   ). 변경된 장소는 학교 정문 맞은 편에 위치한 '서울식당'입니다. 정확한 장소 안내는 학과 사무실 게시판에 (ⓒ   ).

답안작성✏️

⊙ _____

ⓒ _____

문제2

51. 다음을 읽고 ⊙과 ⓒ에 들어갈 말을 <u>각각 한 문장</u>으로 쓰시오. (각 10점)

함께 공부할 친구를 구합니다.
저는 한국대학 경영학과 1학년에 재학 중인 중국인 학생입니다. 기말고사 준비를 위해 '경영학 개론' 과목을 함께 공부할 친구를 구합니다. 혼자 공부를 준비하다 보니 너무 (⊙   ). 그 중에서 가장 어려운 점은 한국어 실력이 부족한 것입니다. 그래서 (ⓒ   )찾고 있습니다. 중국어로 대화하면서 공부하면 조금 더 쉽게 이해할 것 같습니다. 연락 주시기 바랍니다. 010-1234-5678

답안작성✏️

⊙ _____

ⓒ _____

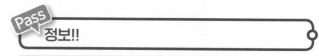

정보!!

1. 글의 종류를 파악해라.
2. 제목을 읽고 글의 주제나 목적을 파악해라.
3. 앞·뒤 내용의 연결 관계를 확인해라.
4. ⊙, ⓒ에 들어갈 말과 문법을 생각해라.

문제3

51. 다음을 읽고 ㉠과 ㉡에 들어갈 말을 각각 <u>한 문장</u>으로 쓰시오. (각 10점)

> ✉ E-Mail
>
> 교수님, 안녕하십니까? .
> 교수님께 부탁드릴 일이 있어 메일을 씁니다.
> 다음 주까지 리포트를 직접 제출해야 하는데
> 제가 집안에 사정이 있어 급하게 미국으로 돌아 왔습니다.
> 그래서 제가 직접 제출할 수 없을 것 같습니다.
> 혹시 이메일로 (㉠   )?
> (㉡   ) 다음 주까지 이메일로 보내드리도록 하겠습니다.
> 그럼 답장 기다리겠습니다.
>
> 제이슨 드림

답안작성 ✎

㉠ _____

㉡ _____

문제4

51. 다음을 읽고 ㉠과 ㉡에 들어갈 말을 각각 <u>한 문장</u>으로 쓰시오. (각 10점)

> **안내문**
>
> 입주민 여러분
> 요즘 겨울이라 바람이 많이 붑니다.
> 쓰레기를 버리시는 분들은 낱개로 버리면 (㉠   ).
> 그러면 주변이 지저분해집니다. 그러니 (㉡   ).
> 꼭 봉투에 넣어 묶어서 버려 주시기 바랍니다.
>
> 영복빌딩 관리사무소 소장

답안작성 ✎

㉠ _____

㉡ _____

> **Pass 정보!!**
>
> 1. 글의 종류를 파악해라.
> 2. 제목을 읽고 글의 주제나 목적을 파악해라.
> 3. 앞·뒤 내용의 연결 관계를 확인해라.
> 4. ㉠, ㉡에 들어갈 말과 문법을 생각해라.

51. 다음을 읽고 ⊙과 ⓒ에 들어갈 말을 <u>각각 한 문장</u>으로 쓰시오. (각 10점)

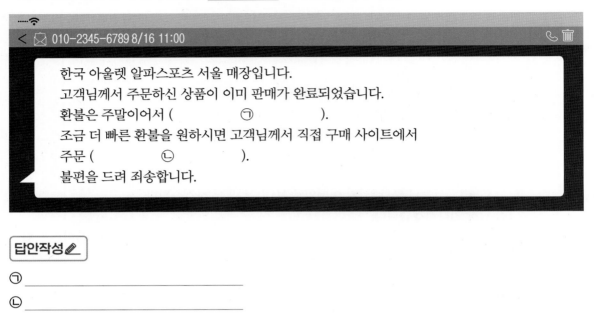

한국 아울렛 알파스포츠 서울 매장입니다.
고객님께서 주문하신 상품이 이미 판매가 완료되었습니다.
환불은 주말이어서 (⊙   ).
조금 더 빠른 환불을 원하시면 고객님께서 직접 구매 사이트에서
주문 (ⓒ   ).
불편을 드려 죄송합니다.

답안작성✏️

⊙ _____

ⓒ _____

51. 다음을 읽고 ⊙과 ⓒ에 들어갈 말을 <u>각각 한 문장</u>으로 쓰시오. (각 10점)

✉️ E-Mail

제목: 제30회 세계 외국인 한국어 말하기 대회 개최 문의

안녕하세요. 저는 베트남 박닌에 살고 있는 응웬티 흐엉이라고 합니다.
5월에 한국대학교에서 열릴 예정이었던 '세계 외국인 한국어 말하기 대회'가 올해는 코로나 19로
(⊙   ).
그렇다면 언제 다시 (ⓒ   )?
계획하시는 일정을 알려주시기 바랍니다.

답안작성✏️

⊙ _____

ⓒ _____

Pass 정보!!

1. 글의 종류를 파악해라.
2. 제목을 읽고 글의 주제나 목적을 파악해라.
3. 앞·뒤 내용의 연결 관계를 확인해라.
4. ⊙, ⓒ에 들어갈 말과 문법을 생각해라.

51번 문항 쓰기 Pass 전략

① 글의 종류를 파악하여 전체적인 의도를 파악한다.

② 제목을 보고 글의 목적을 생각한다.

③ 답안은 한 문장으로만 써야 한다.

④ 중급문법과 동사를 결합해서 쓴다.

⑤ (㉠)과 (㉡)의 앞·뒤 문장을 꼼꼼히 읽고 알맞은 내용으로 쓴다.

⑥ 문제에 나와 있는 단어는 생략해도 된다.

⑦ 유사 문장을 두 개 쓰면 절대 안 된다.

⑧ 높임말을 알아두어야 한다.

⑨ 5분 안에 답을 쓸 수 있어야 한다.

Unit 02 설명문 문장 완성하기

문제1

52. 다음을 읽고 ㉠과 ㉡에 들어갈 말을 <u>각각 한 문장</u>으로 쓰시오. (10점)

> 각종 질병의 70%가 우리의 손을 통해서 감염이 된다. 그러므로 손을 깨끗이 씻지 않으면 (㉠). 손을 씻을 때는 손바닥을 포함하여 손가락과 손가락 사이와 손등, 손톱 밑까지 꼼꼼하게 씻어야 한다. 방법은 비누로 충분히 거품을 낸 후에 흐르는 물에 30초 정도 (㉡). 이것만으로도 질병을 예방할 수 있다.

답안작성 ✎

㉠ _____

㉡ _____

문제2

52. 다음을 읽고 ㉠과 ㉡에 들어갈 말을 <u>각각 한 문장</u>으로 쓰시오. (10점)

> 우리는 스트레스를 모든 병의 원인이 되는 안 좋은 것으로만 알고 있다. 그러나 스트레스가 무조건 (㉠). 직장에서 정해진 시간 안에 일을 빨리 끝내야 할 때나 시험 전에 많은 양의 공부를 해야 할 때 스트레스는 오히려 (㉡). 스트레스를 받으면 긴장을 하게 되는데 이런 긴장감이 집중력을 높여 일의 능률을 높이거나 단기 기억을 잘할 수 있게 해 준다.

답안작성 ✎

㉠ _____

㉡ _____

정보!!

1. 글의 첫 문장을 읽고 이어질 내용을 추측해라.
2. 괄호를 중심으로 설명 방법을 파악해라.
3. ㉠, ㉡의 앞 · 뒤 문장을 읽고 내용을 써 보라.
4. 어울리는 어휘와 문법을 생각해라.

문제3

52. 다음을 읽고 ㉠과 ㉡에 들어갈 말을 각각 <u>한 문장</u>으로 쓰시오. (10점)

> 연구에 따르면 코로나 시대와 같이 특수한 상황에서도 아이의 자율성을 존중하는 양육방식은 자녀와 부모 등 가족 모두에게 긍정적 영향을 (㉠). 이러한 결과는 재택근무와 집안일에 자녀 돌보기까지 정신이 없는 부모들에게 반가운 (㉡). 하루 종일 아이의 일거수일투족에 안테나를 곤두세우기보다 적당한 자유를 허락하는 것이 부모 자신의 평안과 아이의 자신감을 높이는 방법이다.

답안작성 ✎

㉠ _____

㉡ _____

문제4

52. 다음을 읽고 ㉠과 ㉡에 들어갈 말을 각각 <u>한 문장</u>으로 쓰시오. (10점)

> 우리는 손발이 저리다면 혈액순환에 문제가 있다고 (㉠). 하지만 혈액순환이 안 돼 생기는 손발 저림 증상은 대부분 일시적인 현상이고 바른 자세를 유지하면 사라진다. 그러나 저리는 부위가 비교적 일정하고 증상이 반복된다면 신경계에 (㉡). 손발의 일정한 부위에서 저림 증상이 반복적으로 나타날 때에는 신경계 질환을 의심해 볼 필요가 있다.

답안작성 ✎

㉠ _____

㉡ _____

Pass

정보!!

1. 글의 첫 문장을 읽고 이어질 내용을 추측해라.
2. 괄호를 중심으로 설명 방법을 파악해라.
3. ㉠, ㉡의 앞·뒤 문장을 읽고 내용을 써 보라.
4. 어울리는 어휘와 문법을 생각해라.

52. 다음을 읽고 ㉠과 ㉡에 들어갈 말을 <u>각각 한 문장으로</u> 쓰시오. (10점)

> 방송통신위원회가 코로나19 확산 이후 방송과 온라인동영상서비스(OTT) 시청 시간을 조사한 결과 이용시간이 증가했다고 응답한 비율은 32.1%로 감소했다고 응답한 비율 2.3% 보다 (㉠   ). 이는 외부활동이 위축되면서 실내 활동시간이 늘어나 TV나 OTT를 시청한(㉡   ). 코로나19와 관련된 뉴스나 정보는 주로 스마트폰(52.5%)나 TV(44.6%)에서 얻는 것으로 확인되었다.

답안작성✏️

㉠ _____

㉡ _____

52. 다음을 읽고 ㉠과 ㉡에 들어갈 말을 <u>각각 한 문장으로</u> 쓰시오. (10점)

> 일상생활에서 낮잠은 건강한 생활의 일부이다. 낮잠을 자는 것은 밤의 숙면을 방해하지 않을 뿐 아니라 오히려 밤에 더 깊은 잠을(㉠   ). 또한 낮잠을 자면 기억력이 좋아지는 것은 물론 집중력도 높아진다고 한다. 그러므로 낮에 졸음이 온다면 애써 참는 것보다는 잠깐이라도 (㉡   ). 건강에 좋은 낮잠 시간은 10~25분 정도라고 한다.

답안작성✏️

㉠ _____

㉡ _____

정보!!

1. 글의 첫 문장을 읽고 이어질 내용을 추측해라.
2. 괄호를 중심으로 설명 방법을 파악해라.
3. ㉠, ㉡의 앞 · 뒤 문장을 읽고 내용을 써 보라.
4. 어울리는 어휘와 문법을 생각해라.

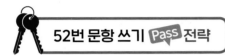

52번 문항 쓰기 Pass 전략

① 글의 종류를 파악하여 전체적인 의도를 파악한다.

② 제목을 보고 글의 목적을 생각한다.

③ 답안은 한 문장으로만 써야 한다.

④ 중급문법과 동사를 결합해서 쓴다.

⑤ (㉠)과 (㉡)의 앞·뒤 문장을 꼼꼼히 읽고 알맞은 내용으로 쓴다.

⑥ 문제에 나와 있는 단어는 생략해도 된다.

⑦ 유사 문장을 두 개 쓰면 절대 안 된다.

⑧ 높임말을 알아두어야 한다.

⑨ 5분 안에 답을 쓸 수 있어야 한다.

Unit 03 표, 그래프 보고 글로 표현하기

1 필수 표현 학습

설명하는 표현에 대한 분류		
조사 · 분석 결과에 대한 설명 표현	원인 · 요인과 경향에 대한 설명 표현	현황과 전망에 대한 설명 표현
분류에 대한 설명 표현	장 · 단점에 대한 설명 표현	조언에 대한 설명 표현

❶ 조사 · 분석 결과에 대한 설명 표현

1. 조사의 대상과 조사된 내용에 대해 표현하는 방법

① N을/를 대상으로 N에 대하여 조사하였다.

② N을/를 대상으로 N에 대하여 설문 조사를 시행(실시)하였다.

예

① 청소년을 대상으로 휴대폰 사용 현황에 대하여 조사하였다.

② 직장인 500명을 대상으로 육아휴직의 필요성에 대하여 조사를 실시하였다.

2. 조사된 결과에 대해 비교하여 표현하는 방법

① 반면에 ~ 를 차지하였다.

② 반면에 ~ 로 나타났다.

③ 한편 ~ 를 차지하였다.

④ 한편 ~ 로 나타났다.

⑤ N와/과 N 모두 ~ 것으로 나타났다.

⑥ N와/과 N 모두 ~ 을/를 차지하였다.

예

① 남성의 경우 성격 다음으로 외모를 중요하게 여긴다는 응답이 17.2%를 차지한 반면에 여성의 경우는 성격 다음으로 경제력을 중요하게 여긴다는 응답이 14%를 차지하였다.

② 남성의 경우 성격을 가장 중요하게 여기고 있는 것으로 나타났다. 반면에 여성은 경제력을 가장 중요하게 여기고 있는 것으로 나타났다.

③ AI 음성인식 서비스 이용률은 20대가 42.3%를 차지하였다. 한편, 60대는 7.6%를 차지하였다.

④ AI 음성인식 서비스 이용률은 20대가 42.3%로 나타났다. 한편, 60대는 7.6%로 나타났다.

⑤ 남성과 여성 모두 성격을 가장 중요한 배우자의 조건으로 생각하고 있는 것으로 나타났다.

⑥ 배우자의 조건에 대해 조사한 결과 남성과 여성 모두 성격이 가장 높은 수치를 차지하였다.

3. 조사한 내용을 밝힐 때 표현하는 방법

① A/V-지에 대해 조사한 결과 ~로 나타났다.

② N(에) 대해서는 ~로 나타났다.

③ N(으)로는 ~ 답하였다.

④ N(의) 경우 ~로 나타났다.

예

① 반려견 등록제도 도입을 찬성하는**지에 대해 조사한 결과** 찬성한다는 응답이 60%**로 나타났다.**

② 개발을 반대하는 이유에 **대해서는** 자연과 생태계의 훼손이 가장 큰 이유**로 나타났다.**

③ 결혼을 주저하는 가장 큰 이유**로는** 경제적인 이유가 가장 크다고 **답하였다.**

④ 남성의 **경우** 배우자의 조건으로 성격을 가장 중요시 한다는 의견이 35.5%**로 나타났다.**

4. 조사 대상별 결과에 대해 표현하는 방법

① N의 경우 ~ 는 응답이 ~로(것으로) 나타났다.

예

① 여성의 **경우** 배우자의 조건으로 성격을 선호한다는 **응답이** 35.5%**로 나타났다.**

① 여성의 **경우** 배우자의 조건으로 성격을 선호한다는 **응답이** 가장 높은 **것으로 나타났다.**

5. 조사 결과 가장 높은 순위를 표현하는 방법

① A/V -라는/다는 응답이 ~ 로 가장 높게 나타났다.

② A/V -라는/다는 응답이 ~ 로 가장 높은 결과를 차지했다.

③ 가장 A/V-는 N(으)로 N을 꼽았다.

예

① 조사 결과 성격을 선호**한다는** 응답이 37.3%**로 가장 높게 나타났다.**

② 조사 결과 성격을 선호**한다는** 응답이 37.3%**로 가장 높은 결과를 차지했다.**

③ 남녀 모두 **가장** 선호하**는** 배우자의 조건**으로** 성격을 **꼽았다.**

6. 조사 결과 다음 순위 또는 두 번째 이하 순위를 표현하는 방법

① N이/가 ~ %로 그 뒤를 이었다.

② N이/가 ~ %로 그 뒤를 차지하였다.

③ N은/는 ~ %로 ~위를 차지하였다.

예

① 경제력이 14%**로 그 뒤를 이었다.**

② 경제력이 14%**로 그 뒤를 차지하였다.**

③ 경제력은 14%**로 2위를 차지하였다.**

7. 조사한 결과 순위를 순서대로 표현하는 방법

① N와/과 N이/가 각각 ~%와 ~%로 나타났다.
② N와/과 N이/가 각각 ~%와 ~%로 조사되었다.
③ N이/가 ~%, N이/가 ~%로 ~위와 ~위를 차지하였다.
④ N와/과 N의 순으로 나타났다.

예

① 성격과 외모가 각각 35.5%와 17.2%로 나타났다.
② 성격과 외모가 각각 35.5%와 17.2%로 조사되었다.
③ 성격이 35.5%, 외모가 17.2%로 1위와 2위를 차지하였다.
④ 성격과 외모의 순으로 나타났다.

8. 조사한 결과 수치가 높을 때 표현하는 방법

① N이 ~ 만에/로 크게 증가한 것으로 나타났다.
② A/V-다 라고 응답한 비율이 ~%에 달했다.
③ A/V-다는 응답이 ~%에 달했다.
④ A/V-다 라고 응답한 비율이 ~% 이상을 차지했다.

예

① 매출이 4년 만에 크게 증가한 것으로 나타났다.
① 매출이 92조로 크게 증가한 것으로 나타났다.
② 수면시간이 '부족하다'라고 응답한 비율이 70%에 달했다.
③ 수면시간이 부족하다는 응답이 70%에 달했다.
④ 수면시간이 '부족하다'라고 응답한 비율이 70% 이상을 차지했다.

9. 조사한 결과 수치가 낮을 때 표현하는 방법

① N이 ~ 만에/로 크게 감소한 것으로 나타났다.
② A/V-다 라고 응답한 비율은 ~%로 매우 낮게 조사되었다.
③ A/V-다는 응답은 ~ 을/를 밑돌았다.
④ A/V-다는 응답은 ~ 에 불과했다.
⑤ A/V-다는 응답은 ~ 에 그쳤다.
⑥ A/V-다 라고 응답한 비율은 ~%로 매우 낮은 수치였다.

예

① 매출이 4년 만에 크게 감소한 것으로 나타났다.
② 수면시간이 '충분하다'라고 응답한 비율은 10%로 매우 낮게 조사되었다.
③ 수면시간이 충분하다는 응답은 10%를 밑돌았다.
④ 수면시간이 충분하다는 응답은 10%에 불과했다.
⑤ 수면시간이 충부하다는 응답은 10%에 그쳤다.
⑥ 수면시간이 '충분하다'라고 응답한 비율은 10%로 매우 낮은 수치였다.

10. 조사한 결과에 대해 분석 후 표현하는 방법

① 이번 N를 통해 N은/는 A/V-다는 사실을 알 수 있었다.
② 이번 N를 통해 N은/는 A/V-다 라는 사실을 알 수 있었다.
③ 이번 N를 통해 N이/가 A/V-다는 사실을 알 수 있었다.
④ 이번 N 결과 N은/는 A/V-다는 사실을 알 수 있었다.
⑤ 이번 N 결과 N은/는 A/V-다 라는 사실을 알 수 있었다.

[예]

① **이번** 설문 조사를 **통해** 청소년들은 수면시간이 부족하**다는 사실을 알 수 있었다.**
② **이번** 설문 조사를 **통해** 청소년들은 수면시간이 '부족하**다'라는 사실을 알 수 있었다.**
③ **이번** 연구를 **통해** 환경오염이 심각하**다는 사실을 알 수 있었다.**
④ **이번** 설문 조사 **결과** 청소년은 수면시간이 부족하**다는 사실을 알 수 있었다.**
⑤ **이번** 설문 조사 **결과** 청소년은 수면시간이 '부족하**다'라는 사실을 알 수 있었다.**

11. 변화의 추세를 표현하는 방법

① N이/가 꾸준히 V-고 있다는 것을 알 수 있었다.
② N이/가 지속적으로 V-고 있다는 것을 알 수 있었다.
③ N이/가 꾸준히 V-고 있는 것으로 나타났다.
④ N이/가 꾸준히 V-고 있는 것으로 조사되었다.
⑤ ~년 조사에서 V-았/었던 N이/가 ~년에는 ~ 이상/이하 A/V-(으/ㄴ/는) 것으로 나타났다
⑥ N배 이상 증가/감소한 것으로 나타났다/조사되었다.
⑦ 절반 가까이 증가/감소한 것으로 나타났다/조사되었다.

[예]

① 매출**이 꾸준히** 증가하고 있다는 것을 알 수 있었다.
② 매출**이 지속적으로** 감소하고 있다는 것을 알 수 있었다.
③ 매출**이 꾸준히** 증가하고 있는 **것으로 나타났다.**
④ 매출**이 꾸준히** 증가하고 있는 **것으로 조사되었다.**
⑤ 20**년 조사에서** 10%를 밑돌았던 매출이 21**년에는** 10%**이상** 증가한 **것으로 나타났다.**
⑤ 20**년 조사에서** 20%를 넘어섰던 매출이 21**년에는** 10%**이상** 감소한 **것으로 나타났다.**
⑥ 매출이 10배 **이상** 증가한 **것으로 조사되었다.**
⑦ 매출이 절반 **가까이** 감소한 **것으로 나타났다.**

12. 조사한 결과를 대략적으로 표현하는 방법

① ~중 ~은/는 ~로 나타났다/조사되었다.
② ~중 ~은/는 ~A/V-(것으)로 나타났다/조사되었다.

[예]

① 투표한 사람 **중** 2%**는** 무효표로 조사되었다.
① 투표한 사람 10명 **중** 2명**은** 무효표로 **나타났다.**
② 청소년 10명 **중** 8명**은** 수면시간이 부족한 **것으로 조사되었다.**

❷ 원인·요인과 경향에 대한 설명 표현

1. 최근 경향을 표현하는 방법

① 최근 N이/가 V-고 있는 것으로 나타났다/조사되었다.

② 요즘/최근 들어 N이/가 V-고 있는 것으로 나타났다/조사되었다.

③ 근래에 접어들어 N이/가 V-고 있는 것으로 나타났다/조사되었다.

④ N은/는 N이/가 (점점/꾸준히/급격히) V-고 있다.

⑤ N은/는 N이/가 (점점/꾸준히/급격히) V-고 있는 것으로 나타났다/조사되었다.

예

① **최근** 비혼족**이** 늘어나**고 있는 것으로 조사되었다.**

② **요즘 들어** 비혼족**이** 늘어나**고 있는 것으로 나타났다.**

③ **근래에 접어들어** 비혼족**이** 증가하**고 있는 것으로 나타났다.**

④ 국내에서**는** 코로나바이러스감염증-19 확진자**가 급격히** 증가하**고 있다.**

④ 국내에서**는** 비혼족**이 꾸준히** 늘어나**고 있다.**

④ 해외에서**는** 코로나바이러스감염증-19 감염자**가 점점** 줄어들**고 있다.**

⑤ 해외에서**는** 코로나바이러스감영증-19 감염자**가 점점** 늘어나**고 있는 것으로 조사되었다.**

2. 원인 · 요인을 표현하는 방법

① N이/가 N한 원인/요인으로 N을/를 들 수 있다.

② N이/가 N한 원인/요인은 ~로 나타났다/조사되었다/밝혀졌다.

③ N이/가 N한 이유/사유는 ~로 나타났다/조사되었다/밝혀졌다.

④ N이/가 N에 영향을 미친/준 것으로 나타났다/조사되었다/밝혀졌다.

⑤ 이러한 N 증가/감소의 원인/이유/사유/요인은 ~로 나타났다/조사되었다/밝혀졌다.

⑥ N이/가 증가/감소/상승/하락한 원인/이유/사유/요인은/는 N이다.

예

① 매출**이** 감소**한 원인으로** 소비자의 요구에 대한 이해 부족**을 들 수 있다.**

② 매출**이** 증가**한 요인은** 사측의 발 빠른 대응이 주요했던 것**으로 조사되었다.**

② 친구**가** 면접시험에 합격**한 요인은** 성실한 태도**로 밝혀졌다.**

③ 그**가** 퇴사를 결심**한 이유는** 건강 문제인 것**으로 밝혀졌다.**

④ 매출 하락**이** 폐업**에 영향을 미친 것으로 조사되었다.**

④ 매출 상승**이** 사업 확장**에 영향을 준 것으로 밝혀졌다.**

⑤ **이러한** 매출 감소**의 원인은** 품질의 문제**로 밝혀졌다.**

⑥ 성적**이 하락한 원인은** 학습 부족**이다.**

❸ 현황과 전망에 대한 설명 표현

1. 현황에 대해 표현하는 방법

① ~년에(는) ~에 달했던 N이/가 ~년에(는) N(으)로 감소하였다/급감하였다/떨어졌다.

② ~년에(는) ~에 달했던 N이/가 ~년에(는) N 이상 감소한/급감한/떨어진 것으로 나타났다

③ ~년에(는) ~에 달했던 N이/가 ~년에(는) N(으)로 감소한/급감한/떨어진 것으로 조사되었다.

④ ~년에(는) N이/가 N에 달했으나 ~년에(는) N(으)로 감소하였다/급감하였다/떨어졌다.

⑤ ~년에(는) N이/가 N에 달했으나 ~년에(는) N(으)로 감소한/급감한/떨어진 것으로 나타났다.

⑥ ~년에(는) N이/가 N에 불과했으나 ~년에(는) N에/까지 도달하였다.

⑦ ~년에(는) N이/가 N에 불과했으나 ~년에(는) N에 도달한 것으로 나타났다/조사되었다.

⑧ ~년에(는) N이/가 N에 미치지 못했으나 ~년에(는) N까지 증가/상승/도달하였다.

⑨ ~년 사이에/동안/만에 N이/가 V-하게 되었다.

⑩ ~년 사이에/동안/만에 N이/가 V-(으)ㄴ 것으로 나타났다/조사되었다/밝혀졌다.

⑪ ~년 사이에/동안/만에 N이/가 절반 이하로 V-(으)ㄴ 것으로 나타났다/조사되었다/밝혀졌다.

예

① 2020년에는 30%에 달했던 수익이 2021년에는 10%로 급감하였다.

② 2020년에는 30%에 달했던 지출이 2021년에는 10% 이상 감소한 것으로 나타났다.

③ 2020년에는 30%에 달했던 매출이 2021년에는 15%로 감소한 것으로 조사되었다.

④ 2020년에는 수익이 30%에 달했으나 2021년에는 10%로 떨어졌다.

⑤ 2020년에는 수익이 30%에 달했으나 2021년에는 10%로 급감한 것으로 나타났다.

⑥ 2020년에는 수익이 10%에 불과했으나 2021년에는 20%까지 도달하였다.

⑦ 2020년에는 수익률이 10%에 불과했으나 2021년에는 30%에 도달한 것으로 조사되었다.

⑧ 2020년에는 수익이 10%에 미치지 못했으나 2021년에는 20%까지 상승하였다.

⑨ 3년 만에 수익이 상승하게 되었다.

⑩ 3년 사이에 수익이 상승한 것으로 나타났다.

⑪ 3년 만에 수익이 절반 이하로 하락한 것으로 밝혀졌다.

2. 전망에 대해 표현하는 방법

① 향후/앞으로도 N은/는 V-(으)ㄹ 것으로 보인다.

② 향후/앞으로 N은/는 V-(으)ㄹ 전망이다.

③ 향후/앞으로 N은/는 점차/계속/지속적으로 V-(으)ㄹ 것으로 보인다.

④ 향후/앞으로 N은/는 점차/계속/지속적으로 V-(으)ㄹ 전망이다.

⑤ 이러한 결과가 지속된다면 ~에(는) N은/는(이/가) V-(으)ㄹ 것으로 전망된다/보인다.

예

① 앞으로도 감염자는 증가할 것으로 보인다.

② 앞으로도 환자는 증가할 전망이다.

③ 향후 수익은 지속적으로 증가할 것으로 보인다.

④ 향후 감염자는 점차 감소할 전망이다.

⑤ 이러한 결과가 지속된다면 2025년에는 진학률이 감소할 것으로 전망된다.

❹ 분류에 대한 설명 표현

1. 분류하여 표현하는 방법

① N은/는 크게 N과 N로 나눌 수 있다.

② N은/는 N, N, N 등으로 나눌 수 있다.

③ N은/는 N, N. N 등으로 분류하여 설명할 수 있다.

④ N은/는 N, N. N 등으로 나누어 설명할/말할 수 있다.

예

① 전파매체**는 크게** 텔레비전**과** 라디오**로 나눌 수 있다.**

② 대중매체**는** 인쇄매체. 전파매체, 통신매체 **등으로 나눌 수 있다.**

③ 대중매체**는** 인쇄매체, 전파매체, 통신매체 **등으로 분류하여 설명할 수 있다.**

④ 대중매체**는** 인쇄매체, 전파매체, 통신매체 **등으로 나누어 말할 수 있다**

2. 예를 들어 열거하여 표현하는 방법

① 첫째/둘째/셋째 N은/는 N, N, N 등을 예로 들 수 있다.

② 첫 번째로/두번째로/마지막으로 N에는 N, N, N 등이 있다.

③ N에는 N, N, N 등이 있다.

④ N에는 N, N, N 등이 속한다.

⑤ N에는 N와/과 N, N 등이 있다.

⑥ N, N, N 등이 N에 속한다.

⑦ 우선 N, N, N과 같은 N이/가 있다.

예

① **첫째** 대중매체**는** 인쇄매체, 전파매체, 통신매체 **등을 예로 들 수 있다.**

② **마지막으로** 대중매체**에는** 인쇄매체, 전파매체, 통신매체 **등이 있다.**

③ 대중매체**에는** 인쇄매체, 전파매체, 통신매체 **등이 있다.**

④ 대중매체**에는** 인쇄매체, 전파매체, 통신매체 **등이 속한다.**

⑤ 대중매체**에는** 인쇄매체**와** 전파매체, 통신매체 **등이 있다.**

⑥ 인쇄매체, 전파매체, 통신매체 **등이** 대중매체**에 속한다.**

⑦ **우선** 인쇄매체, 대중매체, 통신매체 **같은** 대중매체**가 있다.**

❺ 장·단점에 대한 설명 표현

1. 장점에 대해 표현하는 방법

① N은/는 N와/과 같은 장점도 가지고 있다.
② N은/는 N이/가 A-다는 장점을 가지고 있다.
③ N은/는 N와/과 같은 장점도 가지고 있는 것으로 나타났다/조사되었다/밝혀졌다.
④ N은/는 N, N, N 등과 같은 장점을 가지고 있다.
⑤ N은/는 N, N, N 등과 같은 장점을 가지고 있는 것으로 나타났다/조사되었다/밝혀졌다.
⑥ N은/는 N, N, N 등의 다양한 장점을 가지고 있는 것으로 나타났다/조사되었다/밝혀졌다.
⑦ N은/는 N와/과 N 같은 장점 외에 N, N 등과 같은 장점도 있는 것으로 나타났다/조사되었다/밝혀졌다.

예
① 신상품은 호환성과 같은 장점도 가지고 있다.
② 신상품은 처리속도가 빠르다는 장점을 가지고 있다.
③ 이 제품은 신체보호와 같은 장점도 가지고 있는 것으로 조사되었다.
④ 이 제품은 저렴한 가격. 디자인, 향상된 품질 등과 같은 장점을 가지고 있다.
⑤ 이 제품은 저렴한 가격, 디자인, 향상된 품질 등과 같은 장점을 가지고 있는 것으로 조사되었다.
⑥ 이 제품은 저렴한 가격, 디자인, 향상된 품질 등의 다양한 장점을 가지고 있는 것으로 조사되었다.
⑦ 이 제품은 저렴한 가격과 디자인 같은 장점 외에 향상된 품질, 신속한 A/S 등과 같은 장점도 있는 것으로 나타났다.

2. 단점에 대해 표현하는 방법

① N은/는 N와/과 같은 단점도 가지고 있다.
② N은/는 N이/가 A-다는 단점을 가지고 있다.
③ N은/는 N와/과 같은 단점을 가지고 있는 것으로 나타났다/조사되었다/밝혀졌다.
④ N은/는 N, N, N 등과 같은 단점을 가지고 있다.
⑤ N은/는 N, N, N 등과 같은 단점을 가지고 있는 것으로 나타났다/조사되었다/밝혀졌다.
⑥ N은/는 N, N, N 등의 적지 않은 단점을 가지고 있는 것으로 나타났다/조사되었다/밝혀졌다.
⑦ N은/는 N와/과 N 같은 장점 외에 N, N 등과 같은 단점도 있는 것으로 나타났다/조사되었다/밝혀졌다.

예
① 신상품은 통화음질불량과 같은 단점도 가지고 있다.
② 신상품은 처리속도가 느리다는 단점을 가지고 있다.
③ 이 제품은 처리속도 저하와 같은 단점을 가지고 있는 것으로 조사되었다.
④ 이 제품은 높은 가격. 품질 불량, A/S 문제 등과 같은 단점을 가지고 있다.
⑤ 이 제품은 높은 가격, 품질 불량, A/S 문제 등과 같은 단점을 가지고 있는 것으로 조사되었다.
⑥ 이 제품은 높은 가격, 품질 불량, A/S 문제 등의 다양한 단점을 가지고 있는 것으로 조사되었다.
⑦ 이 제품은 높은 가격과 품질 불량 같은 단점 외에 , 퇴보된 디자인, A/S 문제 등과 같은 단점도 있는 것으로 나타났다.

1. 조언을 할 때 표현하는 방법

① 그러므로/그렇기 때문에/따라서 V-는 것이 좋다.

② 그러므로/그렇기 때문에/따라서 가급적 N은/는 V-는 것이 좋다.

③ 그러므로/그렇기 때문에/따라서 N은/는 V-아/어야 하며 V-는 것이 좋다.

④ 그러므로/그렇기 때문에/따라서 N은/는 V-아/어야 하며 N을/를 V-는 것이 좋다

⑤ 그러므로/그렇기 때문에/따라서 A/V-기 위해서는 N을/를 V-아/어야 한다.

⑥ 그러므로/그렇기 때문에/따라서 V-는 것이 바람직하다.

⑦ 그러므로/그렇기 때문에/따라서 V-(으)ㄹ 필요가 있다.

⑧ 그러므로/그렇기 때문에/따라서 V-는 것이 요구된다.

예

① __따라서__ 자제하__는 것이 좋다.__

② __그렇기 때문에__ 음주__는__ 가급적 자제하__는 것이 좋다.__

③ __그러므로__ 음주__는__ 자제__해야 하며__ 운동하__는 것이 좋다.__

④ __그러므로__ 음주__는__ 자제__해야 하며__ 운동__을__ 하__는 것이 좋다.__

⑤ __그러므로__ 건강하__기 위해서는__ 운동을 __해야 한다.__

⑤ __그렇기 때문에__ 건강하__기 위해서는__ 운동을 꾸준히 __해야 한다.__

⑥ __그러므로__ 운동하__는 것이 바람직하다.__

⑦ __그러므로__ 운동__할 필요가 있다.__

⑧ __그러므로__ 운동하__는 것이 요구된다.__

MEMO

Unit 01

Unit 02

Unit 03

Unit 04

Chapter 4

문제1

53. 다음을 참고하여 '연령대별 AI 음성인식 서비스 이용률과 주요 서비스'에 대해 200~300자로 쓰시오. 단, 글의 제목을 쓰지 마시오. (30점)

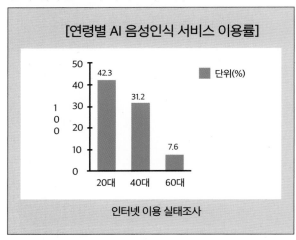

[연령별 AI 음성인식 서비스 이용률]

인터넷 이용 실태조사

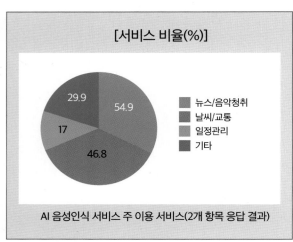

[서비스 비율(%)]

AI 음성인식 서비스 주 이용 서비스(2개 항목 응답 결과)

생각해 보기

※ 제시된 내용을 정확하게 파악한 후 자신의 생각을 간단히 아래에 정리해 본다.

구분	구조	주요 내용
도입		
전개		
마무리		

답안작성 ✎

정보!!

1. 문제를 읽고 그래프나 표의 내용을 파악해라.

2. '도입, 전개, 마무리'에 쓸 내용과 표현을 생각해라.

3. 그래프에 명시된 숫자 변화를 정확하게 써라.

4. 문제에 맞는 결론을 간단하게 써라.

Unit 01

Unit 02

Unit 03

Unit 04

Chapter 4

53. 다음을 참고하여 'K-드라마 수출 현황'에 대한 글을 200~300자로 쓰시오. 단, 글의 제목을 쓰지 마시오.
(30점)

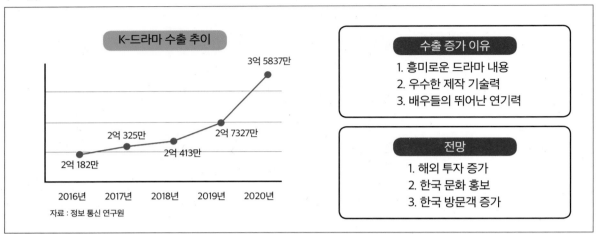

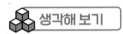

※ 제시된 내용을 정확하게 파악한 후 자신의 생각을 간단히 아래에 정리해 본다.

구분	구조	주요 내용
도입		
전개		
마무리		

답안작성 ✎

 정보!!

1. 문제를 읽고 그래프나 표의 내용을 파악해라.

2. '도입, 전개, 마무리'에 쓸 내용과 표현을 생각해라.

3. 그래프에 명시된 숫자 변화를 정확하게 써라.

4. 문제에 맞는 결론을 간단하게 써라.

53. 다음을 참고하여 '청소년들의 수면시간과 규칙적인 운동'에 대한 글을 200~300자로 쓰시오. 단, 글의 제
목을 쓰지 마시오.(30점)

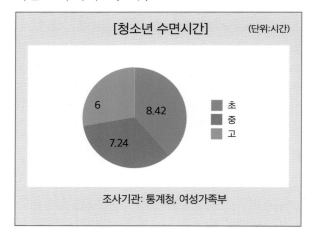

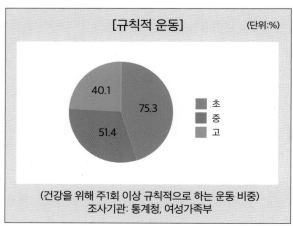

🧊 생각해 보기

※ 제시된 내용을 정확하게 파악한 후 자신의 생각을 간단히 아래에 정리해 본다.

구분	구조	주요 내용
도입		
전개		
마무리		

답안작성 ✎

 정보!!

1. 문제를 읽고 그래프나 표의 내용을 파악해라.

2. '도입, 전개, 마무리'에 쓸 내용과 표현을 생각해라.

3. 그래프에 명시된 숫자 변화를 정확하게 써라.

4. 문제에 맞는 결론을 간단하게 써라.

53. 다음을 참고하여 '스마트폰 이용자'에 대한 글을 200~300자로 쓰시오. 단, 글의 제목을 쓰지 마시오. (30점)

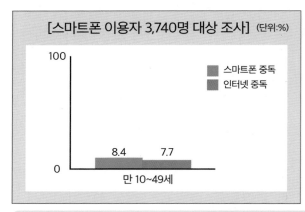

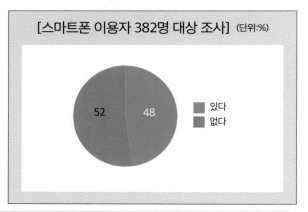

커뮤니케이션 단절 및 소외현상 경험 원인

기존의 인간관계 < 인터넷과 스마트폰 등 디지털 네트워킹의 활성화

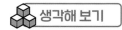 생각해 보기

※ 제시된 내용을 정확하게 파악한 후 자신의 생각을 간단히 아래에 정리해 본다.

구분	구조	주요 내용
도입		
전개		
마무리		

정보!!

1. 문제를 읽고 그래프나 표의 내용을 파악해라.

2. '도입, 전개, 마무리'에 쓸 내용과 표현을 생각해라.

3. 그래프에 명시된 숫자 변화를 정확하게 써라.

4. 문제에 맞는 결론을 간단하게 써라.

53. 다음을 참고하여 '1인 가구 증가 현황'에 대한 글을 200~300자로 쓰시오. 단, 글의 제목을 쓰지 마시오.
(30점)

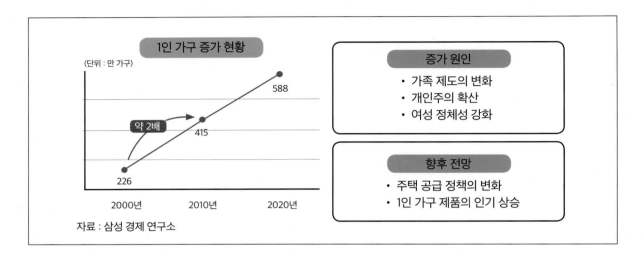

🧊 **생각해 보기**

※ 제시된 내용을 정확하게 파악한 후 자신의 생각을 간단히 아래에 정리해 본다.

구분	구조	주요 내용
도입		
전개		
마무리		

답안작성✎

정보!!

1. 문제를 읽고 그래프나 표의 내용을 파악해라.

2. '도입, 전개, 마무리'에 쓸 내용과 표현을 생각해라.

3. 그래프에 명시된 숫자 변화를 정확하게 써라.

4. 문제에 맞는 결론을 간단하게 써라.

53. 다음을 참고하여 외국인들에게 '가장 인상 깊은 한국 음식'에 대한 글을 200~300자로 쓰시오. 단 글의 제목을 쓰지 마시오. (30점)

🧊 생각해 보기

※ 제시된 내용을 정확하게 파악한 후 자신의 생각을 간단히 정리하여 아래에 정리해 본다.

구분	구조	주요 내용
도입		
전개		
마무리		

답안작성 ✏️

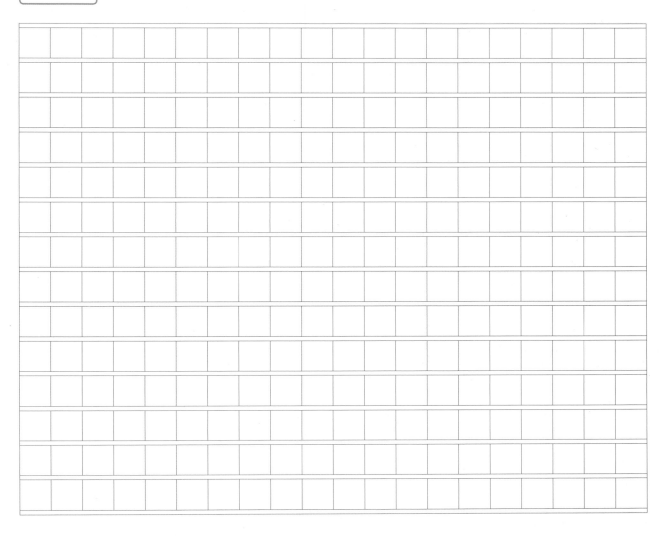

 53번 문항 쓰기 Pass **전략**

① 그래프나 도표를 꼼꼼히 살펴본다.

② 그래프나 도표의 내용을 제시된 순서에 맞게 쓴다.

③ 말하기로 정리한 다음에 글로 쓰면 쉽게 쓸 수 있다.

④ 한 개의 문단으로 쓴다.

⑤ 도입(서론) 부분에는 조사 대상, 주제(조사 기간)을 1~2문장 내로 쓴다.

⑥ 전개(본론) 부분에는 그래프나 도표 안의 내용을 모두 다 쓴다.

⑦ 마무리(결론) 부분에는 그래프나 도표를 통해 알게 된 내용이나 전망을 1~2문장 내로 쓴다.

⑧ 내용에 맞는 적합한 표현을 사용하여 쓴다. (응답하다, 나타나다, 증가하다, 감소하다, 전망되다, 과제이다 등)

Unit 04 자신의 생각을 글로 표현하기

1 필수 표현 학습

필수 표현		
[도입]에 쓰이는 표현	[전개]에 쓰이는 표현	[마무리]에 쓰이는 표현

[도입]에 쓰이는 표현

1. 일반적인 사실이나 견해를 제시하는 표현

① 우리는/사람들은/누구나/인간은
② 요즘은
③ 현대 사회는
④ 청소년기는
⑤ 일반적으로
⑥ 흔히 N은/는 A/V-고 생각하기 쉽다.
⑦ ~에 V-기 쉽다.
⑧ A/V-기 때문이다.
⑨ V-고 싶어 한다.
⑩ 일반적으로 N이/가 A/V-고 생각하게 된다.
⑪ 일반적으로 N이/가 ~면 N이/가 A/V-고 생각하기 쉽다.
⑫ 일반적으로 N이/가 A/V-고 생각하는 경우가 많다.

예
① **우리는** 누구나 꿈을 가지고 살아가고 있다.
① **사람들은** 누구나 건강한 삶을 살기를 원한다.
① **누구나** 한 가지씩 고민을 가지고 있기 마련이다.
① **인간은** 자연과 공존하며 살아가야만 하는 동물이다.
② **요즘은** 공교육을 통해 과거보다 다양한 교육이 시행하고 있다.
③ **현대 사회는** 환경과 관련하여 다양한 문제에 직면해 있다.
④ **청소년기는** 자아 정체성을 찾아가는 과도기라는 점에서 매우 중요한 시기이다.
⑤ **일반적으로** 가격이 내리게 되면 공급량은 감소하게 된다.
⑥ **흔히** 부유한 사람들은 모두가 행복하게 살고 있다고 **생각하기 쉽다.**
⑦ 청소년은 더욱 인터넷 중독에 **빠지기 쉽다.**
⑧ 인터넷 중독에 빠지게 되면 심각한 부작용을 초래할 수 있기 **때문이다.**
⑨ 사람들은 누구나 갈등을 피하고 **싶어 한다.**
⑩ **일반적으로** 부자가 행복하다고 **생각하게 된다.**
⑪ **일반적으로** 매출이 높으면 수익이 높다고 **생각하기 쉽다.**
⑫ **일반적으로** 고가의 제품이 품질이 좋다고 **생각하는 경우가 많다.**

2. 경향이나 현황을 설명하는 표현

① N에 의하면 최근 N이/가 A/V-고 있는 것으로 나타났다/조사되었다.
② 요즘/최근 들어 N이/가 A/V-고 있는 것으로 나타났다/조사되었다.
③ 근래에 접어들어 N이/가 V-고 있는 것으로 나타났다/조사되었다.
④ 근래에 접어들어 N이/가 V-고 답하는 응답하는 경우가 많아진 것으로 나타났다/조사되었다.
⑤ N은/는 N이/가 (점점/꾸준히/급격히) V-고 있다.
⑥ 이 전에 비해 N이/가 (점점/꾸준히/급격히) V-고 있다.
⑦ 과거에 비해 N이/가 (점점/꾸준히/급격히) V-고 있다.
⑧ ~년에 비해 N이/가 (점점/꾸준히/급격히) V-고 있다.
⑨ 전 세계적으로 N이/가 (점점/꾸준히/급격히) V-고 있다.
⑩ N(으)로 인해 N이/가 V-고 있다.
⑪ N의 영향으로 N이/가 (점점/꾸준히/급격히) V-고 있다.
⑫ N이/가 V-(으)ㅁ에 따라 N도 V-게 되었다.
⑬ N은/는 다양한 (사회적/세계적) 문제를 V-고 있다.
⑭ N은/는 여러 가지 (사회적/세계적) 문제를 낳고 있는 것으로 나타났다/조사되었다/밝혀졌다.
⑮ N은/는 A/V-아/어(서) (사회적인/세계적인) 문제가 되고 있다.

예

① 뉴스**에 의하면 최근** 청소년비행이 심각해지**고 있는 것으로 나타났다.**
② **요즘 들어** 청소년 비행이 심각해지**고 있는 것으로 조사되었다.**
② **최근 들어** 청소년 음주 경험 연령이 낮아지**고 있는 것으로 조사되었다.**
③ **근래에 접어들어** 음주 운전자가 늘어나**고 있는 것으로 조사되었다.**
④ **근래에 접어들어** 자존감이 낮아지고 있다고 **응답하는 경우가 많아진 것으로 조사되었다.**
⑤ S기업**은** 매출**이 꾸준히** 상승하**고 있다.**
⑤ A학생**은** 실력**이 꾸준히** 늘어나**고 있다.**
⑥ **이 전에 비해** 실력이 **점점** 좋아지**고 있다.**
⑦ **과거에 비해** 체중**이 급격히** 줄어들**고 있다.**
⑧ 2020**년에 비해** 감기 환자**가 급격히** 늘어나**고 있다.**
⑨ **전 세계적으로** 빈곤층**이 꾸준히** 증가하**고 있다.**
⑩ 강추위**로 인해** 감기 환자**가** 늘**고 있다.**
⑪ 태풍**의 영향으로** 피해**가** 급격히 늘어나**고 있다.**
⑫ 백신**이** 개발**됨에 따라** 감염자도 줄**게 되었다.**
⑬ 아동학대 문제**는 다양한 (사회적) 문제를** 양산하**고 있다.**
⑭ 저출산 문제**는 여러 가지 문제를 낳고 있는 것으로 조사되었다.**
⑮ 환경오염**은** 지구환경이 파괴되**어서 세계적인 문제가 되고 있다.**

① N에 대한/대하여 찬반양론이 대립되고 있다.
② N에 대한/대하여 찬성과 반대의 입장이 (팽팽히/팽팽하게) 대립되고 있다.
③ N이/가 서로 팽팽하게 대치하고 있다.
④ N이/가 서로 팽팽하게 대립하고 있다.
⑤ N의 N이/가 서로 팽팽하게 대립되고/대치되고 있다.
⑥ N에 대해 찬성하는 입장과 반대하는 입장이 좁혀지지 않고 있다.
⑦ N에 대해 찬성하는 입장과 반대하는 입장이 서로 맞서고 있다.
⑧ A/V-다는 입장과 A/V-다는 입장이 (좀처럼) 좁혀지지 않고 있다.
⑨ A/V-다는 입장과 A/V-다는 입장이 대립되고 있다.
⑩ A/V-다는 입장과 A/V-다는 입장이 맞서고 있다.
⑪ N을/를 찬성하는 사람들은 N을/를 위해 N을/를 A/V-다고 말하고 있다.
⑫ N을/를 반대하는 사람들은 N을/를 위해 N을/를 A/V-다고 말하고 있다.
⑬ N을/를 반대하는 사람들은 N을/를 이유로 N을/를 A/V-다고 말하고 있다.
⑭ N을/를 반대하는 사람들은 N을/를 이유로 반대의/우려의 목소리를 높이고 있다.
⑮ N을/를 찬성하는 사람들은 N을/를 이유로 찬성의 목소리를 높이고 있다.
⑯ N을/를 이유로 N을/를 A/V-다고 반대 의견을 표명하는 사람들이 늘어나고 있다.

예

① 그린벨트 해제에 대한 찬반양론이 대립되고 있다.
② 그린벨트 해제에 대하여 찬성과 반대의 입장이 팽팽히 대립되고 있다.
③ 노사가 서로 팽패하게 대치하고 있다.
④ 노사가 서로 팽팽하게 대립하고 있다.
⑤ 노사 양측의 의견이 서로 팽팽하게 대치되고 있다.
⑥ 안락사에 대해 찬성하는 입장과 반대하는 입장이 좁혀지지 않고 있다.
⑦ 안락사에 대해 찬성하는 입장과 반대하는 입장이 서로 맞서고 있다.
⑧ 시행해야 한다는 입장과 중지해야 한다는 입장이 좀처럼 좁혀지지 않고 있다.
⑨ 개발해야 한다는 입장과 보존해야 한다는 입장이 대립되고 있다.
⑩ 허가해야 한다는 입장과 금지해야 한다는 입장이 맞서고 있다.
⑪ 개발을 찬성하는 사람들은 개인 재산 보호를 위해 개발을 해야 한다고 말하고 있다.
⑫ 개발을 반대하는 사람들은 생태계 보호를 위해 금지해야 한다고 말하고 있다.
⑬ CCTV 설치를 반대하는 사람들은 사생활 보호를 이유로 설치를 반대한다고 말하고 있다.
⑭ 인터넷 실명제를 반대하는 사람들은 개인 자유 억압을 이유로 우려의 목소리를 높이고 있다.
⑮ 인터넷 실명제를 찬성하는 사람들은 악성댓글 방지를 이유로 찬성의 목소리를 높이고 있다.
⑯ 난개발을 이유로 개발을 중지해야 한다고 반대 의견을 표명하는 사람들이 늘어나고 있다.

4. 자신의 생각 또는 찬성·반대 의견을 주장하는 표현

① N이/가 요구된다.
② N이/가 필요하다고 본다.
③ N은/는 필요하다고 본다.
④ N이/가 필요하다고 생각한다.
⑤ N이/가 필요한 시점이다.
⑥ N은/는 옳지 않다고 본다.
⑦ N은/는 바람직하지 않다고 본다.
⑧ N은/는 타당하지 않다고 본다.
⑨ N은/는 바람직하지 않다고 생각된다.
⑩ N은/는 반드시 중지/금지되어야 할 것이다.
⑪ N은/는 반드시 시행되어야 한다고 생각한다.
⑫ N을/를 V-아/어서는 안 된다고 생각한다.
⑬ N은/는 A/V-기 때문에 찬성한다/반대한다.
⑭ N은/는 A/V-기 때문에 찬성하는/반대하는 입장이다.
⑮ 다음과 같은 이유로/이유에서 N을/를 찬성하는/반대한다.
⑯ 다음과 같은 이유로/이유에서 N을/를 찬성하는/반대하는 입장이다.

예

① 주의**가 요구된다.**
② 인터넷 실명제**가 필요하다고 본다.**
③ 금연구역**은 필요하다고 본다.**
④ 애완견등록제도**가 필요하다고 생각한다.**
⑤ 도입이 **필요한 시점이다.**
⑥ 맹목적 반대**는 옳지 않다고 본다.**
⑦ 무분별한 개발**은 바람직하지 않다고 본다.**
⑧ 이번 결과**는 타당하지 않다고 본다.**
⑨ 편파 판정**은 바람직하지 않다고 생각된다.**
⑩ 남녀차별**은 반드시 금지되어야 할 것이다.**
⑪ 이번 제도는 **반드시 시행되어야 한다고 생각한다.**
⑫ 안락사**를** 허용해**서는 안 된다고 생각한다.**
⑬ 난개발**은** 자연을 훼손하**기 때문에 반대한다.**
⑭ 난개발**은** 자연을 훼손하**기 때문에 반대하는 입장이다.**
⑮ **다음과 같은 이유에서** 난개발을 **반대한다.**
⑯ **다음과 같은 이유로** 개발을 **찬성하는 입장이다.**

1. 상반되는 내용을 제시하는 표현

① 반면 / 반면에
② 그 반대의 / 그 반대로 / 반대로
③ 오히려
④ 한편
⑤ 차라리
⑥ 그러나 / 그렇지만 / 그렇다 하더라도 / 그럼에도 불구

예

① 기존 제품은 매우 저렴한 **반면** 품질이 좋지 않았다.
① **반면에** 구체적인 대안이 없어 실효성은 떨어진다고 볼 수 있다.
② 생산량보다 소비량이 많으면 쉽게 가격이 오르고, **그 반대의** 경우는 가격이 쉽게 떨어진다.
② 인간은 산소를 받아들이고 이산화 탄소를 내뱉는다. **그 반대로** 나무는 이산화 탄소를 흡수하고 산소를 배출한다.
② 면적이 일정하면 가로는 세로에 반비례하고, **반대로** 세로는 가로에 반비례한다.
③ 개선을 위해 도입된 새로운 제도가 **오히려** 역효과를 내고 말았다.
④ 그의 친절은 한편으로 고맙기도 하고 **한편**으로 부담스럽기도 했다.
⑤ 제대로 작동하지 않는 이런 기능은 **차라리** 없는 것만 못하다.
⑥ 주위 사람들은 모두 찬성을 표명하였다. **그러나**, 나는 반대를 하는 입장이다.
⑥ 그의 말도 일리는 있다. **그렇지만** 우리는 다른 사람들의 의견에 따라야만 한다.
⑥ 과실을 범한 것은 **그렇다 하더라도** 그것을 인정하지 않는 것은 도저히 용납할 수 없다.
⑥ 그는 나를 배신했다. **그럼에도 불구하고** 나는 그를 용서하려 한다.

2. 나열하여 설명할 때 사용하는 표현

① ~,/. 첫째(는), 둘째(는), ~, 마지막은/마지막으로
② ~,/. 첫 번째(는), 두 번째(는), ~ 마지막으로
③ ~,/. 먼저, 다음으로, 마지막으로
④ N이/가 A/V-고 ~까지
⑤ N은/는 A/V-(으)며
⑥ N을/를 A/V-다든가 A/V-다든가 하다

예

① 인생은 다섯 단계를 거치는데, **첫째는** 유년기, **둘째는** 소년기, **셋째는** 청년기, **넷째는** 장년기, **마지막은** 노년기이다.
② 장점을 크게 세 가지로 나누어 말할 수 있다. **첫 번째**, 디자인이 매우 뛰어나나. **두 번째**, 품질 또한 매우 좋다. **마지막으로** 매우 저렴하다는 장점을 들 수 있다.
③ 다음의 세 가지로 나누어 말할 수 있다. **먼저**, 창의력을 기를 수 있고, **다음으로**, 사고력을 키울 수 있다. **마지막으로** 미래를 보는 눈을 키울 수 있다.
④ 장시간 실내에만 있으면 스트레스**가** 쌓이**고** 건강**까지** 나빠지는 것 같았다.
⑤ 어머니**는** 쌀**하며** 무**하며** 배추**며** 보내왔다.
⑥ 성공을 위해서는 노력을 한**다든가** 투자를 한**다든가** 해야 한다.

3. 내용을 추가하거나 덧붙일 때 쓰는 표현

① 그리고/게다가/더욱이/또한/한편/그 밖에도
② A/V-(으)ㄹ 뿐만 아니라
③ A/V-(으)ㄹ 뿐더러
④ A/V-은/는 것은 물론(이고/이거니와)
⑤ A/V-는 것과 함께
⑥ A/V-은/는 데다가

예

① 아버지 생신을 맞아 형과 누나, **그리고** 어머니는 파티를 준비하느라 정신이 없었다.
① 날씨는 잔뜩 흐렸고 **게다가** 바람까지 세차게 불었다.
① 새로 이사한 집에는 방이 하나밖에 없는데 **더욱이** 매우 좁다.
① 그녀는 마음도 착하고 **또한** 밝은 성격이다.
① 그는 사업을 하는 **한편** 가정도 돌보느라 정신이 없었다.
① **그 밖에도** 정치, 경제, 민생과 관련된 적지 않은 문제들이 산재해 있었다.
② 그 꽃은 좋은 향기가 **날 뿐만 아니라** 예쁘기도 했다.
③ 새로운 대표는 결단력도 있**을뿐더러** 지혜롭기까지 하다.
④ 이번 신제품은 품질이 좋은 것**은 물론이고** 디자인까지 훌륭하다.
⑤ 이번 달 요금을 부과하**는 것과 함께** 미납된 요금까지 부과되었다.
⑥ 날씨도 더워**진 데다가** 습기까지 많으니 옷차림을 가볍게 하세요.

4. 비교하거나 대조할 때 쓰는 표현

① A/V-는 반면(에)
② A/V-는데
③ A/V-지만
④ A/V-으나
⑤ N에 비해/비하여
⑥ N 또한 N 못지않게 중요하다/필요하다
⑦ N 또한 N 못지않게 N이/가 중요하다/필요하다
⑧ N 또한 N 못지않게 A/V-는 것이 중요하다/필요하다

예

① 나는 운동은 잘하**는 반면에** 공부는 잘하지 못한다.
② 나는 단 음식은 좋아하**는데** 매운 음식은 별로 좋아하지 않는다.
③ 나는 단 음식은 좋아**하지만** 매운 음식은 별로 좋아하지 않는다.
④ 유럽 여행을 희망하는 사람은 많지 않**았으나** 동남아 여행을 희망하는 사람은 많았다.
⑤ 그는 하는 노**력에 비해** 별다른 성과가 없었다.
⑥ 수분 섭취 **또한** 음식물 섭취 **못지않게 중요하다.**
⑦ 수분 **또한** 음식물 **못지않게** 매일 섭취하려 노력**이 필요하다.**
⑧ 코치 **또한** 선수들 **못지않게** 노력하**는 것이 필요하다.**

5. 반론을 제기할 때 쓰는 표현

① 물론 ~ 하지만
② N만이 최선은 아니다.
③ A/V-아/어서 다/모두가/누구나 A/V-은/는 것은 아니다.
④ N이/가 A/V-는 것은 아니다.
⑤ A/V-고 말할 수는 없다.
⑥ A/V-다고 해서 (반드시) A/V-는 것은 아니다/것만은 아니다/것만은 아닐 것이다.
⑦ A/V-고 해서 A/V-고만 (말)할 수는 없다.
⑧ A/V-고 해서 A/V-고 (생각)하는 것은 바람직하지/옳지 못하다.
⑨ A/V-는 이유로 A/V-고 하는 것은 바람직하지/옳지 못하다.
⑩ A/V-고 해서 A/V-고 하는 것은 부당한 측면이 있다.

예

① **물론** 개인과 일도 매우 중요하다. **하지만** 가족과 가정을 소홀히 해서는 행복해질 수 없다.
② 맹목적인 반대**만이 최선은 아니다.**
③ 노력한다고 해**서 누구나** 국가대표가 될 수 있**는 것은 아니다.**
④ 노력**이** 성공을 보장하**는 것은 아니다.**
⑤ 그 시기는 누구나가 그랬기에 나만 가난했**다고 말할 수는 없다.**
⑥ 애완견등록제가 시행된다고 **해서 반드시** 유기견이 사라지**는 것만은 아닐 것이다.**
⑦ 그의 실수라**고 해서** 그에게 모든 것을 책임지라**고만 말할 수는 없다.**
⑧ 성적이 좋지 못하다고 **해서** 목표가 없다고 생각하**는 것은 바람직하지 못하다.**
⑨ 규정을 어겼다**는 이유로** 해고한다고 **하는 것은 옳지 못하다.**
⑩ 규정을 어겼다고 **해서** 해고한다고 **하는 것은 부당한 측면이 있다.**

6. 원인을 말할 때 쓰는 표현

① N의 원인으로 N을/를 들 수 있다.
② N의 원인 중 하나로 N을/를 들 수 있다.
③ N의 원인은 N으로 볼 수 있다.
④ N을/를 N의 원인으로 볼 수 있다/없다.
⑤ N의 원인은 N에 있다.
⑥ N에 그 원인이 있다고 볼 수 있다.
⑦ N이/가 N의 원인으로 보여진다.
⑧ N이/가 N의 원인이라고 (말)할 수 있다/없다.
⑨ N이/가 N의 원인으로 꼽힌다.
⑩ N을/를 N의 원인으로만 볼 수는 없다.

예

① 기상 이변의 **원인으로** 지구 온난화를 **들 수 있다.**
② 지구 온난화**의 원인 중 하나로** 자동차 배기가스를 **들 수 있다.**
③ 지구 온난화**의 원인은** 우리들의 책임**으로 볼 수 있다.**
④ 자동차 배기가스**를** 지구 온난화**의 원인으로 볼 수 있다.**

⑤ 지구 온난화의 원인은 자동차 배기가스에 있다.
⑥ 사람들의 무관심에 그 원인이 있다고 볼 수 있다.
⑦ 부모들의 무관심이 청소년 일탈의 원인으로 보여진다.
⑧ 부모들의 무관심이 청소년 일탈의 원인이라고 말할 수 있다.
⑨ 부모들의 무관심이 청소년 일탈의 원인으로 꼽힌다.
⑩ 부모들의 무관심을 청소년 일탈의 원인으로만 볼 수는 없다.

7. 긍정적인 면을 설명하는 표현

① N은/는 N을/를 A/V-다는 점에서 긍정적으로 볼 수 있다.
② N은/는 N을/를 A/V-다는 점에서 긍정적인 면이 있다.
③ N은/는 N을/를 A/V-다는 점에서 (매우) 긍정적이다.
④ N은/는 N을/를 V-는데 (많은/큰) 역할을 한다.
⑤ N은/는 N을/를 V-는데 (많은/큰) 도움을 준다.
⑥ N은/는 N을/를 V-는데 (많은/큰) 도움이 된다.
⑦ N은/는 N을/를 V-는데 (많은/큰) 기여를 한다.
⑧ N은/는 N을/를 긍정적으로 받아들였다.
⑨ N은/는 N을/를 긍정적으로 평가했다/평가하고 있는 것으로 나타났다.
⑩ N은/는 N을/를 A/V-다는 점에서 매우 효과적이라고 볼 수 있다.

예

① 의학 기술의 발전은 인류의 삶과 질을 향상시킨다는 점에서 긍정적으로 볼 수 있다.
② 현대 사회의 방송은 사회 현상을 반영한다는 점에서 긍정적인 면이 있다.
③ 새로운 백신의 개발은 감염자를 감소시킨다는 점에서 매우 긍정적이다.
④ 화폐는 물품 교환을 매개하는데 많은 역할을 한다.
⑤ 아침 운동은 건강을 유지하는데 많은 도움을 준다.
⑥ 여가 선용은 정서를 함양하는데 많은 도움이 된다 .
⑦ 태교 음악은 태아의 감수성을 자극시켜 두뇌를 발달시키는데 큰 기여를 한다.
⑧ 국민들은 정부의 새로운 방침을 긍정적으로 받아들였다.
⑨ 설문 조사에 따르면 국민들은 우리나라의 미래를 긍정적으로 평가하고 있는 것으로 나타났다.
⑩ 독서는 아이들의 집중력을 높인다는 점에서 매우 효과적이라고 볼 수 있다.

8. 부정적인 면을 설명하는 표현

① N은/는 N을/를 A/V-다는 점에서 부정적으로 볼 수 있다.
② N은/는 N을/를 A/V-다는 점에서 부정적인 면도 있다.
③ N은/는 N을/를 A/V-다는 점에서 (매우) 바람직하지 못하다.
④ N은/는 N을/를 V-는데 (큰/적지 않은) 해가 된다.
⑤ N은/는 N을/를 V-는데 (많은/큰) 도움을 주지 못한다.
⑥ N은/는 N을/를 V-는데 (많은/큰) 기여를 하지 못한다.
⑦ N은/는 N을/를 부정적으로 받아들였다.
⑧ N은/는 N을/를 부정적으로 평가했다/평가하고 있는 것으로 나타났다/조사되었다.
⑨ N은/는 N을/를 A/V-다는 점에서 (매우) 좋지 않다고 볼 수 있다.
⑩ N은/는 N에서 나타나는 문제점으로 볼 수 있다.

⑩ N은/는 N에서 나타나는 문제점으로 볼 수 있다.
⑪ N은/는 (N에) N을/를 V-(으)ㄹ 위험성이/우려가 (매우) 높다/높다고 볼 수 있다.
⑫ N은/는 N에 좋지 않은 영향을 미친다./미치는 것으로 조사되었다.
⑬ N(으)로 인해 (많은/적지 않은) 문제가 야기된다/야기되는 것으로 조사되었다.

예

① 과학 기술의 남용은 환경을 변화시킨다는 점에서 부정적으로 볼 수 있다.
② IT 기술의 발달은 서로를 단절시킨다는 점에서 부정적인 면도 있다.
③ 불신적 사고방식은 매사를 부정적으로 본다는 점에서 바람직하지 못하다.
④ 과식은 건강을 지키는데 적지 않은 해가 된다.
⑤ 단순 암기는 학업을 향상시키는데 많은 도움을 주지 못한다.
⑥ 불규칙적인 운동은 건강을 유지시키는데 큰 기여를 하지 못한다.
⑦ 그녀는 그의 행동을 부정적으로 받아들였다.
⑧ 소비자들은 신제품의 품질을 부정적으로 평가하고 있는 것으로 나타났다.
⑨ 흡연은 건강을 해친다는 점에서 매우 좋지 않다고 볼 수 있다.
⑩ 간질환은 지나친 음주에서 나타나는 문제점으로 볼 수 있다.
⑪ 지나친 흡연은 우리 몸에 폐 질환을 일으킬 위험성이 매우 높다.
⑫ 전자파는 우리 몸에 좋지 않은 영향을 미치는 것으로 조사되었다.
⑬ 공기오염으로 인해 적지 않은 문제가 야기되는 것으로 조사되었다.

9. 조건을 말할 때 쓰는 표현

① N을/를 N의 조건으로 들 수 있다.
② N의 조건으로 N을/를 들 수 있다.
③ N은 N을/를 V-기 위해 (가장/반드시) 필요한 조건이다.
④ N은/는 N을/를 V-기 위해 (가장/반드시) 필요한 조건 중의 하나이다.
⑤ N이/가 N을/를 위해 (가장/반드시) 필요한 조건 중의 하나로 조사되었다/밝혀졌다.
⑥ N 도/또한 N을/를 위해 (가장/반드시) 필요한/요구되는 조건 중의 하나이다.
⑦ N 도/또한 N을/를 위해 (가장/반드시) 필요한/요구되는 조건 중의 하나로 조사되었다/밝혀졌다.
⑧ N을/를 V-기 위해서는 N이/가 (가장/반드시) 필요하다/중요하다/요구된다.
⑨ N이/가 V-기 위해서는 N이/가 (가장/반드시) 필요하다/중요하다/요구된다.
⑩ N은/는 V-는 데에 있어 (반드시) 필요하다/요구된다.
⑪ N이/가 없이는 N이/가 불가능한 것으로 조사되었다/밝혀졌다/나타났다.
⑫ N은/는 N을/를 위해 없어서는 안 될 중요한 조건으로 조사되었다/밝혀졌다/나타났다.

예

① 기후적 조건을 농산물 생산량의 조건으로 들 수 있다.
② 농산물 생산량의 조건으로 기후적 조건을 들 수 있다.
③ 기후적 조건은 농산물을 생산하기 위해 반드시 필요한 조건이다.
④ 비옥한 토양은 양질의 농산물을 키우기 위해 반드시 필요한 조건 중의 하나이다.
⑤ 부모의 관심이 청소년들의 일탈 방지를 위해 가장 필요한 조건 중의 하나로 조사되었다.
⑥ 한국어능력시험성적도 입학을 위해 요구되는 조건 중의 하나이다.
⑦ 광합성 또한 식물의 성장을 위해 반드시 필요한 조건 중의 하나로 밝혀졌다.

⑧ 광합성을 하기 위해서는 햇빛이 반드시 필요하다.
⑧ 호흡을 하기 위해서는 산소가 반드시 필요하다.
⑨ 회사가 성장하기 위해서는 경영자의 리더십이 반드시 요구된다.
⑩ 배려하는 마음은 봉사활동을 하는데 있어 반드시 필요하다.
⑪ A사의 기술이 없이는 백신 생산이 불가능한 것으로 조사되었다.
⑫ 경제적 조건은 결혼을 위해 없어서는 안 될 중요한 조건으로 조사되었다.

10. 전제나 가정을 설명하는 표현

① A/V-다면 N이/가 V-(으)ㄹ 것이다/것으로 보인다.
② A/V-다면 N이/가 V-게 된다.
③ N을/를 A/V-(으)ㄹ 경우 V-게 된다.

예

① 악행을 눈감아 **준다면** 앞으로도 그런 일이 계속 발생**할 것이다.**
② 구조조정을 한**다면** 실직자가 대량 발생하**게 된다.**
③ 고속도로에 고장난 차를 방치**할 경우** 큰 사고로 이어지**게 된다.**

11. 예를 들어 말할 때 쓰는 표현

① 예를 들면/들자면
② 예를 들어/들어서
③ 예컨대

예

① 인류의 미래를 위해서는 무분별한 과학 기술의 남용을 자제해야 한다. **예를 들면,** 과학 기술을 이용하여 손쉽게 지역을 개발하고 공업화를 일반화 할 경우 환경 파괴를 초래할 수 있기 때문이다.
② **예를 들어** 갑과 을 두 사람이 있다고 가정하자.
③ 사람이 많이 모이는 곳, **예컨대** 극장, 쇼핑몰, 유명 관광지 등은 가급적 피하는 것이 좋다.

12. 당연함을 설명하는 표현

① ~은/는 것이/것은/것도 당연하다.
② A/V-기 마련이다.

예

① 그는 그 일의 전문가가 아니기 때문에 자세히 모르**는 것이 당연하다.**
① 날씨가 더워지면서 전력 소모량이 늘어나**는 것은 당연하다.**
② 인구가 밀집한 곳은 교통이나 환경 오염에 대한 문제가 발생하**기 마련이다.**

13. 가능성을 설명하는 표현

① A/V-(으)ㄹ 가능성이 있다.
② A/V-(으)ㄹ 가능성이 높다.
③ A/V-(으)ㄹ 가능성이 희박하다.
④ A/V-(으)ㄹ 가능성이 존재한다.
⑤ A/V-(으)ㄹ 수 있다.

예
① 철저한 준비를 하지 않으면 실패**할 가능성이 있다.**
② 다음 주에는 전국에 극심한 황사가 나타**날 가능성이 높다.**
③ 안타깝게도 이 환자는 회생**할 가능성이 희박하다.**
④ 이번 실험은 조금이나마 성공**할 가능성이 존재한다.**
⑤ 먼저 논리가 서야 타인을 설득**할 수 있다.**

14. 이유를 설명할 때 쓰는 표현

① N 때문이다.
② A/V-기 때문이다.
③ A/V-기 때문이라고 할 수 있다.

예
① 이번 달에 교통사고가 증가한 것은 폭설과 강추위 **때문이다.**
② 이번 달에 교통사고가 증가한 것은 폭설과 강추위가 있었**기 때문이다.**
③ 약체로 분류되던 팀이 우승할 수 있었던 것은 끝까지 단합했**기 때문이라고 할 수 있다.**

15. 비교하여 설명하는 표현

① A보다는 B
② A보다 B
③ A 못지않게 B도
④ N에 비해(서)
⑤ N 못지않게 N이/가/도 중요하다/크다.
⑥ N 보다 N이/가 (더) 중요한 것으로 조사되었다/밝혀졌다/나타났다.
⑦ A/V-는 것 보다(는) A/V-는 것이 좋다/중요하다/필요하다.

예
① 말 **보다는** 실천으로 옮기는 것이 무엇보다 중요하다.
② 말 **보다** 행동으로 보여주는 것이 중요하다.
③ 그는 노래 실력 **못지않게** 그림을 그리는 실력도 수준급이다.
④ 그는 나이**에 비해** 어른스러워 보인다.
④ 그는 사진**에 비해서** 실물이 훨씬 더 좋은 인상을 준다.
⑤ 사람에게는 보는 즐거움 **못지않게** 먹는 즐거움**도 크다.**
⑥ 개인의 실력**보다** 팀워크**가 더 중요한 것으로 나타났다.**
⑦ 기업투자에 있어서는 정성적으로 평가하**는 것 보다** 정량적으로 평가하**는 것이 중요하다.**

[마무리]에 쓰이는 표현

1. 결론을 말할 때 사용하는 표현

① (다시) 말하자면
② 따라서
③ 그러므로
④ 그렇기 때문에
⑤ 이러한
⑥ 그래서

[예]

① 인류의 미래를 위해서는 자연과 환경의 보호가 무엇보다 중요하다. **다시 말하자면** 우리 스스로가 자연과 환경을 보호하기 위해 노력하고 실천하는 자세가 필요한 시점이다.

② 비대면 수업의 경우 학생들의 관심을 끌어야 학생들이 수업에 집중할 수 있다. **따라서**, 보다 효율적이고 창의적인 수업자료 준비가 필요하다.

② **따라서** 원활한 의사소통을 위한 적극적인 노력이 필요하다. 우선 상대를 배려하는 입장에서 말을 하는 제세가 필요하다.

③ 디지털 치매를 예방하기 위해서는 노력이 필요하다. **그러므로** 디지털 기기를 멀리하고 뇌를 자극할 수 있는 생활 속 실천을 위해 노력해야 한다.

④ 협력을 위해서는 신뢰가 바탕이 되어야 한다. **그렇기 때문에** 서로가 진실된 마음으로 신뢰를 쌓을 수 있도록 하는 것이 중요하다.

⑤ **이러한** 부정적 요소들을 최소화하기 위해서는 우선 사회에서 제도적으로 접근해야 한다.

⑥ **그래서** 우리가 서로를 칭찬할 때에는 그 사람이 해낸 일의 결과가 아닌, 그 일을 해내기까지의 과정과 노력에 초점을 맞추는 것이 중요하다.

2. 앞에서 언급한 내용을 정리할 때 사용하는 표현

① 이처럼
② 이와 같이/이와 같은 이유로
③ 이렇듯

[예]

① 우리가 재난을 극복할 수 있었던 것은 모두가 놀랄만한 일이 되었다. **이처럼** 성공적으로 재난을 극복할 수 있었던 것은 서로의 노력과 협조가 있었기 때문에 가능했다고 볼 수 있다.

② 조기 교육이 과도하게 이루어질 경우, 아이들의 정서 발달에 부정적인 영향을 미칠 수 있다. **이와 같은 이유로** 조기 교육의 장점에도불구하고 위의 문제를 고려하였을 때 조기 교육을 실시하는 것은 적절하지 않다고 생각한다.

③ 역사의 기록을 통해 앞으로 일어날 일을 예측하고 준비할 수 있다. **이렇듯** 역사는 더 나은 미래를 향한 방향을 제시해 줄 수 있다는 점에서 매우 중요하다.

3. 해결 방법을 제시할 때 사용하는 표현

① V-기 위해서는 (반드시) V-아/어야 한다.
② V-기 위해서는 (반드시) V-(으)ㄴ 것이 중요하다/필요하다/요구된다.
③ V-기 위해서는 (반드시) V-(으)ㄹ 것이 중요하다/필요하다/요구된다.
④ V-(으)ㄹ 수 있는 방안을 마련하는 것이 중요하다/필요하다/요구된다.
⑤ V-기 위한 대책을 마련해야 한다.

예

① 부를 얻기 위해서는 열심히 노력해야 한다.
② 부를 얻기 위해서는 열심히 노력하는 것이 중요하다.
③ 무인도에서 살아남기 위해서는 반드시 마실 것이 필요하다.
④ 경쟁에서 살아남을 수 있는 방안을 마련하는 것이 중요하다.
⑤ 경쟁에서 살아남기 위한 대책을 마련해야 한다.

4. 동시적 상황을 설명하는 표현

① N은/는 V-(으)ㄴ 동시에
② N은/는 V-기도 하고 V-기도 하다/한다.
③ N은/는 ~와/과 ~을/를 동시에/함께 가지고 있다.
④ N은/는 ~와/과 ~이/가 동시에/함께 나타난다/나타나는 것으로 조사되었다.
⑤ N은/는 ~와/과 ~도 동시에/함께 가지고 있는 것으로 나타났다/조사되었다.

예

① 그 사람은 농부인 동시에 학자였다.
② 그는 농부이기도 하고 학자이기도 하다.
③ 그는 음식을 팔기도 하고 무료로 주기도 한다.
④ 신제품은 장점과 단점을 동시에 가지고 있다.
⑤ 증상은 두통과 구토가 동시에 나타나는 것으로 조사되었다.
⑥ 신약은 효과와 부작용도 함께 가지고 있는 것으로 조사되었다.

5. 조언을 할 때 사용하는 표현

① N이/가 필요하다 중요하다/요구된다.
② V-하는 태도가/자세가 필요하다/중요하다/요구된다.
③ V-하는 태도를/자세를 가져야/보여줘야 한다.
④ V-도록 주의를 기울여야 한다
⑤ V-도록 할 필요가 있다/없다.
⑥ V-(으)ㄹ 필요가 있다/없다.
⑦ V-도록 하는 것이 매우/대단히 중요하다.

Unit 4 쓰기54번 자신의 생각을 글로 표현하기 151

Unit 01

Unit 02

Unit 03

Unit 04

Chapter 4

예

① 마음가짐이 중요하다.

② 노력하는 자세가 필요하다.

③ 반성하는 태도를 가져야 한다.

④ 실수하지 않도록 주의를 기울여야 한다.

⑤ 오해받지 않도록 할 필요가 있다.

⑥ 걱정할 필요가 없다.

⑦ 낙오하지 않도록 하는 것이 매우 중요하다.

문제1

54. 다음을 주제로 하여 자신의 생각을 600~700자로 글을 쓰시오. 단, 문제를 그대로 옮겨 쓰지 마시오.
(50점)

> 과학 기술의 발달로 생활이 편리해지고 자연환경을 개발하여 유용한 자원을 이용·생산할 수 있게
> 되었습니다. 그러나 이러한 과학 기술의 발달이 긍정적인 면만을 가지고 있는 것은 아닙니다. 아래의
> 내용을 중심으로 자신의 생각을 쓰십시오.
>
> • 과학 기술의 발달이 환경에 미치는 긍정적인 영향은 무엇입니까?
> • 환경에 미치는 부정적인 영향은 무엇입니까?
> • 바람직한 과학 기술의 발달 방향은 무엇입니까?

 정보!!

1. 제시된 문제를 활용하여 서론을 써라. 　4. 객관적인 느낌을 주는 표현으로 써라.
　(그대로 쓰기 금지)　　　　　　　　　　5. 결론은 간단히 요약해서 써라.
2. 문제에 제시된 질문을 활용하여 단락을 나누어라.　6. 맞춤법과 띄어쓰기를 점검해라.
3. 전개는 구체적으로 써라. (이유, 원인, 근거 등)

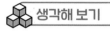 생각해 보기

※ 제시된 내용을 정확하게 파악한 후 자신의 생각을 간단히 아래에 정리해 본다.

구분	구조	주요 내용	
도입			첫 번째 질문
전개			두 번째 질문
마무리			세 번째 질문
브레인 스토밍			

※ 원고지 쓰기의 예

	설	은		음	력		정	월		초	하	룻	날	로		한		해	의
첫	날		전	후	에		치	루	는		의	례	와		놀	이		등	을

답안작성 ✐

문제2

54. 다음을 주제로 하여 자신의 생각을 600~700자로 글을 쓰시오. 단, 문제를 그대로 옮겨 쓰지 마시오. (50점)

> 언어는 의사소통에 있어서 가장 중요한 수단 중의 하나이다. 그런데 최근에는 인터넷과 SNS 등의 발달로 인해 다양한 비속어나 욕설들이 전파되고 유행어와 줄임말도 늘어나면서 의사소통에 어려움을 겪는 일이 늘어나고 있다. 바른말의 사용이 더욱 요구되는 시점이다. '바른말 사용의 중요성과 방법'에 대해 아래의 내용을 중심으로 자신의 생각을 쓰라.
>
> • 바른말의 사용은 왜 중요한가?
> • 바른말을 사용하지 않는 사람들이 늘어나고 있는 이유는 무엇인가?
> • 바른말 사용을 위한 방법은 무엇인가?

 정보!!

1. 제시된 문제를 활용하여 서론을 써라. (그대로 쓰기 금지)
2. 문제에 제시된 질문을 활용하여 단락을 나누어라.
3. 전개는 구체적으로 써라. (이유, 원인, 근거 등)
4. 객관적인 느낌을 주는 표현으로 써라.
5. 결론은 간단히 요약해서 써라.
6. 맞춤법과 띄어쓰기를 점검해라.

생각해 보기

※ 제시된 내용을 정확하게 파악한 후 자신의 생각을 간단히 아래에 정리해 본다.

구분	구조	주요 내용	
도입			첫 번째 질문
전개			두 번째 질문
마무리			세 번째 질문
브레인 스토밍			

※ 원고지 쓰기의 예

	설	은		음	력		정	월		초	하	룻	날	로		한		해	의
첫	날		전	후	에		치	루	는		의	례	와		놀	이		등	을

답안작성✎

54. 다음을 주제로 하여 자신의 생각을 600~700자로 글을 쓰시오. 단, 문제를 그대로 옮겨 쓰지 마시오. (50점)

> 최근 휴대폰과 인터넷이 보편화되고 SNS 등이 확대되면서 우리에게 다양한 긍정적 측면을 제공함과 동시에 부정적인 영향도 가져다주고 있다는 소식을 자주 접한다. 아래의 내용을 중심으로 자신의 생각을 쓰라.

- 휴대폰과 인터넷의 보편화가 주는 긍정적 요소는 무엇인가?
- 부정적인 요소는 무엇인가?
- 부정적 요소를 해소하는 방법은 무엇인가?

 정보!!

1. 제시된 문제를 활용하여 서론을 써라.
   (그대로 쓰기 금지)
2. 문제에 제시된 질문을 활용하여 단락을 나누어라.
3. 전개는 구체적으로 써라. (이유, 원인, 근거 등)
4. 객관적인 느낌을 주는 표현으로 써라.
5. 결론은 간단히 요약해서 써라.
6. 맞춤법과 띄어쓰기를 점검해라.

 생각해 보기

※ 제시된 내용을 정확하게 파악한 후 자신의 생각을 간단히 아래에 정리해 본다.

구분	구조	주요 내용	
도입			첫 번째 질문
전개			두 번째 질문
마무리			세 번째 질문
브레인 스토밍			

※ 원고지 쓰기의 예

	설	은		음	력		정	월		초	하	룻	날	로		한		해	의
첫	날		전	후	에		치	르	는		의	례	와		놀	이		등	을

답안작성✐

문제4

54. 다음을 주제로 하여 자신의 생각을 600~700자로 글을 쓰시오. 단, 문제를 그대로 옮겨 쓰지 마시오.
(50점)

> 최근 급속도로 발달한 인터넷 환경의 변화와 사회적 요인으로 교육계도 많은 변화가 일고 있다. 오프라인을 기본으로 하던 교육이 온라인 교육으로 바뀌고 있다. 이에 대해 긍정과 부정의 의견이 다양하다. '온라인 교육의 효과적 활용 방안'에 대한 글을 아래의 내용을 중심으로 자신의 생각을 쓰라.
>
> - 온라인 교육의 긍정적인 면은 무엇인가?
> - 온라인 교육의 부정적인 면은 무엇인가?
> - 온라인 수업을 효과적으로 활용하는 방안은 무엇인가?

 정보!!

1. 제시된 문제를 활용하여 서론을 써라.
   (그대로 쓰기 금지)
2. 문제에 제시된 질문을 활용하여 단락을 나누어라.
3. 전개는 구체적으로 써라. (이유, 원인, 근거 등)

4. 객관적인 느낌을 주는 표현으로 써라.
5. 결론은 간단히 요약해서 써라.
6. 맞춤법과 띄어쓰기를 점검해라.

생각해 보기

※ 제시된 내용을 정확하게 파악한 후 자신의 생각을 간단히 아래에 정리해 본다.

구분	구조	주요 내용	
도입			첫 번째 질문
전개			두 번째 질문
마무리			세 번째 질문
브레인 스토밍			

※ 원고지 쓰기의 예

| | 설 | 은 | | 음 | 력 | | 정 | 월 | | 초 | 하 | 룻 | 날 | 로 | | 한 | | 해 | 의 |
| 첫 | 날 | | 전 | 후 | 에 | | 치 | 루 | 는 | | 의 | 례 | 와 | | 놀 | 이 | | 등 | 을 |

답안작성✏️

문제5

54. 다음을 주제로 하여 자신의 생각을 600~700자로 글을 쓰시오. 단, 문제를 그대로 옮겨 쓰지 마시오.
(50점)

> 현대 사회에서는 디지털 기기에 대한 의존이 더욱 심해지고 있다. 디지털 기기의 사용으로 기억해야 할 필요성을 느끼지 못하다 보니, 뇌의 기능이 제 역할을 하지 못해 발생하는 문제도 늘고 있는 추세이다. 이에 어떤 증상들이 나타나며, 예방할 수 있는 방법에는 어떠한 것이 있는 지 자신의 생각을 쓰라.

- 디지털 치매란 무엇인가?
- 디지털 치매에 걸리면 어떤 증상들이 나타나는가?
- 디지털 치매를 예방하기 위해서는 어떠한 노력이 필요한가?

 정보!!

1. 제시된 문제를 활용하여 서론을 써라.
  (그대로 쓰기 금지)
2. 문제에 제시된 질문을 활용하여 단락을 나누어라.
3. 본론은 구체적으로 써라. (이유, 원인, 근거 등)

4. 객관적인 느낌을 주는 표현으로 써라.
5. 결론은 간단히 요약해서 써라.
6. 맞춤법과 띄어쓰기를 점검해라.

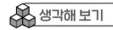 생각해 보기

※ 제시된 내용을 정확하게 파악한 후 자신의 생각을 간단히 아래에 정리해 본다.

구분	구조	주요 내용	
도입			첫 번째 질문
전개			두 번째 질문
마무리			세 번째 질문
브레인 스토밍			

※ 원고지 쓰기의 예

	설	은		음	력		정	월		초	하	룻	날	로		한		해	의
첫	날		전	후	에		치	루	는		의	례	와		놀	이		등	을

답안작성✎

문제6

54. 다음을 주제로 하여 자신의 생각을 600~700자로 글을 쓰시오. 단, 문제를 그대로 옮겨 쓰지 마시오. (50점)

> 개인이든 국가든 살아가면서 협력이 필요한 상황에 많이 직면하게 된다. 이때 사람에 따라, 국가의 위치나 입장에 따라 협력에 대한 생각과 태도가 다르게 나타난다. 이로 인한 결과도 차이가 크다. 이러한 '협력'이 미치는 영향에 대해 아래 내용을 중심으로 자신의 생각을 쓰라.
>
> • 협력은 왜 필요한가?
> • 협력하지 않을 경우 어떤 문제가 발생하는가?
> • 협력이 잘 이루어지기 위해 어떠한 노력이 필요한가?

 정보!!

1. 제시된 문제를 활용하여 서론을 써라.
   (그대로 쓰기 금지)
2. 문제에 제시된 질문을 활용하여 단락을 나누어라.
3. 본론은 구체적으로 써라. (이유, 원인, 근거 등)

4. 객관적인 느낌을 주는 표현으로 써라.
5. 결론은 간단히 요약해서 써라.
6. 맞춤법과 띄어쓰기를 점검해라.

생각해 보기

※ 제시된 내용을 정확하게 파악한 후 자신의 생각을 간단히 아래에 정리해 본다.

구분	구조	주요 내용	
도입			첫 번째 질문
전개			두 번째 질문
마무리			세 번째 질문
브레인 스토밍			

※ 원고지 쓰기의 예

	설	은		음	력		정	월		초	하	룻	날	로		한		해	의
첫	날		전	후	에		치	루	는		의	례	와		놀	이		등	을

답안작성 ✏️

(빈 원고지)

54번 문항 쓰기 Pass 전략

① 제시된 정보를 바탕으로 주제를 파악한다.

② 주제를 파악한 후 자신의 생각을 정리하여, 도입, 전개, 마무리로 나누어 내용을 구상한다.

③ 답안을 구상하기 전에 브레인스토밍을 통해 생각나는 주요 정보나 핵심 키워드를 정리해 본다.

④ 구상된 내용과 정리된 키워드를 바탕으로 구체적인 답안을 계획해 본다.

⑤ 도입은 첫 번째 질문을 바탕으로 중심내용을 구체적으로 구성하여 쓴다.

⑥ 전개는 두 번째 질문을 바탕으로 중심내용을 구체적으로 구성하여 쓴다.

⑦ 마무리는 세 번째 질문을 바탕으로 전체 생각을 정리하여 마무리한다.

⑧ 자신의 생각을 일관된 입장에서 정리해서 쓴다.

⑨ 문법과 단어, 연결 표현 등에 신경을 쓰면서 글을 쓴다.

⑩ 25분~30분 안에는 답안 작성을 마쳐야 한다.

Unit 01

Unit 02

Unit 03

Unit 04

Chapter 4

문제1

발달	유용한	조화	능동적	파괴
가속화	비판	극대화	악화	수준
부정적인	공존	발전	개발	무조건
고갈되다	대처하다	완화하다	개선하다	자제하다

1	신속하게 ( ) 더 큰 사고로 이어지는 것을 막을 수 있었다.
2	정부는 그린벨트 지역의 개발과 관련한 규제를 ( ) 발표하였다.
3	노력과 ( )을 거듭한 결과 국내 최고의 기업으로 발돋움 할 수 있었다.
4	인간과 자연의 ( )을 위해 인간과 자연이 상생할 수 있는 방안을 지속적으로 모색해야만 한다.
5	설문조사 결과 ( ) 입장을 표명하는 시민들이 월등히 높은 것으로 나타났다.
6	이번 신제품은 기존의 결함을 ( ) 출신된 만큼 소비자들의 기대감은 더욱 커지고 있다.
7	과학과 기술이 ( )함과 동시에 인간이 자연과 환경을 배려하는 자세는 더욱 더 중요시되고 있다.
8	규제로 인해 신약의 ( )이 늦어지고 있다는 안타까운 소식이 전해지고 있다.
9	오랜 가뭄으로 하천의 물이 ( ) 지경에 이르렀다.
10	최근 발생한 규모 2.6의 지진은 인근 지역에서도 진동을 느낄 수 있는 ( )이었다.
11	기업의 대표가 최근 지속되고 있는 실적 ( )에 대한 책임을 지고 사임하기로 결정하였다.
12	공간과 ( )를 이루는 일체감 있는 디자인과 함께 다양한 소재와 컬러 또한 큰 호평을 받고 있다.
13	변화하는 농촌 환경에 ( )으로 대응하기 위해서라도 신기술의 보급은 매우 중요하다.
14	패류독소는 냉장, 동결 등 저온에 노출되더라도 ( )되지 않는다.
15	'공학교육인증제'는 커리큘럼 및 이수 체계가 잘 잡혀있어 취업 시 매우 ( ) 제도라고 할 수 있다.
16	이번 사업을 통해 디지털 전환을 ( )하고 고부가가치 사업 환경을 조성하도록 할 방침이다.
17	누구나 받을 수 있지만 어떤 사람에게 ( )은 정말 감당하기 어려운 일이다.
18	대비되는 두 색을 이용하면 시각적인 효과를 ( )할 수 있다.
19	그는 이유를 듣지도 않고 ( ) 화부터 내기 시작했다.
20	무엇보다도 그에게는 분노를 ( )하고 감정을 조절할 수 있도록 하는 치료가 시급하다.

문제2

의사소통	인상	매체	평가	역할
유행어	혼란	보급	부득이한	급격하게
불구하고	여과 없이	생겨나다	비추다	방해하다
드러내다	주의하다	초래하다	노출되다	접하다

1	그의 소설은 평론가들에게 높이 (　　　　)되고 있다.
2	주변이 너무 시끄러워서 두 사람이 (　　　　)을 하는데 어려움이 있었다.
3	그녀는 우리나라의 영화 발전에 매우 중요한 (　　　　)을 하였다.
4	(　　　　) 사정으로 인해 약속을 지키지 못하게 된 점 많은 양해 부탁드리겠습니다.
5	장사꾼은 아닌 듯싶고 선비 같은 (　　　　)도 아니었으며 차림새는 초라했다.
6	모처럼 갖는 휴식을 (　　　　)게 된점 대단히 죄송스럽게 생각합니다.
7	그는 호숫가에 도착하자 잔잔한 수면위로 얼굴을 (　　　　)어 보았다.
8	인터넷이 대중화되면서 정보의 양은 (　　　　) 많아지기 시작하였다.
9	처음 만난 상대에게 나의 속마음을 모두 (　　　　) 싶지는 않았다.
10	교사들은 되도록 비어나 (　　　　) 사용을 자제 하도록 해야 한다.
11	불이 나자 선생님들은 (　　　　)을 수습하고 학생들을 교실 밖으로 내보냈다.
12	이번 장마로 수해를 입은 지역에 생활필수품을 신속히 (　　　　)하였다.
13	그 어르신은 85세의 노령에도 (　　　　) 젊은이 못지않은 건강을 유지하고 있는 듯 보였다.
14	나는 자연과 (　　　　)보면 깨끗하고 바르게 살아야겠다는 생각이 들곤 한다.
15	전철에서는 주변 사람들에게 불편을 주는 행동을 하지 않도록 (　　　　) 한다.
16	자신의 감정을 아무런 (　　　　) 밖으로 표출하는 것은 바람직하지 않다.
17	햇볕에 장시간 (　　　　) 것은 건강과 미용에 이롭지 못하다.
18	대중문화는 대중 (　　　　)라는 매개물을 통해 번성한다.
19	한순간의 부주의가 돌이킬 수 없는 결과를 (　　　　)할 수 있으니 주의해야 한다.
20	시대가 발달하면서 각 분야에서 새로운 직업이 (　　　　) 되었다.

문제2

보편화	다수	요소	통제	의식
보완	융화	순기능	부정적	제도적
제공하다	포함하다	유용하다	공유하다	정비하다
유해하다	포함되다	걸러지다	접근하다	기여하다

1	정부가 주도하여 재활용품 사용을 (　　　　)하였다.
2	한국을 방문하는 외국 방문객에게 최대한의 편의를 (　　　　)위해 노력하였다.
3	우리 측의 제안을 협정안에 (　　　　) 요구하였다.
4	그 소설가는 인간의 부조리를 다룬 (　　　　)의 소설을 발표하였다.
5	전자계산기는 복잡한 계산을 신속히 처리하는데 매우 (　　　　).
6	우리는 그 회사와 사무실을 (　　　　)하여 사용하고 있습니다.
7	국가 안보에 위험한 (　　　　)를 제거하기 위해 부단한 노력을 기하고 있다.
8	삶에 대한 (　　　　) 이야기를 많이 듣는 것은 인생을 살아가는데 있어 매우 중요하다.
9	문화라는 한마디 말에는 여러 가지 의미가 (　　　　)되어 있다.
10	미세 먼지는 점막에 (　　　　) 않고 호흡 과정에서 폐 속에 침착되게 된다.
11	화학조미료가 첨가된 식품은 인체에 매우 (　　　　)고 할 수 있다.
12	변이바이러스에 대한 우려가 확산되면서 외국인의 출입국을 철저히 (　　　　)하게 되었다.
13	그는 새로운 정책에 대하여 늘 (　　　　) 태도를 보이고 있다.
14	권력의 남용과 부정을 막을 수 있는 (　　　　) 장치가 필요하다.
15	타인의 시각으로 (　　　　) 보면 또 다른 면이 보이기 시작할 것이다.
16	최근 들어 자연환경을 보존하려는 (　　　　)이 더욱 높아 가고 있다.
17	이번 정책의 시행에 허점이 있어 제도적으로 대폭 (　　　　)이 필요하다.
18	출신 지역은 달라도 주민들이 서로 (　　　　)해서 협력한 덕분에 부유한 마을을 만들 수 있었다.
19	그는 세계 평화에 (　　　　)한 공로가 인정되어 노벨 평화상을 수상하게 되었다.
20	사회의 정보화는 (　　　　)뿐만 아니라 역기능도 함께 수반한다.

각종	기술력	봉투	변화	실시간
입주민	인터넷 환경	전망	추이	판매
감염되다	다양하다	보완하다	불편을 드리다	완료되다
주문하다	지저분하다	취소하다	홍보하다	효과적이다

1	비대면 수업이 확대되면 ( )에 대한 시설 확충이 늘고 있다.
2	한류의 영향으로 K-드라마 수출이 밝다는 ( )이 나오고 있다.
3	질병관리본부는 코로나 19 확진자의 정보를 ( )으로 제공해주고 있다.
4	주가는 경제 여건의 ( )에 민감하게 반응한다.
5	빌딩 관리사무소에서 ( )들에게 재활용 쓰레기 배출 안내 책자를 배부하였다.
6	마스크 ( ) 첫 날에 사람들이 몰려 세트는 다 팔리고 낱개만 조금 남았다.
7	이 그래프는 2010년부터 2020년까지 김치 수출 ( )를 잘 보여주고 있다.
8	한국에서는 일반쓰레기를 버릴 때는 ( )에 넣어서 버려야 한다.
9	넷플릭스에서 K-드라마가 인기가 높은 것은 배우들의 연기력과 제작( )이 뛰어난 것이 주요 요인이라는 분석 결과가 나왔다.
10	갑자기 내린 폭설로 길이 막혀 통행에 ( ) 죄송합니다.
11	한국의 하회탈은 ( ) 표정이 재미있어서 관광객들에게 인기가 많다.
12	건강에 대한 관심이 높아지면서 홍삼을 ( ) 외국 사람이 증가하고 있다.
13	백화점 지하 식품류에 가면 ( ) 반찬과 찌개를 구입할 수 있어서 편하다.
14	이번 세계박람회에서는 한국 문화를 ( ) 행사도 준비되어 있다고 한다.
15	온라인으로 시험을 볼 때는 답안지를 제출해야 시험이 ( ).
16	지나가는 사람들이 함부로 버린 쓰레기로 빌딩 주변이 ( ) 있다.
17	올라온 상품 후기를 보고 조금 전에 주문한 가방을 바로 ( ).
18	다이어트에 성공하려면 식이요법과 운동을 병행해야 더욱 ( ).
19	손을 깨끗이 자주 씻지 않으면 세균에 ( ) 쉽다.
20	새로 출시된 휴대폰은 기존의 문제점을 ( )고 디자인도 업그레이드 했다.

능률	무조건	스트레스	주택공급	저하
치매	정보	정체성	확산	필요성
강화하다	기억하다	긴장하다	개발하다	늘다
발생하다	신속하다	의존하다	높이다	영향을 주다

1	정부 관계자는 상반기에 새로운 ( )정책을 마련하겠다고 했다.
2	현대인들에게는 ( )가 모든 병의 근원이 될 정도로 심각하다고 한다.
3	인터넷의 발달로 필요한 ( )는 언제, 어디서든 바로 검색할 수 있다.
4	갑작스러운 기온 ( )로 감기 환자가 급증하고 있다고 한다.
5	귀농하는 사람들이 늘면서 농업 교육의 ( )이 제기되고 있다.
6	10~15분 정도의 낮잠은 피곤을 풀어주어 오히려 학습 ( )을 높여준다.
7	자녀가 귀하다고 투정을 ( ) 다 받아주는 것은 바람직하지 않다.
8	여성의 ( )이 강화되면서 1인 가구의 수도 증가하고 있는 추세이다.
9	요즘 노인성 ( )가 점차 사회 문제로 대두되고 있다.
10	마을에서 발생한 불이 강한 바람이 불면서 인근 산으로까지 ( )되고 있다.
11	나는 고등학교 때 읽은 책의 내용을 아직도 뚜렷이 ( )고 있다.
12	신차 개발과 판매는 기술 향상으로 생산율을 ( ) 달려 있다.
13	경제적인 어려움을 너무 부모에게만 ( ) 것은 좋지 않다
14	기업에서는 각 사원의 능력을 ( ) 아이디어를 찾고 있다.
15	이번이 마지막 기회라는 생각에 ( ) 실수를 하고 말았다.
16	누전으로 화재가 ( ) 소방차 3대가 동원되었다.
17	국방부는 적의 침입에 대비하여 주변 경계를 ( )라고 지시하였다.
18	부모는 모든 면에서 자녀에게 ( ) 존재이다.
19	요즘 가족제도의 변화와 개인주의의 확산으로 1인 가구가 ( ) 있다.
20	교통사고가 발생하자 경찰이 와서 사고를 ( ) 처리하였다.

문제6

대상	숙면	일상생활	일정	입장
위치	지역	졸음	협력	미치다
고려하다	고립되다	개최하다	계획하다	문의하다
방해하다	인상 깊다	신뢰하다	필요하다	차이가 나다

1	봄이 되자 고속도로에서 (　　　　)운전으로 사고가 발생하는 사례가 늘고 있다.
2	코로나 백신 1차 접종은 먼저 65세 노인분들을 (　　　　)으로 시행한다고 한다.
3	그 가게는 (　　　　)가 안 좋아서 장사가 잘 안 된다.
4	올해는 연휴가 많아서 생산 (　　　　)에 차질이 생길 것 같다.
5	현대사회는 사람뿐만 아니라 국가와 국가도 서로 (　　　　)이 필요하다.
6	그 회사는 배송료를 (　　　　)에 따라 다르게 적용하고 있다.
7	전 세계가 코로나19로 인해 (　　　　)이 모두 정지되는 상황이 되었다.
8	불면증이라면 따뜻한 우유를 한 잔 마시고 자면 (　　　　)을 취할 수 있을 것이다.
9	생산이 수요에 못 (　　　　) 상반기 기업 실적이 저조하다.
10	서로의 입장이 (　　　　) 합의점을 찾지 못하고 있습니다.
11	사장님은 매사에 성실하고 부지런한 김 대리를 아주 많이 (　　　　).
12	올해 한국어 말하기 대회는 코로나로 (　　　　)지 않는다고 한다.
13	새로 출시되는 신상품은 고객의 취향을 (　　　　) 개발하기로 하였다.
14	학생의 학습 방법에 따라 시험 결과는 (　　　　)수밖에 없다.
15	아직도 영화 '기생충'의 줄거리와 배경은 사람들에게 (　　　　)게 남아있다.
16	손님, 교환·환불은 '고객 센터'에 (　　　　) 주시기 바랍니다.
17	무엇보다 독거노인들에게는 대화를 할 상대가 (　　　　).
18	모처럼 휴일에 쉬고 있는데, 층간소음이 잠을 (　　　　) 화가 났다.
19	폭설로 설악산 대청봉 산장에 등산객들이 며칠째 (　　　　) 있다.
20	이번 방학에는 친구와 함께 부산 여행을 (　　　　)고 있다.

출제 비중 높은 주제·어휘 목록

출제 비중 높은 주제

주제 분류			
경제	사회	삶과 생활	과학 · IT
환경	교육	의학 · 건강	법과 제도
국제	문화 · 예술	일과 직업	기타(스포츠 · 도서 등)

❶ 경제

가상 화폐의 장단점, 공유경제의 미래, 윤리적 소비의 역할과 효과, 노동 소득 분배의 양면성, 기술발달의 영향력과 전망, 물가상승이 미치는 생활 물가의 변화, 실업 문제의 원인과 해결·방안, 시장 활성화를 위한 효과적인 방안, 자유 무역주의와 국가의 역할, 공정 거래, 공정 무역의 긍정적-부정적 영향, 기업의 사회 활동, 녹색 경영

▶ 최근 이슈가 되고 있는 가상 화폐에 대한 긍정적, 부정적 영향에 대해 자신의 생각을 쓰시오.
▶ 공정 무역의 의미를 알아보고 사례를 통한 발전 방향에 대한 자신의 생각을 쓰시오.

❷ 사회

임산부 배려석의 의미와 효과적인 활용 방안, 보행자 교통사고의 원인과 대책, 공동 주택 소음문제의 원인과 대책, 노쇼족, 사이버 범죄의 증가와 대책 방안, 자원봉사의 역할과 전망, 기본 소득의 의미와 사회에 미치는 영향, 택배 대란의 원인과 해결 방안, 저출산 증가의 원인과 대책, 중소기업 구인난 문제의 해결 방안, 시민참여, 현대사회, 필요한 인재, 외국인 유학생, 의사소통, 사회적 갈등, 청소년기의 올바른 태도와 교육 방안, 언론의 역할과 기능, 가짜 뉴스의 원인과 해결 방안, 사례를 통한 사이버 범죄의 해결 방안, 빈부 격차의 해소 방안, 아동 학대의 원인과 개선 방안, 성차별 문제의 원인과 해결 방안, 반려동물의 증가와 긍정적-부정적 영향, SNS 활동의 장단점과 영향력, 현대 사회 에서의 봉사의 가치

▶ 고령화의 원인과 발생하는 문제에 대한 효과적인 해결 방안에 대한 자신의 생각을 쓰시오.
▶ 현대 사회에서 '언론'의 역할과 사회에 미치는 긍정적, 부정적 영향에 대한 자신의 생각을 쓰시오.

❸ 삶과 생활

미래 사회의 화폐의 가치, 매체(대중매체, 인쇄매체, 전파매체, 통신매체)가 인간의 삶에 끼치는 영향, 반려동물 사육의 장단점, 유기동물 문제의 해결 방안, 저출산 문제, 고령화 문제, 만혼과 비혼 현상이 삶에 미치는 영향, 인터넷 쇼핑의 긍정적 부정적 영향과 개선 방안, 봉사 활동의 의미와 효과적인 방안, 취미 활동의 다양성과 효과적인 활용 방안, 바람직한 인간관계, 다른 사람의 평가, 이동도서관의 역할, 선의의 거짓말, 실패에 대한 자세, 배려와 양보의 중요성, 올바른 사과의 방법, 자기 계발을 위한 노력, 능력 개발과 자기 성장 가능성, 동기가 우리의 삶에 미치는 영향, 현대 사회에서의 봉사의 의미와 나아갈 방향

▶ '저출산 문제'의 원인과 대책에 대한 자신의 생각을 쓰시오.

▶ 양보의 의미를 바탕으로 우리의 삶에 끼치는 부정적-긍정적 영향에 대해 쓰시오.

❹ 과학·IT

드론, 유전자 변형 식품, 갈변 현상, 인터넷, 별, 지구, 인간 복제, 유전자 변형 식품(GMO), 동물실험, 인공 지능 로봇 개발, 과학 기술 발전의 명과 암, 알파고와 인간의 대결, 인공 지능의 역할과 범위, 미래 사회 예측

▶ 유전자 변형 식품(GMO)이 식생활에 끼치는 긍정적, 부정적 영향과 올바른 발전 방향에 대한 자신의 생각을 쓰시오.

▶ 인공지능 로봇개발의 긍정적, 부정적 영향과 올바른 발전 방향에 대한 자신의 생각을 쓰시오.

❺ 환경

플라스틱 쓰레기, 이상저온, 해수면 상승, 실내 식물 효과, 미세먼지, 환경지표생물, 산성비, 사막화, 해수면 상승, 모래 유실, 기후 변화, 지구 온난화, 오염의 원인과 대안, 대체 에너지 개발

▶ 기후 변화의 원인과 문제점을 살펴보고 효과적인 해결 방안에 대한 자신의 생각을 쓰시오.

▶ 환경 오염의 원인과 문제점을 살펴보고 우리가 생활에서 실천할 수 있는 개선 방안에 대한 생각을 쓰시오.

❻ 교육

교육제도, 조기 유학, 교육의 목적, 외국어 학습 및 능력, 대학교육의 필요성, 대학의 역할, 언택트 시대의 교육, 교육의 필요성, 학교 교육의 중요성, 훈육, 자유 학기제, 특수학교, 사교육비, 비대면 교육, 식습관 교육, 자기주도 학습, 가정교육, 대안학교, 홈스쿨링, 사교육, 올바른 독서 교육, 역사 교육의 필요성, 신문 활용 교육의 장단점과 개선 방안

▶ '독서 교육'의 중요성을 살펴보고 효과적인 독서 교육의 방안에 대한 자신의 생각을 쓰시오.

▶ 사교육의 긍정적, 부정적인 면에 대해 살펴보고 바람직한 사교육 방안에 대한 자신의 생각을 쓰시오.

※ 다음 ① ~ ⑥ 주제에 예시된 문제 중 하나를 선택하여 600~700자로 써 보십시오.

구분	개요작성
도입	
전개	
마무리	

❼ 의학·건강

블랙아웃, 동물 혈액형, 야생진드기, 코로나 바이러스, 대장암, 바이러스와 물, 청각과 나이, 단식과 면역, 꽃가루 알레르기, 건강 유지, 감정 변화, 건강 관리, 찜질방, 성형 수술, 안락사 문제, 미용과 다이어트의 관계, 스트레스의 원인과 해결방안, 현대인의 정신 건강

▶ 현대사회에서 나타나는 정신 질환에 대해 살펴보고, 그 원인과 해결방안에 대한 자신의 생각을 쓰시오.
▶ 현대사회에서 '건강'의 의미와 중요성에 대해 살펴보고 우리가 실천할 수 있는 '생활 수칙'에 대한 자신의 생각을 쓰시오.

❽ 법과 제도

주52시간 근무제, 생활 임금제, 근로자 건강센터, 출입국관리사무소, 어린이 보호구역, 공권력 집행, 투표 인증샷, 반려견 등록제, 사형제도 폐지, 법의 역할, 선거 제도의 개선 방안

▶ 현대 사회에서 법의 의미, 법의 역할, 사회에 미치는 올바른 영향에 대해 쓰시오.
▶ 반려견 등록제도의 긍정적, 부정적인 면에 대해 살펴보고 바람직한 제도의 시행에 대한 자신의 생각을 쓰시오.

❾ 국제

국제기구의 역할과 기능, 약소국에 대한 원조, 환경 문제와 해결방안, 물 부족 문제, 식량부족 문제, 국가 간 협력, 난민 문제, 국가 내란에 대한 국제사회의 역할과 영향력, 지속가능한 원조, 코로나 19에 대한 WHO의 역할과 대처 방안, 문맹 타파를 위한 국제사회의 역할과 방안, 자연재해와 재난 시 국제사회의 협력과 대응책, 핵폐기를 위한 국제 운동, 인권 문제에 대한 해결 방안,

▶ 국제기구의 역할과 기능에 대해 살펴보고 국제기구가 갖추어야 할 바람직한 모습에 대한 자신의 생각을 쓰시오.
▶ 코로나 19와 같은 팬데믹 상황에서 자국 우선 정책의 장점과 단점에 대해 살펴보고 바람직한 협력 방안에 대한 자신의 생각을 쓰시오.

❿ 문화 · 예술

문화 상대주의, 문화의 특수성, 국가 간 문화교류, 문화와 정체성, 자국문화 보호정책, 문화가 삶에 미치는 영향, 문화의 의미와 역할, 문화와 전통성, 예술가들의 후학 양성에 대한 방안, 문화의 다양성

▶ '문화'가 갖는 의미와 역할에 대해 살펴보고 자국문화를 세계에 알릴 수 있는 효과적인 방안에 대한 자신의 생각을 쓰시오.
▶ 언택트 시대의 공연의 역할과 방법에 대해 살펴보고 향후 전망에 대한 자신의 생각을 쓰시오.

⑪ 일과 직업

직장 생활, 직장 문화, 회식 문화, 직업에서의 성 구별, 미래의 유망 직업, 업무 스트레스 해소법, 진로와 취업, 직업 선택, 재택근무, 자아실현, 일과 개인의 행복, 맞벌이 부부의 역할과 협력 방안, 육아 휴직의 필요성과 활용 방안, 직장 상사와의 관계, 주5일 근무제, 직업 선택 조건, 직장 내 회식 문화, 바람직한 인간관계, 통계 자료의 양면성, 현대 사회에 필요한 리더십, 자율 근무제, 직장 내 복장 자율화

▶ '육아휴직제도' 도입 확대에 대한 긍정적, 부정적 측면에 대해 살펴보고 바람직한 활용 방안에 대한 자신의 생각을 쓰시오.

▶ '재택근무제도'의 활성화에 대한 긍정적, 부정적 측면에 대해 살펴보고 효과적인 활용 방안에 대한 자신의 생각을 쓰시오.

⑫ 기타(스포츠 · 책 · 축제 등)

국민체력인증센터, 머드축제, 남북통일 농구대회, 올림픽, 월드컵, 스포츠 정신, 운동과 질병 예방, 스포츠와 인간관계

▶ 스포츠가 청소년들에게 미치는 긍정적, 부정적 영향과 효과적인 활용 방안에 대한 자신의 생각을 쓰시오.

▶ 전차책 도입이 독서활동에 미치는 긍정적, 부정적인 면에 대해 살펴보고 바람직한 활용 방안에 대한 자신의 생각을 쓰시오.

※ 다음 ⑦~⑫ 주제에 예시된 문제 중 하나를 선택하여 600~700자로 써 보십시오.

구분	개요작성
도입	
전개	
마무리	

주제 분류			
경제	사회	삶과 생활	과학 · IT
환경	교육	의학 · 건강	법과 제도
국제	문화 · 예술	일과 직업	기타(스포츠 · 도서) 등

경제				
비즈니스	사업	사업비	마케팅	회계
프로젝트	창업	투자	무역	규모의 경제
구매	사업자	투자자	소비자	소비재
홍보	가상 화폐	전자 화폐	생산	보관
도난	분실	투자 자금	불법 자금	불법 투자
세금	탈세	거래	소유	공유
교류	자원	재물	구직난	직무
업무	전세	대출	빚	차입금
미분양	입주	세입자	공급	수요
물량	소비량	소모품	생산량	생산재
개발	광물	매진	가치	부가 가치
제조	유기농	공법	농산물	노동자
생산자	개발자	기업가	권리	조건
이슈	이윤	손익분기점	인상	하락
소폭	광고비	경기 침체	내수 부진	국민 총생산
국내 총생산	소득 양극화	창출	할인	수수료
소상공인	수익	이익	반등	급등

어휘 문제

	경제
1	아버지는 ( )를 위해 3박 4일간 뉴욕으로 해외 출장을 떠나실 예정이다.
2	최근 불경기로 인해 ( )을 새롭게 시작한 자영업자들이 고통을 호소하고 있다.
3	정부는 도시 환경개선을 위한 ( )를 지난 해 보다 확대하여 책정할 방침이다.
4	소비자에게 직접 다가갈 수 있는 공감 ( )이 무엇보다 중요한 시기이다.
5	감사 제도를 통해 ( ) 장부의 부정 작성을 감시하고 있다.
6	새로운 ( )의 팀장으로 선발된 만큼 최선을 다해 업무를 수행하지 않으면 안 된다.
7	요즘처럼 어려운 시기에 ( )을 결심하는 것은 좀처럼 쉬운 결정이 아니다.
8	주식에 ( )를 한다고 해서 누구나가 성공하는 것은 아니다.
9	( ) 수지가 적자에서 흑자로 전환된 것은 무엇보다 기쁜 일이다.
10	생산량이 늘어남에 따라 평균 비용이 줄어드는 현상을 ( ) 라고 일컫는다.
11	공동구매를 통해 물건을 싼값에 ( )하는 소비자들이 늘고 있다.
12	정부가 추진하는 ( ) 선정을 둘러싸고 특혜 시비가 끊이지 않고 있다.
13	경영자의 무책임한 행동이 발단이 된 손실로 인해 ( )들의 불만이 최고조에 이르렀다.
14	요즘은 발달된 배달 서비스를 통해 산지에서 ( )에게 바로 직송이 가능하다.
15	일반인들에게 최종적으로 사용되어지기 위해 만들어지는 것이 ( )이다.
16	영화 ( )를 위해 주연배우가 직접 방한할 예정이다.
17	( ) 투자를 통한 수익을 기대하는 청년층이 늘어나고 있다.
18	요즘은 ( )를 이용하여 무엇이든 구매할 수 있다.
19	새로운 농업 기술의 발달로 인해 농업 ( )이 크게 늘어났다.
20	신선한 식재료는 ( )에 신경을 쓰는 것이 무엇보다 중요하다.
21	어제 잃어버린 물건을 찾기 위해 경찰서에 ( ) 신고를 하고 오는 길이다.
22	어제 ( )한 가방을 지하철 분실물 보관소에서 되찾았다.
23	금리 인상 조치와 맞물려 주식 시장의 ( )이 급속히 빠져나갔다.
24	회사 운영을 통해 이루어진 수익으로 ( )을 조성하는 것은 중대한 범죄에 해당한다.
25	눈앞에 보이는 이익만을 추구하기 위해 ( )를 하는 것은 바람직하지 못하다.

26	국민들이 내는 ( )은 국가 재정의 바탕이 된다.
27	상습적으로 ( )한 회사에 대해서는 세금을 부과하는 것만으로 그치지는 않을 것이다.
28	최근 금값이 급등하여 비싼 값에 ( )되고 있다.
29	그 물건은 어느 특정인이 ( )할 수 있는 것이 아니다.
30	우승의 기쁨을 국민 모두와 ( )하고 싶다.
31	양 대학은 상호발전을 위해 학술 ( ) 협정을 체결하기로 합의했다.
32	자원이 풍족하지 못한 나라에서는 인적 ( )을 효율적으로 활용해야만 한다.
33	부정한 수단으로 취득한 ( )은 오래가지 않고 쉽게 잃기 마련이다.
34	최근에는 취업을 희망하는 청소년층이 늘어나 ( )이 더욱 심각해졌다.
35	그는 회사에서 어떠한 ( )를 맡더라도 충실히 수행해 낼 것이다.
36	요즘은 회사에서 매일 과중한 ( )에 시달리고 있다.
37	아파트의 ( ) 계약 기간이 얼마 남지 않아 이사를 고민하고 있다.
38	부족한 자금은 은행에서 주택 자금 ( )을 받아 마련할 계획이다.
39	과도하게 대출을 받아 ( ) 이 눈덩이처럼 늘어나게 되었다.
40	( )이 과도하게 늘어나게 되면 금리 부담으로 인해 도산할 위험성이 커지게 된다.
41	경기가 급격하게 침체되어 ( ) 되는 상가와 주택이 점점 늘어나고 있다.
42	국가에서 청년층을 위해 마련한 주택에 ( )할 희망자들을 모집하고 있다.
43	정부는 ( )를 보호하기 위해 임대차보호법을 정비하기로 했다.
44	수요와 ( )의 균형을 맞추는 것은 무엇보다 중요하다.
45	최근 개발된 제품은 청소년들 사이에서 ( )가 급증하고 있다.
46	수출 ( )의 부족으로 인해 회사가 큰 어려움을 겪고 있다.
47	날씨가 점점 무더워지면서 전력 ( )이 매일 기록을 경신하고 있다.
48	사무실에 무료로 비치된 ( )일지라도 내 것처럼 아껴 쓰지 않으면 안 된다.
49	공장의 시설을 최첨단 시설로 교체하면서 ( )이 2배로 증가하게 되었다.
50	( )의 가격이 급등하게 되면 소비재를 만드는 기업들까지도 많은 어려움을 겪게 된다.
51	세계 최초로 신약을 ( )하게 되어 회사의 가치와 유명세는 더욱 올라가게 되었다.
52	그 지역에는 생각하지 못했던 많은 ( )들이 지하에 매장되어 있었다.

53	너무나도 기대하던 공연의 티켓이 모두 ( )되어 안타깝게도 볼 수가 없었다.
54	이번에 발견된 자료들은 무궁한 학술적 ( )가 있는 것으로 평가되고 있다.
55	관광 산업은 ( )가 매우 높은 산업이라고 할 수 있다.
56	회사의 사정으로 부득이하게 ( ) 원가 이하의 가격으로 판매하게 되었다.
57	최근에는 건강을 위해 무농약으로 재배된 ( ) 제품들이 큰 인기를 끌고 있다.
58	이번 건축물은 새로운 ( )으로 지어진 만큼 세계적으로 많은 주목을 받고 있다.
59	정부의 수입 개방으로 인해 외국 ( )들이 물밀듯이 밀려들어 오고 있다.
60	외국인 ( )들의 인권을 보호하기 위해 노력해야만 한다.
61	광고는 ( )와 소비자를 매개하는 매우 중요한 역할을 하고 있다.
62	밀림을 개발한다는 명목하에 ( )들이 나무를 모두 베어내면서 자연환경을 훼손하고 말았다.
63	신입사원으로 입사한 지 수십 년이 지나서야 자신만의 사업체를 가진 어엿한 ( )가 될 수 있었다.
64	사람에게는 누구나 존중받을 ( )가 있다.
65	농산물은 기후나 토양의 ( )에 따라 품질과 생산량에 큰 차이가 나타난다.
66	최근 고령층에 대한 복지 문제가 사회적 ( )로 떠오르고 있다.
67	투자한 비율을 바탕으로 ( )을 배분하기로 합의하였다.
68	손익을 계산해 보니 매출을 더욱 늘려야만 ( )을 넘길 수 있을 것으로 보인다.
69	원재료의 상승으로 인해 어쩔 수 없이 소비자 가격을 대폭 ( )하게 되었다.
70	주택의 공급량이 늘어나면서 집값이 큰 폭으로 ( )하게 되었다.
71	기대에 미치지 못하고 주가는 ( )으로 상승하는데 그치고 말았다.
72	제품 홍보를 위해 다른 회사보다( ) 지출을 높게 책정하고 있다.
73	세계적인 ( )로 인해 좀처럼 수출과 수입의 호전이 보이지 않는다.
74	( )에 따른 판매 저조 현상으로 인해 생산 및 설비에 대한 투자가 위축되고 있다.
75	( )은 그 나라의 경제 규모를 재는 척도가 된다.
76	국민총생산에서 해외로부터의 순소득을 제외한 지표를 ( )이라 한다.
77	국민 소득은 증가했지만 사회의 ( ) 현상은 좀처럼 해결될 기미를 보이지 못하고 있다.
78	정부가 추진하는 청년 사업은 적지 않은 고용의 ( )이 이루어질 전망이다.
79	이번 세일 기간을 맞이해서 모든 물건에 대해 20%의 ( )이 적용될 예정이다.

80	계좌이체를 통해 다른 은행에 송금을 하려면 ( )가 발생한다.
81	이번 경기침체의 영향으로 ( )들이 가장 큰 타격을 받고 있다.
82	이번 행사를 통해 모금된 ( )금 전액은 불우한 이웃을 돕는데 쓰여진다고 한다.
83	( )이 남지 않는 장사는 차라리 하지 않느니만 못하다.
84	오전 내내 바닥을 치던 주가는 오후가 돼서야 서서히 ( )을 하기 시작했다.
85	원유 생산국의 내부 사정으로 원유 가격이 ( )하면서 석유 파동으로까지 이어지고 있다.

어휘 답안

	경제
1	아버지는 (비즈니스)를 위해 3박 4일간 뉴욕으로 해외 출장을 떠나실 예정이다.
2	최근 불경기로 인해 (사업)을 새롭게 시작한 자영업자들이 고통을 호소하고 있다.
3	정부는 도시 환경개선을 위한 (사업비)를 지난 해 보다 확대하여 책정할 방침이다.
4	소비자에게 직접 다가갈 수 있는 공감 (마케팅)이 무엇보다 중요한 시기이다.
5	감사 제도를 통해 (회계) 장부의 부정 작성을 감시하고 있다.
6	새로운 (프로젝트)의 팀장으로 선발된 만큼 최선을 다해 업무를 수행하지 않으면 안 된다.
7	요즘처럼 어려운 시기에 (창업)을 결심하는 것은 좀처럼 쉬운 결정이 아니다.
8	주식에 (투자)를 한다고 해서 누구나가 성공하는 것은 아니다.
9	(무역) 수지가 적자에서 흑자로 전환된 것은 무엇보다 기쁜 일이다.
10	생산량이 늘어남에 따라 평균 비용이 줄어드는 현상을 (규모의 경제) 라고 일컫는다.
11	공동구매를 통해 물건을 싼값에 (구매)하는 소비자들이 늘고 있다.
12	정부가 추진하는 (사업자) 선정을 둘러싸고 특혜 시비가 끊이지 않고 있다.
13	경영자의 무책임한 행동이 발단이 된 손실로 인해 (투자자)들의 불만이 최고조에 이르렀다.
14	요즘은 발달된 배달 서비스를 통해 산지에서 (소비자)에게 바로 직송이 가능하다.
15	일반인들에게 최종적으로 사용되어지기 위해 만들어지는 것이 (소비재)이다.
16	영화 (홍보)를 위해 주연배우가 직접 방한할 예정이다.
17	(가상 화폐) 투자를 통한 수익을 기대하는 청년층이 늘어나고 있다.
18	요즘은 (전자 화폐)를 이용하여 무엇이든 구매할 수 있다.
19	새로운 농업 기술의 발달로 인해 농업 (생산)이 크게 늘어났다.
20	신선한 식재료는 (보관)에 신경을 쓰는 것이 무엇보다 중요하다.
21	어제 잃어버린 물건을 찾기 위해 경찰서에 (도난) 신고를 하고 오는 길이다.
22	어제 (분실)한 가방을 지하철 분실물 보관소에서 되찾았다.
23	금리 인상 조치와 맞물려 주식 시장의 (투자 자금)이 급속히 빠져나갔다.
24	회사 운영을 통해 이루어진 수익으로 (불법 자금)을 조성하는 것은 중대한 범죄에 해당한다.
25	눈앞에 보이는 이익만을 추구하기 위해 (불법 투자)를 하는 것은 바람직하지 못하다.

26	국민들이 내는 (세금)은 국가 재정의 바탕이 된다.
27	상습적으로 (탈세)한 회사에 대해서는 세금을 부과하는 것만으로 그치지는 않을 것이다.
28	최근 금값이 급등하여 비싼 값에 (거래)되고 있다.
29	그 물건은 어느 특정인이 (소유)할 수 있는 것이 아니다.
30	우승의 기쁨을 국민 모두와 (공유)하고 싶다.
31	양 대학은 상호발전을 위해 학술 (교류) 협정을 체결하기로 합의했다.
32	자원이 풍족하지 못한 나라에서는 인적 (자원)을 효율적으로 활용해야만 한다.
33	부정한 수단으로 취득한 (재물)은 오래가지 않고 쉽게 잃기 마련이다.
34	최근에는 취업을 희망하는 청소년층이 늘어나 (구직난)이 더욱 심각해졌다.
35	그는 회사에서 어떠한 (직무)를 맡더라도 충실히 수행해 낼 것이다.
36	요즘은 회사에서 매일 과중한 (업무)에 시달리고 있다.
37	아파트의 (전세) 계약 기간이 얼마 남지 않아 이사를 고민하고 있다.
38	부족한 자금은 은행에서 주택 자금 (대출)을 받아 마련할 계획이다.
39	과도하게 대출을 받아 (빚)이 눈덩이처럼 늘어나게 되었다.
40	(차입금)이 과도하게 늘어나게 되면 금리 부담으로 인해 도산할 위험성이 커지게 된다.
41	경기가 급격하게 침체되어 (미분양) 되는 상가와 주택이 점점 늘어나고 있다.
42	국가에서 청년층을 위해 마련한 주택에 (입주)할 희망자들을 모집하고 있다.
43	정부는 (세입자)를 보호하기 위해 임대차보호법을 정비하기로 했다.
44	수요와 (공급)의 균형을 맞추는 것은 무엇보다 중요하다.
45	최근 개발된 제품은 청소년들 사이에서 (수요)가 급증하고 있다.
46	수출 (물량)의 부족으로 인해 회사가 큰 어려움을 겪고 있다.
47	날씨가 점점 무더워지면서 전력 (소비량)이 매일 기록을 경신하고 있다.
48	사무실에 무료로 비치된 (소모품)일지라도 내 것처럼 아껴 쓰지 않으면 안 된다.
49	공장의 시설을 최첨단 시설로 교체하면서 (생산량)이 2배로 증가하게 되었다.
50	(생산재)의 가격이 급등하게 되면 소비재를 만드는 기업들까지도 많은 어려움을 겪게 된다.
51	세계 최초로 신약을 (개발)하게 되어 회사의 가치와 유명세는 더욱 올라가게 되었다.
52	그 지역에는 생각하지 못했던 많은 (광물)들이 지하에 매장되어 있었다.

53	너무나도 기대하던 공연의 티켓이 모두 (매진)되어 안타깝게도 볼 수가 없었다.
54	이번에 발견된 자료들은 무궁한 학술적 (가치)가 있는 것으로 평가되고 있다.
55	관광 산업은 (부가 가치)가 매우 높은 산업이라고 할 수 있다.
56	회사의 사정으로 부득이하게 (제조) 원가 이하의 가격으로 판매하게 되었다.
57	최근에는 건강을 위해 무농약으로 재배된 (유기농) 제품들이 큰 인기를 끌고 있다.
58	이번 건축물은 새로운 (공법)으로 지어진 만큼 세계적으로 많은 주목을 받고 있다.
59	정부의 수입 개방으로 인해 외국 (농산물)들이 물밀듯이 밀려들어 오고 있다.
60	외국인 (노동자)들의 인권을 보호하기 위해 노력해야만 한다.
61	광고는 (생산자)와 소비자를 매개하는 매우 중요한 역할을 하고 있다.
62	밀림을 개발한다는 명목하에 (개발자)들이 나무를 모두 베어내면서 자연환경을 훼손하고 말았다.
63	신입사원으로 입사한 지 수십 년이 지나서야 자신만의 사업체를 가진 어엿한 (기업가)가 될 수 있었다.
64	사람에게는 누구나 존중받을 (권리)가 있다.
65	농산물은 기후나 토양의 (조건)에 따라 품질과 생산량에 큰 차이가 나타난다.
66	최근 고령층에 대한 복지 문제가 사회적 (이슈)로 떠오르고 있다.
67	투자한 비율을 바탕으로 (이윤)을 배분하기로 합의하였다.
68	손익을 계산해 보니 매출을 더욱 늘려야만 (손익분기점)을 넘길 수 있을 것으로 보인다.
69	원재료의 상승으로 인해 어쩔 수 없이 소비자 가격을 대폭 (인상)하게 되었다.
70	주택의 공급량이 늘어나면서 집값이 큰 폭으로 (하락)하게 되었다.
71	기대에 미치지 못하고 주가는 (소폭)으로 상승하는데 그치고 말았다.
72	제품 홍보를 위해 다른 회사보다 (광고비) 지출을 높게 책정하고 있다.
73	세계적인 (경기 침체)로 인해 좀처럼 수출과 수입의 호전이 보이지 않는다.
74	(내수 부진)에 따른 판매 저조 현상으로 인해 생산 및 설비에 대한 투자가 위축되고 있다.
75	(국민 총생산)은 그 나라의 경제 규모를 재는 척도가 된다.
76	국민총생산에서 해외로부터의 순소득을 제외한 지표를 (국내 총생산)이라 한다.
77	국민 소득은 증가했지만 사회의 (소득 양극화) 현상은 좀처럼 해결될 기미를 보이지 못하고 있다.
78	정부가 추진하는 청년 사업은 적지 않은 고용의 (창출)이 이루어질 전망이다.
79	이번 세일 기간을 맞이해서 모든 물건에 대해 20%의 (할인)이 적용될 예정이다.

80	계좌이체를 통해 다른 은행에 송금을 하려면 (수수료)가 발생한다.
81	이번 경기침체의 영향으로 (소상공인)들이 가장 큰 타격을 받고 있다.
82	이번 행사를 통해 모금된 (수익)금 전액은 불우한 이웃을 돕는데 쓰여진다고 한다.
83	(이익)이 남지 않는 장사는 차라리 하지 않느니만 못하다.
84	오전 내내 바닥을 치던 주가는 오후가 돼서야 서서히 (반등)을 하기 시작했다.
85	원유 생산국의 내부 사정으로 원유 가격이 (급등)하면서 석유 파동으로까지 이어지고 있다.

사회				
비영리 단체	자원봉사	사회봉사	사회 활동	자발적
능동적	대가	타인	공식적	비공식적
개인	보람	성취	아파트	빌라
다가구	공동 주택	전원주택	층간 소음	방지
방음	해결책	애완견	피해	항공권
여행	예약	취소	노쇼	행위
책임	죄책감	업체	고객	손님
스마트폰	전자 기기	휴대폰	보행자	교통사고
거리	시속	과속	치명상	음주 운전
개인 정보	보이스 피싱	범죄	유출	해킹
이용자	방화벽	보안	신용 등급	인터넷 뱅킹
스마트 뱅킹	공인인증서	사이트	사이버 공간	취업난
구직난	구직 광고	대기업	중소기업	편견
소득 격차	불안감	빈부 격차	실업률	자영업
소상공인	금연	흡연	흡연금지 구역	과태료
분위기	담배	비흡연	연력	금연 구역
임산부	사회적 약자	배려석	정부	정책
대책	경쟁력	비교	분석	양성평등
동성애	소수자	장애인	마찰	확산
철회	촉구	차별하다	약자	강자
고소하다	철회하다	짓다	호소하다	대비하다
근절하다	인출하다	입금하다	설치하다	삭제하다
송금하다	출금하다	외면하다	투기하다	말다툼하다

어휘 문제

	사회
1	이 보호시설은 국가의 지원을 받은 (　　　　　)에서 운영하고 있다.
2	회사 봉사동아리에서는 매주 양로원으로 (　　　　　) 활동을 가고 있다.
3	학생들은 (　　　　) 활동을 하고 봉사학점으로 인정을 받기도 한다.
4	대부분의 워킹맘들은 (　　　　)과 육아를 병행하고 있다.
5	이번 캠페인은 시민들의 (　　　　)인 참여가 무엇보다 중요하다.
6	급변하는 사회에서는 (　　　　)으로 대처하는 힘을 기르지 않으면 살아남기 어렵다.
7	자신이 저지른 일에 대해서는 (　　　　)가 따르기 마련이다.
8	(　　　　)의 시선을 너무 의식해서는 자연스러운 행동이 나올 수 없다.
9	오늘 저녁 모임은 (　　　　)인 행사가 아니니 자연스럽고 편안한 복장으로 참가하면 된다.
10	(　　　　)인 방법으로는 올바른 해결이 이루어질 리 만무하다.
11	이번 사건은 어느 한 (　　　　)의 문제라고만 말할 수 없는 사회의 구조적 문제이다.
12	그동안 노력한 (　　　　)도 없이 아까운 시간만 허비한 꼴이 되어버렸다.
13	(　　　　)하고자 하는 욕구 없이는 아무것도 이루어낼 수 없다.
14	그동안 준비해온 청약을 이용하여 새로운 (　　　　) 분양에 당첨이 되었다.
15	학창 시절에는 학교 앞에 있는 낡고 저렴한 (　　　　)에서 자취 생활을 했다.
16	요즘 젊은이들은 (　　　　) 주택보다는 오피스텔을 선호하는 경향을 가지고 있는 것으로 조사되었다.
17	주택의 분류에 따르면 다세대 주택, 연립 주택, 아파트 등이 (　　　　)에 해당한다.
18	은퇴 후에는 텃밭이 있는 (　　　　)에서 생활하는 것이 꿈이다.
19	(　　　　) 문제가 이웃 간의 크고 작은 다툼으로 이어지면서 사회적 문제가 되고 있다.
20	환경오염의 (　　　　)를 위해서는 우리 스스로가 노력을 해야만 한다.
21	도로 주변에 (　　　　)벽을 설치한 것이 자동차 소음을 차단하는 데 큰 역할을 하고 있다.
22	이번 문제는 모두가 합심하여 (　　　　)을 찾고자 노력해야만 한다.
23	노부부는 (　　　　)을 자식과 같이 돌보며 남은 여생을 보내고 있었다.
24	이번 태풍의 영향으로 전국 곳곳에서 크고 작은 (　　　　)가 발생하고 있다.
25	해외여행을 가기 위해서는 (　　　　)을 구입하기로 했다.

26	이번 여름방학에는 친구들과 제주도로 ( )을 갈 생각이다.
27	이 식당은 인기가 많아서 미리 ( )을 하지 않으면 좀처럼 들어가기 어렵다.
28	비가 많이 오는 관계로 예정되었던 경기가 ( )되고 말았다.
29	예약을 하고도 취소 연락 없이 예약 장소에 나타나지 않는 손님을 일컫는 말이 ( )이다.
30	달리는 버스 안에서 춤을 추고 노래를 부르는 ( )는 위법이다.
31	이번 실패의 ( )을 한 사람의 탓으로 돌리는 것은 너무 무책임한 행동이다.
32	경기에서 패한 원인이 나의 책임인 것 같아 ( )을 떨칠 수가 없었다.
33	반도체 제품의 품귀 현상으로 인해 자동차 ( )에서는 생산량에 큰 차질을 빚고 있다.
34	우리 백화점의 주요 ( )은 주부들이다.
35	새로 오픈한 상점에는 ( )들로 발 딛을 틈이 없었다.
36	요즘 출시되는 ( )은 노트북에 버금가는 성능을 가지고 있다.
37	스마트 시대에 접어들면서 ( )의 사용이 일상화되어 가고 있다.
38	위급 상황에서 ( )이 없었더라면 연락을 취할 길이 없어 더 큰 피해를 볼 수 있었다.
39	( ) 신호를 무시하고 진입했다가는 큰 사고로 이어질 수 있다.
40	어제 있었던 ( )의 목격자는 아직 나타나지 않았다.
41	집에서 학교까지는 도보로 10분 정도의 ( )이다.
42	이 거리의 규정 속도는 ( ) 50km 이다.
43	경찰이 ( )으로 달리는 차량을 단속하고 있다.
44	교통사고로 ( )을 입었던 환자가 기적적으로 살아났다.
45	연말이 되면서 ( ) 단속을 더욱 강화하고 있다.
46	인터넷이 발달하면서 ( )의 노출 위험은 더욱 커졌다고 볼 수 있다.
47	갈수록 수법이 교묘해지는 ( ) 범죄로 인해 경찰들이 골머리를 앓고 있다.
48	아동을 학대하는 것은 중대한 ( ) 행위이다.
49	국가의 기밀이 타국으로 ( )되는 것은 어떻게 해서든 막아야 한다.
50	( )으로 인해 가입된 고객들의 정보가 모두 유출되고 말았다.
51	최근 무인 점포를 이용하는 ( )들이 급격히 증가하고 있다.
52	해킹으로 인한 피해를 최소화하기 위해서는 컴퓨터에 ( )을 설치해야만 한다.

53	중요한 자료를 보호하기 위해 사내에 ( )시스템을 철저하게 구축하기로 했다.
54	무분별한 카드의 발급 및 사용은 개인의 ( )을 하락시킬 수 있다.
55	직접 은행을 찾지 않고 ( )을 통해 거래하는 고객들이 늘어나고 있다.
56	휴대폰의 앱을 이용하여 ( )을 이용하면 다양한 혜택이 주어진다.
57	( )를 통해 로그인해야만 모든 서비스를 이용할 수 있다.
58	인터넷 검색 ( )를 이용하면 다양한 정보를 손쉽게 찾을 수 있다.
59	익명성이 확보되지 않는 ( )에서는 피해에 노출될 수 있으니 유의해야 한다.
60	경기가 침체되면서 ( )은 더욱 가중되고 있다.
61	최근에는 대학을 졸업하기도 전에 ( )을 걱정하는 학생들까지 생겨나고 있다.
62	( )를 통해 알게 된 회사 지원하여 합격이라는 기쁜 소식을 접하게 되었다.
63	( )을 선호하는 경향으로 인해 중소기업에는 아직도 인력이 부족하다고 한다.
64	대기업뿐만 아니라 ( )도 함께 성장할 수 있는 정책을 세워주길 희망한다.
65	( )에 사로잡혀 있으면 판단력도 흐려지기 마련이다.
66	빈곤층과 부유층간의 ( )는 더욱 커져만 가고 있다.
67	아무리 노력해도 마음속의 ( )을 떨쳐버릴 수 없었다.
68	( )로 인해 계층간의 갈등이 심화되어 사회가 이원화되어가고 있다.
69	경기가 회복되면서 ( )이 점차 감소하고 있다.
70	은퇴한 후 퇴직금을 털어 ( )에 뛰어들었으나 보기 좋게 실패하고 말았다.
71	정부는 ( )에 대한 지원 정책을 확대하는 한편 세금혜택까지 제공하기로 결정하였다.
72	웬만한 결심 가지고서는 절대 ( )에 성공하기 어렵다고들 한다.
73	객실 내에서는 ( )을 금지하고 있으니 절대 삼가 주시기 바랍니다.
74	이곳은 ( )입니다. 흡연은 지정구역에서만 가능하니 많은 양해 부탁드립니다.
75	경찰의 주정차 단속에 걸리게 되면 ( ) 고지서를 받게 된다.
76	엄숙한 ( ) 속에서 희생자들의 장례식이 진행되었다.
77	( )를 많이 피울수록 폐 질환에 걸릴 확률도 높아진다.
78	흡연자가 ( )에 비해 폐 질환에 걸릴 확률이 높다.
79	흡연한 ( )이 길면 길수록 폐암에 걸릴 가능성은 더욱 높아진다.

80	요즘은 모든 음식점들이 (　　　　　)으로 지정되어 있기 때문에 실내에서 흡연을 할 수가 없다.
81	서울의 지하철에는 (　　　　　) 배려석이 별도로 마련되어 있다.
82	(　　　　　)를 보호하기 위한 법안이 마련될 수 있도록 최선을 다하겠다.
83	노약자를 보호하기 위해 별도의 (　　　　　)을 마련해 두었다.
84	사회적약자를 보호하기 위해서는 무엇보다도 (　　　　　)의 정책적 지원이 필요하다.
85	이곳은 과학 인재를 육성한다는 정부의 (　　　　　)에 따라 설립된 교육시설이다.
86	갑작스러운 사고를 수습하기 위해 정부는 (　　　　　) 본부를 설치하기로 하였다.
87	글로벌 시장에서 살아남기 위해서는 회사의 (　　　　　)을 키우는 것이 무엇보다 중요하다.
88	철저한 (　　　　　) 분석을 통해 결정해야만 실패를 최소화 할 수 있다.
89	상황의 변화를 냉철하게 (　　　　　) 하지 않으면 절대 변화에 적응할 수 없다.
90	남녀의 차별이 없는 (　　　　　) 사회를 구현하는 것은 무엇보다 중요한 일이다.
91	우리 사회에서는 (　　　　　)를 바라보는 시선이 곱지 않은 것이 사실이다.
92	다수자와 (　　　　　)의 의견이 모두 존중받는 사회가 진정한 민주주의 사회라고 할 수 있다.
93	이번 행사를 통해 얻게 되는 수익금 전액은 (　　　　　)의 복지를 위해 쓰여질 예정이다.
94	무역을 통해 시작된 양국의 (　　　　　)이 정치권으로까지 확대되고 말았다.
95	기업이 소비자를 기만한 결과가 불매 운동의 (　　　　　)으로까지 이어졌다.
96	회사 쪽이 직장 폐쇄를 결정하자 노조는 이의 (　　　　　)를 요구하며 농성을 벌였다
97	이번 사건에 대해 명확한 조사를 통한 진상 규명을 (　　　　　)할 것이다.
98	회사는 국제 노동 헌장에 따라 남녀를 (　　　　　) 않고 동등한 임금을 지불해야 한다.
99	사회적(　　　　　)를 보호하기 위한 정책 토론회가 개최되었다.
100	(　　　　　)에게는 약하고 약자에게는 강하게 행동하는 것은 바람직하지 못하다.
101	참다못해 그의 사기행각을 검찰에 (　　　　　)게 되었다.
102	그는 마침내 자신의 주장을 (　　　　　)였다.
103	은퇴 후 전원생활을 위해 언덕 위에 집을 (　　　　　) 되었다.
104	피고인은 자신의 억울함을 끝까지 (　　　　　)였다.
105	다음 달에 있을 시험을 (　　　　　)서 모의고사가 치러질 예정이다.
106	부정부패를 (　　　　　) 위해 정부가 발 벗고 나섰다.

107	보이스 피싱에 속아 은행에서 거액을 ( )고 말았다.
108	아르바이트를 통해 어렵게 모은 돈은 일절 쓰지 않고 은행에 ( )고 있다.
109	바이러스를 막기 위해 컴퓨터에 백신을 ( )였다.
110	자료가 너무 많다는 지적을 받아 불필요하다고 판단된 일부 자료는 ( )였다.
111	은행에 직접 가지 않고 인터넷뱅킹을 이용하여 대금을 ( )였다.
112	그동안 어렵게 모아왔던 적금통장에서 일부를 ( )고 말았다.
113	그들은 서로 모른척하면서 서로를 ( )고 지나갔다.
114	쓰레기를 불법으로 ( )는 사람들 때문에 골머리를 앓고 있다.
115	사소한 이유가 원인이 되어 끝내는 ( ) 말았다.

	사회
1	이 보호시설은 국가의 지원을 받은 (비영리 단체)에서 운영하고 있다.
2	회사 봉사동아리에서는 매주 양로원으로 (자원봉사) 활동을 가고 있다.
3	학생들은 (사회봉사) 활동을 하고 봉사학점으로 인정을 받기도 한다.
4	대부분의 워킹맘들은 (사회 활동)과 육아를 병행하고 있다.
5	이번 캠페인은 시민들의 (자발적)인 참여가 무엇보다 중요하다.
6	급변하는 사회에서는 (능동적)으로 대처하는 힘을 기르지 않으면 살아남기 어렵다.
7	자신이 저지른 일에 대해서는 (대가)가 따르기 마련이다.
8	(타인)의 시선을 너무 의식해서는 자연스러운 행동이 나올 수 없다.
9	오늘 저녁 모임은 (공식적)인 행사가 아니니 자연스럽고 편안한 복장으로 참가하면 된다.
10	(비공식적)인 방법으로는 올바른 해결이 이루어질 리 만무하다.
11	이번 사건은 어느 한 (개인)의 문제라고만 말할 수 없는 사회의 구조적 문제이다.
12	그동안 노력한 (보람)도 없이 아까운 시간만 허비한 꼴이 되어버렸다.
13	(성취)하고자 하는 욕구 없이는 아무것도 이루어낼 수 없다.
14	그동안 준비해온 청약을 이용하여 새로운 (아파트) 분양에 당첨이 되었다.
15	학창 시절에는 학교 앞에 있는 낡고 저렴한 (빌라)에서 자취 생활을 했다.
16	요즘 젊은이들은 (다가구) 주택보다는 오피스텔을 선호하는 경향을 가지고 있는 것으로 조사되었다.
17	주택의 분류에 따르면 다세대 주택, 연립 주택, 아파트 등이 (공동 주택)에 해당한다.
18	은퇴 후에는 텃밭이 있는 (전원주택)에서 생활하는 것이 꿈이다.
19	(층간 소음) 문제가 이웃 간의 크고 작은 다툼으로 이어지면서 사회적 문제가 되고 있다.
20	환경오염의 (방지)를 위해서는 우리 스스로가 노력을 해야만 한다.
21	도로 주변에 (방음)벽을 설치한 것이 자동차 소음을 차단하는 데 큰 역할을 하고 있다.
22	이번 문제는 모두가 합심하여 (해결책)을 찾고자 노력해야만 한다.
23	노부부는 (애완견)을 자식과 같이 돌보며 남은 여생을 보내고 있었다.
24	이번 태풍의 영향으로 전국 곳곳에서 크고 작은 (피해)가 발생하고 있다.
25	해외여행을 가기 위해서는 (항공권)을 구입하기로 했다.

26	이번 여름방학에는 친구들과 제주도로 (여행)을 갈 생각이다.
27	이 식당은 인기가 많아서 미리 (예약)을 하지 않으면 좀처럼 들어가기 어렵다.
28	비가 많이 오는 관계로 예정되었던 경기가 (취소)되고 말았다.
29	예약을 하고도 취소 연락 없이 예약 장소에 나타나지 않는 손님을 일컫는 말이 (노쇼)이다.
30	달리는 버스 안에서 춤을 추고 노래를 부르는 (행위)는 위법이다.
31	이번 실패의 (책임)을 한 사람의 탓으로 돌리는 것은 너무 무책임한 행동이다.
32	경기에서 패한 원인이 나의 책임인 것 같아 (죄책감)을 떨칠 수가 없었다.
33	반도체 제품의 품귀 현상으로 인해 자동차 (업체)에서는 생산량에 큰 차질을 빚고 있다.
34	우리 백화점의 주요 (고객)은 주부들이다.
35	새로 오픈한 상점에는 (손님)들로 발 딛을 틈이 없었다.
36	요즘 출시되는 (스마트폰)은 노트북에 버금가는 성능을 가지고 있다.
37	스마트 시대에 접어들면서 (전자 기기)의 사용이 일상화되어 가고 있다.
38	위급 상황에서 (휴대폰)이 없었더라면 연락을 취할 길이 없어 더 큰 피해를 볼 수 있었다.
39	(보행자) 신호를 무시하고 진입했다가는 큰 사고로 이어질 수 있다.
40	어제 있었던 (교통사고)의 목격자는 아직 나타나지 않았다.
41	집에서 학교까지는 도보로 10분 정도의 (거리)이다.
42	이 거리의 규정 속도는 (시속) 50km 이다.
43	경찰이 (과속)으로 달리는 차량을 단속하고 있다.
44	교통사고로 (치명상)을 입었던 환자가 기적적으로 살아났다.
45	연말이 되면서 (음주 운전) 단속을 더욱 강화하고 있다.
46	인터넷이 발달하면서 (개인 정보)의 노출 위험은 더욱 커졌다고 볼 수 있다.
47	갈수록 수법이 교묘해지는 (보이스 피싱) 범죄로 인해 경찰들이 골머리를 앓고 있다.
48	아동을 학대하는 것은 중대한 (범죄) 행위이다.
49	국가의 기밀이 타국으로 (유출)되는 것은 어떻게 해서든 막아야 한다.
50	(해킹)으로 인해 가입된 고객들의 정보가 모두 유출되고 말았다.
51	최근 무인 점포를 이용하는 (이용자)들이 급격히 증가하고 있다.
52	해킹으로 인한 피해를 최소화하기 위해서는 컴퓨터에 (방화벽)을 설치해야만 한다.

53	중요한 자료를 보호하기 위해 사내에 (보안)시스템을 철저하게 구축하기로 했다.
54	무분별한 카드의 발급 및 사용은 개인의 (신용 등급)을 하락시킬 수 있다.
55	직접 은행을 찾지 않고 (인터넷 뱅킹)을 통해 거래하는 고객들이 늘어나고 있다.
56	휴대폰의 앱을 이용하여 (스마트 뱅킹)을 이용하면 다양한 혜택이 주어진다.
57	(공인인증서)를 통해 로그인해야만 모든 서비스를 이용할 수 있다.
58	인터넷 검색 (사이트)를 이용하면 다양한 정보를 손쉽게 찾을 수 있다.
59	익명성이 확보되지 않는 (사이버 공간)에서는 피해에 노출될 수 있으니 유의해야 한다.
60	경기가 침체되면서 (취업난)은 더욱 가중되고 있다.
61	최근에는 대학을 졸업하기도 전에 (구직난)을 걱정하는 학생들까지 생겨나고 있다.
62	(구직 광고)를 통해 알게 된 회사 지원하여 합격이라는 기쁜 소식을 접하게 되었다.
63	(대기업)을 선호하는 경향으로 인해 중소기업에는 아직도 인력이 부족하다고 한다.
64	대기업뿐만 아니라 (중소기업)도 함께 성장할 수 있는 정책을 세워주길 희망한다.
65	(편견)에 사로잡혀 있으면 판단력도 흐려지기 마련이다.
66	빈곤층과 부유층간의 (소득 격차)는 더욱 커져만 가고 있다.
67	아무리 노력해도 마음속의 (불안감)을 떨쳐버릴 수 없었다.
68	(빈부 격차)로 인해 계층간의 갈등이 심화되어 사회가 이원화되어가고 있다.
69	경기가 회복되면서 (실업률)이 점차 감소하고 있다.
70	은퇴한 후 퇴직금을 털어 (자영업)에 뛰어들었으나 보기 좋게 실패하고 말았다.
71	정부는 (소상공인)에 대한 지원 정책을 확대하는 한편 세금혜택까지 제공하기로 결정하였다.
72	웬만한 결심 가지고서는 절대 (금연)에 성공하기 어렵다고들 한다.
73	객실 내에서는 (흡연)을 금지하고 있으니 절대 삼가 주시기 바랍니다.
74	이곳은 (흡연금지 구역)입니다. 흡연은 지정구역에서만 가능하니 많은 양해 부탁드립니다.
75	경찰의 주정차 단속에 걸리게 되면 (과태료) 고지서를 받게 된다.
76	엄숙한 (분위기) 속에서 희생자들의 장례식이 진행되었다.
77	(담배)를 많이 피울수록 폐 질환에 걸릴 확률도 높아진다.
78	흡연자가 (비흡연자)에 비해 폐 질환에 걸릴 확률이 높다.
79	흡연한 (연력)이 길면 길수록 폐암에 걸릴 가능성은 더욱 높아진다.

80	요즘은 모든 음식점들이 (금연 구역)으로 지정되어 있기 때문에 실내에서 흡연을 할 수가 없다.
81	서울의 지하철에는 (임산부) 배려석이 별도로 마련되어 있다.
82	(사회적 약자)를 보호하기 위한 법안이 마련될 수 있도록 최선을 다하겠다.
83	노약자를 보호하기 위해 별도의 (배려석)을 마련해 두었다.
84	사회적약자를 보호하기 위해서는 무엇보다도 (정부)의 정책적 지원이 필요하다.
85	이곳은 과학 인재를 육성한다는 정부의 (정책)에 따라 설립된 교육시설이다.
86	갑작스러운 사고를 수습하기 위해 정부는 (대책) 본부를 설치하기로 하였다.
87	글로벌 시장에서 살아남기 위해서는 회사의 (경쟁력)을 키우는 것이 무엇보다 중요하다.
88	철저한 (비교) 분석을 통해 결정해야만 실패를 최소화 할 수 있다.
89	상황의 변화를 냉철하게 (분석)하지 않으면 절대 변화에 적응할 수 없다.
90	남녀의 차별이 없는 (양성평등) 사회를 구현하는 것은 무엇보다 중요한 일이다.
91	우리 사회에서는 (동성애)를 바라보는 시선이 곱지 않은 것이 사실이다.
92	다수자와 (소수자)의 의견이 모두 존중받는 사회가 진정한 민주주의 사회라고 할 수 있다.
93	이번 행사를 통해 얻게 되는 수익금 전액은 (장애인)의 복지를 위해 쓰여질 예정이다.
94	무역을 통해 시작된 양국의 (마찰)이 정치권으로까지 확대되고 말았다.
95	기업이 소비자를 기만한 결과가 불매 운동의 (확산)으로까지 이어졌다.
96	회사 쪽이 직장 폐쇄를 결정하자 노조는 이의 (철회)를 요구하며 농성을 벌였다
97	이번 사건에 대해 명확한 조사를 통한 진상 규명을 (촉구)할 것이다.
98	회사는 국제 노동 헌장에 따라 남녀를 (차별하지) 않고 동등한 임금을 지불해야 한다.
99	사회적(약자)를 보호하기 위한 정책 토론회가 개최되었다.
100	(강자)에게는 약하고 약자에게는 강하게 행동하는 것은 바람직하지 못하다.
101	참다못해 그의 사기행각을 검찰에 (고소하)게 되었다.
102	그는 마침내 자신의 주장을 (철회하)였다.
103	은퇴 후 전원생활을 위해 언덕 위에 집을 (짓게) 되었다.
104	피고인은 자신의 억울함을 끝까지 (호소하)였다.
105	다음 달에 있을 시험을 (대비해)서 모의고사가 치러질 예정이다.
106	부정부패를 (근절하기) 위해 정부가 발 벗고 나섰다.

107	보이스 피싱에 속아 은행에서 거액을 (인출하)고 말았다.
108	아르바이트를 통해 어렵게 모은 돈은 일절 쓰지 않고 은행에 (입금하)고 있다.
109	바이러스를 막기 위해 컴퓨터에 백신을 (설치하)였다.
110	자료가 너무 많다는 지적을 받아 불필요하다고 판단된 일부 자료는 (삭제하)였다.
111	은행에 직접 가지 않고 인터넷뱅킹을 이용하여 대금을 (송금하)였다.
112	그동안 어렵게 모아왔던 적금통장에서 일부를 (출금하)고 말았다.
113	그들은 서로 모른척하면서 서로를 (외면하)고 지나갔다.
114	쓰레기를 불법으로 (투기하)는 사람들 때문에 골머리를 앓고 있다.
115	사소한 이유가 원인이 되어 끝내는 (말다툼하고) 말았다.

삶과 생활				
생활 환경	생계	살림	조직체	생명
필수적	일상생활	의식주	여가 생활	상호 작용
행위	직업	사적생활	공적생활	물건
소비	음식	요리	패션	미용
인테리어	임신	출산	육아	풍속
절기	여행	반려동물	원예	텃밭
기르기	낚시	등산	레포츠	운동
다이어트	취미	DIY	게임	쇼핑
생활용품	축제	생활용수	하천	오염원
음식찌꺼기	합성 세제	하수처리장	취미 활동	생각
행동 방식	구성원	삶의 질	풍습	종교
미적 작품	창조 활동	사회 제도	인류학자	삶의 방식
문화생활	오토바이	헬멧	휴가철	빨래
포장	설치	날씨	재미	입상자
이삿짐	습관	사탕	초콜릿	버스
지하철	교통카드	대중교통	공원	운동화
구두	콜라	백화점	상품권	선물
공중전화	방문하다	불편하다	화려하다	잃어버리다
배출하다	전달하다	습득하다	포함되다	챙기다
정화시키다	꾸리다	꾸려나가다	활동하다	유지하다

어휘 문제

	삶과 생활
1	과거와는 달리 농촌의 ( )이 크게 향상되었다.
2	소년 소녀 가장들이 어렵게 ( )를 꾸려 나가고 있었다.
3	집에서 ( )만 하던 그녀가 작가가 되어 제2의 인생을 살아가고 있다.
4	작은 단체들이 모여 하나의 큰 ( )를 설립하게 되었다.
5	큰 사고였음에도 불구하고 다행히 ( )에는 지장이 없었다.
6	사업을 시작하기에 앞서 시장조사를 하는 것은 ( )이라고 할 수 있다.
7	후유증으로 인해 불편함은 있을지언정 ( )에 큰 지장은 없었다.
8	부모님들이 힘들게 노력한 결과 ( )에 대한 걱정은 없이 생활하고 있다.
9	회사 업무에 적응하느라 ( )을 즐긴다는 것이 말처럼 쉬운 일은 아니었다.
10	부모와 아이 사이에 이루어지는 ( )은 아이의 정서 발달에 중요한 역할을 한다고 한다.
11	검찰은 범죄( )와의 전쟁을 선포하였다.
12	경기침체가 장기화되면서 ( )을 잃는 사람이 하나둘씩 늘어나고 있다.
13	한 개인의 ( )에까지 관여하는 것은 바람직하지 못하다.
14	공인의 삶은 ( )에 해당하는 만큼 말과 행동에 각별히 주의를 기울여야만 한다.
15	남의 ( )에 함부로 손을 대서는 안 된다.
16	경기가 회복되면서 사람들의 ( ) 심리도 되살아났다.
17	어머니의 ( )은 모두가 놀랄 정도로 정갈하고 맛이 있다.
18	전주에 가면 한국의 전통 ( )를 맛볼 수 있는 곳이 많다.
19	그는 전 세계의 ( )을 주도하는 리더라고 할 수 있을 만큼 뛰어난 감각을 지니고 있다.
20	천연 온천의 온천수는 피부 ( )에 효과적이라고 한다.
21	개점을 앞두고 막바지 ( ) 작업에 최선을 다하고 있다.
22	( ) 초기의 임산부는 각별히 주의를 해야 한다.
23	가임기의 여성들이 여러 가지 이유로 ( )을 미루거나 포기하는 것이 사회적 문제가 되고 있다.
24	( ) 문제로 고민하는 맞벌이 부부들이 점점 늘어나고 있다.
25	남녀의 차별을 두는 결혼 ( )은 이제 더 이상 찾아보기 어려워졌다.

26	입춘은 24절기 가운데 봄의 시작을 알리는 첫 번째 ( )이다.
27	이번 일이 잘 마무리되면 가족들과 함께 제주도로 ( )을 떠날 예정이다.
28	강아지와 고양이 외에도 다양한 동물들이 ( )로 주목을 받고 있다.
29	대도시보다는 지방의 시골로 갈수록 과수원과 같은 ( )업이 발달 되어 있다.
30	정년퇴임을 하면 시골로 가서 ( )을 일구며 살아갈 예정이다.
31	애완견을 ( ) 위한 노력은 아이 한 명을 키우기 위한 노력과 별반 차이가 없다.
32	바다 ( )로 어렵게 잡은 물고기를 다시 바다로 돌려보냈다.
33	건강을 위해 가족들과 산으로 ( )을 가는 인구가 늘어나고 있다.
34	한강에서도 수상 ( )를 즐기는 사람들을 어렵지 않게 볼 수 있다.
35	건강을 유지하기 위해 아침마다 30분씩 ( )을 하고 있다
36	늘어난 체중을 줄이기 위해 ( )를 하기로 결심했다.
37	( ) 삼아 가볍게 시작했던 일이 이제는 나의 본업이 되고 말았다.
38	요즘은 소비자가 직접 제작할 수 있는 ( ) 제품들이 다양하게 출시되고 있다.
39	스마트폰의 보급과 혼자 지내는 시간이 늘어나면서 스마트폰 ( )산업도 급격하게 발전하였다.
40	인터넷을 통해 해외의 제품들도 손쉽게 ( )할 수 있는 시대가 되었다.
41	폐품을 이용해 일상생활에서 사용할 수 있는 ( )을 만들어 재활용하고 있다.
42	해마다 5월이 되면 대학가에서 ( )가 열린다.
43	우리가 만들어낸 수질오염은 결국 ( )의 부족으로 돌아와 우리의 삶을 위협할 수 있다.
44	공장에서 배출한 폐수로 인해 결국 주변의 ( )이 오염되고 말았다.
45	하천의 ( )으로 상류에 위치한 공장을 지목하고 있다.
46	( )를 활용하면 퇴비나 사료 등 다양한 곳에서 유용하게 사용할 수 있다.
47	세탁을 위해 ( )를 지나치게 사용하면 수질 환경을 오염시킬 수 있다.
48	폐수를 여과하여 재방류하는 역할을 하는 ( )은 수질 환경 개선에 많은 역할을 한다.
49	더 나은 삶은 살고자 ( )으로 꽃꽂이를 배우기 시작했다.
50	날씨가 궂으면 고향에 계신 어머님 ( )이 더욱 간절하다.
51	살아온 삶이 다른 사람들이기에 각자의 ( )에 차이가 있을 수 밖에 없었다.
52	그 모임은 ( )은 모두가 다문화 가정의 사람들로 구성되어 있었다.

53	경제가 성장하면서 의식주를 고민하는 사람들보다는 ( )을 고민하는 사람들이 늘어났다.
54	우리가 지켜야 할 것은 민족 고유의 전통과 ( )뿐만 아니라 정신까지도 고려해야 한다.
55	흔히 중세의 예술은 ( )와 상당히 밀착되어 있었다고 얘기한다.
56	좋은 평가를 받는 ( )은 미적가치뿐만 아니라 교훈적 가치고 함께 지니고 있다.
57	이번 작품은 예술가의 혼신이 들어간 ( )을 통해 산출된 산물이다.
58	작가는 그 시절의 ( )가 가지고 있던 불합리한 면을 담아내고자 노력했다고 한다.
59	( )들이 한자리에 모여 인류의 공영을 위한 방안에 대해 논의할 예정이다.
60	누군가의 강요가 아닌 자신만의 ( )으로 살아가는 것이 가장 행복한 삶이다.
61	생활 수준이 높아지면서 수준 높은 ( )을 즐기려는 사람들도 증가했다.
62	배달 서비스가 발달하면서 ( )를 이용한 배달이 급증하게 되었다.
63	안전을 위해 오토바이를 탈 때는 반드시 ( )을 착용해야 한다.
64	본격적인 ( )이 되면 해수욕장에는 휴가를 즐기려는 사람들로 인산인해를 이루게 된다.
65	요즘에는 세탁기가 ( )와 건조를 대신해 주고 있어 매우 편리한 세상이 되었다.
66	새집으로 이사를 가기 위해 이사업체에 ( )이사를 의뢰하였다.
67	이번에 구입한 전자제품은 기사님이 방문하여 직접 ( )를 해 주셨다.
68	일기예보에 따르면 매우 변덕스러운 ( )가 될 것이라고 한다.
69	충분한 고민 없이 단순히 ( )로만 전공을 선택하는 것은 바람직하지 못하다.
70	이번 대회의 ( )들에게는 해외여행이라는 특별한 혜택이 주어진다.
71	혼자 이사를 하기에는 짐이 너무 많아 ( )센터를 부르고 말았다.
72	저축왕이 될 수 있었던 것은 어려서부터 절약하는 ( )이 몸에 배어 있었기 때문이다.
73	아이들이 입안에 ( )을 넣고 녹여 먹으면서 즐거운 표정을 짓고 있었다.
74	무더운 날씨 탓에 가방에 넣어 두었던 ( )이 모두 녹아 버리고 말았다.
75	집에서 학교까지는 ( )를 이용하여 통학을 해야 했다.
76	도심의 ( )은 출근 시간이 되면 지옥철이라는 말이 있을 정도로 사람들로 붐빈다.
77	( )를 구입하면 버스와 지하철은 물론 택시까지 이용할 수 있어 매우 편리하다.
78	복잡한 ( )을 이용할 때는 질서를 지키는 것이 매우 중요하다.
79	어제는 마음이 복잡해서 ( )에 홀로 앉아 하루 종일 시간을 보냈다.

80	산책하기 위해 새로 산 (　　　　　)를 신고 밖으로 나갔다.
81	하루 종일 (　　　　　)를 신다가 운동화로 갈아 신으니 날아갈 것 같이 발이 편해졌다.
82	(　　　　　)와 사이다 중에 무엇을 마실지 선택하느라 한참을 고민하였다.
83	선물로 받은 상품권으로 쇼핑을 하기 위해 집 근처의 (　　　　　)으로 향했다.
84	(　　　　　)은 물품을 구입하는 데 있어 현금과 같은 기능을 한다.
85	어버이날을 맞이하여 부모님께 드릴 (　　　　　)을 준비했다.
86	휴대전화의 보급이 확대되면서 찾아보기 힘들 정도로 (　　　　　) 부스가 사라지게 되었다.
87	어버이날이 되면 부모님 댁을 (　　　　　)는 사람들 때문에 도로의 정체가 극심해진다.
88	가시가 많은 생선은 좀처럼 먹기가 (　　　　　).
89	일반적으로 독이 있는 버섯일수록 겉모습이 (　　　　　).
90	너무나 놀란 나머지 나도 모르게 의식을 (　　　　　)고 말았다.
91	오염된 폐수를 (　　　　　) 적발된 업체는 영업정지라는 처분을 받게 되었다.
92	개교 30주년을 맞이하여 졸업생들의 뜻을 모은 장학금을 모교에 (　　　　　).
93	유학을 통해 선진 문화와 기술을 (　　　　　) 되었다.
94	시중에서 판매되는 상품에는 부가세가 (　　　　　) 있다.
95	긴 여행에 앞서 혹시 모를 상황을 대비하여 비상약을 (　　　　　).
96	폐수를 (　　　　　) 않고 배출한 업체들이 무더기로 적발되었다.
97	어려운 여건 속에서도 열심히 살아온 덕분에 행복한 가정을 (　　　　　) 수 있었다.
98	맞벌이 부부로서 쉽지는 않겠지만 최선을 다해 신혼살림을 (　　　　　) 것이다.
99	그는 평일에는 회사원으로 주말에는 연출가로 (　　　　　) 있다.
100	꾸준한 노력으로 현재의 체중을 (　　　　　) 있다.

	삶과 생활
1	과거와는 달리 농촌의 (생활 환경)이 크게 향상되었다.
2	소년 소녀 가장들이 어렵게 (생계)를 꾸려 나가고 있었다.
3	집에서 (살림)만 하던 그녀가 작가가 되어 제2의 인생을 살아가고 있다.
4	작은 단체들이 모여 하나의 큰 (조직체)를 설립하게 되었다.
5	큰 사고였음에도 불구하고 다행히 (생명)에는 지장이 없었다.
6	사업을 시작하기에 앞서 시장조사를 하는 것은 (필수적)이라고 할 수 있다.
7	후유증으로 인해 불편함은 있을지언정 (일상생활)에 큰 지장은 없었다.
8	부모님들이 힘들게 노력한 결과 (의식주)에 대한 걱정은 없이 생활하고 있다.
9	회사 업무에 적응하느라 (여가 생활)을 즐긴다는 것이 말처럼 쉬운 일은 아니었다.
10	부모와 아이 사이에 이루어지는 (상호 작용)은 아이의 정서 발달에 중요한 역할을 한다고 한다.
11	검찰은 범죄(행위)와의 전쟁을 선포하였다.
12	경기침체가 장기화되면서 (직업)을 잃는 사람이 하나둘씩 늘어나고 있다.
13	한 개인의 (사적인 생활)에까지 관여하는 것은 바람직하지 못하다.
14	공인의 삶은 (공적인 생활)에 해당하는 만큼 말과 행동에 각별히 주의를 기울여야만 한다.
15	남의 (물건)에 함부로 손을 대서는 안 된다.
16	경기가 회복되면서 사람들의 (소비) 심리도 되살아났다.
17	어머니의 (음식)은 모두가 놀랄 정도로 정갈하고 맛이 있다.
18	전주에 가면 한국의 전통 (요리)를 맛볼 수 있는 곳이 많다.
19	그는 전 세계의 (패션)을 주도하는 리더라고 할 수 있을 만큼 뛰어난 감각을 지니고 있다.
20	천연 온천의 온천수는 피부 (미용)에 효과적이라고 한다.
21	개점을 앞두고 막바지 (인테리어) 작업에 최선을 다하고 있다.
22	(임신) 초기의 임산부는 각별히 주의를 해야 한다.
23	가임기의 여성들이 여러 가지 이유로 (출산)을 미루거나 포기하는 것이 사회적 문제가 되고 있다.
24	(육아) 문제로 고민하는 맞벌이 부부들이 점점 늘어나고 있다.
25	남녀의 차별을 두는 결혼 (풍속)은 이제 더 이상 찾아보기 어려워졌다.

Unit 01

Unit 02

Chapter 5

26	입춘은 24절기 가운데 봄의 시작을 알리는 첫 번째 (절기)이다.
27	이번 일이 잘 마무리되면 가족들과 함께 제주도로 (여행)을 떠날 예정이다.
28	강아지와 고양이 외에도 다양한 동물들이 (반려동물)로 주목을 받고 있다.
29	대도시보다는 지방의 시골로 갈수록 과수원과 같은 (원예)업이 발달 되어 있다.
30	정년퇴임을 하면 시골로 가서 (텃밭)을 일구며 살아갈 예정이다.
31	애완견을 (기르기) 위한 노력은 아이 한 명을 키우기 위한 노력과 별반 차이가 없다.
32	바다 (낚시)로 어렵게 잡은 물고기를 다시 바다로 돌려보냈다.
33	건강을 위해 가족들과 산으로 (등산)을 가는 인구가 늘어나고 있다.
34	한강에서도 수상 (레포츠)를 즐기는 사람들을 어렵지 않게 볼 수 있다.
35	건강을 유지하기 위해 아침마다 30분씩 (운동)을 하고 있다
36	늘어난 체중을 줄이기 위해 (다이어트)를 하기로 결심했다.
37	(취미) 삼아 가볍게 시작했던 일이 이제는 나의 본업이 되고 말았다.
38	요즘은 소비자가 직접 제작할 수 있는 (DIY) 제품들이 다양하게 출시되고 있다.
39	스마트폰의 보급과 혼자 지내는 시간이 늘어나면서 스마트폰 (게임)산업도 급격하게 발전하였다.
40	인터넷을 통해 해외의 제품들도 손쉽게 (쇼핑)할 수 있는 시대가 되었다.
41	폐품을 이용해 일상생활에서 사용할 수 있는 (생활용품)을 만들어 재활용하고 있다.
42	해마다 5월이 되면 대학가에서 (축제)가 열린다.
43	우리가 만들어낸 수질오염은 결국 (생활용수)의 부족으로 돌아와 우리의 삶을 위협할 수 있다.
44	공장에서 배출한 폐수로 인해 결국 주변의 (하천)이 오염되고 말았다.
45	하천의 (오염원)으로 상류에 위치한 공장을 지목하고 있다.
46	(음식 찌꺼기)를 활용하면 퇴비나 사료 등 다양한 곳에서 유용하게 사용할 수 있다.
47	세탁을 위해 (합성 세제)를 지나치게 사용하면 수질 환경을 오염시킬 수 있다.
48	폐수를 여과하여 재방류하는 역할을 하는 (하수처리장)은 수질 환경 개선에 많은 역할을 한다.
49	더 나은 삶은 살고자 (취미 활동)으로 꽃꽂이를 배우기 시작했다.
50	날씨가 궂으면 고향에 계신 어머님 (생각)이 더욱 간절하다.
51	살아온 삶이 다른 사람들이기에 각자의 (행동 방식)에 차이가 있을 수 밖에 없었다.
52	그 모임은 (구성원)은 모두가 다문화 가정의 사람들로 구성되어 있었다.

53	경제가 성장하면서 의식주를 고민하는 사람들보다는 (삶의 질)을 고민하는 사람들이 늘어났다.
54	우리가 지켜야 할 것은 민족 고유의 전통과 (풍습)뿐만 아니라 정신까지도 고려해야 한다.
55	흔히 중세의 예술은 (종교)와 상당히 밀착되어 있었다고 얘기한다.
56	좋은 평가를 받는 (미적 작품)은 미적가치뿐만 아니라 교훈적 가치고 함께 지니고 있다.
57	이번 작품은 예술가의 혼신이 들어간 (창조 활동)을 통해 산출된 산물이다.
58	작가는 그 시절의 (사회 제도)가 가지고 있던 불합리한 면을 담아내고자 노력했다고 한다.
59	(인류학자)들이 한자리에 모여 인류의 공영을 위한 방안에 대해 논의할 예정이다.
60	누군가의 강요가 아닌 자신만의 (삶의 방식)으로 살아가는 것이 가장 행복한 삶이다.
61	생활 수준이 높아지면서 수준 높은 (문화생활)을 즐기려는 사람들도 증가했다.
62	배달 서비스가 발달하면서 (오토바이)를 이용한 배달이 급증하게 되었다.
63	안전을 위해 오토바이를 탈 때는 반드시 (헬멧)을 착용해야 한다.
64	본격적인 (휴가철)이 되면 해수욕장에는 휴가를 즐기려는 사람들로 인산인해를 이루게 된다.
65	요즘에는 세탁기가 (빨래)와 건조를 대신해 주고 있어 매우 편리한 세상이 되었다.
66	새집으로 이사를 가기 위해 이사업체에 (포장)이사를 의뢰하였다.
67	이번에 구입한 전자제품은 기사님이 방문하여 직접 (설치)를 해 주셨다.
68	일기예보에 따르면 매우 변덕스러운 (날씨)가 될 것이라고 한다.
69	충분한 고민 없이 단순히 (재미)로만 전공을 선택하는 것은 바람직하지 못하다.
70	이번 대회의 (입상자)들에게는 해외여행이라는 특별한 혜택이 주어진다.
71	혼자 이사를 하기에는 짐이 너무 많아 (이삿짐)센터를 부르고 말았다.
72	저축왕이 될 수 있었던 것은 어려서부터 절약하는 (습관)이 몸에 배어 있었기 때문이다.
73	아이들이 입안에 (사탕)을 넣고 녹여 먹으면서 즐거운 표정을 짓고 있었다.
74	무더운 날씨 탓에 가방에 넣어 두었던 (초콜릿)이 모두 녹아 버리고 말았다.
75	집에서 학교까지는 (버스)를 이용하여 통학을 해야 했다.
76	도심의 (지하철)은 출근 시간이 되면 지옥철이라는 말이 있을 정도로 사람들로 붐빈다.
77	(교통카드)를 구입하면 버스와 지하철은 물론 택시까지 이용할 수 있어 매우 편리하다.
78	복잡한 (대중교통)을 이용할 때는 질서를 지키는 것이 매우 중요하다.
79	어제는 마음이 복잡해서 (공원)에 홀로 앉아 하루 종일 시간을 보냈다.

80	산책하기 위해 새로 산 (운동화)를 신고 밖으로 나갔다.
81	하루 종일 (구두)를 신다가 운동화로 갈아 신으니 날아갈 것 같이 발이 편해졌다.
82	(콜라)와 사이다 중에 무엇을 마실지 선택하느라 한참을 고민했다.
83	선물로 받은 상품권으로 쇼핑을 하기 위해 집 근처의 (백화점)으로 향했다.
84	(상품권)은 물품을 구입하는 데 있어 현금과 같은 기능을 한다.
85	어버이날을 맞이하여 부모님께 드릴 (선물)을 준비했다.
86	휴대전화의 보급이 확대되면서 찾아보기 힘들 정도로 (공중전화) 부스가 사라지게 되었다.
87	어버이날이 되면 부모님 댁을 (방문하려)는 사람들 때문에 도로의 정체가 극심해진다.
88	가시가 많은 생선은 좀처럼 먹기가 (불편하다).
89	일반적으로 독이 있는 버섯일수록 겉모습이 (화려하다).
90	너무나 놀란 나머지 나도 모르게 의식을 (잃어버리)고 말았다.
91	오염된 폐수를 (배출하다) 적발된 업체는 영업정지라는 처분을 받게 되었다.
92	개교 30주년을 맞이하여 졸업생들의 뜻을 모은 장학금을 모교에 (전달하였다).
93	유학을 통해 선진 문화와 기술을 (습득하게) 되었다.
94	시중에서 판매되는 상품에는 부가세가 (포함되어) 있다.
95	긴 여행에 앞서 혹시 모를 상황을 대비하여 비상약을 (챙겼다).
96	폐수를 (정화 시키지) 않고 배출한 업체들이 무더기로 적발되었다.
97	어려운 여건 속에서도 열심히 살아온 덕분에 행복한 가정을 (꾸릴) 수 있었다.
98	맞벌이 부부로서 쉽지는 않겠지만 최선을 다해 신혼살림을 (꾸려 나갈) 것이다.
99	그는 평일에는 회사원으로 주말에는 연출가로 (활동하고) 있다.
100	꾸준한 노력으로 현재의 체중을 (유지하고) 있다.

과학 · IT				
실험	자연 과학	자연 현상	개념	정의
전문가	물리학	화학	생물학	학술지
법칙	체계적	수명	기후 변화	연구진
세포	개발	신기술	생명 과학	지구 과학
현미경	발명품	유전자	변형	안전성
태양계	에너지	플랫폼	동영상	통신
라이벌	프로그램	투명성	약관	모니터링
커뮤니티	콘텐츠	시스템	상생	통신사
간소화	작동	수행	구축	전환
광학	운영 체제	홈페이지	컴퓨터	게임
온라인	인공 지능	체계	서비스	기술
자격증	로봇	반도체	초경량화	스피커
모니터	인공 지능 로봇 소피아	인공 지능 바둑 (알파고)	복제 인간	우주여행
대기권	우주 공간	우주인	미확인 비행물체 (UFO)	정보망
유전	변이	태양광에너지	대체 에너지	바이오
원자력	생체 실험	생체 적합성	장해	부작용
역효과	태양열	전자파	자외선	궤도
물질	이탈	뇌 과학	제어하다	작동하다
정착하다	개선하다	해결하다	투여하다	적용하다
측정하다	연구하다	실험하다	경쟁하다	대결하다

어휘 문제

	과학 · IT
1	이번 ( )을 통해 그동안의 처리 방식에 문제가 있었음이 규명되었다.
2	( )은 다시 순수과학과 응용과학으로 나눌 수 있다.
3	과학은 ( )에 대한 관찰을 바탕으로 시작된다.
4	수학의 ( )과 원리를 이해하지 못하면 그 시험에 합격하기 어렵다.
5	유리수에 대해 간략히 ( )를 하자면 실수 중에서 정수와 분수를 합친 것을 말한다.
6	그는 IT 업계에서 컴퓨터 ( )로 유명하며 해박한 지식을 가지고 있다.
7	( )에서는 물질의 물리적 성질과 그것이 나타내는 모든 현상을 다루게 된다.
8	두 ( ) 물질이 반응하게 되면 커다란 폭발을 일으킬 수 있으므로 주의해야 한다.
9	그녀는 미생물에 대한 관심이 많아 장래에 ( )을 전공하기를 희망하고 있다.
10	그의 논문은 전 세계적으로 인정을 받는 유명 ( )에 게재가 되었다.
11	자연계의 모든 생물은 자연의 ( )에 따라 살아가고 있다.
12	이번 결론은 과학자들이 ( )인 연구를 통해 밝혀낸 사실이다.
13	과학 기술과 의학 기술의 발달로 인간의 평균 ( )이 연장되었다.
14	환경오염에 따른 ( )로 지구 생물의 생존이 위협받는 지경에 이르렀다.
15	( )의 끊임없는 노력의 결과로 새로운 백신이 개발될 수 있었다.
16	( ) 조직을 관찰하기 위해 현미경을 활용하였다.
17	이번 신기술은 국내 연구진들이 세계 최초로 ( )한 독자적인 기술이다.
18	국내에서 개발된 ( )이 전 세계적으로 큰 호응을 얻고 있다.
19	( )에 관한 연구가 활발해지면서 난치성 질병의 치료도 희망을 갖게 되었다.
20	지질학, 천문학, 기상학, 해양학 등을 일컬어 ( )이라 말한다.
21	육안으로는 관찰하지 못하는 것들도 ( )을 이용하면 자세히 관찰할 수 있다.
22	국내 과학자들이 발명한 우수한 ( )들이 박람회에 쏟아져 나왔다.
23	( ) 변형을 통해 생산된 농산물들이 우리의 식탁을 위협하고 있다.
24	유전자 ( ) 농산물의 안전성에 대해서는 아직 정확한 보고를 하지 못하고 있다.
25	수입 농산물의 ( )을 검사하기 위해 정부가 발 벗고 나서기로 하였다.

26	( )는 태양과 여덟 개의 행성으로 이루어져 있다.
27	( )는 인간이 활동할 수 있는 근원이 되는 힘이다.
28	이동 통신상에서 각종 소프트웨어가 구동될 수 있도록 하는 운영 체제를 모바일 ( )이라 한다.
29	드론을 이용해 사진뿐만 아니라 ( )의 촬영까지 가능해지면서 다양하게 활용되고 있다.
30	IT 산업이 발달 되면서 정보 ( )업계도 호황을 누리고 있다.
31	업계에서 선의의 경쟁을 할 수 있는 ( )이 존재한다는 것은 결코 나쁜 일이 아니다.
32	이번에 새로 구입한 컴퓨터에는 운영 ( )이 내장되어 있다.
33	경쟁 업체와 선의의 경쟁을 하기 위해서는 우선 ( )이 확보되어야만 한다.
34	거래를 위해서는 아무리 복잡해도 명시된 ( )을 꼼꼼하게 읽어 봐야 한다.
35	경찰은 유해 사이트 적발을 위해 사이버 ( )을 실시하고 있다.
36	인터넷 보급이 확대되면서 온라인 ( )가 활성화되고 있다.
37	인터넷 사이트의 ( )를 무단으로 복제하게 되면 법적 처벌을 받을 수 있다.
38	주기적으로 컴퓨터의 ( )을 업데이트하지 않으면 보안상 피해가 발생할 수 있다.
39	기업과 사회가 ( )하기 위해서는 서로가 노력을 게을리해서는 안 된다.
40	( )마다 전폭적인 할인 혜택을 내걸고 고객 유치에 혈안이 되어 있다.
41	전산화 시스템의 구축에 따라 제출 서류가 대폭 ( ) 되었다.
42	컴퓨터가 바이러스에 감염되게 되면 ( )이 멈추게 된다.
43	우리 회사는 모든 업무를 컴퓨터를 이용하여 ( )하고 있다.
44	안정된 작업을 위해서는 전산 시스템을 ( )하는 것이 무엇보다 중요하다.
45	컴퓨터의 성능을 향상시키기 위해 운영체계를 ( )하였다.
46	( )적으로 밝은 물질은 자외선을 흡수해서 푸른 빛으로 변화시키게 된다.
47	사람마다 선호하는 컴퓨터의 ( )가 다르다.
48	( )의 링크를 통해 접속하게 되면 손쉽게 자료를 얻을 수 있다.
49	최근 공장에서 이용되고 있는 자동화 설비는 ( )를 이용하여 제어를 하게 된다.
50	중소기업에서 개발된 컴퓨터 ( )이 게임을 즐기는 사람들에게 큰 호응을 얻고 있다.
51	최근 들어 ( )에서 진행되는 비대면 교육이 활성화되고 있다.
52	( ) 센서를 이용해 화재 발생 시 방화문이 자동으로 개폐되도록 설계되었다.

53	(　　　　)적인 준비를 통해 완벽한 정보 통신 시스템을 구축할 수 있었다.
54	정부는 온라인 (　　　　)를 통해 국민에게 한 발 더 다가설 수 있을 것으로 기대하고 있다.
55	그 과학자의 노력으로 이루어낸 연구 결과는 과학 (　　　　)의 선진화에 많은 도움이 될 것이다.
56	정보처리기사 (　　　　) 취득을 위해 1년간 많은 준비를 해 왔다.
57	이 (　　　　)은 컴퓨터에 의해 제어가 되도록 만들어졌다.
58	최근 전 세계적인 (　　　　) 품귀 현상으로 인해 관련 산업들이 큰 어려움을 겪고 있다.
59	우수한 연구원들의 노력 덕분에 반도체의 (　　　　)를 이루어낼 수 있었다.
60	블루투스를 이용해 (　　　　)의 볼륨을 조절할 수 있게 되었다.
61	일체형 컴퓨터가 아닌 (　　　　)와 본체가 분류된 컴퓨터를 구매했다.
62	(　　　　)는 세계 최초로 사우디아라비아의 시민권을 얻었다.
63	이세돌 9단은 (　　　　) 프로그램 알파고와의 대결 끝에 1승 4패로 패배를 했다.
64	생명공학의 발달과 함께 (　　　　)에 대한 기대도 커져만 가고 있다.
65	별나라로 (　　　　)을 떠나는 상상이 이제 더 이상 실현 불가능한 일이 아니게 되었다.
66	우주선이 지구의 (　　　　)으로 진입할 때의 압력은 상상을 초월할 정도로 엄청나다고 한다.
67	이번에 쏘아 올린 인공위성은 (　　　　)에서 다양한 정보를 수집하는 역할을 하게 된다.
68	우주 비행에 참가하는 (　　　　)이 되기 위해서는 엄청난 경쟁을 통과해야만 한다.
69	(　　　　)를 목격했다는 시민들의 제보가 잇따랐다.
70	우리 회사는 초고속 (　　　　)을 구축하여 최상의 인터넷 환경을 제공하고 있다.
71	유전자 검사를 이용하여 (　　　　)을 통해 발생하는 질병에 관해 연구하고 있다.
72	(　　　　) 바이러스의 발생에 따라 새로운 백신의 연구가 필요하게 되었다.
73	태양열을 이용해서 에너지를 발생시키는 (　　　　) 사업이 확대되고 있다.
74	(　　　　)의 개발 못지않게 중요한 것이 개발된 에너지를 어떻게 절약할 것인지에 대한 고민이다.
75	유기 물질로 만든 (　　　　)칩이 기존의 반도체를 대체할 차세대 기술로 기대를 받고 있다.
76	(　　　　) 발전은 핵분열 때 발생하는 열을 이용하여 전기를 만드는 기술이다.
77	동물을 이용한 (　　　　)을 놓고 찬반 의견 대립이 끊이지 않고 있다.
78	(　　　　)이 높은 의학 제품을 개발하여 인체에 이식하는 기술이 발달하고 있다.
79	새롭게 설립된 산업단지인 만큼 최신 IT 시스템을 구축하는 데 있어 아무런 (　　　　)를 받지 않았다.

80	과학의 발달이 가져다주는 이점의 이면에는 많은 (　　　　　)도 존재한다.
81	자동화 시스템의 도입이 우리의 일자리를 빼앗아 가는 (　　　　　)를 가져왔다.
82	(　　　　　)을 이용해 난방을 해결하는 주택의 모습은 이제 흔한 풍경이 되어 버렸다.
83	(　　　　　)에 대한 유해성 논란은 아직까지도 끊이지 않고 있다.
84	오존층이 파괴되면 태양에서 오는 (　　　　　)으로 인해 인체에 매우 유해한 환경에 노출되고 만다.
85	각고의 노력 끝에 인공위성을 지구의 (　　　　　) 위로 쏘아 올리는 데 성공했다.
86	(　　　　　)에 따라 다양한 성분과 성질을 가지고 있으므로 조심히 다루어야 한다.
87	인공위성이 정해진 궤도를 (　　　　　)하여 추락하는 사고가 발생하였다.
88	뇌의 복합적 기능과 구조에 대한 해석을 통해 인간이 가진 가능성의 한계를 연구하는 것이 (　　　　　)이다.
89	우리 회사는 모든 설비를 컴퓨터가 (　　　　　).
90	이 기계는 사람의 손을 빌리지 않아도 스스로 (　　　　　).
91	오랜 시간이 흐른 후에야 그 시스템은 (　　　　　) 되었다.
92	새로 도입된 통신 환경은 기존의 문제점을 완전히 (　　　　　).
93	아무리 기술이 발달해도 인간이 (　　　　　) 하는 분야는 존재하기 마련이다.
94	정부는 IT 강국을 만들기 위해 막대한 자본을 (　　　　　).
95	무분별한 과학 기술의 남용을 막기 위해 정부는 새로운 규제 기준을 (　　　　　) 했다.
96	과학과 의학의 기술을 접목하여 환자의 건강 상태를 (　　　　　).
97	뇌 과학을 (　　　　　) 공학도의 연구 결과를 응용해 치매를 치료하는 휴대용 기기가 만들어졌다.
98	생명과학실험 시간을 이용해 효모의 발효에 대해 (　　　　　).
99	신생 벤처 기업들은 생존을 위해 서로가 끊임없이 노력하고 (　　　　　).
100	준결승에서 만났던 참가선수와 결승전에서 또다시 (　　　　　).

과학 · IT	
1	이번 (실험)을 통해 그동안의 처리 방식에 문제가 있었음이 규명되었다.
2	(자연 과학)은 다시 순수과학과 응용과학으로 나눌 수 있다.
3	과학은 (자연 현상)에 대한 관찰을 바탕으로 시작된다.
4	수학의 (개념)과 원리를 이해하지 못하면 그 시험에 합격하기 어렵다.
5	유리수에 대해 간략히 (정의)를 하자면 실수 중에서 정수와 분수를 합친 것을 말한다.
6	그는 IT 업계에서 컴퓨터 (전문가)로 유명하며 해박한 지식을 가지고 있다.
7	(물리학)에서는 물질의 물리적 성질과 그것이 나타내는 모든 현상을 다루게 된다.
8	두 (화학) 물질이 반응하게 되면 커다란 폭발을 일으킬 수 있으므로 주의해야 한다.
9	그녀는 미생물에 대한 관심이 많아 장래에 (생물학)을 전공하기를 희망하고 있다.
10	그의 논문은 전 세계적으로 인정을 받는 유명 (학술지)에 게재가 되었다.
11	자연계의 모든 생물은 자연의 (법칙)에 따라 살아가고 있다.
12	이번 결론은 과학자들이 (체계적)인 연구를 통해 밝혀낸 사실이다.
13	과학 기술과 의학 기술의 발달로 인간의 평균 (수명)이 연장되었다.
14	환경오염에 따른 (기후 변화)로 지구 생물의 생존이 위협받는 지경에 이르렀다.
15	(연구진)의 끊임없는 노력의 결과로 새로운 백신이 개발될 수 있었다.
16	(세포) 조직을 관찰하기 위해 현미경을 활용하였다.
17	이번 신기술은 국내 연구진들이 세계 최초로 (개발)한 독자적인 기술이다.
18	국내에서 개발된 (신기술)이 전 세계적으로 큰 호응을 얻고 있다.
19	(생명 과학)에 관한 연구가 활발해지면서 난치성 질병의 치료도 희망을 갖게 되었다.
20	지질학, 천문학, 기상학, 해양학 등을 일컬어 (지구 과학)이라 말한다.
21	육안으로는 관찰하지 못하는 것들도 (현미경)을 이용하면 자세히 관찰할 수 있다.
22	국내 과학자들이 발명한 우수한 (발명품)들이 박람회에 쏟아져 나왔다.
23	(유전자) 변형을 통해 생산된 농산물들이 우리의 식탁을 위협하고 있다.
24	유전자 (변형) 농산물의 안전성에 대해서는 아직 정확한 보고를 하지 못하고 있다.
25	수입 농산물의 (안전성)을 검사하기 위해 정부가 발 벗고 나서기로 하였다.

26	(태양계)는 태양과 여덟 개의 행성으로 이루어져 있다.
27	(에너지)는 인간이 활동할 수 있는 근원이 되는 힘이다.
28	이동 통신상에서 각종 소프트웨어가 구동될 수 있도록 하는 운영 체제를 모바일 (플랫폼)이라 한다.
29	드론을 이용해 사진뿐만 아니라 (동영상)의 촬영까지 가능해지면서 다양하게 활용되고 있다.
30	IT 산업이 발달 되면서 정보 (통신)업계도 호황을 누리고 있다.
31	업계에서 선의의 경쟁을 할 수 있는 (라이벌)이 존재한다는 것은 결코 나쁜 일이 아니다.
32	이번에 새로 구입한 컴퓨터에는 운영 (프로그램)이 내장되어 있다.
33	경쟁 업체와 선의의 경쟁을 하기 위해서는 우선 (투명성)이 확보되어야만 한다.
34	거래를 위해서는 아무리 복잡해도 명시된 (약관)을 꼼꼼하게 읽어 봐야 한다.
35	경찰은 유해 사이트 적발을 위해 사이버 (모니터링)을 실시하고 있다.
36	인터넷 보급이 확대되면서 온라인 (커뮤니티)가 활성화되고 있다.
37	인터넷 사이트의 (콘텐츠)를 무단으로 복제하게 되면 법적 처벌을 받을 수 있다.
38	주기적으로 컴퓨터의 (시스템)을 업데이트하지 않으면 보안상 피해가 발생할 수 있다.
39	기업과 사회가 (상생)하기 위해서는 서로가 노력을 게을리해서는 안 된다.
40	(통신사)마다 전폭적인 할인 혜택을 내걸고 고객 유치에 혈안이 되어 있다.
41	전산화 시스템의 구축에 따라 제출 서류가 대폭 (간소화) 되었다.
42	컴퓨터가 바이러스에 감염되게 되면 (작동)이 멈추게 된다.
43	우리 회사는 모든 업무를 컴퓨터를 이용하여 (수행)하고 있다.
44	안정된 작업을 위해서는 전산 시스템을 (구축)하는 것이 무엇보다 중요하다.
45	컴퓨터의 성능을 향상시키기 위해 운영체계를 (전환)하였다.
46	(광학)적으로 밝은 물질은 자외선을 흡수해서 푸른 빛으로 변화시키게 된다.
47	사람마다 선호하는 컴퓨터의 (운영 체계)가 다르다.
48	(홈페이지)의 링크를 통해 접속하게 되면 손쉽게 자료를 얻을 수 있다.
49	최근 공장에서 이용되고 있는 자동화 설비는 (컴퓨터)를 이용하여 제어를 하게 된다.
50	중소기업에서 개발된 컴퓨터 (게임)이 게임을 즐기는 사람들에게 큰 호응을 얻고 있다.
51	최근 들어 (온라인)에서 진행되는 비대면 교육이 활성화되고 있다.
52	(인공 지능) 센서를 이용해 화재 발생 시 방화문이 자동으로 개폐되도록 설계되었다.

53	(체계)적인 준비를 통해 완벽한 정보 통신 시스템을 구축할 수 있었다.
54	정부는 온라인 (서비스)를 통해 국민에게 한 발 더 다가설 수 있을 것으로 기대하고 있다.
55	그 과학자의 노력으로 이루어낸 연구 결과는 과학 (기술)의 선진화에 많은 도움이 될 것이다.
56	정보처리기사 (자격증) 취득을 위해 1년간 많은 준비를 해 왔다.
57	이 (로봇)은 컴퓨터에 의해 제어가 되도록 만들어졌다.
58	최근 전 세계적인 (반도체) 품귀 현상으로 인해 관련 산업들이 큰 어려움을 겪고 있다.
59	우수한 연구원들의 노력 덕분에 반도체의 (초경량화)를 이루어낼 수 있었다.
60	블루투스를 이용해 (스피커)의 볼륨을 조절할 수 있게 되었다.
61	일체형 컴퓨터가 아닌 (모니터)와 본체가 분류된 컴퓨터를 구매했다.
62	(인공 지능 로봇 소피아)는 세계 최초로 사우디아라비아의 시민권을 얻었다.
63	이세돌 9단은 (인공 지능 바둑) 프로그램 알파고와의 대결 끝에 1승 4패로 패배를 했다.
64	생명공학의 발달과 함께 (복제 인간)에 대한 기대도 커져만 가고 있다.
65	별나라로 (우주여행)을 떠나는 상상이 이제 더 이상 실현 불가능한 일이 아니게 되었다.
66	우주선이 지구의 (대기권)으로 진입할 때의 압력은 상상을 초월할 정도로 엄청나다고 한다.
67	이번에 쏘아 올린 인공위성은 (우주 공간)에서 다양한 정보를 수집하는 역할을 하게 된다.
68	우주 비행에 참가하는 (우주인)이 되기 위해서는 엄청난 경쟁을 통과해야만 한다.
69	(미확인 비행물체)를 목격했다는 시민들의 제보가 잇따랐다.
70	우리 회사는 초고속 (정보망)을 구축하여 최상의 인터넷 환경을 제공하고 있다.
71	유전자 검사를 이용하여 (유전)을 통해 발생하는 질병에 관해 연구하고 있다.
72	(변이) 바이러스의 발생에 따라 새로운 백신의 연구가 필요하게 되었다.
73	태양열을 이용해서 에너지를 발생시키는 (태양광에너지) 사업이 확대되고 있다.
74	(대체 에너지)의 개발 못지않게 중요한 것이 개발된 에너지를 어떻게 절약할 것인지에 대한 고민이다.
75	유기 물질로 만든 (바이오)칩이 기존의 반도체를 대체할 차세대 기술로 기대를 받고 있다.
76	(원자력) 발전은 핵분열 때 발생하는 열을 이용하여 전기를 만드는 기술이다.
77	동물을 이용한 (생체 실험)을 놓고 찬반 의견 대립이 끊이지 않고 있다.
78	(생체 적합성)이 높은 의학 제품을 개발하여 인체에 이식하는 기술이 발달하고 있다.
79	새롭게 설립된 산업단지인 만큼 최신 IT 시스템을 구축하는 데 있어 아무런 (장해)를 받지 않았다.

80	과학의 발달이 가져다주는 이점의 이면에는 많은 (부작용)도 존재한다.
81	자동화 시스템의 도입이 우리의 일자리를 빼앗아 가는 (역효과)를 가져왔다.
82	(태양열)을 이용해 난방을 해결하는 주택의 모습은 이제 흔한 풍경이 되어 버렸다.
83	(전자파)에 대한 유해성 논란은 아직까지도 끊이지 않고 있다.
84	오존층이 파괴되면 태양에서 오는 (자외선)으로 인해 인체에 매우 유해한 환경에 노출되고 만다.
85	각고의 노력 끝에 인공위성을 지구의 (궤도) 위로 쏘아 올리는 데 성공했다.
86	(물질)에 따라 다양한 성분과 성질을 가지고 있으므로 조심히 다루어야 한다.
87	인공위성이 정해진 궤도를 (이탈)하여 추락하는 사고가 발생하였다.
88	뇌의 복합적 기능과 구조에 대한 해석을 통해 인간이 가진 가능성의 한계를 연구하는 것이 (뇌 과학)이다.
89	우리 회사는 모든 설비를 컴퓨터가 (제어한다).
90	이 기계는 사람의 손을 빌리지 않아도 스스로 (작동한다).
91	오랜 시간이 흐른 후에야 그 시스템은 (정착하게) 되었다.
92	새로 도입된 통신 환경은 기존의 문제점을 완전히 (개선하였다).
93	아무리 기술이 발달해도 인간이 (해결해야만) 하는 분야는 존재하기 마련이다.
94	정부는 IT 강국을 만들기 위해 막대한 자본을 (투여하였다).
95	무분별한 과학 기술의 남용을 막기 위해 정부는 새로운 규제 기준을 (적용하기로) 했다.
96	과학과 의학의 기술을 접목하여 환자의 건강 상태를 (측정하였다).
97	뇌 과학을 (연구하던) 공학도의 연구 결과를 응용해 치매를 치료하는 휴대용 기기가 만들어졌다.
98	생명과학실험 시간을 이용해 효모의 발효에 대해 (실험하였다).
99	신생 벤처 기업들은 생존을 위해 서로가 끊임없이 노력하고 (경쟁하였다).
100	준결승에서 만났던 참가선수와 결승전에서 또다시 (대결하였다).

환경				
온난화	환경 오염	쓰레기	플라스틱	비닐봉지
환경 단체	시민 단체	캠페인	사막화	가뭄
미세먼지	산림	벌목	벌채	산업화
인위적	녹지	풀	농지	산성비
알카리성	스모그	안개	방사능	무색
무취	연구원	미생물	녹색식물	영양분
공기 정화	매연	이산화탄소	사용량	소비량
원유	리터	톤	대기 오염	부식
면적	무게	피해 지역	피해량	피해 규모
남극	북극	북태평양	섬	해양 생물
생태계	교란	치명적	피해	인류
공존	애벌레	파괴	나방	나비
산소	친환경	한계점	노력	안전
자연	지진학	과정	단계별	발전소
자연재해	황사	황폐하다	시급하다	되돌리다
지원하다	협력하다	노출되다	변색되다	변하다
민감하다	연구하다	관찰하다	비판하다	지적하다
분석하다	설명하다	예를 들다	어울리다	살아가다
보호하다	절약하다	노력하다	감축하다	보존하다
훼손하다	즐기다	발생하다	악화되다	회복하다

어휘 문제

	환경
1	환경의 오염으로 인해 지구는 점점 ( )되어가고 있다.
2	각종 공해로 인한 ( )은 인류의 생존을 위협하고 있다.
3	각종 ( )로 인해 환경오염 문제가 점점 심각해져 가고 있다.
4	( )으로 인한 환경오염과 생태계 파계에 관한 기사를 자주 접하게 된다.
5	많은 나라에서 환경보호를 위해 ( ) 사용을 금지하고 있다.
6	( )는 환경보호를 위해 국가 차원의 노력과 지원이 필요하다고 주장하고 있다.
7	사회 전체의 이익을 위해 활동하고자 ( )가 출범하게 되었다.
8	환경보호를 위한 ( )이 벌어지고 있다.
9	지구의 ( )를 방지하기 위해서는 많은 나무를 심어야 한다.
10	( )으로 인한 농작물의 피해가 이만저만이 아니었다.
11	황사로 인한 ( ) 수치가 연일 최고치를 경신하고 있다.
12	무분별한 벌목으로 인해 아마존의 ( )이 파괴되고 말았다.
13	정부가 먼저 삼림의 ( )을 강력히 금지하고 나섰다.
14	산림의 ( )로 인한 자연환경의 훼손이 극에 달했다.
15	무분별한 ( )는 자연 훼손의 주요 원인 중의 하나이다.
16	환경오염을 발생시키는 주된 원인은 우리가 ( )으로 발생시키는 오염물질 때문이다.
17	정부는 환경의 보호를 위해 일정 공간에 ( )를 조성하고 있다.
18	환경보호를 위해 조성된 녹지에서 다양한 종류의 ( )들이 자라나고 있다.
19	( )를 취득하기 위해서는 일정한 요건을 갖추어야 한다.
20	( )는 토양과 수질을 오염시키는 원인이 되기도 한다.
21	지하 암반수는 자연산 ( )미네랄 워터이다.
22	( )로 인해 맑은 날임에도 불구하고 한 치 앞이 보이질 않는다.
23	짙은 ( )로 인해 출근길 교통 상황이 마비되었다.
24	원전 사고로 인해 주변국들이 ( ) 유출을 우려하고 있다.
25	라돈은 ( ) 무취의 특징을 띄는 방사능물질 중의 하나이다.

26	이 약물은 무색, ( ) 이기 때문에 일반인이 감별해 내기 어렵다.
27	( ) 들이 하천의 오염 상태를 분석하기 위해 샘플 채취에 나섰다.
28	하천에는 다양한 ( ) 이 서식하고 있다.
29	수중에 서식하고 있는 ( ) 은 광합성 작용을 통해 산소를 배출한다.
30	식물이 잘 자라기 위해서는 충분한 ( ) 이 필요하다.
31	이 식물은 탁월한 ( ) 기능을 지니고 있다.
32	자동차에서 배출되는 ( ) 은 심각한 환경오염의 원인 중 하나이다.
33	증가하는 ( ) 의 배출이 지구 온난화를 가속화하고 있다.
34	무더위로 인한 전기 ( ) 이 연일 최고치를 경신하고 있다.
35	냉난방기의 사용으로 인한 전력 ( ) 이 급증하고 있다.
36	( ) 의 가격이 폭등하면 물가도 동반 상승하게 된다.
37	원유의 공급이 원활하지 않아 휘발유 가격이 ( ) 당 2,000원을 넘어섰다.
38	조사에 따르면 유출된 지하수는 최대 2000 ( ) 에 달했다.
39	공장에서 발생하는 유해물질과 분진으로 인해 ( ) 이 심각해지고 있다.
40	바닷물로 선체가 ( ) 되는 것을 막기 위해 페인트칠을 했다.
41	이 마을은 ( ) 의 약 30%가 산으로 둘러싸여 있다.
42	정확한 ( ) 를 측정하기 위해 저울을 사용했다.
43	연이은 태풍으로 인해 ( ) 은 점점 확대되어 가고 있다.
44	오염수 유출 사고조사를 위해 ( ) 에 대한 조사를 진행할 예정이다.
45	메뚜기떼로 인한 농작물 ( ) 는 갈수록 커지고 있다.
46	탐험대는 북극의 조사가 끝나는 대로 ( ) 을 탐험할 계획이다.
47	( ) 의 빙하가 점점 빠르게 녹고 있는 것은 지구 온난화를 원인으로 볼 수 있다.
48	기상예보에 따르면 ( ) 고기압의 영향으로 기온이 큰 폭으로 상승할 것이라 한다.
49	필리핀은 수많은 ( ) 으로 이루어진 국가이다.
50	수질이 오염되면 그 피해는 그대로 ( ) 에게 이어진다.
51	대기와 수질의 오염에 따른 ( ) 의 파괴가 심각한 수준에 이르렀다.
52	지구 온난화는 생태계를 ( ) 시킨다.

53	지구환경의 오염은 우리의 삶에 ( )인 영향을 가져올 것이다.
54	수해 지역의 ( )를 복구하기 위해 자원봉사자들이 발 벗고 나섰다.
55	환경오염이 ( )의 생존을 위협하기에 이르렀다.
56	인간과 자연이 ( )하는 방안을 모색해야 할 때이다.
57	이 ( )가 자라면 나비가 될 것이다.
58	과학과 산업기술의 발달은 환경의 ( )를 수반한다.
59	환한 불빛 아래에 ( )이 끊임없이 날아들었다.
60	꽃밭에 다양한 종류의 ( )들이 앉아 있었다.
61	수소와 ( )가 반응하여 물이 만들어진다.
62	건강을 중시하는 사람들이 늘어나면서 ( ) 농법으로 재배된 채소들이 인기를 끌고 있다.
63	대도시의 대기오염은 이미 ( )에 도달한 상태이다.
64	전 세계적인 ( )이 없이는 지구의 온난화 문제를 해결할 수 없다.
65	그녀는 ( )한 먹거리를 식탁에 올리기 위해 유기농 제품을 선호한다.
66	다음 세대를 위해 ( )과 환경을 보호해야만 한다.
67	( )은 지진과 관련한 내용을 중심으로 연구하는 학문으로서 지구 물리학의 한 분야이다.
68	결과 못지않게 ( ) 또한 매우 중요하다.
69	올바른 교육을 위해서는 ( )로 체계적인 교육이 이루어져야 한다.
70	바람이 가진 힘을 이용하여 전력을 만드는 곳이 풍력( )이다.
71	( )로부터 농작물을 보호하기 위해서는 미리 대비를 하는 것이 중요하다.
72	( )와 미세먼지로 하늘이 뿌예졌다.
73	오랜 가뭄으로 시골 마을 전체가 ( ) 말았다.
74	곧 다가올 태풍에 대비하기 위해서는 주변을 정비하는 것이 ( ).
75	벌어진 피해를 ( ) 것은 불가능하므로 사전에 충분히 대비해야 한다.
76	정부는 수재민들에게 생필품과 임시거처를 ( ) 주기로 하였다.
77	민·관·군이 함께 ( ) 피해복구에 나섰다.
78	무방비 상태에서 방사능에 ( ).
79	플랑크톤이 대량으로 번식을 하게 되면 바닷물의 색이 ( ).

80	심각한 미세먼지의 영향으로 하늘이 온통 희뿌옇게 (　　　　　) 말았다.
81	알레르기 때문에 미세먼지와 꽃가루에 누구보다 (　　　　　).
82	교수님은 깊이 있는 학문의 발전을 이루어내기 위해 끊임없이 (　　　　　) 계신다.
83	현미경을 이용하여 세포의 조직을 (　　　　　).
84	다른 학자들은 그의 근거 없는 주장에 대해 강력히 (　　　　　).
85	나는 그의 불량한 태도를 (　　　　　).
86	쉽게 볼 문제가 아니기 때문에 상황과 변화를 냉철하게 (　　　　　) 한다.
87	진행자는 청취자가 이해하기 쉽도록 (　　　　　).
88	그는 이해하지 못하는 나를 위해 (　　　　　) 설명하였다.
89	주변의 환경을 탓하지 않고 함께 (　　　　　) 살아가는 것은 중요하다.
90	물 한방을 나지 않는 환경에서 어렵게 (　　　　　) 있다.
91	더 나은 삶을 위해서는 반드시 환경을 (　　　　　) 한다.
92	자원을 (　　　　　) 않으면 머지않아 고갈되고 말 것이다.
93	목표를 달성하기 위해 끊임없이 (　　　　　) 것이다.
94	과잉 공급을 우려하여 생산량을 대폭 (　　　　　).
95	그의 도움 덕분에 겨우 목숨을 (　　　　　).
96	개발을 명목으로 자연환경을 (　　　　　) 말았다.
97	시간 가는 줄 모르고 (　　　　　) 보니 어느새 이렇게 시간이 지나가 버렸다.
98	무분별한 개발로 인해 환경 훼손이라는 문제가 (　　　　　).
99	정부의 노력에도 불구하고 환경오염은 더욱 (　　　　　).
100	피해복구가 완료되면서 이재민들을 삶이 원래의 상태를 (　　　　　).

어휘 답안

	환경
1	환경의 오염으로 인해 지구는 점점 (온난화)되어가고 있다.
2	각종 공해로 인한 (환경 오염)은 인류의 생존을 위협하고 있다.
3	각종 (쓰레기)로 인해 환경오염 문제가 점점 심각해져 가고 있다.
4	(플라스틱)으로 인한 환경오염과 생태계 파계에 관한 기사를 자주 접하게 된다.
5	많은 나라에서 환경보호를 위해 (비닐봉지) 사용을 금지하고 있다.
6	(환경 단체)는 환경보호를 위해 국가 차원의 노력과 지원이 필요하다고 주장하고 있다.
7	사회 전체의 이익을 위해 활동하고자 (시민 단체)가 출범하게 되었다.
8	환경보호를 위한 (캠페인)이 벌어지고 있다.
9	지구의 (사막화)를 방지하기 위해서는 많은 나무를 심어야 한다.
10	(가뭄)으로 인한 농작물의 피해가 이만저만이 아니었다.
11	황사로 인한 (미세먼지) 수치가 연일 최고치를 경신하고 있다.
12	무분별한 벌목으로 인해 아마존의 (산림)이 파괴되고 말았다.
13	정부가 먼저 삼림의 (벌목)을 강력히 금지하고 나섰다.
14	산림의 (벌채)로 인한 자연환경의 훼손이 극에 달했다.
15	무분별한 (산업화)는 자연 훼손의 주요 원인 중의 하나이다.
16	환경오염을 발생시키는 주된 원인은 우리가 (인위적)으로 발생시키는 오염물질 때문이다.
17	정부는 환경의 보호를 위해 일정 공간에 (녹지)를 조성하고 있다.
18	환경보호를 위해 조성된 녹지에서 다양한 종류의 (풀)들이 자라나고 있다.
19	(농지)를 취득하기 위해서는 일정한 요건을 갖추어야 한다.
20	(산성비)는 토양과 수질을 오염시키는 원인이 되기도 한다.
21	지하 암반수는 자연산 (알카리성)미네랄 워터이다.
22	(스모그)로 인해 맑은 날임에도 불구하고 한 치 앞이 보이질 않는다.
23	짙은 (안개)로 인해 출근길 교통 상황이 마비되었다.
24	원전 사고로 인해 주변국들이 (방사능) 유출을 우려하고 있다.
25	라돈은 (무색) 무취의 특징을 띄는 방사능물질 중의 하나이다.

26	이 약물은 무색, (무취)이기 때문에 일반인이 감별해 내기 어렵다.
27	(연구원)들이 하천의 오염 상태를 분석하기 위해 샘플 채취에 나섰다.
28	하천에는 다양한 (미생물)이 서식하고 있다.
29	수중에 서식하고 있는 (녹색식물)은 광합성 작용을 통해 산소를 배출한다.
30	식물이 잘 자라기 위해서는 충분한 (영양분)이 필요하다.
31	이 식물은 탁월한 (공기 정화) 기능을 지니고 있다.
32	자동차에서 배출되는 (매연)은 심각한 환경오염의 원인 중 하나이다.
33	증가하는 (이산화탄소)의 배출이 지구 온난화를 가속화하고 있다.
34	무더위로 인한 전기 (사용량)이 연일 최고치를 경신하고 있다.
35	냉난방기의 사용으로 인한 전력 (소비량)이 급증하고 있다.
36	(원유)의 가격이 폭등하면 물가도 동반 상승하게 된다.
37	원유의 공급이 원활하지 않아 휘발유 가격이 (리터)당 2,000원을 넘어섰다.
38	조사에 따르면 유출된 지하수는 최대 2,000(톤)에 달했다.
39	공장에서 발생하는 유해물질과 분진으로 인해 (대기 오염)이 심각해지고 있다.
40	바닷물로 선체가 (부식)되는 것을 막기 위해 페인트칠을 했다.
41	이 마을은 (면적)의 약 30%가 산으로 둘러싸여 있다.
42	정확한 (무게)를 측정하기 위해 저울을 사용했다.
43	연이은 태풍으로 인해 (피해 지역)은 점점 확대되어 가고 있다.
44	오염수 유출 사고조사를 위해 (피해량)에 대한 조사를 진행할 예정이다.
45	메뚜기떼로 인한 농작물 (피해 규모)는 갈수록 커지고 있다.
46	탐험대는 북극의 조사가 끝나는 대로 (남극)을 탐험할 계획이다.
47	(북극)의 빙하가 점점 빠르게 녹고 있는 것은 지구 온난화를 원인으로 볼 수 있다.
48	기상예보에 따르면 (북태평양) 고기압의 영향으로 기온이 큰 폭으로 상승할 것이라 한다.
49	필리핀은 수많은 (섬)으로 이루어진 국가이다.
50	수질이 오염되면 그 피해는 그대로 (해양 생물)에게 이어진다.
51	대기와 수질의 오염에 따른 (생태계)의 파괴가 심각한 수준에 이르렀다.
52	지구 온난화는 생태계를 (교란) 시킨다.

53	지구환경의 오염은 우리의 삶에 (치명적)인 영향을 가져올 것이다.
54	수해 지역의 (피해)를 복구하기 위해 자원봉사자들이 발 벗고 나섰다.
55	환경오염이 (인류)의 생존을 위협하기에 이르렀다.
56	인간과 자연이 (공존)하는 방안을 모색해야 할 때이다.
57	이 (애벌레)가 자라면 나비가 될 것이다.
58	과학과 산업기술의 발달은 환경의 (파괴)를 수반한다.
59	환한 불빛 아래에 (나방)이 끊임없이 날아들었다.
60	꽃밭에 다양한 종류의 (나비)들이 앉아 있었다.
61	수소와 (산소)가 반응하여 물이 만들어진다.
62	건강을 중시하는 사람들이 늘어나면서 (친환경) 농법으로 재배된 채소들이 인기를 끌고 있다.
63	대도시의 대기오염은 이미 (한계점)에 도달한 상태이다.
64	전 세계적인 (노력)이 없이는 지구의 온난화 문제를 해결할 수 없다.
65	그녀는 (안전)한 먹거리를 식탁에 올리기 위해 유기농 제품을 선호한다.
66	다음 세대를 위해 (자연)과 환경을 보호해야만 한다.
67	(지진학)은 지진과 관련한 내용을 중심으로 연구하는 학문으로서 지구 물리학의 한 분야이다.
68	결과 못지않게 (과정) 또한 매우 중요하다.
69	올바른 교육을 위해서는 (단계별)로 체계적인 교육이 이루어져야 한다.
70	바람이 가진 힘을 이용하여 전력을 만드는 곳이 풍력(발전소)이다.
71	(자연재해)로부터 농작물을 보호하기 위해서는 미리 대비를 하는 것이 중요하다.
72	(황사)와 미세먼지로 하늘이 뿌예졌다.
73	오랜 가뭄으로 시골 마을 전체가 (황폐해지고) 말았다.
74	곧 다가올 태풍에 대비하기 위해서는 주변을 정비하는 것이 (시급하다).
75	벌어진 피해를 (되돌리는) 것은 불가능하므로 사전에 충분히 대비해야 한다.
76	정부는 수재민들에게 생필품과 임시거처를 (지원해) 주기로 하였다.
77	민·관·군이 함께 (협력하여) 피해복구에 나섰다.
78	무방비 상태에서 방사능에 (노출되었다).
79	플랑크톤이 대량으로 번식을 하게 되면 바닷물의 색이 (변색 된다).

80	심각한 미세먼지의 영향으로 하늘이 온통 희뿌옇게 (변하고) 말았다.
81	알레르기 때문에 미세먼지와 꽃가루에 누구보다 (민감하다).
82	교수님은 깊이 있는 학문의 발전을 이루어내기 위해 끊임없이 (연구하고) 계신다.
83	현미경을 이용하여 세포의 조직을 (관찰하였다).
84	다른 학자들은 그의 근거 없는 주장에 대해 강력히 (비판하였다).
85	나는 그의 불량한 태도를 (지적하였다).
86	쉽게 볼 문제가 아니기 때문에 상황과 변화를 냉철하게 (분석해야) 한다.
87	진행자는 청취자가 이해하기 쉽도록 (설명하였다).
88	그는 이해하지 못하는 나를 위해 (예를 들어) 설명하였다.
89	주변의 환경을 탓하지 않고 함께 (어울려) 살아가는 것은 중요하다.
90	물 한방을 나지 않는 환경에서 어렵게 (살아가고) 있다.
91	더 나은 삶을 위해서는 반드시 환경을 (보호해야) 한다.
92	자원을 (절약하지) 않으면 머지않아 고갈되고 말 것이다.
93	목표를 달성하기 위해 끊임없이 (노력할) 것이다.
94	과잉 공급을 우려하여 생산량을 대폭 (감축하였다).
95	그의 도움 덕분에 겨우 목숨을 (보존했다).
96	개발을 명목으로 자연환경을 (훼손하고) 말았다.
97	시간 가는 줄 모르고 (즐기다) 보니 어느새 이렇게 시간이 지나가 버렸다.
98	무분별한 개발로 인해 환경 훼손이라는 문제가 (발생했다).
99	정부의 노력에도 불구하고 환경오염은 더욱 (악화되었다).
100	피해복구가 완료되면서 이재민들을 삶이 원래의 상태를 (회복하였다).

교육				
고등 교육	특수 학교	교육 과정	교육 제도	평가
대입 시험	경쟁	경쟁 의식	가정 교육	지식
기술	학습	공부	학점	학습 활동
장학금	장학생	무상 교육	교육청	공공성
교육비	진학	수업료	교과서	입학금
등록금	소요예산	교육 격차	유학생	휴학생
재학생	진로체험	교육 사업	온라인 강의	비대면 강의
화상강의	수강 신청	졸업	학원	과제
재교육	제도	일대일 교육	발표회	어휘력
기숙사	수업	수업 태도	교수법	반응
효과	교사	학생	대화	방식
질문	실험	심리학자	부정적인	행동
시청각	과정	식물학계	주관적	호르몬
분비량	타당성	검토	반론	유권자
후보자	도서관	출입증	학생증	사진
배우다	제출하다	인증하다	갖추다	참가하다
지시하다	시청하다	평가하다	역설하다	도전하다
주장하다	거치다	견디다	식별하다	담당하다
추진하다	교육하다	수강하다	적절하다	증명하다
요구하다	만들다	필요하다	분석하다	검토하다

어휘 문제

	교육
1	대학은 ( )과 학술의 연구를 시행하는 교육기관이다.
2	이 초등학교에는 장애 학우들을 위한 ( )가 설치되어 있다.
3	대한민국은 초등학교 ( )과 중학교 교육과정이 무상으로 운영된다.
4	한국의 ( )는 초등 6년, 중등 3년, 고등 3년으로 나누어진다.
5	매년 대학의 교육성과를 측정하기 위해 ( )가 진행된다.
6	대학에 입학하기 위해서는 ( )을 치러야 한다.
7	서로 우수한 성적을 내기 위해 ( )을 하고 있다.
8	선생님의 다른 반과의 ( )을 부추겨 학생들을 참여를 독려하고 있다.
9	어릴 적 가정형편이 어려워 제대로 된 ( )을 받지 못하고 자랐다.
10	우리는 교육을 통해 ( )을 습득하게 된다.
11	( )을 배우는 교육도 중요하지만 인성을 기를 수 있는 교육 또한 중요하다.
12	그 교재는 학습자가 스스로 ( )할 수 있도록 개발되었다.
13	시험을 앞두고 어제는 하루 종일 ( )만 했다.
14	대학에서는 정해진 ( )을 모두 취득해야 졸업을 할 있다.
15	소규모로 그룹으로 나누어 조별 ( )을 하도록 지시하였다.
16	국비 ( )을 받았기 때문에 해외로 유학 갈 수 있었다.
17	( )으로 선발되어 등록금을 면제받았다.
18	가정형편이 어려운 학생들을 위해 ( )을 지원하고 있다.
19	( )은 장학사들을 파견하여 교육기관에 대한 관리 감독을 하고 있다.
20	새로 선출된 교육감은 교육의 ( )을 무엇보다 강조하고 있다.
21	우리 부모님은 자식의 교육을 위해 수입을 대부분을 ( )로 지출하고 있다.
22	대학 ( )을 앞두고 선택할 전공에 대해 부모님께 상의하였다.
23	그 대학은 제공되는 혜택에 비해 ( )가 비싸기로 유명하다.
24	새로운 교육과정에 맞추어 새로운 ( )를 출간하게 되었다.
25	입학성적이 우수한 학생들에게는 ( )의 면제 혜택이 주어진다.

26	우리 대학은 다음 학기부터 ( )이 대폭 인상될 전망이다.
27	이번에 논의된 정책은 ( )이 너무 많이 드는 관계로 실행이 쉽지 않을 전망이다.
28	정부는 지역 간의 ( )를 최소화하기 위해 노력하고 있다.
29	해외로부터 입국하는 ( )들이 꾸준히 증가하고 있다.
30	어학연수를 위해 휴학하는 ( )들이 늘어나고 있다.
31	입학식에서 신입생들을 위한 ( ) 대표의 인사말이 있을 예정이다.
32	사회에 진출하기에 앞서 ( )의 기회가 주어졌다.
33	우리 회사는 무상으로 저개발 국가에 대한 ( )을 시행하고 있다.
34	COVID-19의 영향으로 모든 수업이 ( )로 전환되었다.
35	온라인상에서 이루어지는 ( )는 공간을 초월하여 진행된다.
36	인터넷 통신망을 이용하여 진행되는 ( )는 실제 교실에서 받는 수업과 매우 유사하다.
37	대학에서는 ( )을 통해 과목을 이수하게 된다.
38	대학을 ( )하면 대학원에 진학할 예정이다.
39	시험을 앞두고 학교의 수업과는 별개로 ( )에서도 공부하고 있다.
40	선생님은 여름방학을 맞이해서 학생들에게 적지 않은 ( )를 부여했다.
41	요즘에는 가정형편으로 교육을 받지 못한 사람들을 위해 무상으로 ( )의 기회가 제공된다.
42	그가 다니던 학창 시절에는 교복을 입는 ( )가 없었다.
43	학습자의 눈높이와 상황에 맞는 수업을 진행하기 위해 ( )을 도입했다.
44	우리 학회는 정기적으로 학술 ( )를 진행하고 있다.
45	언어를 구사하는 데 있어 ( )은 매우 중요하다.
46	우리 학교는 전교생이 ( )에서 생활을 하고 있다.
47	1교시 ( )은 오전 9시부터 오전 10시까지이다.
48	아이의 부주의한 ( )에 대해 선생님으로부터 지적을 받았다.
49	교수님께서는 학습자의 학습력을 향상시킬 수 있는 ( )을 연구하고 계신다.
50	그 강연은 참석자들로부터 폭발적인 ( )을 얻었다.
51	그 교육과정은 교육적 ( )가 매우 뛰어나다.
52	대부분의 학교에서는 원어민 ( )가 영어를 가르치고 있다.

53	스승의 날을 맞이하여 선생님을 위해 ( )들이 작은 파티를 열었다.
54	그 문제는 폭력이나 감정보다는 ( )로 풀어야 한다.
55	폭력은 올바른 문제 해결 ( )이 아니다.
56	수업에서 선생님께 궁금한 점에 대해 ( )하였다.
57	교실에서 학습한 내용을 ( )하기 위해 실험실로 이동을 했다.
58	나는 장래에 인간의 심리 상태와 반응을 연구하는 ( )가 될 것이다.
59	교사의 의도와는 반대로 학생들에게 제시한 과제가 오히려 ( ) 영향을 주고 말았다.
60	나는 그의 몰상식한 ( )을 보고 놀라움을 금치 못했다.
61	말로 하는 것보다 사진이나 도표 등의 ( ) 자료를 활용하는 것이 효과적이다.
62	결과 못지않게 ( )도 매우 중요하게 심사하는 것 같았다.
63	식물의 세포 연구를 전문으로 하는 그는 ( )에서 매우 유명하다.
64	사람들은 대부분 자신의 ( ) 판단에 따라 결정하고 행동한다.
65	( )이 사람 몸의 생리 작용을 조정한다고 한다.
66	우리 몸의 호르몬 ( )은 매우 미량에 불과하다.
67	피고인은 법정에서 자신의 행동에 대한 ( )을 주장했지만 받아들여지지 않았다.
68	작성한 논문을 다시 한번 ( )한 후 내일 제출할 예정이다.
69	많은 사람들이 그가 주장하는 학설에 ( )을 제기하고 나섰다.
70	학급의 반장을 선출하는 투표에서는 그 반의 모든 학생이 ( )이다.
71	우리 반 반장 선거는 ( )를 추천받은 후 투표를 통해 결정하기로 했다.
72	우리 학교의 ( )에는 많은 양의 도서가 소장되어 있다.
73	도서관의 출입을 위해서는 학교에서 발급한 ( )이 필요하다.
74	고등학생은 ( )으로 자신의 신원을 증명할 수 있다.
75	( )이 없어 본인 확인을 할 수 없는 신분증은 사용할 수 없다.
76	운전하는 방법을 ( ) 위해 학원에 등록했다.
77	다음 주까지 교수님께 보고서를 ( ) 한다.
78	정부 사이트에 접속하기 위해서는 공인인증서로 본인을 ( ) 한다.
79	우리 학교 도서관은 지문인식 시스템을 ( ) 있다.

80	해외에서 열리는 학술대회에 ( ).
81	스승이 ( ) 제자들은 바로 행동으로 옮겼다.
82	오늘은 이론 수업 대신 시청각실에서 시청각 자료를 ( ).
83	이번 평가는 상대평가가 아닌 절대평가로 ( ).
84	선생님은 지식보다는 인성의 중요성에 대해 ( ).
85	머뭇거리지 않고 정정당당하게 실력으로 ( ) 것이다.
86	그는 전혀 근거를 제시하지 못한 채 선행연구에 문제점이 있음을 ( ).
87	그의 그릇된 행동은 적절한 학내 절차를 ( ) 징계를 받게 될 것이다.
88	급우들의 따돌림을 ( ) 못해 그는 부모님께 그 사실을 털어놓았다.
89	눈으로 미생물을 ( ) 것은 불가능하다.
90	조별 과제에서 나는 발표를 ( ) 되었다.
91	교육 환경을 개선하기 위해 과감한 개혁을 ( ) 의견을 모았다.
92	새로 부임한 선생님은 모든 과정을 학생들의 눈높이에 맞춰 ( ) 있다.
93	이번 학기에는 3강좌만 ( ) 있다.
94	그의 이번 행동은 교사로서 ( ) 못했다.
95	나는 미성년자이기 때문에 학생증으로 신원을 ( ).
96	피해자는 가해자에게 적절한 보상을 ( ).
97	학회의 정기총회에서 새로운 규칙을 ( ) 합의했다.
98	그 시험에 합격을 위해서는 꾸준한 학습과 노력이 ( ).
99	희망하는 대학에 합격하기 위해 입시요강을 철저히 ( ).
100	시험 답안지를 제출하기 전에 다시 한번 꼼꼼히 ( ) 한다.

어휘 답안

	교육
1	대학은 (고등 교육)과 학술의 연구를 시행하는 교육기관이다.
2	이 초등학교에는 장애 학우들을 위한 (특수 학교)가 설치되어 있다.
3	대한민국은 초등학교 (교육 과정)과 중학교 교육과정이 무상으로 운영된다.
4	한국의 (교육 제도)는 초등 6년, 중등 3년, 고등 3년으로 나누어진다.
5	매년 대학의 교육성과를 측정하기 위해 (평가)가 진행된다.
6	대학에 입학하기 위해서는 (대입 시험)을 치러야 한다.
7	서로 우수한 성적을 내기 위해 (경쟁)을 하고 있다.
8	선생님의 다른 반과의 (경쟁의식)을 부추겨 학생들을 참여를 독려하고 있다.
9	어릴 적 가정형편이 어려워 제대로 된 (가정 교육)을 받지 못하고 자랐다.
10	우리는 교육을 통해 (지식)을 습득하게 된다.
11	(기술)을 배우는 교육도 중요하지만 인성을 기를 수 있는 교육 또한 중요하다.
12	그 교재는 학습자가 스스로 (학습)할 수 있도록 개발되었다.
13	시험을 앞두고 어제는 하루 종일 (공부)만 했다.
14	대학에서는 정해진 (학점)을 모두 취득해야 졸업을 할 있다.
15	소규모로 그룹으로 나누어 조별 (학습 활동)을 하도록 지시하였다.
16	국비 (장학금)을 받았기 때문에 해외로 유학 갈 수 있었다.
17	(장학생)으로 선발되어 등록금을 면제받았다.
18	가정형편이 어려운 학생들을 위해 (무상 교육)을 지원하고 있다.
19	(교육청)은 장학사들을 파견하여 교육기관에 대한 관리 감독을 하고 있다.
20	새로 선출된 교육감은 교육의 (공공성)을 무엇보다 강조하고 있다.
21	우리 부모님은 자식의 교육을 위해 수입을 대부분을 (교육비)로 지출하고 있다.
22	대학 (진학)을 앞두고 선택할 전공에 대해 부모님께 상의하였다.
23	그 대학은 제공되는 혜택에 비해 (수업료)가 비싸기로 유명하다.
24	새로운 교육과정에 맞추어 새로운 (교과서)를 출간하게 되었다.
25	입학성적이 우수한 학생들에게는 (입학금)의 면제 혜택이 주어진다.

26	우리 대학은 다음 학기부터 (등록금)이 대폭 인상될 전망이다.
27	이번에 논의된 정책은 (소요 예산)이 너무 많이 드는 관계로 실행이 쉽지 않을 전망이다.
28	정부는 지역 간의 (교육 격차)를 최소화하기 위해 노력하고 있다.
29	해외로부터 입국하는 (유학생)들이 꾸준히 증가하고 있다.
30	어학연수를 위해 휴학하는 (휴학생)들이 늘어나고 있다.
31	입학식에서 신입생들을 위한 (재학생) 대표의 인사말이 있을 예정이다.
32	사회에 진출하기에 앞서 (진로체험)의 기회가 주어졌다.
33	우리 회사는 무상으로 저개발 국가에 대한 (교육 사업)을 시행하고 있다.
34	COVID-19의 영향으로 모든 수업이 (온라인 강의)로 전환되었다.
35	온라인상에서 이루어지는 (비대면 강의)는 공간을 초월하여 진행된다.
36	인터넷 통신망을 이용하여 진행되는 (화상강의)는 실제 교실에서 받는 수업과 매우 유사하다.
37	대학에서는 (수강 신청)을 통해 과목을 이수하게 된다.
38	대학을 (졸업)하면 대학원에 진학할 예정이다.
39	시험을 앞두고 학교의 수업과는 별개로 (학원)에서도 공부하고 있다.
40	선생님은 여름방학을 맞이해서 학생들에게 적지 않은 (과제)를 부여했다.
41	요즘에는 가정형편으로 교육을 받지 못한 사람들을 위해 무상으로 (재교육)의 기회가 제공된다.
42	그가 다니던 학창 시절에는 교복을 입는 (제도)가 없었다.
43	학습자의 눈높이와 상황에 맞는 수업을 진행하기 위해 (일대일 교육)을 도입했다.
44	우리 학회는 정기적으로 학술 (발표회)를 진행하고 있다.
45	언어를 구사하는 데 있어 (어휘력)은 매우 중요하다.
46	우리 학교는 전교생이 (기숙사)에서 생활을 하고 있다.
47	1교시 (수업)은 오전 9시부터 오전 10시까지이다.
48	아이의 부주의한 (수업 태도)에 대해 선생님으로부터 지적을 받았다.
49	교수님께서는 학습자의 학습력을 향상시킬 수 있는 (교수법)을 연구하고 계신다.
50	그 강연은 참석자들로부터 폭발적인 (반응)을 얻었다.
51	그 교육과정은 교육적 (효과)가 매우 뛰어나다.
52	대부분의 학교에서는 원어민 (교사)가 영어를 가르치고 있다.

53	스승의 날을 맞이하여 선생님을 위해 (학생)들이 작은 파티를 열었다.
54	그 문제는 폭력이나 감정보다는 (대화)로 풀어야 한다.
55	폭력은 올바른 문제 해결 (방식)이 아니다.
56	수업에서 선생님께 궁금한 점에 대해 (질문)하였다.
57	교실에서 학습한 내용을 (실험)하기 위해 실험실로 이동을 했다.
58	나는 장래에 인간의 심리 상태와 반응을 연구하는 (심리학자)가 될 것이다.
59	교사의 의도와는 반대로 학생들에게 제시한 과제가 오히려 (부정적인) 영향을 주고 말았다.
60	나는 그의 몰상식한 (행동)을 보고 놀라움을 금치 못했다.
61	말로 하는 것보다 사진이나 도표 등의 (시청각) 자료를 활용하는 것이 효과적이다.
62	결과 못지않게 (과정)도 매우 중요하게 심사하는 것 같았다.
63	식물의 세포 연구를 전문으로 하는 그는 (식물학계)에서 매우 유명하다.
64	사람들은 대부분 자신의 (주관적) 판단에 따라 결정하고 행동한다.
65	(호르몬)이 사람 몸의 생리 작용을 조정한다고 한다.
66	우리 몸의 호르몬 (분비량)은 매우 미량에 불과하다.
67	피고인은 법정에서 자신의 행동에 대한 (타당성)을 주장했지만 받아들여지지 않았다.
68	작성한 논문을 다시 한번 (검토)한 후 내일 제출할 예정이다.
69	많은 사람들이 그가 주장하는 학설에 (반론)을 제기하고 나섰다.
70	학급의 반장을 선출하는 투표에서는 그 반의 모든 학생이 (유권자)이다.
71	우리 반 반장 선거는 (후보자)를 추천받은 후 투표를 통해 결정하기로 했다.
72	우리 학교의 (도서관)에는 많은 양의 도서가 소장되어 있다.
73	도서관의 출입을 위해서는 학교에서 발급한 (출입증)이 필요하다.
74	고등학생은 (학생증)으로 자신의 신원을 증명할 수 있다.
75	(사진)이 없어 본인 확인을 할 수 없는 신분증은 사용할 수 없다.
76	운전하는 방법을 (배우기) 위해 학원에 등록했다.
77	다음 주까지 교수님께 보고서를 (제출해야) 한다.
78	정부 사이트에 접속하기 위해서는 공인인증서로 본인을 (인증해야) 한다.
79	우리 학교 도서관은 지문인식 시스템을 (갖추고) 있다.

80	해외에서 열리는 학술대회에 (참가했다).
81	스승이 (지시하자) 제자들은 바로 행동으로 옮겼다.
82	오늘은 이론 수업 대신 시청각실에서 시청각 자료를 (시청했다).
83	이번 평가는 상대평가가 아닌 절대평가로 (평가했다).
84	선생님은 지식보다는 인성의 중요성에 대해 (역설했다).
85	머뭇거리지 않고 정정당당하게 실력으로 (도전할) 것이다.
86	그는 전혀 근거를 제시하지 못한 채 선행연구에 문제점이 있음을 (주장했다).
87	그의 그릇된 행동은 적절한 학내 절차를 (거쳐) 징계를 받게 될 것이다.
88	급우들의 따돌림을 (견디다) 못해 그는 부모님께 그 사실을 털어놓았다.
89	눈으로 미생물을 (식별하는) 것은 불가능하다.
90	조별 과제에서 나는 발표를 (담당하게) 되었다.
91	교육 환경을 개선하기 위해 과감한 개혁을 (추진하기로) 의견을 모았다.
92	새로 부임한 선생님은 모든 과정을 학생들의 눈높이에 맞춰 (교육하고) 있다.
93	이번 학기에는 3강좌만 (수강하고) 있다.
94	그의 이번 행동은 교사로서 (적절하지) 못했다.
95	나는 미성년자이기 때문에 학생증으로 신원을 (증명했다).
96	피해자는 가해자에게 적절한 보상을 (요구했다).
97	학회의 정기총회에서 새로운 규칙을 (만들기로) 합의했다.
98	그 시험에 합격을 위해서는 꾸준한 학습과 노력이 (필요하다).
99	희망하는 대학에 합격하기 위해 입시요강을 철저히 (분석했다).
100	시험 답안지를 제출하기 전에 다시 한번 꼼꼼히 (검토해야) 한다.

의학 · 건강				
인간	질병	건강법	의료체계	인체의 구조
보건	치료	예방	기술	기초 의학
임상 의학	사회 의학	진료	예약	병원
의원	심신	건강 검진	정기 검진	금연
캠페인	비만	성인병	체중	운동
나트륨	섭취	혈압	면역	건강 증진
건강 보험	질환	검증	부작용	효과
증상	유전	사망률	감염	발생률
치사율	임상 실험	치료제	백신	신약
환자	약	복용	기침	의사
이성적	감정	약국	유해성	꽃가루
개체	기분	표정	우울증	갈등
재활	의료원	세균	병	바이러스
사고	조사	안전사고	흡연율	아프다
불편하다	배려하다	고치다	해롭다	좋아지다
나빠지다	어둡다	우울하다	낮다	예방하다
없애다	치료받다	귀가하다	충돌하다	변하다
입원하다	퇴원하다	진료하다	진료 받다	치료하다
발명하다	간과하다	증가하다	조심하다	주의하다
감소하다	대변하다	동의하다	서명하다	회복하다

어휘 문제

	의학 · 건강
1	( )의 신체는 매우 복잡하고 정교하게 구조되어 있다.
2	의사는 사람들의 ( )을 치료하는 직업이다.
3	최근 건강에 관한 관심이 높아지면서 새로운 ( )을 소개하는 방송이 늘어나고 있다.
4	팬데믹으로 인하여 ( )가 붕괴할 위험에 직면해 있다.
5	해부학 시간을 통해 ( )에 대해 배울 수 있었다.
6	해외에서 수입되는 농수산물들은 ( )당국의 철저한 검열을 받아야 한다.
7	갑작스러운 통증으로 응급실에서 응급 ( )를 받았다.
8	전염병의 ( )을 위해 마스크를 반드시 착용하도록 안내하고 있다.
9	그 질병은 의학( )의 발달로 어렵지 않게 치료된다.
10	( )은 의학의 기초가 되는 학문을 통틀어 말하며 해부학, 생리학, 병리학, 약리학 등이 있다.
11	환자의 치료를 목적으로 하는 의학을 ( )이라고 하며, 내과, 외과, 소아과 등이 있다.
12	생물로서의 인간이 아닌 사회적 존재로서의 인간을 연구하는 학문이 ( ) 이다.
13	사고로 인해 입원한 환자를 ( )하기 위해 의사와 간호사들이 분주하게 움직였다.
14	주말이면 밀려드는 환자들로 미리 ( )을 하지 않으면 진료를 받기가 어렵다.
15	입원한 가족의 병문안을 위해 주말마다 ( )에 간다.
16	너무 바빠서 종합병원에 가지 못하고 동네에 있는 ( )에 가서 치료를 받았다.
17	오랜 타지 생활로 인해 ( )이 쇠약해지고 말았다.
18	( )을 통해 미처 알지 못했던 병을 발견하게 되었다.
19	건강을 지키기 위해 2년에 한 번씩 ( )을 받고 있다.
20	가족과 건강을 위해 시작한 ( )이 하루 만에 수포가 되어버렸다.
21	나와 주위 사람의 건강을 위해 금연 ( )을 벌이고 있다.
22	갑자기 체중이 늘어나게 되면 ( )으로 인해 여러 질병에 노출되게 된다.
23	변화된 서구식 식습관으로 인해 ( )의 발생이 증가하고 있다.
24	건강을 위해 너무 살이 찌지 않도록 ( )을 조절해야 한다.
25	건강을 위해 적당한 ( )을 하는 것은 좋으나 너무 지나친 운동은 오히려 해가 된다.

26	너무 짜게 먹게 되면 과다한 ( )의 섭취로 건강해 해롭다.
27	건강을 위해서는 편식하지 않고 음식을 골고루 ( )하는 것이 좋다.
28	꾸준한 운동의 결과로 ( )이 정상치 이하로 떨어졌다.
29	백신을 맞게 되면 그 사람은 그 병에 ( )이 생기게 된다.
30	( )과 미용을 위해 요가나 필라테스를 배우려는 여성들이 늘어나고 있다.
31	대한민국 국민은 의무적으로 국민 ( )에 가입을 해야 한다.
32	해마다 봄이 되면 황사와 미세먼지로 인해 호흡기 ( ) 환자가 증가한다.
33	이 약품은 임상실험을 통해 효과와 안전성을 ( ) 하였다.
34	과다한 약물의 복용은 ( )을 초래할 수 있으니 주의해야 한다.
35	같은 제품의 약이라 하더라도 환자의 상태에 따라 반응 ( )가 달라질 수 있다.
36	초기 ( )이 있을 때 치료를 하는 것이 더 큰 병으로 이어지는 것을 막을 수 있다.
37	부모로부터 ( )을 통해 발생하는 질환도 존재한다.
38	의학 기술이 발달되어 사망자가 줄고 ( )도 이전보다 낮아졌다.
39	변이 바이러스가 기존의 바이러스보다 ( )률이 더욱 높은 것으로 조사되었다.
40	태운 음식이나 육류를 많이 섭취할수록 위암의 ( )이 높아지는 것으로 연구되었다.
41	현재 유행하고 있는 바이러스는 ( ) 높아 모두를 긴장시키고 있다.
42	신약이 개발되면 ( )을 통해 안전성을 검증한다.
43	그 병을 완치시키기 위한 ( )는 아직 개발되지 못했다.
44	COVID-19를 예방하기 위한 ( )의 보급이 한창이다.
45	그 제약 회사가 새롭게 개발한 ( )은 암 치료에 탁월한 효능이 있는 것으로 입증되었다.
46	구급차를 이용하여 응급( )를 수송하고 있다.
47	병원에서 처방받은 ( )은 꾸준히 복용해야 한다.
48	약의 ( )은 정해진 용량을 지키는 것이 매우 중요하다.
49	감기가 아직 낫지 않았는지 이따금 ( )이 나온다.
50	응급실로 방문한 응급환자는 곧바로 ( )로부터 치료를 받고 있다.
51	너무 갑작스럽게 일어난 사고였기에 ( )으로 판단할 수가 없었다.
52	어머니의 안타까운 사고 소식에 ( )을 참지 못하고 통곡을 했다.

53	의사의 처방을 받은 후 ( )에서 약을 조제 받아 복용하였다.
54	미세먼지는 호흡기 질환에 ( )이 매우 높은 물질을 포함하고 있다.
55	봄철이 되면 ( ) 알레르기로 고통을 받는 환자들이 많아진다.
56	무성 생식은 새로운 ( )를 만드는 생식법이다.
57	누군가에게 칭찬을 받으면 ( )이 좋아진다.
58	불합격 소식을 접한 순간 그의 ( )은 일그러지고 말았다.
59	스트레스로 인한 ( )과 불안감 때문에 수면 장애를 호소하는 환자들이 늘고 있다.
60	둘 사이의 ( ) 해결 방법으로 진솔한 대화를 제안했다.
61	교통사고로 다친 다리를 회복하기 위해 꾸준히 ( ) 운동을 하고 있다.
62	( )에 입원해 계시는 어머님을 병문안하기 위해 매주 방문하고 있다.
63	조사 결과 공기 중에서도 기준치 이상의 ( )이 검출되었다.
64	( )을 치료하기 위해 약물을 과다복용하게 되면 더 큰 병을 얻을 수 있다.
65	면역력이 약해지게 되면 ( )에 감염될 확률이 높아진다.
66	그는 불의의 ( )로 세상을 떠나고 말았다.
67	사건의 종류에 성질에 따라 ( ) 방법을 달리하는 것이 바람직하다.
68	공사 현장에서는 항상 ( )에 유의를 하지 않으면 큰 사고로 이어질 수 있다.
69	공익광고 등을 통해 금연을 유도하고 있지만 좀처럼 ( )이 줄지 않고 있다.
70	비를 맞아 감기에 걸렸는지 온종일 목이 ( ).
71	축구를 하다 다리를 다쳐서 걷기가 너무 ( ).
72	그는 타인을 먼저 ( ) 따뜻한 마음의 소유자이다.
73	사람들은 병을 ( ) 위해 병원을 이용한다.
74	지나친 음주와 흡연은 건강에 ( ).
75	꾸준히 물리치료를 받은 결과 증세가 매우 ( ).
76	의사를 권고를 무시한 채 과로한 결과 건강이 급속히 ( ).
77	그는 오랜 병치레를 해서 그런지 낯빛이 항상 창백하고 ( ).
78	비가 자주 내리는 장마철이 되면 그 어느 시기보다 ( ) 진다.
79	산모는 이란성 쌍둥이를 ( ).

80	꾸준한 운동을 통해 질병을 ( ) 수 있다.
81	암세포를 ( ) 위해 꾸준히 항암치료를 받고 있다.
82	모처럼 휴가를 받아 미루어왔던 충치를 ( ).
83	몸 상태가 좋지 않아 회식을 끝마치지 못하고 집으로 ( ).
84	상사와 크고 작은 의견 차이로 인해 종종 ( ).
85	변성기를 거치면서 목소리가 몰라보게 ( ).
86	검진 결과가 좋지 않아 선생님의 권유대로 ( ).
87	입원한 지 일주일 만에 병원에서 ( ).
88	이 병원의 의사들은 하루도 쉬지 않고 매일 ( ).
89	이 병원에서 명의로 소문난 선생님께 부탁하여 겨우 ( ).
90	상처 난 부위를 ( ) 앞서 소독제로 소독을 했다.
91	무더운 계절은 전염병이 ( ) 쉬운 계절이다.
92	아무리 가벼운 병이라 하더라도 초기의 증상을 ( ) 안 된다.
93	매년 초겨울이 시작되면 감기 환자가 ( ).
94	해로운 바이러스에 감염되지 않도록 ( ) 있다.
95	임산부는 각별히 약물의 복용에 ( ) 한다.
96	백신 접종자가 늘어남에 따라 바이러스의 확진자가 ( ).
97	눈동자가 노란색을 띠며 탁한 것은 건강하지 않다는 것을 ( ).
98	수술이 필요하다는 의사 선생님의 의견에 전적으로 ( ).
99	수술에 앞서 보호자로서 수술 동의서에 동의하고 ( ).
100	지난주부터 몸살로 고생하다가 이번 주가 되어서야 겨우 ( ).

어휘 답안

	의학 · 건강
1	(인간)의 신체는 매우 복잡하고 정교하게 구조되어 있다.
2	의사는 사람들의 (질병)을 치료하는 직업이다.
3	최근 건강에 관한 관심이 높아지면서 새로운 (건강법)을 소개하는 방송이 늘어나고 있다.
4	팬데믹으로 인하여 (의료체계)가 붕괴할 위험에 직면해 있다.
5	해부학 시간을 통해 (인체의 구조)에 대해 배울 수 있었다.
6	해외에서 수입되는 농수산물들은 (보건)당국의 철저한 검열을 받아야 한다.
7	갑작스러운 통증으로 응급실에서 응급(치료)를 받았다.
8	전염병의 (예방)을 위해 마스크를 반드시 착용하도록 안내하고 있다.
9	그 질병은 의학(기술)의 발달로 어렵지 않게 치료된다.
10	(기초 의학)은 의학의 기초가 되는 학문을 통틀어 말하며 해부학, 생리학, 병리학, 약리학 등이 있다.
11	환자의 치료를 목적으로 하는 의학을 (임상 의학)이라고 하며, 내과, 외과, 소아과 등이 있다.
12	생물로서의 인간이 아닌 사회적 존재로서의 인간을 연구하는 학문이 (사회 의학) 이다.
13	사고로 인해 입원한 환자를 (진료)하기 위해 의사와 간호사들이 분주하게 움직였다.
14	주말이면 밀려드는 환자들로 미리 (예약)을 하지 않으면 진료를 받기가 어렵다.
15	입원한 가족의 병문안을 위해 주말마다 (병원)에 간다.
16	너무 바빠서 종합병원에 가지 못하고 동네에 있는 (의원)에 가서 치료를 받았다.
17	오랜 타지 생활로 인해 (심신)이 쇠약해지고 말았다.
18	(건강 검진)을 통해 미처 알지 못했던 병을 발견하게 되었다.
19	건강을 지키기 위해 2년에 한 번씩 (정기 검진)을 받고 있다.
20	가족과 건강을 위해 시작한 (금연)이 하루 만에 수포가 되어버렸다.
21	나와 주위 사람의 건강을 위해 금연 (캠페인)을 벌이고 있다.
22	갑자기 체중이 늘어나게 되면 (비만)으로 인해 여러 질병에 노출되게 된다.
23	변화된 서구식 식습관으로 인해 (성인병)의 발생이 증가하고 있다.
24	건강을 위해 너무 살이 찌지 않도록 (체중)을 조절해야 한다.
25	건강을 위해 적당한 (운동)을 하는 것은 좋으나 너무 지나친 운동은 오히려 해가 된다.

26	너무 짜게 먹게 되면 과다한 (나트륨)의 섭취로 건강해 해롭다.
27	건강을 위해서는 편식하지 않고 음식을 골고루 (섭취)하는 것이 좋다.
28	꾸준한 운동의 결과로 (혈압)이 정상치 이하로 떨어졌다.
29	백신을 맞게 되면 그 사람은 그 병에 (면역)이 생기게 된다.
30	(건강 증진)과 미용을 위해 요가나 필라테스를 배우려는 여성들이 늘어나고 있다.
31	대한민국 국민은 의무적으로 국민 (건강 보험)에 가입을 해야 한다.
32	해마다 봄이 되면 황사와 미세먼지로 인해 호흡기 (질환) 환자가 증가한다.
33	이 약품은 임상실험을 통해 효과와 안전성을 (검증) 하였다.
34	과다한 약물의 복용은 (부작용)을 초래할 수 있으니 주의해야 한다.
35	같은 제품의 약이라 하더라도 환자의 상태에 따라 반응 (효과)가 달라질 수 있다.
36	초기 (증상)이 있을 때 치료를 하는 것이 더 큰 병으로 이어지는 것을 막을 수 있다.
37	부모로부터 (유전)을 통해 발생하는 질환도 존재한다.
38	의학 기술이 발달되어 사망자가 줄고 (사망률)도 이전보다 낮아졌다.
39	변이 바이러스가 기존의 바이러스보다 (감염)률이 더욱 높은 것으로 조사되었다.
40	태운 음식이나 육류를 많이 섭취할수록 위암의 (발생률)이 높아지는 것으로 연구되었다.
41	현재 유행하고 있는 바이러스는 (치사율) 높아 모두를 긴장시키고 있다.
42	신약이 개발되면 (임상 실험)을 통해 안전성을 검증한다.
43	그 병을 완치시키기 위한 (치료제)는 아직 개발되지 못했다.
44	COVID-19를 예방하기 위한 (백신)의 보급이 한창이다.
45	그 제약 회사가 새롭게 개발한 (신약)은 암 치료에 탁월한 효능이 있는 것으로 입증되었다.
46	구급차를 이용하여 응급(환자)를 수송하고 있다.
47	병원에서 처방받은 (약)은 꾸준히 복용해야 한다.
48	약의 (복용)은 정해진 용량을 지키는 것이 매우 중요하다.
49	감기가 아직 낫지 않았는지 이따금 (기침)이 나온다.
50	응급실로 방문한 응급환자는 곧바로 (의사)로부터 치료를 받고 있다.
51	너무 갑작스럽게 일어난 사고였기에 (이성적)으로 판단할 수가 없었다.
52	어머니의 안타까운 사고 소식에 (감정)을 참지 못하고 통곡을 했다.

53	의사의 처방을 받은 후 (약국)에서 약을 조제 받아 복용하였다.
54	미세먼지는 호흡기 질환에 (유해성)이 매우 높은 물질을 포함하고 있다.
55	봄철이 되면 (꽃가루) 알레르기로 고통을 받는 환자들이 많아진다.
56	무성 생식은 새로운 (개체)를 만드는 생식법이다.
57	누군가에게 칭찬을 받으면 (기분)이 좋아진다.
58	불합격 소식을 접한 순간 그의 (표정)은 일그러지고 말았다.
59	스트레스로 인한 (우울증)과 불안감 때문에 수면 장애를 호소하는 환자들이 늘고 있다.
60	둘 사이의 (갈등) 해결 방법으로 진솔한 대화를 제안했다.
61	교통사고로 다친 다리를 회복하기 위해 꾸준히 (재활) 운동을 하고 있다.
62	(의료원)에 입원해 계시는 어머님을 병문안하기 위해 매주 방문하고 있다.
63	조사 결과 공기 중에서도 기준치 이상의 (세균)이 검출되었다.
64	(병)을 치료하기 위해 약물을 과다복용하게 되면 더 큰 병을 얻을 수 있다.
65	면역력이 약해지게 되면 (바이러스)에 감염될 확률이 높아진다.
66	그는 불의의 (사고)로 세상을 떠나고 말았다.
67	사건의 종류에 성질에 따라 (조사) 방법을 달리하는 것이 바람직하다.
68	공사 현장에서는 항상 (안전사고)에 유의를 하지 않으면 큰 사고로 이어질 수 있다.
69	공익광고 등을 통해 금연을 유도하고 있지만 좀처럼 (흡연율)이 줄지 않고 있다.
70	비를 맞아 감기에 걸렸는지 온종일 목이 (아프다).
71	축구를 하다 다리를 다쳐서 걷기가 너무 (불편하다).
72	그는 타인을 먼저 (배려하는) 따뜻한 마음의 소유자이다.
73	사람들은 병을 (고치기) 위해 병원을 이용한다.
74	지나친 음주와 흡연은 건강에 (해롭다).
75	꾸준히 물리치료를 받은 결과 증세가 매우 (좋아졌다).
76	의사를 권고를 무시한 채 과로한 결과 건강이 급속히 (나빠졌다).
77	그는 오랜 병치레를 해서 그런지 낯빛이 항상 창백하고 (어둡다).
78	비가 자주 내리는 장마철이 되면 그 어느 시기보다 (우울해) 진다.
79	산모는 이란성 쌍둥이를 (낳았다).

80	꾸준한 운동을 통해 질병을 (예방할) 수 있다.
81	암세포를 (없애기) 위해 꾸준히 항암치료를 받고 있다.
82	모처럼 휴가를 받아 미루어왔던 충치를 (치료받았다).
83	몸 상태가 좋지 않아 회식을 끝마치지 못하고 집으로 (귀가했다).
84	상사와 크고 작은 의견 차이로 인해 종종 (충돌한다).
85	변성기를 거치면서 목소리가 몰라보게 (변했다).
86	검진 결과가 좋지 않아 선생님의 권유대로 (입원했다).
87	입원한 지 일주일 만에 병원에서 (퇴원했다).
88	이 병원의 의사들은 하루도 쉬지 않고 매일 (진료한다).
89	이 병원에서 명의로 소문난 선생님께 부탁하여 겨우 (진료받았다).
90	상처 난 부위를 (치료하기) 앞서 소독제로 소독을 했다.
91	무더운 계절은 전염병이 (발병하기) 쉬운 계절이다.
92	아무리 가벼운 병이라 하더라도 초기의 증상을 (간과해서는) 안 된다.
93	매년 초겨울이 시작되면 감기 환자가 (증가한다).
94	해로운 바이러스에 감염되지 않도록 (조심하고) 있다.
95	임산부는 각별히 약물의 복용에 (주의해야) 한다.
96	백신 접종자가 늘어남에 따라 바이러스의 확진자가 (감소했다).
97	눈동자가 노란색을 띠며 탁한 것은 건강하지 않다는 것을 (대변한다).
98	수술이 필요하다는 의사 선생님의 의견에 전적으로 (동의했다).
99	수술에 앞서 보호자로서 수술 동의서에 동의하고 (서명했다).
100	지난주부터 몸살로 고생하다가 이번 주가 되어서야 겨우 (회복했다).

법과 제도				
주거	주거비	저임금	최저 임금	근로 시간
주 52시간제	법안	근로현장	알선	혼란
단축	연장	고용노동부	감정 노동	업종
특성화	직업병	법무부	관리	사회 통합
전문의	사전 투표	선거	당선	인증샷
투표소	투표용지	정당	후보	출마
당락	집행	재산	손실	보상
절차	기색	조세	위배	평등권
벌점	위반	범칙금	벌금	제약
제도	공공장소	사례	관례	행인
외출	목줄	맹견	입마개	반려견
등록 제도	실효성	가해자	피해자	진술
고소장	통행 속도	규정	과속	보상 제도
교통 법규	장애인	어린이 보호 구역	음주 운전	가중 처벌
폐단	이념	부재	혼란	여론
효율성	지지하다	당선되다	선출하다	무방하다
위축되다	위반하다	구조하다	정비하다	포용하다
용서하다	거부하다	개정하다	강화하다	지정하다
제한하다	규제하다	수용하다	역설하다	경계하다
방치하다	발의하다	처벌하다	시행하다	통제하다

어휘 문제

	법과 제도
1	예로부터 그 지역의 기후와 ( ) 양식 사이에는 깊은 관련성이 있었다.
2	주택가격 상승으로 인해 ( ) 부담을 호소하는 사람들이 늘고 있다.
3	최저 임금제의 도입은 ( ) 노동자를 보호하기 위한 제도이다.
4	2021년 한국의 ( ) 시급은 8,720원이다.
5	법정 ( )을 초과하여 근무하게 되면 추가 근로 수당이 책정된다.
6	주당 법정 근로시간이 기존의 주 68시간제에서 ( )로 단축되었다.
7	국회에 새로운 ( )이 상정되었다.
8	안전사고의 예방을 위해 ( )에 대한 감시 감독이 강화되었다.
9	직업소개소에서는 구직자에게 직장을 ( )해 주고 있다.
10	그 회사는 매년 노사협의가 제대로 이루어지지 않아 노사문제로 ( )을 겪고 있다.
11	노사는 근로시간 ( )과 임금 동결 등에 대해 협의를 하고 있다.
12	근로시간 ( )에 따른 노동자들의 불만이 커지고 있다.
13	( )에서는 각종 수당 미지급 및 임금체불에 관한 무료 상담을 하고 있다.
14	고객을 응대하면서 자신의 감정을 드러내지 못하고 일하는 것을 ( )이라고 한다.
15	경기침체가 지속되면 ( )별로 희비가 엇갈리게 된다.
16	특정 분야의 인재를 양성하기 위해 ( ) 교육과정을 운영하는 학교도 있다.
17	장기간 같은 업무를 계속 맡다 보면 신체에 이상이 발생하는 ( )이 생길 수 있다.
18	( ) 출입국외국인정책본부에서는 방문 예약제를 전면 시행한다고 밝혔다.
19	그 범죄자는 ( )가 소홀한 틈을 타 도주하였다.
20	한국으로 귀화하려는 외국인은 ( ) 프로그램을 이수해야 한다.
21	두통이 지속된다면 ( )에게 상담을 받는 것이 좋다.
22	선거일에 투표할 수 없는 선거인을 위해 ( )를 실시하고 있다.
23	부정 ( )를 방지하기 위해 부정선거감시단이 활동하고 있다.
24	그가 출마한다면 ( )이 확실할 것으로 예상된다.
25	선거 기표소 내에서의 ( ) 촬영은 금지되어 있다.

26	투표는 ( )에 비치된 기표 용구만을 사용해야 한다.
27	기표가 완료된 ( )는 개표소로 옮겨져 확인하게 된다.
28	정치에 대해 뜻이 맞는 사람들이 모여 만든 단체가 ( )이다.
29	이번 선거에서 우리 정당의 대통령 ( ) 출마자는 없을 것이다.
30	그는 시의원에 ( )하기로 결심했다.
31	자정이 지나면 개표가 완료되어 대통령 후보자의 ( )이 결정될 것이다.
32	정부의 기물을 파손하면 공무 ( ) 방해 혐의를 적용받을 수 있다.
33	양국은 전쟁을 통해 막대한 ( )과 인명의 피해를 봤다.
34	우리 회사는 산업스파이로 인해 막대한 ( )을 보게 되었다.
35	노동자들은 사측에 사고 피해에 대한 적절한 ( )을 요구했다.
36	모든 사안은 위원회의 심의 ( )를 거쳐 확정될 것이다.
37	여야의 대립은 어느 한쪽도 양보할 ( )을 보이지 않았다.
38	정부는 피해를 본 농업인들에게 ( )를 감면해 주기로 했다.
39	법에 ( )되는 행동을 하면 처벌을 받게 된다.
40	균등한 기회를 받을 권리를 제한하는 것은 ( )에 위배 된다.
41	교통법규 위반으로 일정 ( )을 초과하면 운전면허가 취소된다.
42	도로에서 규정 속도를 ( )하면 과태료가 부과된다.
43	교통법규를 위반한 운전자에게 ( )이 부과되었다.
44	우리는 모임에 늦는 회원들이 ( )을 내도록 회칙을 개정하였다.
45	공동체 생활을 하게 되면 어느 정도의 사생활 ( )은 있을 수 있다.
46	정부는 일부 세금에 대한 사전 납부( )를 운영하고 있다.
47	버스나 지하철 등 ( )에서는 큰 소리로 떠드는 것을 자제해야 한다.
48	선거법 위반으로 당선이 무효가 된 ( )도 있다.
49	아무리 ( )에 따르더라도 타인에게 금품을 수수하는 것은 불법이다.
50	지나가는 ( )을 폭행하면 법에 따라 처벌을 받게 된다.
51	요즘은 COVID-19로 인해 집 밖에 ( )할 때는 반드시 마스크를 착용해야 한다.
52	애완견에게 ( )을 하지 않은 체 외출을 하게 되면 과태료 대상이 된다.

53	사람을 공격할 위험이 있는 ( )은 보호자의 각별한 주의가 요구된다.
54	맹견을 데리고 외출할 때는 ( )를 착용시켜야 한다.
55	공원에 나가면 ( )과 함께 산책하는 사람들을 어렵지 않게 볼 수 있다.
56	정부는 근대건축물을 보존 및 활용할 수 있도록 하는 문화재 (등록제도)를 시행 중이다.
57	이 제도가 차질없이 실행될 수 있을지 그 ( )에 모두 의문을 가지고 있다.
58	( )로 지목된 그는 오히려 자신이 피해자라고 주장하고 있다.
59	가해자는 ( )의 치료비 전액을 물어주기로 합의했다.
60	경찰은 목격자의 ( )을 토대로 수사를 진행하고 있다.
61	사기행위로 피해를 본 피해자가 경찰에 ( )을 접수했다.
62	이 고속도로의 ( )는 시속 110km 이하로 제한되어 있다.
63	그는 회사의 업무 ( )에 어긋나는 행동으로 상사로부터 질책을 받았다.
64	제한속도를 초과하여 ( )을 하게 되면 경찰의 단속에 걸리게 된다.
65	범죄 피해를 받은 국민이 국가로부터 구조를 받을 수 있는 범죄피해자 ( )가 시행되고 있다.
66	경찰은 스쿨존 내에서의 ( ) 위반 차량을 철저히 단속하고 있다.
67	거동이 불편하거나 어려운 ( )을 위해 장애인 전용 주차구역이 만들어졌다.
68	아이들을 보호하기 위해 지정된 ( )에서는 주정차 위반 단속이 강화된다.
69	연말이 되면 각종 모임 등으로 인해 ( )을 하는 사람들이 늘어난다고 한다.
70	그는 집행유예 기간에 또다시 범죄를 저질러 ( )을 받게 되었다.
71	피해자의 유족들은 인종차별 등 사회적 ( )을 중지해 달라고 당부했다.
72	국가별로 ( )은 다르지만 상호 간의 발전을 위해 협력해 나가기로 합의했다.
73	새롭게 당선된 그는 정치적 경험의 ( )로 인해 업무추진에 어려움을 겪고 있다.
74	회사는 경기침체 속에서 노사문제까지 발생하여 큰 ( )을 겪고 있다.
75	정부의 정책 실패에 따른 비난의 ( )이 점점 높아지고 있다.
76	최근 에너지 ( )이 높은 전기 자동차들이 속속 등장하고 있다.
77	나는 환경을 보호하기 위해 시행되는 정부의 정책을 적극 ( ).
78	그는 이번 선거에서 새로운 시장으로 ( ).
79	우리 모임은 회원들의 투표로 회장을 ( ).

80	우리 회사의 화장실은 공용화장실로 공개를 한 만큼 아무나 사용해도 ( ).
81	오랜 기간 경기침체가 지속되어 내수 경기가 ( ).
82	상대 회사는 아무런 사전 통보 없이 체결한 협약을 일방적으로 ( ).
83	고도로 훈련된 구조견은 사람을 대신하여 인명을 ( ).
84	기존 제도로 혼란이 야기되고 있는 만큼 제도를 재 ( ) 했다.
85	상대의 잘못을 ( ) 너그러운 마음을 가질 수 있으면 좋겠다.
86	그가 진심으로 잘못을 뉘우치고 있는 것 같아 이번 일 만큼은 ( ) 했다.
87	나는 상대방이 일방적으로 제시해 온 요구를 ( ).
88	합리적 근거를 바탕으로 제시된 요구를 받아들여 학칙을 ( ) 했다.
89	경찰은 보이스 피싱에 대한 단속을 ( ) 했다.
90	정부는 온천으로 유명한 대전의 유성을 관광특구로 ( ).
91	이번 행사 기간 동안 모든 차량의 통행을 ( ) 했다.
92	많은 국가에서 환경의 보호를 위해 일회용품의 사용을 ( ) 있다.
93	우리는 그들의 제안이 타당하다고 판단되면 적극 ( ) 것이다.
94	사장은 전 직원을 대상으로 이번 사업의 중요성에 대해 ( ).
95	군인들이 국민의 안전을 위해 주야로 국토를 ( ) 있다.
96	차량의 경고등을 무시한 채 ( ) 결국 고장이 나고 말았다.
97	여야가 공동으로 이번 법안의 개정을 ( ).
98	경찰은 이번 사건의 관련자를 조사한 후 단호하게 ( ) 했다.
99	어떤 제도라도 새롭게 ( ) 보면 시행착오를 겪게 마련이다.
100	전염병 예방을 위해 외부자의 통행을 철저히 ( ) 있다.

어휘 답안

	법과 제도
1	예로부터 그 지역의 기후와 (주거) 양식 사이에는 깊은 관련성이 있었다.
2	주택가격 상승으로 인해 (주거비) 부담을 호소하는 사람들이 늘고 있다.
3	최저 임금제의 도입은 (저임금) 노동자를 보호하기 위한 제도이다.
4	2021년 한국의 (최저 임금) 시급은 8,720원이다.
5	법정 (근로 시간)을 초과하여 근무하게 되면 추가 근로 수당이 책정된다.
6	주당 법정 근로시간이 기존의 주 68시간제에서 (주 52시간제)로 단축되었다.
7	국회에 새로운 (법안)이 상정되었다.
8	안전사고의 예방을 위해 (근로현장)에 대한 감시 감독이 강화되었다.
9	직업소개소에서는 구직자에게 직장을 (알선)해 주고 있다.
10	그 회사는 매년 노사협의가 제대로 이루어지지 않아 노사문제로 (혼란)을 겪고 있다.
11	노사는 근로시간 (단축)과 임금 동결 등에 대해 협의를 하고 있다.
12	근로시간 (연장)에 따른 노동자들의 불만이 커지고 있다.
13	(고용노동부)에서는 각종 수당 미지급 및 임금체불에 관한 무료 상담을 하고 있다.
14	고객을 응대하면서 자신의 감정을 드러내지 못하고 일하는 것을 (감정 노동)이라고 한다.
15	경기침체가 지속되면 (업종)별로 희비가 엇갈리게 된다.
16	특정 분야의 인재를 양성하기 위해 (특성화) 교육과정을 운영하는 학교도 있다.
17	장기간 같은 업무를 계속 맡다 보면 신체에 이상이 발생하는 (직업병)이 생길 수 있다.
18	(법무부) 출입국외국인정책본부에서는 방문 예약제를 전면 시행한다고 밝혔다.
19	그 범죄자는 (관리)가 소홀한 틈을 타 도주하였다.
20	한국으로 귀화하려는 외국인은 (사회 통합) 프로그램을 이수해야 한다.
21	두통이 지속된다면 (전문의)에게 상담을 받는 것이 좋다.
22	선거일에 투표할 수 없는 선거인을 위해 (사전 투표)를 실시하고 있다.
23	부정 (선거)를 방지하기 위해 부정선거감시단이 활동하고 있다.
24	그가 출마한다면 (당선)이 확실할 것으로 예상된다.
25	선거 기표소 내에서의 (인증샷) 촬영은 금지되어 있다.

26	투표는 (투표소)에 비치된 기표 용구만을 사용해야 한다.
27	기표가 완료된 (투표용지)는 개표소로 옮겨져 확인하게 된다.
28	정치에 대해 뜻이 맞는 사람들이 모여 만든 단체가 (정당)이다.
29	이번 선거에서 우리 정당의 대통령 (후보) 출마자는 없을 것이다.
30	그는 시의원에 (출마)하기로 결심했다.
31	자정이 지나면 개표가 완료되어 대통령 후보자의 (당락)이 결정될 것이다.
32	정부의 기물을 파손하면 공무 (집행) 방해 혐의를 적용받을 수 있다.
33	양국은 전쟁을 통해 막대한 (재산)과 인명의 피해를 봤다.
34	우리 회사는 산업스파이로 인해 막대한 (손실)을 보게 되었다.
35	노동자들은 사측에 사고 피해에 대한 적절한 (보상)을 요구했다.
36	모든 사안은 위원회의 심의 (절차)를 거쳐 확정될 것이다.
37	여야의 대립은 어느 한쪽도 양보할 (기색)을 보이지 않았다.
38	정부는 피해를 본 농업인들에게 (조세)를 감면해 주기로 했다.
39	법에 (위배)되는 행동을 하면 처벌을 받게 된다.
40	균등한 기회를 받을 권리를 제한하는 것은 (평등권)에 위배 된다.
41	교통법규 위반으로 일정 (벌점)을 초과하면 운전면허가 취소된다.
42	도로에서 규정 속도를 (위반)하면 과태료가 부과된다.
43	교통법규를 위반한 운전자에게 (범칙금)이 부과되었다.
44	우리는 모임에 늦는 회원들이 (벌금)을 내도록 회칙을 개정하였다.
45	공동체 생활을 하게 되면 어느 정도의 사생활 (제약)은 있을 수 있다.
46	정부는 일부 세금에 대한 사전 납부(제도)를 운영하고 있다.
47	버스나 지하철 등 (공공장소)에서는 큰 소리로 떠드는 것을 자제해야 한다.
48	선거법 위반으로 당선이 무효가 된 (사례)도 있다.
49	아무리 (관례)에 따르더라도 타인에게 금품을 수수하는 것은 불법이다.
50	지나가는 (행인)을 폭행하면 법에 따라 처벌을 받게 된다.
51	요즘은 COVID-19로 인해 집 밖에 (외출)할 때는 반드시 마스크를 착용해야 한다.
52	애완견에게 (목줄)을 하지 않은 체 외출을 하게 되면 과태료 대상이 된다.

53	사람을 공격할 위험이 있는 (맹견)은 보호자의 각별한 주의가 요구된다.
54	맹견을 데리고 외출할 때는 (입마개)를 착용시켜야 한다.
55	공원에 나가면 (반려견)과 함께 산책하는 사람들을 어렵지 않게 볼 수 있다.
56	정부는 근대건축물을 보존 및 활용할 수 있도록 하는 문화재 (등록 제도)를 시행 중이다.
57	이 제도가 차질없이 실행될 수 있을지 그 (실효성)에 모두 의문을 가지고 있다.
58	(가해자)로 지목된 그는 오히려 자신이 피해자라고 주장하고 있다.
59	가해자는 (피해자)의 치료비 전액을 물어주기로 합의했다.
60	경찰은 목격자의 (진술)을 토대로 수사를 진행하고 있다.
61	사기행위로 피해를 본 피해자가 경찰에 (고소장)을 접수했다.
62	이 고속도로의 (통행 속도)는 시속 110km 이하로 제한되어 있다.
63	그는 회사의 업무 (규정)에 어긋나는 행동으로 상사로부터 질책을 받았다.
64	제한속도를 초과하여 (과속)을 하게 되면 경찰의 단속에 걸리게 된다.
65	범죄 피해를 받은 국민이 국가로부터 구조를 받을 수 있는 범죄피해자 (보상 제도)가 시행되고 있다.
66	경찰은 스쿨존 내에서의 (교통 법규) 위반 차량을 철저히 단속하고 있다.
67	거동이 불편하거나 어려운 (장애인)을 위해 장애인 전용 주차구역이 만들어졌다.
68	아이들을 보호하기 위해 지정된 (어린이 보호 구역)에서는 주정차 위반 단속이 강화된다.
69	연말이 되면 각종 모임 등으로 인해 (음주 운전)을 하는 사람들이 늘어난다고 한다.
70	그는 집행유예 기간에 또다시 범죄를 저질러 (가중 처벌)을 받게 되었다.
71	피해자의 유족들은 인종차별 등 사회적 (폐단)을 중지해 달라고 당부했다.
72	국가별로 (이념)은 다르지만 상호 간의 발전을 위해 협력해 나가기로 합의했다.
73	새롭게 당선된 그는 정치적 경험의 (부재)로 인해 업무추진에 어려움을 겪고 있다.
74	회사는 경기침체 속에서 노사문제까지 발생하여 큰 (혼란)을 겪고 있다.
75	정부의 정책 실패에 따른 비난의 (여론)이 점점 높아지고 있다.
76	최근 에너지 (효율성)이 높은 전기 자동차들이 속속 등장하고 있다.
77	나는 환경을 보호하기 위해 시행되는 정부의 정책을 적극 (지지한다).
78	그는 이번 선거에서 새로운 시장으로 (당선되었다).
79	우리 모임은 회원들의 투표로 회장을 (선출했다).

80	우리 회사의 화장실은 공용화장실로 공개를 한 만큼 아무나 사용해도 (무방하다).
81	오랜 기간 경기침체가 지속되어 내수 경기가 (위축되었다).
82	상대 회사는 아무런 사전 통보 없이 체결한 협약을 일방적으로 (위반하였다).
83	고도로 훈련된 구조견은 사람을 대신하여 인명을 (구조한다).
84	기존 제도로 혼란이 야기되고 있는 만큼 제도를 재 (정비하기로) 했다.
85	상대의 잘못을 (포용하는) 너그러운 마음을 가질 수 있으면 좋겠다.
86	그가 진심으로 잘못을 뉘우치고 있는 것 같아 이번 일 만큼은 (용서하기로) 했다.
87	나는 상대방이 일방적으로 제시해 온 요구를 (거부했다).
88	합리적 근거를 바탕으로 제시된 요구를 받아들여 학칙을 (개정하기로) 했다.
89	경찰은 보이스 피싱에 대한 단속을 (강화하기로) 했다.
90	정부는 온천으로 유명한 대전의 유성을 관광특구로 (지정했다).
91	이번 행사 기간 동안 모든 차량의 통행을 (제한하기로) 했다.
92	많은 국가에서 환경의 보호를 위해 일회용품의 사용을 (규제하고) 있다.
93	우리는 그들의 제안이 타당하다고 판단되면 적극 (수용할) 것이다.
94	사장은 전 직원을 대상으로 이번 사업의 중요성에 대해 (역설하였다).
95	군인들이 국민의 안전을 위해 주야로 국토를 (경계하고) 있다.
96	차량의 경고등을 무시한 채 (방치했더니) 결국 고장이 나고 말았다.
97	여야가 공동으로 이번 법안의 개정을 (발의하였다).
98	경찰은 이번 사건의 관련자를 조사한 후 단호하게 (처벌하기로) 했다.
99	어떤 제도라도 새롭게 (시행하다) 보면 시행착오를 겪게 마련이다.
100	전염병 예방을 위해 외부자의 통행을 철저히 (통제하고) 있다.

국제				
공항	인터폴	휴가철	해외 봉사	예약
축제	세계화	각국	외국인	출국
입국	출국 심사	입국 심사	여권	해외여행
세계 평화	전쟁	비무장지대	전문화	세계 시민
국제 사회	인재	관광지	경쟁력	해외 진출
수출 환경	해외 온라인쇼핑	국제기구	역할	기능
약소국	원조	환경 문제	기아 문제	식량 문제
난민 문제	성폭력	문맹 퇴치	물 부족 문제	재난 시스템
인권 문제	핵 폐기	지원	자연재해	문맹률
영향력	대응 방안	약소국	분쟁	중재
봉사 단체	국경없는 의사회	공적자금	후원금	모금
물품	전문가	종교 분쟁	식수	내란
국제회의	해외 사무소	개발 협력	국제 난민	전염병
무상 공급	프로젝트	주요사업	개발	지속가능하다
납품하다	공급하다	가난하다	발생하다	전달하다
대피하다	모금하다	대응하다	협력하다	발병하다
공사하다	조사하다	설립하다	붐비다	개발하다
화해하다	난무하다	수송하다	파견하다	참여하다
방문하다	(병원, 학교)짓다	교대하다	해결하다	위탁하다

어휘 문제

	국제
1	인천국제공항이 세계( ) 서비스 평가(ASQ) 최초로 12년 연속 1위를 차지하였다.
2	문화재관리국은 외국으로 유출된 고려시대 유물들을 돌려받기 위해 ( )에 수사를 의뢰하였다.
3	코로나 19로 지친 사람들은 본격적인 ( )을 맞아 전국의 해수욕장으로 몰려들고 있다.
4	이번 한국대학교 봉사단은 방학을 맞이하여 아프리카 오지로 ( )를 떠나기로 결정했다.
5	오늘날 ( )에서 대부분의 국가들은 자국의 이익을 추구하기 위하여 서로 협력한다.
6	한국에서 열릴 '세종 한국어 말하기대회'에 참가하기 위하여 비행기표와 호텔을 미리 ( ) 했다.
7	포스트 코로나로 열리지 못한 지역 문화 ( )가 2년 만에 부활하여 그 준비가 한창이다.
8	한국 문화의 ( )를 위하여 다양한 콘텐츠 개발과 홍보 방안이 필요하다.
9	서울국제영화제는 세계 ( )의 영화들이 출품되어 현대 영화의 다양한 흐름을 보여주는 좋은 기회였다.
10	한국의 위상과 함께 K-푸드의 인기도 급상승하면서 김치를 먹는 ( )들이 날로 증가하고 있다.
11	자동출입국심사로 이제 공항에서 탑승 수속과 ( ) 심사를 빠르게 진행할 수 있게 되었다.
12	해외여행 중 고열, 설사 등이 지속되면 ( ) 시 검역소에 신고하세요.
13	BTS가 베트남 공연차 출국을 위해 탑승 수속을 마치고 ( )를 위해 이동 중이다.
14	여행 시 사용할 수 있는 여행자 수표는 ( )만 제시하면 은행에서 환전할 수 있다.
15	요즘 코로나가 종식되고 환율까지 급락하여 내국인의 ( )이 증가하고 있다.
16	노벨 평화상은 ( )에 기여한 공이 큰 사람에게 시상한다는 취지로 제정되었다.
17	국제 이주민의 증가 현상은 세계화의 흐름과 ( )교육의 필요성에 중요한 기여 요인이다.
18	흐엉은 입국 심사원의 몇 가지 질문에 한국어로 자신 있게 대답하고 ( )를 마쳤다.
19	우리는 6·25 한국 ( )에 참전하였던 참전용사의 피와 땀, 우애와 헌신을 잊지 않을 것이다.
20	현재 ( )에는 수 십여 종의 야생 조류가 서식하고 있는 것으로 학계에 보고되었다.
21	직업이 더욱 세밀하게 분화되고 ( )됨에 따라 직업의 종류도 매우 다양해지고 있다.
22	탁월한 지도자가 되려면 무엇보다도 적재적소에 ( )를 등용하는 능력이 있어야 한다.
23	제주도는 천혜의 ( )로 한국에서뿐만 아니라 세계적으로 인기가 높은 아름다운 섬이다.
24	이제 기업은 국제 ( )을 키우기 위해서는 기술의 첨단화에 투자할 필요가 있다.
25	K-영화는 ( )에도 성공하여 제93회 아카데미 시상식에서 여우주연상을 거두어 들였다

26	한국무역협회는 올 상반기 환율 변동으로 ( )이 전반적으로 악화될 것으로 전망하였다.
27	인터넷 환경의 발달로 요즘 ( )이 점점 증가하는 추세이다.
28	세계의 평화와 안전을 위해서 UN ( )는 각국의 정상에게 적극적인 협력을 요청하고 있다.
29	SNS는 요즘같은 비대면 시대에 소통의 창구 ( )을 톡톡히 하고 있다.
30	극심한 환경오염으로 생물들의 생활 ( )이 마비되고 있어 국제사회의 심각한 문제가 되고 있다.
31	힘의 논리가 앞서는 국제 사회에서는 강대국에 의해 ( )의 운명이 좌우되기도 한다.
32	우리 회사는 이번 홍수로 큰 피해를 입은 강원도 지역 주민들에게 생필품을 ( )하기로 했다.
33	최근에 전 세계적으로 ( )가 심각해져서 UN 차원에서 광범위하게 논의되고 있다.
34	아프리카의 대량적인 ( )를 해결하기 위해 전 세계가 적극적으로 나서야 한다.
35	억압된 사회일수록 여성들은 성적으로 자유롭지 못하고 ( )에 노출되어 있는 경우가 많다.
36	한국국제협력단은 저개발국가의 ( )를 위해 해외봉사단을 선발하여 파견하기로 하였다.
37	지금 국제사회는 식량부족 문제에 이어 ( )에 봉착하여 큰 어려움을 겪고 있다.
38	배우 정우성은 UN 난민기구 친선대사로 ( )에도 관심을 가져 달라고 호소하였다.
39	정부는 이번 재난을 교훈 삼아 ( ) 구축을 위해 투자를 확대하기로 결정하였다.
40	외국인 유입이 급속도로 증가하면서 국내에서도 ( )에 관심을 가지기 시작했다.
41	일부 국가가 자국의 ( )물을 바닷속에 그냥 버린 사실이 밝혀져 큰 충격을 주었다.
42	세계 인구의 증가로 인해 ( )가 환경문제에 이어 심각한 사회문제로 대두되고 있다.
43	이제 우리는 언제 닥쳐올지 모르는 쓰나미와 같은 ( )에 대비하여야 한다.
44	미래에는 국민의 문명화를 재는 척도가 ( )이 아니라 컴퓨터의 이용률이 될 것이다.
45	탈대중화 시대의 다양한 매체는 매스 미디어의 ( )을 감소시키고 다양성을 증대시킨다.
46	K-기업은 경쟁사의 신상품에 대한 ( )으로써 우선 유통 경로를 재정비하기로 하였다.
47	군사적, 경제적 성장이 없이는 어떤 나라도 ( )으로 남을 수밖에 없는 것이 현실이다.
48	국제 연합은 유엔군을 ( ) 지역으로 특파하여, 분쟁을 조정하고 해결할 수 있도록 하였다.
49	내전이 계속되고 있는 나라의 휴전 협상 ( )를 위해 유엔은 평화 감시단을 파견하기로 결정했다.
50	지원품은 무료 진료를 실시하는 사회 복지 시설 및 기관, ( ) 등에 무상 분배를 할 것이다.
51	전쟁, 기아, 질병, 자연재해 등으로 고통 받는 세계 각지 주민들을 위해 ( )는 오늘도 열심히 의료 봉사활동을 하고 있다.

52	금융 감독 위원회는 6개의 부실 은행을 선정하여 ( )을 투입하기로 결정하였다.
53	이번 ( )은 지난해부터 판매되었던 사랑 나눔 팔찌 판매 수익금으로 마련되었다.
54	빈곤국의 어린이 돕기를 위한 ( ) 운동으로 시작한 자선 행사가 세계적인 운동으로 확산되었다.
55	세관에서는 ( )의 내용과 수량에 따라 관세를 물리는데, 그 관세는 국가별로 차이가 있다.
56	경제 ( )들은 팬데믹 상황이 이어지는 올해는 경기가 더 나빠질 것이라고 점치고 있다.
57	두 민족 간의 갈등은 종교의 차이에서 비롯된 ( )으로 보아야 한다.
58	구청은 ( )로 부적합하다는 판정을 받은 몇몇 우물을 폐정하기로 결정했다.
59	이 나라의 역사는 전쟁과 종교적인 이유로 ( )이 무수히 반복된 갈등의 역사라고 볼 수 있다.
60	부산에서 첨단 에너지 기술에 관한 대규모 ( )가 열려 관심을 모으고 있다.
61	이번에 삼성에서 베트남에 하노이에 이어 호치민에도 ( )를 개소하였다.
62	두 나라 정상은 향후 10년간 첨단기술 분야의 ( )안에 사인하였다.
63	시리아 내전이 장기화되면서 자국을 떠나 ( )으로 살아가는 사람들이 점점 늘고 있다.
64	코로나 19 ( )은 전 세계를 팬데믹에 빠지게 하였고, 그 피해는 역대 최고이다.
65	국제기구는 시리아 내전으로 난민이 된 사람들에게 거처를 ( ) 하기로 하였다.
66	한류의 열풍으로 새로운 문화콘텐츠를 개발하는 ( ) 공모전에 지원하여 입상하였다.
67	한국관광공사는 K-문화 발전 방안으로 콘텐츠 아이디어 개발을 올해 ( )으로 선정하였다.
68	정부는 지역 발전 불균형을 해소하기 위해 지역별 관광 특구 ( ) 사업에 투자하기로 하였다.
69	지자체는 청년 취업 준비생을 위해 '청년 창업학교'를 만들어 적극적인 ( )을 약속했다.
70	한국국제협력단은 저개발국가에 ( ) 원조를 목표로 하는 ODA 사업을 늘려가기로 하였다.
71	우리 회사는 이번에 정부 기관에 3년 동안 전산기기를 ( )로 계약을 맺었다.
72	생산 활동이 활발해지면, 많은 일자리가 제공되고 넉넉한 생산물이 ( ) 생활수준도 향상된다.
73	선생님은 ( ) 자신보다 못한 사람들을 살피고 돕는 풍요로운 삶을 살아가야 한다고 하셨다.
74	고속도로에서 졸음운전으로 ( ) 사고는 자신뿐만 아니라 다른 사람들까지 피해를 준다.
75	정부는 이번 산불로 피해를 입은 지역 주민들과 사상자 가족들에게 위로금을 ( ).
76	태풍 경보가 발효되자 군청에서 저지대 주민들에게 안전한 곳으로 ( ) 안내하였다.
77	태풍으로 강원도 지역에 피해가 커지자 국민들은 자발적으로 수재 의연금을 ( ).
78	경찰은 지금의 소요를 방관시할 경우 안일하게 ( )는 비난을 면하기 어려울 것이다.

79	오늘날 국제 사회에서 대부분의 국가들은 자국의 이익을 추구하기 위하여 서로 ( ).
80	성인병은 대개 식생활이라든가 스트레스와 같은 환경적 요소에 의해 ( ) 경우가 많다.
81	도로공사는 교통 체증 문제 해결을 위한 노폭 확장을 새로운 공법으로 ( ) 결정하였다.
82	검찰은 H회사의 임금 체불 관련한 비리를 밝히기 위해 본사 재무 상황을 ( ).
83	NGO 단체에서는 극빈국 아이들을 위해 교육 기관을 ( ) 의료 서비스를 제공하기로 했다.
84	날씨가 풀리자 전국의 유명 관광지에는 나들이를 나온 여행객으로 ( ).
85	한국제약회사는 끊임없는 연구와 투자로 코로나 바이러스를 예방할 수 있는 백신을 ( ).
86	남과 북은 비극을 되풀이하지 않기 위해서 서로 ( ) 화합하고자 하는 노력이 필요하다.
87	신문사는 인터넷 홈페이지에 욕설과 비방이 ( ) 해당 게시판을 실명제로 전환하였다.
88	휴가철이 되자 각 항공사는 특별기를 동원해 많은 관광객을 피서지로 ( ) 했다.
89	회사에서는 우수한 신입 사원들을 해외 지사로 ( ) 국제적인 감각을 익히게 하였다.
90	민주주의 국가에서 투표는 국민들이 정치에 직접 ( ) 방법 중의 하나이다.
91	인주시 시장은 이번에 홍수가 난 재해지를 ( ) 적극적인 복구 대책을 지시하였다.
92	경찰은 지역 안전을 위해 야간에 ( ) 사고 발생 유력 지역을 순찰한다.
93	양국의 정상은 이번 회담을 통해 북한의 핵무기 문제를 평화적으로 ( ) 합의하였다.
94	삼성은 베트남 박닌에 삼성전자 베트남 제2공장을 내년까지 추가로 ( ) 결정하였다.
95	인주 외국인지원센터는 외국인 한국어 교육을 인주대학교 어학당에 ( ) 밝혔다.

어휘 답안

	국제
1	인천국제공항이 세계(공항) 서비스 평가(ASQ) 최초로 12년 연속 1위를 차지하였다.
2	문화재관리국은 외국으로 유출된 고려시대 유물들을 돌려받기 위해 (인터폴)에 수사를 의뢰하였다.
3	코로나 19로 지친 사람들은 본격적인 (휴가철)을 맞아 전국의 해수욕장으로 몰려들고 있다.
4	이번 한국대학교 봉사단은 방학을 맞이하여 아프리카 오지로 (해외 봉사)를 떠나기로 결정했다.
5	오늘날 (국제 사회)에서 대부분의 국가들은 자국의 이익을 추구하기 위하여 서로 협력한다.
6	한국에서 열릴 '세종 한국어 말하기대회'에 참가하기 위하여 비행기표와 호텔을 미리 (예약) 했다.
7	포스트 코로나로 열리지 못한 지역 문화 (축제)가 2년 만에 부활하여 그 준비가 한창이다.
8	한국 문화의 (세계화)를 위하여 다양한 콘텐츠 개발과 홍보 방안이 필요하다.
9	서울국제영화제는 세계 (각국)의 영화들이 출품되어 현대 영화의 다양한 흐름을 보여주는 좋은 기회였다.
10	한국의 위상과 함께 K-푸드의 인기도 급상승하면서 김치를 먹는 (외국인)들이 날로 증가하고 있다.
11	자동출입국심사로 이제 공항에서 탑승 수속과 (출국) 심사를 빠르게 진행할 수 있게 되었다.
12	해외여행 중 고열, 설사 등이 지속되면 (입국) 시 검역소에 신고하세요.
13	BTS가 베트남 공연차 출국을 위해 탑승 수속을 마치고 (출국 심사)를 위해 이동 중이다.
14	여행 시 사용할 수 있는 여행자 수표는 (여권)만 제시하면 은행에서 환전할 수 있다.
15	요즘 코로나가 종식되고 환율까지 급락하여 내국인의 (해외여행)이 증가하고 있다.
16	노벨 평화상은 (세계 평화)에 기여한 공이 큰 사람에게 시상한다는 취지로 제정되었다.
17	국제 이주민의 증가 현상은 세계화의 흐름과 (세계 시민)교육의 필요성에 중요한 기여 요인이다.
18	흐엉은 입국 심사원의 몇 가지 질문에 한국어로 자신 있게 대답하고 (입국 심사)를 마쳤다.
19	우리는 6·25 한국 (전쟁)에 참전하였던 참전용사의 피와 땀, 우애와 헌신을 잊지 않을 것이다.
20	현재 (비무장 지대)에는 수 십여 종의 야생 조류가 서식하고 있는 것으로 학계에 보고되었다.
21	직업이 더욱 세밀하게 분화되고 (전문화)됨에 따라 직업의 종류도 매우 다양해지고 있다.
22	탁월한 지도자가 되려면 무엇보다도 적재적소에 (인재)를 등용하는 능력이 있어야 한다.
23	제주도는 천혜의 (관광지)로 한국에서뿐만 아니라 세계적으로 인기가 높은 아름다운 섬이다
24	이제 기업은 국제 (경쟁력)을 키우기 위해서는 기술의 첨단화에 투자할 필요가 있다.
25	K-영화는 (해외 진출)에도 성공하여 제93회 아카데미 시상식에서 여우주연상을 거두어 들였다

26	한국무역협회는 올 상반기 환율 변동으로 (수출 환경)이 전반적으로 악화될 것으로 전망하였다.
27	인터넷 환경의 발달로 요즘 (해외 온라인 쇼핑)이 점점 증가하는 추세이다.
28	세계의 평화와 안전을 위해서 UN (국제기구)는 각국의 정상에게 적극적인 협력을 요청하고 있다.
29	SNS는 요즘같은 비대면 시대에 소통의 창구 (역할)을 톡톡히 하고 있다.
30	극심한 환경오염으로 생물들의 생활 (기능)이 마비되고 있어 국제사회의 심각한 문제가 되고 있다.
31	힘의 논리가 앞서는 국제 사회에서는 강대국에 의해 (약소국)의 운명이 좌우되기도 한다.
32	우리 회사는 이번 홍수로 큰 피해를 입은 강원도 지역 주민들에게 생필품을 (원조)하기로 했다.
33	최근에 전 세계적으로 (환경 문제)가 심각해져서 UN 차원에서 광범위하게 논의되고 있다.
34	아프리카의 대량적인 (기아 문제)를 해결하기 위해 전 세계가 적극적으로 나서야 한다.
35	억압된 사회일수록 여성들은 성적으로 자유롭지 못하고 (성폭력)에 노출되어 있는 경우가 많다.
36	한국국제협력단은 저개발국가의 (문맹 타파)를 위해 해외봉사단을 선발하여 파견하기로 하였다.
37	지금 국제사회는 식량부족 문제에 이어 (물 부족 문제)에 봉착하여 큰 어려움을 겪고 있다.
38	배우 정우성은 UN 난민기구 친선대사로 (난민 문제)에도 관심을 가져 달라고 호소하였다.
39	정부는 이번 재난을 교훈 삼아 (재난 시스템) 구축을 위해 투자를 확대하기로 결정하였다.
40	외국인 유입이 급속도로 증가하면서 국내에서도 (인권 문제)에 관심을 가지기 시작했다.
41	일부 국가가 자국의 (핵 폐기)물을 바닷속에 그냥 버린 사실이 밝혀져 큰 충격을 주었다.
42	세계 인구의 증가로 인해 (식량 문제)가 환경문제에 이어 심각한 사회문제로 대두되고 있다.
43	이제 우리는 언제 닥쳐올지 모르는 쓰나미와 같은 (자연재해)에 대비하여야 한다.
44	미래에는 국민의 문명화를 재는 척도가 (문맹률)이 아니라 컴퓨터의 이용률이 될 것이다.
45	탈대중화 시대의 다양한 매체는 매스 미디어의 (영향력)을 감소시키고 다양성을 증대시킨다.
46	K-기업은 경쟁사의 신상품에 대한 (대응 방안)으로써 우선 유통 경로를 재정비하기로 하였다.
47	군사적, 경제적 성장이 없이는 어떤 나라도 (약소국)으로 남을 수밖에 없는 것이 현실이다.
48	국제 연합은 유엔군을 (분쟁) 지역으로 특파하여, 분쟁을 조정하고 해결할 수 있도록 하였다.
49	내전이 계속되고 있는 나라의 휴전 협상 (중재)를 위해 유엔은 평화 감시단을 파견하기로 결정했다.
50	지원품은 무료 진료를 실시하는 사회 복지 시설 및 기관, (봉사 단체) 등에 무상 분배를 할 것이다.
51	전쟁, 기아, 질병, 자연재해 등으로 고통 받는 세계 각지 주민들을 위해 (국경없는 의사회)는 오늘도 열심히 의료 봉사활동을 하고 있다.

52	금융 감독 위원회는 6개의 부실 은행을 선정하여 (공적 자금)을 투입하기로 결정하였다.
53	이번 (후원금)은 지난해부터 판매되었던 사랑 나눔 팔찌 판매 수익금으로 마련되었다.
54	빈곤국의 어린이 돕기를 위한 (모금) 운동으로 시작한 자선 행사가 세계적인 운동으로 확산되었다.
55	세관에서는 (물품)의 내용과 수량에 따라 관세를 물리는데, 그 관세는 국가별로 차이가 있다.
56	경제 (전문가)들은 팬더믹 상황이 이어지는 올해는 경기가 더 나빠질 것이라고 점치고 있다.
57	두 민족 간의 갈등은 종교의 차이에서 비롯된 (종교 분쟁)으로 보아야 한다.
58	구청은 (식수)로 부적합하다는 판정을 받은 몇몇 우물을 폐정하기로 결정했다.
59	이 나라의 역사는 전쟁과 종교적인 이유로 (내란)이 무수히 반복된 갈등의 역사라고 볼 수 있다.
60	부산에서 첨단 에너지 기술에 관한 대규모 (국제회의)가 열려 관심을 모으고 있다.
61	이번에 삼성에서 베트남에 하노이에 이어 호치민에도 (해외 사무소)를 개소하였다.
62	두 나라 정상은 향후 10년간 첨단기술 분야의 (개발 협력)안에 사인하였다.
63	시리아 내전이 장기화되면서 자국을 떠나 (국제 난민)으로 살아가는 사람들이 점점 늘고 있다.
64	코로나 19 (전염병)은 전 세계를 팬데믹에 빠지게 하였고, 그 피해는 역대 최고이다.
65	국제기구는 시리아 내전으로 난민이 된 사람들에게 거처를 (무상 공급) 하기로 하였다.
66	한류의 열풍으로 새로운 문화콘텐츠를 개발하는 (프로젝트) 공모전에 지원하여 입상하였다.
67	한국관광공사는 K-문화 발전 방안으로 콘텐츠 아이디어 개발을 올해 (주요 사업)으로 선정하였다.
68	정부는 지역 발전 불균형을 해소하기 위해 지역별 관광 특구 (개발) 사업에 투자하기로 하였다.
69	지자체는 청년 취업 준비생을 위해 '청년 창업학교'를 만들어 적극적인 (지원)을 약속했다.
70	한국국제협력단은 저개발국가에 (지속가능한) 원조를 목표로 하는 ODA 사업을 늘려가기로 하였다.
71	우리 회사는 이번에 정부 기관에 3년 동안 전산기기를 (납품하기)로 계약을 맺었다.
72	생산 활동이 활발해지면, 많은 일자리가 제공되고 넉넉한 생산물이 (공급되어) 생활수준도 향상된다.
73	선생님은 (가난하여도) 자신보다 못한 사람들을 살피고 돕는 풍요로운 삶을 살아가야 한다고 하셨다.
74	고속도로에서 졸음운전으로 (발생하는) 사고는 자신뿐만 아니라 다른 사람들까지 피해를 준다.
75	정부는 이번 산불로 피해를 입은 지역 주민들과 사상자 가족들에게 위로금을 (전달했다).
76	태풍 경보가 발효되자 군청에서 저지대 주민들에게 안전한 곳으로 (대피하라고) 안내하였다.
77	태풍으로 강원도 지역에 피해가 커지자 국민들은 자발적으로 수재 의연금을 (모금하였다).
78	경찰은 지금의 소요를 방관시할 경우 안일하게 (대응했다)는 비난을 면하기 어려울 것이다.

79	오늘날 국제 사회에서 대부분의 국가들은 자국의 이익을 추구하기 위하여 서로 (협력한다).
80	성인병은 대개 식생활이라든가 스트레스와 같은 환경적 요소에 의해 (발병하는) 경우가 많다.
81	도로공사는 교통 체증 문제 해결을 위한 노폭 확장을 새로운 공법으로 (공사하기로) 결정하였다.
82	검찰은 H회사의 임금 체불 관련한 비리를 밝히기 위해 본사 재무 상황을 (조사하였다).
83	NGO 단체에서는 극빈국 아이들을 위해 교육 기관을 (설립하고) 의료 서비스를 제공하기로 했다.
84	날씨가 풀리자 전국의 유명 관광지에는 나들이를 나온 여행객으로 (붐볐다).
85	한국제약회사는 끊임없는 연구와 투자로 코로나 바이러스를 예방할 수 있는 백신을 (개발하였다).
86	남과 북은 비극을 되풀이하지 않기 위해서 서로 (화해하고) 화합하고자 하는 노력이 필요하다.
87	신문사는 인터넷 홈페이지에 욕설과 비방이 (난무하자) 해당 게시판을 실명제로 전환하였다.
88	휴가철이 되자 각 항공사는 특별기를 동원해 많은 관광객을 피서지로 (수송하기로) 했다.
89	회사에서는 우수한 신입 사원들을 해외 지사로 (파견하여) 국제적인 감각을 익히게 하였다.
90	민주주의 국가에서 투표는 국민들이 정치에 직접 (참여하는) 방법 중의 하나이다.
91	인주시 시장은 이번에 홍수가 난 재해지를 (방문하고) 적극적인 복구 대책을 지시하였다.
92	경찰은 지역 안전을 위해 야간에 (교대하면서) 사고 발생 유력 지역을 순찰한다.
93	양국의 정상은 이번 회담을 통해 북한의 핵무기 문제를 평화적으로 (해결하는데) 합의하였다.
94	삼성은 베트남 박닌에 삼성전자 베트남 제2공장을 내년까지 추가로 (짓기로) 결정하였다.
95	인주 외국인지원센터는 외국인 한국어 교육을 인주대학교 어학당에 (위탁한다고) 밝혔다.

문화 · 예술				
화가	작가	영화	극장	감독
배우	영화인	시상식	예술제	콘서트
연예인	버스킹	미술관	박물관	작품
건축 양식	전통	예술품	초상화	사진
공연장	뮤지컬	문화 상대주의	특수성	전통성
교류	자국 문화	예술가	다양성	후학 양성
대중문화	문화 교류	전시회	언택트 시대	연주
기획	후원	리허설	협주	합동 공연
국악	공연	기회	야외무대	언어 예술
사용	행사	진행	신청서	자선 단체
K-POP	K-드라마	넥플릭스	연습	관객
관람객	기사	훈련	단체석/일반석	포스터
객석	관람석	예약석	관람평	영향력
티켓(표)	대중	재공연	중요시하다	뛰다
준비하다	시상하다	극복하다	수상하다	자랑스럽다
기대하다	염원하다	보도되다	작곡하다	공연하다
홍보하다	기획하다	연출하다	응원하다	작사하다
창조하다	매진되다	시청하다	개최하다	연습하다
관람하다	협업하다	후원하다	계승하다	환호하다

어휘 문제

	문화 · 예술		
1	김홍도와 신윤복은 조선시대에 천재 ( )로 풍속화를 주로 그렸다.		
2	요즘은 인터넷의 발달과 함께 웹툰 ( )가 신종 직업으로 인기가 높다.		
3	'미나리'는 이민자를 주인공으로 인간의 생명력 그리고 가족의 정을 담담히 그려낸 ( )이다.		
4	영화 '기생충'의 ( )인 봉준호는 상금 3억을 독립영화의 발전을 위한 지원 사업에 기부하였다.		
5	2021년 아카데미 시상식에서 한국 ( ) '윤여정' 씨가 영화 '미나리'로 여우주연상을 수상하였다.		
6	그는 원로 ( )으로서 영화 관계자들뿐 아니라 일반인들에게서도 깊이 존경받고 있다.		
7	올해 백상예술대상 ( ) '대상'의 주인공은 개그맨 유재석과 이준익 감독으로 밝혀졌다.		
8	이번 오스카상을 수상한 영화 '미나리'는 다음 주부터 국내 ( )에서 동시 상영될 예정이다.		
9	올해 한빛 ( )는 주로 음악회와 미술이나 시화 전시회, 연극을 중심으로 열렸다.		
10	8월부터 시작될 BTS ( )는 아시아를 시작으로 유럽까지 전 세계 투어로 이루어질 계획이다.		
11	요즘 청소년들 사이에는 ( )을 선호하는 경향이 많아지고 있다.		
12	주말에 홍대에 가면 흔히 볼 수 있는 것이 바로 ( ) 공연으로 누구나 자유롭게 즐길 수 있다.		
13	최근 들어 ( )에서 문화 인류학과 관련한 대규모 그림전이 많이 열리고 있다.		
14	이 유물들은 국립 ( ) 수장고에 보관되어 있던 것으로 이번 전시 기간에만 공개하는 것이다.		
15	어떤 예술 ( )은 당대보다는 후대에 가서 좋은 평가를 받으면서 유명해지기도 한다.		
16	이 지역의 ( )은 동서양의 문화가 교차한 흔적이 그대로 드러나 특히 더 이국적이었다.		
17	우리의 ( )난방 방식인 온돌은 일종의 돌찜질 효과를 주는 것으로 서양에서도 인기가 많다.		
18	위대한 ( )에는 그것을 만든 예술가의 혼이 깃들어 있다는 것을 잊지 말아야 한다.		
19	미술학과 학생회에서는 독거노인들을 위한 ( ) 그려주기 봉사에 참여한다고 밝혔다.		
20	대부분의 미술 전시장에서는 ( ) 촬영이 금지되어 있으므로 주의해야 합니다.		
21	요즘 트로트의 인기로 트롯 여왕인 송나인의 ( )에 천여 명의 팬클럽 회원들이 몰려들었다.		
22	그는 뛰어난 가창력과 연기력으로 ( )을 보는 이들의 마음을 사로잡았다.		
23	지구촌시대에 각국의 문화를 존중하는 ( ) 정신이 어느 정도는 필요하다.		
24	우리나라는 대륙과 해양을 잇는 지역적인 ( )을 갖고 있어서 다른 나라의 침입을 많이 받았다.		
25	한국 음악이 나아가야 할 길은 국악계와 양악계가 힘을 모아 ( )과 현대성을 접목하는 일이다.		

26	이번 협상으로 양국 간의 경제 ( )가 더욱 활발해질 전망이다.
27	세계가 하나가 된다는 것이 ( )의 주체성을 버리고 획일화되는 것을 뜻하지는 않는다.
28	최근 성수동은 이전에 있던 오래된 공장을 ( ) 들의 작업 공간으로 새롭게 단장하고 있다.
29	바람직한 민주 사회에서는 개인의 ( )과 개성이 존중되어야 한다.
30	그는 장관직을 버리고 고향에 돌아가 학교를 설립하고 평생을 ( )에 힘썼다.
31	이번 행사는 ( )의 향유층을 젊은층은 물론 노년층으로까지 확대하는 계기가 되었다.
32	종교가 달라서 서로 전쟁까지 벌였던 두 민족은 ( ) 등을 통해서 적대감을 해소했다.
33	큐레이터의 결정에 따라 ( )의 성격이 정해진다고 해도 과언이 아니다.
34	코로나 바이러스로 공연계도 ( )에 발맞춰 다양한 온라인 공연을 기획하고 있다.
35	그는 작곡뿐 아니라 기타 ( )에서도 손가락 안에 꼽히는 재주꾼이다.
36	그녀는 이번 한국문화 홍보책의 ( )과 편집에 도움을 아끼지 않았다.
37	우리는 제10회 외국인 다문화 축제에 필요한 비용을 K-그룹 홍보실에서 ( )을 받아 충당하였다.
38	생방송이 시작되기 전에 ( ) 무대의 안전을 점검을 하는 것은 매우 중요한 일이다.
39	그 축제의 마지막 순서인 연주회는 성악가와 실내악의 ( )가 준비되어 있습니다.
40	이번 행사에서는 코로나 종식을 위한 K-POP 가수들의 ( )이 예정되어 있다.
41	그는 대중 가수로서는 드물게 ( )의 대중화에 노력을 기울였다.
42	그 연극은 흥행 면에서 대성공하여 한 달 동안 연장 ( )을 하게 되었다.
43	박물관 관람은 한국 문화를 익히고 체험하는 데에 좋은 ( )가 된다.
44	축제 기간에 캠퍼스 ( )에서는 통기타 가수의 라이브 콘서트가 열렸다.
45	그 작가가 최근 발표한 장편 소설은 ( )의 최고봉이라는 평가를 받았다.
46	공연이 장기화되면 배우들의 목을 보호하기 위해 마이크 ( )을 고려해봐야 한다.
47	비가 오면 야외 ( )를 할 수 없으므로 미리 천막과 우비를 준비할 필요가 있다.
48	공연계에서는 제25회 문화예술인상 선정자 추천 ( ) 상황을 주시하고 있다.
49	제7회 청소년 연극제의 ( )는 홈페이지에서 다운 받을 수 있다.
50	그는 이번 연주회의 수익금을 전부 ( )에 기부하기로 했다.
51	요즘 전 세계적으로 ( )의 인기가 높아지면서 노래뿐만 아니라 춤도 유행하고 있다.
52	넷플릭스에서 ( )가 연속 상위권에 오르면서 한국 드라마 수출 시장이 활기를 띠고 있다.

53	이번에 개봉한 영화가 해외 영화제에서 수상을 하면서 갑자기 ( )이 증가하였다.
54	봉준호 감독이 제92회 아카데미 시상식에서 상을 받자 축하 ( )가 연일 쏟아져 나왔다.
55	김덕수 사물놀이패는 해외 투어 공연을 위해 체력 ( )으로 지리산과 설악산을 다녀왔다.
56	그는 뮤지컬 발성 ( )을 위해 녹음된 소리를 듣고 반복해서 따라 했다.
57	이번 전람회에는 많은 ( )이 몰려들어 대성황을 이루었다.
58	오늘은 영화를 좋아하는 분들을 위해서 ( ) 영화 추천 최신 작품을 소개해 드립니다.
59	한국관광공사는 외국에 우리나라를 홍보할 ( )를 제작하여 해외 공관에 배포하였다.
60	그 배우가 무대에 등장하자 ( )에서는 뜨거운 환호와 박수가 터져 나왔다.
61	공연이 끝나자 관객들은 ( )에서 일어나 출연한 배우들을 향해 열렬한 환호를 보냈다.
62	요즘 세계 음악 분야에서 K-POP이 노래와 춤에 대단히 큰 ( )을 끼치고 있다.
63	7월에 있을 BTS 베트남 공연 ( )이/가 예매 시작 10분 만에 매진되었다.
64	이 연극은 실험적 성격이 짙어서 ( )이 이해하기 어렵다는 평론가의 평이 있었다.
65	공연장에 들어서자 앞 자석에 VIP를 위한 ( ) 표시가 되어 있었다.
66	그 극단은 관객의 성원에 힘입어 상반기에 큰 인기를 얻었던 작품의 ( )을 결정하였다.
67	이번에 개봉된 한국 전쟁영화에 대한 ( )이 별 5개로 호평을 받고 있다.
68	관람객의 관람을 원활히 하기 위해 좌석을 ( )으로 구분하여 배치하였다.
69	K-POP 정기 공연은 나의 가슴을 ( ) 할 만큼 감동적이었다.
70	코로나로 연기되었던 콘서트를 위해 멤버들은 무대 의상과 소품까지 완벽하게 ( ).
71	올해 부산국제영화제에서 한국 영화 '청춘 도전'이 최우수 작품상을 ( ).
72	이 소설은 청소년들이 친구들과의 갈등을 ( ) 과정을 잔잔하게 보여 주고 있다.
73	정신적 문화를 강조했던 과거와 달리 오늘날에는 정치, 경제, 사회적 조건을 더 ( ) 있다.
74	영화 '미나리'로 아카데미 여우조연상을 수상한 윤여정 배우가 ( ).
75	이번 전시회는 ( ) 만큼 썩 잘된 것은 아니어서 아쉬움이 남는다.
76	우리 태권도 대표팀은 이번 세계 체육 시범대회에서 그토록 ( ) 메달을 획득하였다.
77	이번 한국 영화의 해외 영화제 수상은 한국뿐만 아니라 전 세계에 일제히 ( ).
78	그는 국제 영화제에서 여러 번 남우주연상을 ( ) 유명한 배우이다.
79	이 뮤지컬은 많은 배우가 한꺼번에 등장해야 하기 때문에 대극장에서 ( ).

80	학생들은 이번 대학축제에서 공연할 연극과 기획한 전시회를 적극적으로 ( ).
81	그는 20년 동안 그 많은 작품을 ( ) 상을 한 번도 받지 못한 것이 아쉬움으로 남았다.
82	모차르트는 36년이라는 짧은 생애 동안 600여 곡의 작품을 ( ).
83	이번 문학 기행은 학생들의 독서 분위기를 고양하기 위하여 ( ).
84	저작권이란, 자기가 ( ) 저작물에 대한 배타적 권리이다.
85	브레이브걸스 콘서트 티켓이 ( ) 전에 예매하기 위해 새벽부터 컴퓨터 앞에 앉아 있다.
86	신인 가수인 티파니는 자신의 데뷔 앨범에 실린 곡들 중 다섯 곡을 직접 ( ).
87	시간이 없어 전주영화제 폐막식을 직접 가지 못하고 집에서 TV로 ( ).
88	방송이 시작되자 방청객들은 자신이 좋아하는 가수를 열광적으로 ( ).
89	완벽한 공연을 위해서는 공연 전에 ( ) 것을 한두 번 시연하는 것이 필요하다.
90	코로나로 박물관이 일찍 폐관돼 늦게 온 손님들은 ( ) 수가 없었다.
91	연주회를 정기적으로 ( ) 전통 음악에 대한 애호심을 길러줘야 할 것입니다.
92	콘서트를 마친 가수가 다시 무대로 나오자 방청객들이 일제히 일어나 ( ).
93	기아퇴치 '희망 콘서트'에서는 가수와 성악가들이 ( ) 멋진 무대를 준비하였다.
94	전통 음악을 보존적인 차원에서 연구하기보다는 ( ) 발전시키려고 노력한다.
95	베트남 미술인 협회가 ( ) '오늘의 한국 회화전'이 하노이에 이어 호치민에서도 열린다.

어휘 답안

	문화 · 예술
1	김홍도와 신윤복은 조선시대에 천재 (화가)로 풍속화를 주로 그렸다.
2	요즘은 인터넷의 발달과 함께 웹툰 (작가)가 신종 직업으로 인기가 높다.
3	'미나리'는 이민자를 주인공으로 인간의 생명력 그리고 가족의 정을 담담히 그려낸 (영화)이다.
4	영화 '기생충'의 (감독)인 봉준호는 상금 3억을 독립영화의 발전을 위한 지원 사업에 기부하였다.
5	2021년 아카데미 시상식에서 한국 (배우) '윤여정' 씨가 영화 '미나리'로 여우주연상을 수상하였다.
6	그는 원로 (영화인)으로서 영화 관계자들뿐 아니라 일반인들에게서도 깊이 존경받고 있다.
7	올해 백상예술대상 (시상식) '대상'의 주인공은 개그맨 유재석과 이준익 감독으로 밝혀졌다.
8	이번 오스카상을 수상한 영화 '미나리'는 다음 주부터 국내 (극장)에서 동시 상영될 예정이다.
9	올해 한빛 (예술제)는 주로 음악회와 미술이나 시화 전시회, 연극을 중심으로 열렸다.
10	8월부터 시작될 BTS (콘서트)는 아시아를 시작으로 유럽까지 전 세계 투어로 이루어질 계획이다.
11	요즘 청소년들 사이에는 (연예인)을 선호하는 경향이 많아지고 있다.
12	주말에 홍대에 가면 흔히 볼 수 있는 것이 바로 (버스킹) 공연으로 누구나 자유롭게 즐길 수 있다.
13	최근 들어 (미술관)에서 문화 인류학과 관련한 대규모 그림전이 많이 열리고 있다.
14	이 유물들은 국립 (박물관) 수장고에 보관되어 있던 것으로 이번 전시 기간에만 공개하는 것이다.
15	어떤 예술 (작품)은 당대보다는 후대에 가서 좋은 평가를 받으면서 유명해지기도 한다.
16	이 지역의 (건축 양식)은 동서양의 문화가 교차한 흔적이 그대로 드러나 특히 더 이국적이었다.
17	우리의 (전통)난방 방식인 온돌은 일종의 돌찜질 효과를 주는 것으로 서양에서도 인기가 많다.
18	위대한 (예술품)에는 그것을 만든 예술가의 혼이 깃들어 있다는 것을 잊지 말아야 한다.
19	미술학과 학생회에서는 독거노인들을 위한 (초상화) 그려주기 봉사에 참여한다고 밝혔다.
20	대부분의 미술 전시장에서는 (사진) 촬영이 금지되어 있으므로 주의해야 합니다.
21	요즘 트로트의 인기로 트롯 여왕인 송나인의 (공연장)에 천여 명의 팬클럽 회원들이 몰려들었다.
22	그는 뛰어난 가창력과 연기력으로 (뮤지컬)을 보는 이들의 마음을 사로잡았다.
23	지구촌시대에 각국의 문화를 존중하는 (문화 상대주의) 정신이 어느 정도는 필요하다.
24	우리나라는 대륙과 해양을 잇는 지역적인 (특수성)을 갖고 있어서 다른 나라의 침입을 많이 받았다.
25	한국 음악이 나아가야 할 길은 국악계와 양악계가 힘을 모아 (전통성)과 현대성을 접목하는 일이다.

26	이번 협상으로 양국 간의 경제 (교류)가 더욱 활발해질 전망이다.
27	세계가 하나가 된다는 것이 (자국 문화)의 주체성을 버리고 획일화되는 것을 뜻하지는 않는다.
28	최근 성수동은 이전에 있던 오래된 공장을 (예술가) 들의 작업 공간으로 새롭게 단장하고 있다.
29	바람직한 민주 사회에서는 개인의 (다양성)과 개성이 존중되어야 한다.
30	그는 장관직을 버리고 고향에 돌아가 학교를 설립하고 평생을 (후학 양성)에 힘썼다.
31	이번 행사는 (대중문화)의 향유층을 젊은층은 물론 노년층으로까지 확대하는 계기가 되었다.
32	종교가 달라서 서로 전쟁까지 벌였던 두 민족은 (문화교류) 등을 통해서 적대감을 해소했다.
33	큐레이터의 결정에 따라 (전시회)의 성격이 정해진다고 해도 과언이 아니다.
34	코로나 바이러스로 공연계도 (언택트 시대)에 발맞춰 다양한 온라인 공연을 기획하고 있다.
35	그는 작곡뿐 아니라 기타 (연주)에서도 손가락 안에 꼽히는 재주꾼이다.
36	그녀는 이번 한국문화 홍보책의 (기획)과 편집에 도움을 아끼지 않았다.
37	우리는 제10회 외국인 다문화 축제에 필요한 비용을 K-그룹 홍보실에서 (후원)을 받아 충당하였다.
38	생방송이 시작되기 전에 (리허설) 무대의 안전을 점검을 하는 것은 매우 중요한 일이다.
39	그 축제의 마지막 순서인 연주회는 성악가와 실내악의 (협주)가 준비되어 있습니다.
40	이번 행사에서는 코로나 종식을 위한 K-POP 가수들의 (합동 공연)이 예정되어 있다.
41	그는 대중 가수로서는 드물게 (국악)의 대중화에 노력을 기울였다.
42	그 연극은 흥행 면에서 대성공하여 한 달 동안 연장 (공연)을 하게 되었다.
43	박물관 관람은 한국 문화를 익히고 체험하는 데에 좋은 (기회)가 된다.
44	축제 기간에 캠퍼스 (야외무대)에서는 통기타 가수의 라이브 콘서트가 열렸다.
45	그 작가가 최근 발표한 장편 소설은 (언어 예술)의 최고봉이라는 평가를 받았다.
46	공연이 장기화되면 배우들의 목을 보호하기 위해 마이크 (사용)을 고려해봐야 한다.
47	비가 오면 야외 (행사)를 할 수 없으므로 미리 천막과 우비를 준비할 필요가 있다.
48	공연계에서는 제25회 문화예술인상 선정자 추천 (진행) 상황을 주시하고 있다.
49	제7회 청소년 연극제의 (신청서)는 홈페이지에서 다운 받을 수 있다.
50	그는 이번 연주회의 수익금을 전부 (자선 단체)에 기부하기로 했다.
51	요즘 전 세계적으로 (K-POP)의 인기가 높아지면서 노래뿐만 아니라 춤도 유행하고 있다.
52	넷플릭스에서 (K-드라마)가 연속 상위권에 오르면서 한국 드라마 수출 시장이 활기를 띠고 있다.

53	이번에 개봉한 영화가 해외 영화제에서 수상을 하면서 갑자기 (관객)이 증가하였다.
54	봉준호 감독이 제92회 아카데미 시상식에서 상을 받자 축하 (기사)가 연일 쏟아져 나왔다.
55	김덕수 사물놀이패는 해외 투어 공연을 위해 체력 (훈련)으로 지리산과 설악산을 다녀왔다.
56	그는 뮤지컬 발성 (연습)을 위해 녹음된 소리를 듣고 반복해서 따라 했다.
57	이번 전람회에는 많은 (관람객)이 몰려들어 대성황을 이루었다.
58	오늘은 영화를 좋아하는 분들을 위해서 (넷플릭스) 영화 추천 최신 작품을 소개해 드립니다.
59	한국관광공사는 외국에 우리나라를 홍보할 (포스터)를 제작하여 해외 공관에 배포하였다.
60	그 배우가 무대에 등장하자 (객석)에서는 뜨거운 환호와 박수가 터져 나왔다.
61	공연이 끝나자 관객들은 (관람석)에서 일어나 출연한 배우들을 향해 열렬한 환호를 보냈다.
62	요즘 세계 음악 분야에서 K-POP이 노래와 춤에 대단히 큰 (영향력)을 끼치고 있다.
63	7월에 있을 BTS 베트남 공연 (티켓 / 표)이/가 예매 시작 10분 만에 매진되었다.
64	이 연극은 실험적 성격이 짙어서 (대중)이 이해하기 어렵다는 평론가의 평이 있었다.
65	공연장에 들어서자 앞 자석에 VIP를 위한 (예약석) 표시가 되어 있었다.
66	그 극단은 관객의 성원에 힘입어 상반기에 큰 인기를 얻었던 작품의 (재공연)을 결정하였다.
67	이번에 개봉된 한국 전쟁영화에 대한 (관람평)이 별 5개로 호평을 받고 있다.
68	관람객의 관람을 원활히 하기 위해 좌석을 (단체석과 일반석)으로 구분하여 배치하였다.
69	K-POP 정기 공연은 나의 가슴을 (뛰게) 할 만큼 감동적이었다.
70	코로나로 연기되었던 콘서트를 위해 멤버들은 무대 의상과 소품까지 완벽하게 (준비하였다).
71	올해 부산국제영화제에서 한국 영화 '청춘 도전'이 최우수 작품상을 (수상하였다).
72	이 소설은 청소년들이 친구들과의 갈등을 (극복하는) 과정을 잔잔하게 보여 주고 있다.
73	정신적 문화를 강조했던 과거와 달리 오늘날에는 정치, 경제, 사회적 조건을 더 (중요시하고) 있다.
74	영화 '미나리'로 아카데미 여우조연상을 수상한 윤여정 배우가 (자랑스럽다).
75	이번 전시회는 (기대했던) 만큼 썩 잘된 것은 아니어서 아쉬움이 남는다.
76	우리 태권도 대표팀은 이번 세계 체육 시범대회에서 그토록 (염원하던) 메달을 획득하였다.
77	이번 한국 영화의 해외 영화제 수상은 한국뿐만 아니라 전 세계에 일제히 (보도되었다).
78	그는 국제 영화제에서 여러 번 남우주연상을 (수상한) 유명한 배우이다.
79	이 뮤지컬은 많은 배우가 한꺼번에 등장해야 하기 때문에 대극장에서 (공연한다).

80	학생들은 이번 대학축제에서 공연할 연극과 기획한 전시회를 적극적으로 (홍보하였다).
81	그는 20년 동안 그 많은 작품을 (연출하면서) 상을 한 번도 받지 못한 것이 아쉬움으로 남았다.
82	모차르트는 36년이라는 짧은 생애 동안 600여 곡의 작품을 (작곡하였다).
83	이번 문학 기행은 학생들의 독서 분위기를 고양하기 위하여 (기획하였다).
84	저작권이란, 자기가 (창조한) 저작물에 대한 배타적 권리이다.
85	브레이브걸스 콘서트 티켓이 (매진되기) 전에 예매하기 위해 새벽부터 컴퓨터 앞에 앉아 있다.
86	신인 가수인 티파니는 자신의 데뷔 앨범에 실린 곡들 중 다섯 곡을 직접 (작사했다).
87	시간이 없어 전주영화제 폐막식을 직접 가지 못하고 집에서 TV로 (시청하였다).
88	방송이 시작되자 방청객들은 자신이 좋아하는 가수를 열광적으로 (응원하였다).
89	완벽한 공연을 위해서는 공연 전에 (연습한) 것을 한두 번 시연하는 것이 필요하다.
90	코로나로 박물관이 일찍 폐관돼 늦게 온 손님들은 (관람할) 수가 없었다.
91	연주회를 정기적으로 (개최해서) 전통 음악에 대한 애호심을 길러줘야 할 것입니다.
92	콘서트를 마친 가수가 다시 무대로 나오자 방청객들이 일제히 일어나 (환호했다).
93	기아퇴치 '희망 콘서트'에서는 가수와 성악가들이 (협업하여) 멋진 무대를 준비하였다.
94	전통 음악을 보존적인 차원에서 연구하기보다는 (계승하여) 발전시키려고 노력한다.
95	베트남 미술인 협회가 (후원하는) '오늘의 한국 회화전'이 하노이에 이어 호치민에서도 열린다.

일과 직업				
일자리	일자리 창출	퇴직	퇴사	권고사직
고용	직업관	직업의식	취업	희망퇴직
정리해고	고용률	고용 안정	취업률	보람
발전 가능성	급여	적성	전망	종사자
성취욕	면접	서류 전형	연봉	계약직
아르바이트	금전적 보상	사무직	고용직	서류
동료	정규직	비정규직	팩스	능력
직장인	회사	스트레스	경력	대가
필요성	소득	수입	노동	명단
자료	의사소통	회의	사무실	비결
이력서	성공	창의적인	사업가	사업자
고객	도입	지원자	생산성	보고서
회의장	반응	기획	효과적	태도
자세	정장	업무 실적	그만두다	동의하다
원활하다	맡기다	유보하다	지적하다	홍보하다
개선하다	이루어지다	발전시키다	참석하다	입사하다
보내다	알려주다	설립하다	광고하다	판매하다
미루다	도입하다	확충하다	종사하다	방문하다
보고하다	끝내다	도전하다	개발하다	수용하다

어휘 문제

	일과 직업
1	인구가 도시로 몰리게 되면 (　　　　　)가 모자라 실업자가 늘고, 주택난도 심각해진다.
2	정부는 서울로 집중된 젊은층을 위한 (　　　　　)에 대한 대책 마련에 들어갔다.
3	향후 5년 안에 정년 (　　　　　) 인구가 급증하게 되면 고령화 사회도 급속도로 빨라질 것이다.
4	출산을 이유로 회사에서 (　　　　　)을 당한 미란 씨는 회사를 상대로 손해배상을 청구하였다.
5	이 사업은 적어도 만 명의 (　　　　　)을 창출하게 될 것으로 예상된다.
6	우리 회사에서는 신입 사원으로 올바른 (　　　　　)을 가진 패기 있는 젊은이를 뽑고자 합니다.
7	어느 분야든 (　　　　　)이 투철해야만 그 분야에서 전문가가 될 수 있다.
8	팬데믹 사태와 경기 불황으로 올해 대학생 (　　　　　)이 매우 저조하다.
9	K-그룹은 그룹 차원에서 각 계열사에 (　　　　　)자를 조사하라고 지시하였다.
10	직장 내 갑질을 더 이상 견디지 못한 이 대리는 (　　　　　)를 결심하고, 다른 직장을 알아보기로 하였다.
11	요즘 대학생들의 관심은 연애나 아르바이트가 아닌 (　　　　　) 문제에 집중해 있다.
12	장애인의 인간다운 삶을 위해서는 사회 전반의 장애인 (　　　　　)이 높아져야 한다.
13	최근에는 높은 임금보다 (　　　　　)을 선호하는 노동자가 늘어나고 있다
14	요즘 국제 경제가 어려워서인지 여러 대기업들이 과감하게 (　　　　　)를 단행하고 있다.
15	우리 회사는 업무처리 능력과 실적에 따라 (　　　　　)에 차이가 있다.
16	직업은 자신의 성격과 (　　　　　)에 맞게 선택하는 것이 바람직하다.
17	세계적인 불경기로 하반기의 자동차 수출 (　　　　　)이 매우 불투명하다.
18	선우 씨는 열심히 일한 (　　　　　)이 있어 이번에 과장에서 차장으로 승진했다.
19	이 회사가 무한한 (　　　　　)이 있다고 생각했기 때문에 입사를 결정했습니다.
20	그는 필기시험에서는 늘 합격을 하면서도 (　　　　　)에서 번번이 떨어졌다.
21	그 회사에 입사하려면 우선 (　　　　　)에 통과해야 하고 2차로 구두시험에 합격해야 한다.
22	그는 작년 영업 실적이 좋지 않아서 올해 (　　　　　)을 삭감당했다.
23	우리는 그 일을 잘 해내고 싶다는 강렬한 (　　　　　)과 열정이 있다면 좋은 성과를 얻을 수 있다.
24	전체 국민 중 일차 산업 (　　　　　)의 비율이 점차 줄어들고 있다.
25	회사는 이번 프로젝트를 성공으로 이끈 직원들에게 (　　　　　)의 의미로 격려금을 지급했다.

26	그녀는 건강상의 문제로 기능직보다는 좀 더 편한 (　　　　　)으로 업무 변경을 신청하였다.
27	그는 학비를 마련하기 위해 여러 종류의 (　　　　　)를 꾸준히 해 오고 있다.
28	나는 학생 때부터 임시직으로 그 회사에서 일하다가 졸업 후에 (　　　　　)으로 입사하였다.
29	중국 상해지사의 김 부장은 새로 개업한 매장 계약서를 급하게 본사 (　　　　　)로 보내왔다.
30	삼성 입사지원 (　　　　　)는 회사가 정한 양식에 맞춰 작성한 뒤 안내한 방법으로 제출해야 한다.
31	한 달 전에 일을 그만둔 친구는 신문 구인 광고란의 (　　　　　)을 꼼꼼하게 살피고 있다.
32	최근 들어 (　　　　　) 인력의 증가로 인한 고용 시장의 불안이 사회적 문제가 되고 있다.
33	그들은 직장 (　　　　　)로 만나서 서로 애정을 느끼고 결혼까지 하게 되었다.
34	경영난에 빠진 (　　　　　)를 공장 직원들과 본사 임직원이 다 함께 협력하여 다시 일으켰다.
35	현재 정부에서 일하는 시간제 (　　　　　)은 공무원 연금이 아닌 국민연금의 적용을 받고 있다
36	취업경쟁이 과열되다 보니 취업 준비생들이 받는 (　　　　　)가 갈수록 커져 가고 있다.
37	그 회사는 근무 (　　　　　)이 많고 실적이 좋은 사원에게 우대를 해 주었다.
38	고 부장은 이 대리의 업무 처리 (　　　　　)이 결코 다른 사람에게 뒤지지 않는다고 판단하였다.
39	요즘은 넥타이를 매지 않은 가볍고 시원한 옷차림이 (　　　　　)들에게 인기를 끌고 있다.
40	국가의 산업이 발전하면 그 나라 국민들의 국민 (　　　　　) 수준 또한 향상될 것이다.
41	자국의 산업을 보호·육성하기 위하여 (　　　　　)에 제한을 두는 나라가 점점 늘고 있다.
42	적절한 (　　　　　)과 적절한 휴식이 결합화할 때 활기찬 생활을 기대할 수 있다.
43	모든 직장인들은 자신이 노력한 만큼의 (　　　　　)를 정당하게 받기를 원한다.
44	회사의 규모가 커지면서 홍보 전담 부서의 (　　　　　)이 제기되었다.
45	회사에서 일을 할 때 쌍방향적인 대화가 이루어지지 않으면 (　　　　　)에 오해가 생기기 쉽다.
46	부서장들은 간부 (　　　　　)에서 결정된 사안을 부원들에게 알려주고 업무에 적용하라고 지시하였다.
47	오늘부터 회사 지침에 따라 회사 내에서는 (　　　　　)뿐만 아니라 화장실에서도 모두 금연입니다.
48	나는 상반기 승진자 (　　　　　)에 내 이름이 없는 걸 확인하고 심하게 충격을 받았다.
49	책상 위에는 어제 김 과장에게서 받은 하반기 판매 현황에 관한 (　　　　　)가 놓여 있었다.
50	세계적으로 유명한 사업가들은 저마다 특별한 (　　　　　)의 비결을 가지고 있다.
51	직원들의 (　　　　　) 의견이 모아지면 그중에서 가장 실용적인 것을 골라 사업화할 계획입니다.
52	그는 (　　　　　)가 되었지만 가수에 대한 미련 때문에 시간이 날 때마다 오디션을 보러 다녔다.

53	그 기업의 성공 (　　　　　　)은 직원들 간의 역할 분담이 척척 맞아떨어진 결과이다.
54	이번 채용에서는 위의 자격 요건에 해당하는 사람만 (　　　　　　)를 제출하십시오.
55	최첨단 기계 (　　　　　)은 공장의 가동률을 향상시켜 제품 생산량이 2배로 증가하였다.
56	연말 회사 불우이웃 돕기 행사는 많은 (　　　　　)의 도움으로 기대 이상의 성과를 거둘 수 있었다.
57	회사는 직원들의 (　　　　　)을 높이기 위한 방안 마련을 위해 적극적으로 노력하고 있다.
58	공정 거래 위원회는 부당한 공동 행위를 한 (　　　　　)에 대해서 과징금을 징수한다.
59	회사의 다양한 상품 개발은 (　　　　　)에게 선택의 폭을 넓혀 준다.
60	올 봄에 유럽으로 수출된 우리 회사 상품이 그곳에서 좋은 (　　　　　)을 얻고 있다.
61	신입사원이 아이디어를 낸 (　　　　　) 상품의 성공으로 그 회사는 아주 큰 이익을 얻었다.
62	사업의 성공을 위해서는 무엇보다도 (　　　　　)인 마케팅법을 배워야 한다.
63	우리 회사는 매달 상품의 판매 현황을 조사하여 (　　　　　)로 제출한다.
64	이번 상반기 매출 증가로 본사 (　　　　　) 분위기는 매우 들떠 있었다.
65	민호는 입사 후부터 매일 (　　　　　)을 입고 신사화를 신고 출근을 하고 있다.
66	우리 회사 사무실 한쪽 벽에는 사원들의 (　　　　　) 비교표가 커다랗게 붙어 있었다.
67	특히 신입사원이 일하는 데에 있어서는 적극적인 (　　　　　)가 매우 중요하다.
68	이번에 새롭게 개장한 매장 점원들은 친절하고 싹싹한 (　　　　　)로 손님들을 맞았다.
69	최 부장님은 갑자기 건강 악화로 20년 동안 근무했던 회사를 (　　　　　)수밖에 없었다.
70	항상 묵묵히 주어진 업무를 열심히 하는 그에게 과장님은 이번 프로젝트를 믿고 (　　　　　).
71	노사측은 회사 분위기가 안정되고 공장이 정상화 될 때까지 임금협상을 (　　　　　)로 했다.
72	우리 회사는 위험수당이 너무나 비현실적으로 책정되어 있다는 것을 개선점으로 (　　　　　) 수 있다.
73	이날 회의는 임금 인상 범위에서 의견 차이를 보였을 뿐, 임금 인상의 필요성에 대해서는 대체적으로 (　　　　　) 분위기였다.
74	우리 회사는 업무상 그 업체와 매우 (　　　　　) 관계를 유지해 오고 있다.
75	이번 행사를 위해 본사와 대리점 간의 협조가 긴밀히 (　　　　　) 있다.
76	삼성과 현대, LG 등 대기업은 국가 경제를 (　　　　　)는 데 중요한 역을 담당하고 있다.
77	이번 창립 축하 파티에는 본사와 공장의 직원 대부분이 (　　　　　) 함께 즐거운 시간을 보냈다.
78	이 대리는 이번에 입사한 신입사원들에게 회사 규칙과 업무에 대해 친절하게 (　　　　　).

79	이 회사를 ( ) 최 회장은 항상 회사의 이익보다 직원들의 복리 후생을 강조했다.
80	아름이 화장품에서 새로 나온 화장수가 모든 피부에 맞는다고 소비자들에게 ( ).
81	부서별로 이번에 출시한 신제품을 ( ) 위한 구체적인 실행 방안을 마련하였다.
82	노조에서는 회사측에 불합리한 근로 조건을 ( ) 줄 것을 건의하기로 하였다.
83	회사는 직원들의 의견을 적극적으로 수렴하기 위해서 개방형 회의 방식을 ( ).
84	인사 담당자는 상반기 신입 사원 선발 인원을 대폭 ( ) 계획이라고 밝혔다.
85	어업에 ( ) 어민들은 언제나 일기예보나 기상 통보에 주의해야 한다.
86	새로 ( ) 회사는 작기는 하지만 사원 간의 분위기가 조아서 마음이 놓였다.
87	신입사원 시절에는 하나라도 더 배우기 위해 업무에 집중하는데 많은 시간을 ( ).
88	갑자기 몰려든 주문으로 직원이 모두 퇴근을 못 하고 일을 해 밤 10시가 되어서야 잔업을 ( ).
89	요즘 기업가의 꿈을 꾸며 ( ) 삼십 대 여성이 부쩍 늘어나고 있다.
90	우리 사장님은 각 사원의 능력을 ( ) 위한 프로그램 개발에 투자를 아끼지 않으신다.
91	그 매장에서는 사은 행사로 2주간 물건값을 20% 할인하여 ( )고 광고했다.
92	차 과장님은 늘 자신의 일을 아랫사람들에게 ( ) 버릇이 있으시다.
93	사장은 이번 프로젝트의 진행 상황을 중간 중간에 수시로 ( )고 지시하였다.
94	회사에서 다른 사람의 의견을 무조건 ( ) 말고 주체성을 가지고 받아들여야 한다.
95	사장님은 사원의 사기 증진을 위해 부서별로 깜짝 ( ) 회식비를 지원하셨다.

어휘 답안

	일과 직업
1	인구가 도시로 몰리게 되면 (일자리)가 모자라 실업자가 늘고, 주택난도 심각해진다.
2	정부는 서울로 집중된 젊은층을 위한 (일자리 창출)에 대한 대책 마련에 들어갔다.
3	향후 5년 안에 정년 (퇴직) 인구가 급증하게 되면 고령화 사회도 급속도로 빨라질 것이다.
4	출산을 이유로 회사에서 (권고사직)을 당한 미란 씨는 회사를 상대로 소해배상을 청구하였다.
5	이 사업은 적어도 만 명의 (고용)을 창출하게 될 것으로 예상된다.
6	우리 회사에서는 신입 사원으로 올바른 (직업관)을 가진 패기 있는 젊은이를 뽑고자 합니다.
7	어느 분야든 (직업의식)이 투철해야만 그 분야에서 전문가가 될 수 있다.
8	팬데믹 사태와 경기 불황으로 올해 대학생 (취업률)이 매우 저조하다.
9	K-그룹은 그룹 차원에서 각 계열사에 (희망퇴직)자를 조사하라고 지시하였다.
10	직장 내 갑질을 더 이상 견디지 못한 이 대리는 (퇴사)를 결심하고, 다른 직장을 알아보기로 하였다.
11	요즘 대학생들의 관심은 연애나 아르바이트가 아닌 (취업) 문제에 집중해 있다.
12	장애인의 인간다운 삶을 위해서는 사회 전반의 장애인 (고용률)이 높아져야 한다.
13	최근에는 높은 임금보다 (고용 안정)을 선호하는 노동자가 늘어나고 있다
14	요즘 국제 경제가 어려워서인지 여러 대기업들이 과감하게 (정리해고)를 단행하고 있다.
15	우리 회사는 업무처리 능력과 실적에 따라 (급여)에 차이가 있다.
16	직업은 자신의 성격과 (적성)에 맞게 선택하는 것이 바람직하다.
17	세계적인 불경기로 하반기의 자동차 수출 (전망)이 매우 불투명하다.
18	선우 씨는 열심히 일한 (보람)이 있어 이번에 과장에서 차장으로 승진했다.
19	이 회사가 무한한 (발전 가능성)이 있다고 생각했기 때문에 입사를 결정했습니다.
20	그는 필기시험에서는 늘 합격을 하면서도 (면접)에서 번번이 떨어졌다.
21	그 회사에 입사하려면 우선 (서류 전형)에 통과해야 하고 2차로 구두시험에 합격해야 한다.
22	그는 작년 영업 실적이 좋지 않아서 올해 (연봉)을 삭감당했다.
23	우리는 그 일을 잘 해내고 싶다는 강렬한 (성취욕)과 열정이 있다면 좋은 성과를 얻을 수 있다.
24	전체 국민 중 일차 산업 (종사자)의 비율이 점차 줄어들고 있다.
25	회사는 이번 프로젝트를 성공으로 이끈 직원들에게 (금전적 보상)의 의미로 격려금을 지급했다.

26	그녀는 건강상의 문제로 기능직보다는 좀 더 편한 (사무직)으로 업무 변경을 신청하였다.
27	그는 학비를 마련하기 위해 여러 종류의 (아르바이트)를 꾸준히 해 오고 있다.
28	나는 학생 때부터 임시직으로 그 회사에서 일하다가 졸업 후에 (정규직)으로 입사하였다.
29	중국 상해지사의 김 부장은 새로 개업한 매장 계약서를 급하게 본사 (팩스)로 보내왔다.
30	삼성 입사지원 (서류)는 회사가 정한 양식에 맞춰 작성한 뒤 안내한 방법으로 제출해야 한다.
31	한 달 전에 일을 그만둔 친구는 신문 구인 광고란의 (고용직)을 꼼꼼하게 살피고 있다.
32	최근 들어 (비정규직) 인력의 증가로 인한 고용 시장의 불안이 사회적 문제가 되고 있다.
33	그들은 직장 (동료)로 만나서 서로 애정을 느끼고 결혼까지 하게 되었다.
34	경영난에 빠진 (회사)를 공장 직원들과 본사 임직원이 다 함께 협력하여 다시 일으켰다.
35	현재 정부에서 일하는 시간제 (계약직)은 공무원 연금이 아닌 국민연금의 적용을 받고 있다
36	취업경쟁이 과열되다 보니 취업 준비생들이 받는 (스트레스)가 갈수록 커져 가고 있다.
37	그 회사는 근무 (경력)이 많고 실적이 좋은 사원에게 우대를 해 주었다.
38	고 부장은 이 대리의 업무 처리 (능력)이 결코 다른 사람에게 뒤지지 않는다고 판단하였다.
39	요즘은 넥타이를 매지 않은 가볍고 시원한 옷차림이 (직장인)들에게 인기를 끌고 있다.
40	국가의 산업이 발전하면 그 나라 국민들의 국민 (소득) 수준 또한 향상될 것이다.
41	자국의 산업을 보호 · 육성하기 위하여 (수입)에 제한을 두는 나라가 점점 늘고 있다.
42	적절한 (노동)과 적절한 휴식이 결합화할 때 활기찬 생활을 기대할 수 있다.
43	모든 직장인들은 자신이 노력한 만큼의 (대가)를 정당하게 받기를 원한다.
44	회사의 규모가 커지면서 홍보 전담 부서의 (필요성)이 제기되었다.
45	회사에서 일을 할 때 쌍방향적인 대화가 이루어지지 않으면 (의사소통)에 오해가 생기기 쉽다.
46	부서장들은 간부 (회의)에서 결정된 사안을 부원들에게 알려주고 업무에 적용하라고 지시하였다.
47	오늘부터 회사 지침에 따라 회사 내에서는 (사무실)뿐만 아니라 화장실에서도 모두 금연입니다.
48	나는 상반기 승진자 (명단)에 내 이름이 없는 걸 확인하고 심하게 충격을 받았다.
49	책상 위에는 어제 김 과장에게서 받은 하반기 판매 현황에 관한 (자료)가 놓여 있었다.
50	세계적으로 유명한 사업가들은 저마다 특별한 (성공)의 비결을 가지고 있다.
51	직원들의 (창의적인) 의견이 모아지면 그중에서 가장 실용적인 것을 골라 사업화할 계획입니다.
52	그는 (사업가)가 되었지만 가수에 대한 미련 때문에 시간이 날 때마다 오디션을 보러 다녔다.

53	그 기업의 성공 (비결)은 직원들 간의 역할 분담이 척척 맞아떨어진 결과이다.
54	이번 채용에서는 위의 자격 요건에 해당하는 사람만 (이력서)를 제출하십시오.
55	최첨단 기계 (도입)은 공장의 가동률을 향상시켜 제품 생산량이 2배로 증가하였다.
56	연말 회사 불우이웃 돕기 행사는 많은 (지원자)의 도움으로 기대 이상의 성과를 거둘 수 있었다.
57	회사는 직원들의 (생산성)을 높이기 위한 방안 마련을 위해 적극적으로 노력하고 있다.
58	공정 거래 위원회는 부당한 공동 행위를 한 (사업자)에 대해서 과징금을 징수한다.
59	회사의 다양한 상품 개발은 (고객)에게 선택의 폭을 넓혀 준다.
60	올 봄에 유럽으로 수출된 우리 회사 상품이 그곳에서 좋은 (반응)을 얻고 있다.
61	신입사원이 아이디어를 낸 (기획) 상품의 성공으로 그 회사는 아주 큰 이익을 얻었다.
62	사업의 성공을 위해서는 무엇보다도 (효과적)인 마케팅법을 배워야 한다.
63	우리 회사는 매달 상품의 판매 현황을 조사하여 (보고서)로 제출한다.
64	이번 상반기 매출 증가로 본사 (회의장) 분위기는 매우 들떠 있었다.
65	민호는 입사 후부터 매일 (정장)을 입고 신사화를 신고 출근을 하고 있다.
66	우리 회사 사무실 한쪽 벽에는 사원들의 (업무 실적) 비교표가 커다랗게 붙어 있었다.
67	특히 신입사원이 일하는 데에 있어서는 적극적인 (자세)가 매우 중요하다.
68	이번에 새롭게 개장한 매장 점원들은 친절하고 싹싹한 (태도)로 손님들을 맞았다.
69	최 부장님은 갑자기 건강 악화로 20년 동안 근무했던 회사를 (그만둘) 수밖에 없었다.
70	항상 묵묵히 주어진 업무를 열심히 하는 그에게 과장님은 이번 프로젝트를 믿고 (맡겼다).
71	노사측은 회사 분위기가 안정되고 공장이 정상화 될 때까지 임금협상을 (유보하기)로 했다.
72	우리 회사는 위험수당이 너무나 비현실적으로 책정되어 있다는 것을 개선점으로 (지적할) 수 있다.
73	이날 회의는 임금 인상 범위에서 의견 차이를 보였을 뿐, 임금 인상의 필요성에 대해서는 대체적으로 (동의하는) 분위기였다.
74	우리 회사는 업무상 그 업체와 매우 (원활한) 관계를 유지해 오고 있다.
75	이번 행사를 위해 본사와 대리점 간의 협조가 긴밀히 (이루어지고) 있다.
76	삼성과 현대, LG 등 대기업은 국가 경제를 (발전시키)는 데 중요한 역을 담당하고 있다.
77	이번 창립 축하 파티에는 본사와 공장의 직원 대부분이 (참석하여) 함께 즐거운 시간을 보냈다.
78	이 대리는 이번에 입사한 신입사원들에게 회사 규칙과 업무에 대해 친절하게 (알려주었다).

79	이 회사를 (설립한) 최 회장은 항상 회사의 이익보다 직원들의 복리 후생을 강조했다.
80	아름이 화장품에서 새로 나온 화장수가 모든 피부에 맞는다고 소비자들에게 (광고하였다).
81	부서별로 이번에 출시한 신제품을 (홍보하기) 위한 구체적인 실행 방안을 마련하였다.
82	노조에서는 회사측에 불합리한 근로 조건을 (개선해) 줄 것을 건의하기로 하였다.
83	회사는 직원들의 의견을 적극적으로 수렴하기 위해서 개방형 회의 방식을 (도입하였다).
84	인사 담당자는 상반기 신입 사원 선발 인원을 대폭 (확충할) 계획이라고 밝혔다.
85	어업에 (종사하는) 어민들은 언제나 일기예보나 기상 통보에 주의해야 한다.
86	새로 (입사한) 회사는 작기는 하지만 사원 간의 분위기가 조아서 마음이 놓였다.
87	신입사원 시절에는 하나라도 더 배우기 위해 업무에 집중하는데 많은 시간을 (보냈다).
88	갑자기 몰려든 주문으로 직원이 모두 퇴근을 못 하고 일을 해 밤 10시가 되어서야 잔업을 (끝냈다).
89	요즘 기업가의 꿈을 꾸며 (도전하는) 삼십 대 여성이 부쩍 늘어나고 있다.
90	우리 사장님은 각 사원의 능력을 (개발하기) 위한 프로그램 개발에 투자를 아끼지 않으신다.
91	그 매장에서는 사은 행사로 2주간 물건값을 20% 할인하여 (판매한다)고 광고했다.
92	차 과장님은 늘 자신의 일을 아랫사람들에게 (미루는) 버릇이 있으시다.
93	사장은 이번 프로젝트의 진행 상황을 중간 중간에 수시로 (보고하라)고 지시하였다.
94	회사에서 다른 사람의 의견을 무조건 (수용하지) 말고 주체성을 가지고 받아들여야 한다.
95	사장님은 사원의 사기 증진을 위해 부서별로 깜짝 (방문하여) 회식비를 지원하셨다.

기타(스포츠 · 도서 등)				
스포츠	정신	올림픽	월드컵	감독
선수	시합(경기)	팀	개인	단체
수상	오륜기	대항	순위	메달
방법	연습	경쟁	건강	운동법
헬스장	취미	결승전	예선전	스포츠 교류
원정 경기	응원	부상	재활 치료	라이벌
작가	종이책	전자책	창작	필요성
갈래	규범	체계	수립	유형
독서율	도서	출판	서점	무료
기록	보존	원작	가치	정서
정신력	기술력	체력	협동심	의지력
힘(에너지)	공동 개최	관중	환호	심판
조력자	약물	규칙	신뢰성	경기장
발굴하다	경기하다	측정하다	선발하다	연습하다
밀접하다	분명하다	대치되다	인정되다	모색하다
제한하다	엄격하다	부정하다	변화하다	발족하다
구별하다	평가하다	측정하다	인식되다	달라지다
고려하다	제외하다	이룩하다	지휘하다	좌절하다
지다	실패하다	우승하다	승리하다	넘기다
착안하다	펼치다	수용하다	정당하다	공정하다

어휘 문제

	기타(스포츠 · 도서 등)
1	요즘은 바쁜 현대인들을 위해 실내에서 혼자 할 수 있는 ( )가 각광을 받고 있다.
2	건전한 ( )과 건강한 신체는 우리 인간이 추구하는 기본적인 삶의 조건이다.
3	한국은 1988년 서울 하계( )과 2018년 평창 동계( )을 유치하여 성공적으로 치러냈다.
4	이번 ( )에서 선전하면 한국 축구는 세계무대로 도약할 수 있을 것이다.
5	오늘 경기에서 그는 ( )으로서의 진면목을 유감없이 발휘했다.
6	이번 축구 결승전에서는 전반전에서 두 명의 ( )가 안타깝게도 퇴장당했다.
7	김종기 선수는 부상으로 전국 소년체전 남자부 장거리 ( )에 결장했다.
8	친선 시합이 무려 수십 회나 치러지는 동안 두 ( )의 실력은 눈에 띄게 향상되고 있었다.
9	거대한 조직 사회 안에서 ( )의 힘이란 한계가 있기 마련이다.
10	각종 스포츠 ( )에서는 일제히 손 선수를 돕는 모금운동이 전개되었다.
11	KT 로하스 선수가 프로야구 2020년 시즌 MVP ( )자로 선정되었다.
12	올림픽 경기장 입구에 펄럭이는 ( )와 만국기는 개막식의 분위기를 더욱 북돋워 주었다.
13	시 ( ) 체육대회가 10월 5일부터 7일까지 서울운동장에서 성황리에 개최될 예정입니다.
14	우리 학교는 전국체전에서 종합 ( ) 4위를 차지하는 성과를 올렸다.
15	그는 기능 올림픽에서 ( )을 따서 호봉도 올라가고 남보다 좋은 대우를 받았다.
16	동계 훈련은 선수들의 체력뿐만 아니라 정신력을 강화하는 좋은 ( )이다.
17	장봉기 투수는 다음 시즌 우승을 위해 어제부터 본격적으로 투구 ( )에 들어갔다.
18	축구 정규시즌이 끝나자 각 대학에서는 우수 선수에 대한 스카우트 ( )이 치열해졌다.
19	특히 운동선수에게 규칙적인 생활은 ( )을 유지하는데 기본이 된다.
20	노인분들은 무리하지 않도록 나이에 알맞은 ( )을 찾는 것이 매우 중요하다.
21	내가 다니는 ( )에는 사회 체육학과 출신의 트레이너가 여러 명이 있다.
22	나는 새로운 ( )로 등산 동호회에 가입하여 매주 산행을 다니고 있다.
23	그 선수는 좋은 성적을 거두며 고순위로 ( )을 통과했다.
24	양국은 체육 행사 개최와 같은 ( )를 통해 조금씩 마음의 문을 열었다.
25	우리나라 축구 대표팀은 ( )에서 상대 팀을 3대 0으로 격파했다.

26	후반전으로 들어서자, 경기장은 떠나갈 듯한 ( ) 소리와 함께 팽팽한 긴장감이 감돌기까지 했다.
27	구단은 선수들의 줄지은 ( )으로 선수 수급에 차질을 빚게 되어 고민에 빠졌다.
28	손 선수는 다리 수술을 받고 난 뒤 물리 치료과에서 오랫동안 ( )를 받아야 했다.
29	이번 농구대회에서는 ( )인 두 선수의 대결이 기대됩니다.
30	예선을 거쳐 준결승에서 이긴 두 팀은 ( )에서 우승을 놓고 겨루게 된다.
31	이 소설에는 ( )의 사상과 감정이 잘 나타나 있다는 것이 특징입니다.
32	요즘은 인터넷상에서 인기를 끈 소설이 ( )으로 출간되는 경우가 많다.
33	그는 평생 ( ) 활동에만 전념하면서 수십 권의 소설을 발표하였다.
34	나는 요즘 체력이 떨어지는 것을 느끼고 새삼 운동의 ( )을 깨닫게 되었다
35	문학의 ( )는 형식적으로는 크게 운문과 산문으로 나눌 수 있다.
36	이 책은 속편으로서 전편의 내용과 ( )을 충실히 따르고 있다.
37	이번 소설을 쓰기 위해서 필요한 자료를 수집하여 ( )적으로 정리했다.
38	책 중반부에는 새 정부의 ( )에 대한 이야기가 구체적으로 나오고 있다.
39	소설을 각색하여 드라마로 만든 이번 작품에 나오는 주인공은 전형적인( )의 한국 여성이다.
40	기존 종이책 시장에서 소외되었던 장르 문학은 ( ) 시장에서 인기가 대단하다.
41	요즘 청소년들의 ( )은 예전에 비해 감소하고 있는 추세이다.
42	매년 쏟아지는 많은 ( ) 가운데 좋은 책을 골라내는 것은 그리 쉬운 일이 아니다.
43	이번 ( ) 기념회를 위하여 신문이나 잡지에 광고를 내고 포스터와 팸플릿도 준비하기로 했다.
44	오래간만에 시내 ( )에 들러 내가 좋아하는 시집과 신간소설을 몇 권 사왔다.
45	어린이날을 맞이하여 고아원에 ( )로 아동도서 100권을 기증하기로 했다.
46	김 작가의 신작소설은 연일 판매 ( )을 갱신하고 한빛문고 베스트셀러 1위에 올랐다.
47	올 봄에 나온 환경관련 도서는 생태계 ( )에 대한 내용으로 우리에게 경고를 하고 있습니다.
48	이 작품은 18세기 귀족사회를 배경으로 한 ( )을 현대에 맞게 각색하였다.
49	조선왕조실록은 세계문화유산으로 등재될 만한 ( )가 있었다.
50	이번에 노벨문학상을 수상한 독일소설을 우리 ( )에 맞게 번안하여 국내에 소개하였다.
51	그 선수는 체력이 달렸지만 ( ) 하나로 버텨 끝까지 완주했다.
52	한국 스포츠는 우수한 ( )으로 전 분야에서 뛰어난 선수를 배출하고 있다.

53	선수들은 이번 동계훈련에서 협동 정신을 기르고 강인한 ( )을 연마하였다.
54	배드민턴에서 단체경기는 개인경기와 달리 ( )이 중요하다.
55	그는 강한 ( )으로 신체의 장애를 극복하고 장애인올림픽에서 금메달을 목에 걸었다.
56	씨름은 ( )만 세다고 경기에서 이기는 것은 아니다.
57	2026년 하계올림픽은 남한과 북한의 ( )로 결정되었다.
58	그들은 단상에서 우승컵을 높이 치켜들고 기뻐하는 ( )에게 답례를 했다.
59	많은 팬들은 공항에 몰려와 축구 대표팀의 입국에 ( )를 지르며 환영했다.
60	그 선수는 ( )의 판정에 끝내 승복하지 않고 재심을 신청했다.
61	감독은 선수들의 ( )가 되어야지 감시자가 되어서는 안 된다.
62	올림픽에서 ( )을 복용한 선수는 실격된다는 규칙에 따라 김 모 선수는 퇴출되었다.
63	축구협회에는 이번에 축구 경기 방법을 공격자에게 유리하게 ( )을 개정하였다.
64	우승을 위해서는 감독과 선수간의 ( )이 무엇보다 중요하다.
65	이 ( )은 기와집의 처마를 살려 디자인하여 한국의 전통을 살렸다는데 의미가 있다.
66	시즌이 끝나자마자 감독은 우수한 선수를 ( )위해 유럽으로 날아갔다.
67	실력이 비슷한 두 팀이 ( ) 승패를 예측하기 힘들어 보는 사람도 긴장이 된다.
68	손 선수의 정확한 부상 원인을 파악하기 위해 최첨단 장비를 이용하여 무릎을 ( )로 했다.
69	전국체전을 위해 각 도에서 ( ) 선수들이 경기장으로 입장하고 있다.
70	국제 경기를 앞두고 국가 대표 선수들은 태릉선수촌에서 합숙을 하며 꾸준히 ( ).
71	다변하는 국제 정세는 국가 간의 ( ) 유대와 협력을 필요로 한다.
72	이번 결승전에서는 어느 팀의 전략이 더 우수한 지가 ( ) 판가름날 것이다.
73	이 글을 보면 새로운 사고방식이 낡은 사고방식과 ( ) 있음을 알 수 있다.
74	우리의 한글은 세계 어느 문자보다 뛰어나다고 널리 ( ) 있다.
75	구단과 감독은 이번 성적 부진을 타파하기 위한 방안을 다각도로 ( ) 있다.
76	유도와 레슬링 국가 대표 선수들은 체급을 유지하기 위해 식사량을 ( ).
77	박 감독은 겉으로는 부드러워 보이지만 훈련 중에는 아주 ( )로 유명하다.
78	구단은 신 선수와 관련하여 신문에 보도된 사실을 전부 ( ).
79	작가들은 요즘처럼 빠르게 ( ) 독자의 심리를 헤아리는 것은 힘들다고 했다.

80	우리 학회는 ( ) 지 얼마 되지 않아서 아직까지는 비조직화되어 있다.
81	두 작가의 이미지는 신기하게도 ( ) 어려울 정도로 닮아있다.
82	그 소설은 학생들의 언어적 사고력을 ( ) 위해 출제됐다.
83	손 선수의 부상 상태를 확인하기 위해 호흡 상태와 근육의 긴장도를 ( ).
84	문맹 퇴치는 근대화를 촉진하는 데 가장 중요한 수단으로 ( ) 왔다.
85	이번 경기에서 우승을 하면서 구단과 감독, 선수들의 표정뿐만 아니라 팀 분위기까지 ( ).
86	작가는 주인공의 심리적인 측면을 ( ) 3장에서는 좀 더 과감한 이야기를 쓰기로 했다.
87	그는 잠자는 시간을 ( ) 한시도 소설 쓰는 일을 멈추지 않았다.
88	한빛출판사는 이번에 조선시대 역사물을 끝으로 한국의 역사서 완판을 ( ).
89	그는 훌륭한 지도자가 갖추어야 할 강력한 지도력과 부드러움으로 팀을 ( ) 나갔다.
90	그 팀은 여러 차례의 패배에도 불구하고 ( ) 않고 끝까지 싸워 마지막 1승을 이루었다.
91	이번 경기에서는 우리 팀이 상대 팀에게 ( ) 것으로 예상된다.
92	그 선수는 체중 감량에 ( ) 체급을 올릴 수밖에 없었다.
93	결승전에서 ( ) 우리팀은 슬퍼하지 않고 다음을 기약하며 힘을 내기로 하였다.
94	손기정 선수가 제11회 베를린 올림픽 대회에서 마라톤으로 ( ).
95	나는 설레는 마음으로 새로 나온 류시우 시집의 첫 장을 ( ).
96	그녀는 도서관에서 다양한 종류의 책들을 읽으면서 새로운 아이디어를 ( ) 했다.
97	대학에서는 글쓰기 교과를 통해 자신의 생각을 ( ) 교육하고 있다.
98	요즘은 젊은 층일수록 신문화를 ( ) 것에 능동적인 편이다.
99	그는 권위 있는 학자의 이론을 자신의 논문에 인용하여 자신의 견해가 ( )고 주장하였다.
100	제37회 청소년 축구대회 결승전에서 심판이 ( ) 않았다는 말이 나오고 있다.

기타(스포츠 · 도서 등)

1	요즘은 바쁜 현대인들을 위해 실내에서 혼자 할 수 있는 (스포츠)가 각광을 받고 있다.
2	건전한 (정신)과 건강한 신체는 우리 인간이 추구하는 기본적인 삶의 조건이다.
3	한국은 1988년 서울 하계(올림픽)과 2018년 평창 동계(올림픽)을 유치하여 성공적으로 치러냈다.
4	이번 (월드컵)에서 선전하면 한국 축구는 세계무대로 도약할 수 있을 것이다.
5	오늘 경기에서 그는 (감독)으로서의 진면목을 유감없이 발휘했다.
6	이번 축구 결승전에서는 전반전에서 두 명의 (선수)가 안타깝게도 퇴장당했다.
7	김종기 선수는 부상으로 전국 소년체전 남자부 장거리 (시합)에 결장했다.
8	친선 시합이 무려 수십 회나 치러지는 동안 두 (팀)의 실력은 눈에 띄게 향상되고 있었다.
9	거대한 조직 사회 안에서 (개인)의 힘이란 한계가 있기 마련이다.
10	각종 스포츠 (단체)에서는 일제히 손 선수를 돕는 모금운동이 전개되었다.
11	KT 로하스 선수가 프로야구 2020년 시즌 MVP (수상)자로 선정되었다.
12	올림픽 경기장 입구에 펄럭이는 (오륜기)와 만국기는 개막식의 분위기를 더욱 북돋워 주었다.
13	시 (대항) 체육대회가 10월 5일부터 7일까지 서울운동장에서 성황리에 개최될 예정입니다.
14	우리 학교는 전국체전에서 종합 (순위) 4위를 차지하는 성과를 올렸다.
15	그는 기능 올림픽에서 (메달)을 따서 호봉도 올라가고 남보다 좋은 대우를 받았다.
16	동계 훈련은 선수들의 체력뿐만 아니라 정신력을 강화하는 좋은 (방법)이다.
17	장봉기 투수는 다음 시즌 우승을 위해 어제부터 본격적으로 투구 (연습)에 들어갔다.
18	축구 정규시즌이 끝나자 각 대학에서는 우수 선수에 대한 스카우트 (경쟁)이 치열해졌다.
19	특히 운동선수에게 규칙적인 생활은 (건강)을 유지하는데 기본이 된다.
20	노인분들은 무리하지 않도록 나이에 알맞은 (운동법)을 찾는 것이 매우 중요하다.
21	내가 다니는 (헬스장)에는 사회 체육학과 출신의 트레이너가 여러 명이 있다.
22	나는 새로운 (취미)로 등산 동호회에 가입하여 매주 산행을 다니고 있다.
23	그 선수는 좋은 성적을 거두며 고순위로 (예선전)을 통과했다.
24	양국은 체육 행사 개최와 같은 (스포츠 교류)를 통해 조금씩 마음의 문을 열었다.
25	우리나라 축구 대표팀은 (원정 경기)에서 상대 팀을 3대 0으로 격파했다.

26	후반전으로 들어서자, 경기장은 떠나갈 듯한 (응원) 소리와 함께 팽팽한 긴장감이 감돌기까지 했다.
27	구단은 선수들의 줄지은 (부상)으로 선수 수급에 차질을 빚게 되어 고민에 빠졌다.
28	손 선수는 다리 수술을 받고 난 뒤 물리 치료과에서 오랫동안 (재활 치료)를 받아야 했다.
29	이번 농구대회에서는 (라이벌)인 두 선수의 대결이 기대됩니다.
30	예선을 거쳐 준결승에서 이긴 두 팀은 (결승전)에서 우승을 놓고 겨루게 된다.
31	이 소설에는 (작가)의 사상과 감정이 잘 나타나 있다는 것이 특징입니다.
32	요즘은 인터넷상에서 인기를 끈 소설이 (종이책)으로 출간되는 경우가 많다.
33	그는 평생 (창작) 활동에만 전념하면서 수십 권의 소설을 발표하였다.
34	나는 요즘 체력이 떨어지는 것을 느끼고 새삼 운동의 (필요성)을 깨닫게 되었다
35	문학의 (갈래)는 형식적으로는 크게 운문과 산문으로 나눌 수 있다.
36	이 책은 속편으로서 전편의 내용과 (규범)을 충실히 따르고 있다.
37	이번 소설을 쓰기 위해서 필요한 자료를 수집하여 (체계)적으로 정리했다.
38	책 중반부에는 새 정부의 (수립)에 대한 이야기가 구체적으로 나오고 있다.
39	소설을 각색하여 드라마로 만든 이번 작품에 나오는 주인공은 전형적인(유형)의 한국 여성이다.
40	기존 종이책 시장에서 소외되었던 장르 문학은 (전자책) 시장에서 인기가 대단하다.
41	요즘 청소년들의 (독서율)은 예전에 비해 감소하고 있는 추세이다.
42	매년 쏟아지는 많은 (도서) 가운데 좋은 책을 골라내는 것은 그리 쉬운 일이 아니다.
43	이번 (출판) 기념회를 위하여 신문이나 잡지에 광고를 내고 포스터와 팸플릿도 준비하기로 했다.
44	오래간만에 시내 (서점)에 들러 내가 좋아하는 시집과 신간소설을 몇 권 사왔다.
45	어린이날을 맞이하여 고아원에 (무료)로 아동도서 100권을 기증하기로 했다.
46	김 작가의 신작소설은 연일 판매 (기록)을 갱신하고 한빛문고 베스트셀러 1위에 올랐다.
47	올 봄에 나온 환경관련 도서는 생태계 (보존)에 대한 내용으로 우리에게 경고를 하고 있습니다.
48	이 작품은 18세기 귀족사회를 배경으로 한 (원작)을 현대에 맞게 각색하였다.
49	조선왕조실록은 세계문화유산으로 등재될 만한 (가치)가 있었다.
50	이번에 노벨문학상을 수상한 독일소설을 우리 (정서)에 맞게 번안하여 국내에 소개하였다.
51	그 선수는 체력이 달렸지만 (정신력) 하나로 버텨 끝까지 완주했다.
52	한국 스포츠는 우수한 (기술력)으로 전 분야에서 뛰어난 선수를 배출하고 있다.

53	선수들은 이번 동계훈련에서 협동 정신을 기르고 강인한 (체력)을 연마하였다.
54	배드민턴에서 단체경기는 개인경기와 달리 (협동심)이 중요하다.
55	그는 강한 (의지력)으로 신체의 장애를 극복하고 장애인올림픽에서 금메달을 목에 걸었다.
56	씨름은 (힘)만 세다고 경기에서 이기는 것은 아니다.
57	2026년 하계올림픽은 남한과 북한의 (공동 개최)로 결정되었다.
58	그들은 단상에서 우승컵을 높이 치켜들고 기뻐하는 (관중)에게 답례를 했다.
59	많은 팬들은 공항에 몰려와 축구 대표팀의 입국에 (환호)를 지르며 환영했다.
60	그 선수는 (심판)의 판정에 끝내 승복하지 않고 재심을 신청했다.
61	감독은 선수들의 (조력자)가 되어야지 감시자가 되어서는 안 된다.
62	올림픽에서 (약물)을 복용한 선수는 실격된다는 규칙에 따라 김 모 선수는 퇴출되었다.
63	축구협회에는 이번에 축구 경기 방법을 공격자에게 유리하게 (규칙)을 개정하였다.
64	우승을 위해서는 감독과 선수간의 (신뢰성)이 무엇보다 중요하다.
65	이 (경기장)은 기와집의 처마를 살려 디자인하여 한국의 전통을 살렸다는데 의미가 있다.
66	시즌이 끝나자마자 감독은 우수한 선수를 (발굴하기)위해 유럽으로 날아갔다.
67	실력이 비슷한 두 팀이 (경기하면)승패를 예측하기 힘들어 보는 사람도 긴장이 된다.
68	손 선수의 정확한 부상 원인을 파악하기 위해 최첨단 장비를 이용하여 무릎을 (검사하기)로 했다.
69	전국체전을 위해 각 도에서 (선발된) 선수들이 경기장으로 입장하고 있다.
70	국제 경기를 앞두고 국가 대표 선수들은 태릉선수촌에서 합숙을 하며 꾸준히 (연습하였다).
71	다변하는 국제 정세는 국가 간의 (밀접한) 유대와 협력을 필요로 한다.
72	이번 결승전에서는 어느 팀의 전략이 더 우수한 지가 (분명하게) 판가름날 것이다.
73	이 글을 보면 새로운 사고방식이 낡은 사고방식과 (대치되고) 있음을 알 수 있다.
74	우리의 한글은 세계 어느 문자보다 뛰어나다고 널리 (인정되고) 있다.
75	구단과 감독은 이번 성적 부진을 타파하기 위한 방안을 다각도로 (모색하고) 있다.
76	유도와 레슬링 국가 대표 선수들은 체급을 유지하기 위해 식사량을 (제한하다).
77	박 감독은 겉으로는 부드러워 보이지만 훈련 중에는 아주 (엄격하기)로 유명하다.
78	구단은 신 선수와 관련하여 신문에 보도된 사실을 전부 (부정했다).
79	작가들은 요즘처럼 빠르게 (변화하는) 독자의 심리를 헤아리는 것은 힘들다고 했다.

80	우리 학회는 (발족한) 지 얼마 되지 않아서 아직까지는 비조직화되어 있다.
81	두 작가의 이미지는 신기하게도 (구별하기) 어려울 정도로 닮아있다.
82	그 소설은 학생들의 언어적 사고력을 (평가하기) 위해 출제됐다.
83	손 선수의 부상 상태를 확인하기 위해 호흡 상태와 근육의 긴장도를 (측정하였다).
84	문맹 퇴치는 근대화를 촉진하는 데 가장 중요한 수단으로 (인식되어) 왔다.
85	이번 경기에서 우승을 하면서 구단과 감독, 선수들의 표정뿐만 아니라 팀 분위기까지 (달라졌다).
86	작가는 주인공의 심리적인 측면을 (고려하여) 3장에서는 좀 더 과감한 이야기를 쓰기로 했다.
87	그는 잠자는 시간을 (제외하면) 한시도 소설 쓰는 일을 멈추지 않았다.
88	한빛출판사는 이번에 조선시대 역사물을 끝으로 한국의 역사서 완판을 (이룩하였다).
89	그는 훌륭한 지도자가 갖추어야 할 강력한 지도력과 부드러움으로 팀을 (지휘해) 나갔다.
90	그 팀은 여러 차례의 패배에도 불구하고 (좌절하지) 않고 끝까지 싸워 마지막 1승을 이루었다.
91	이번 경기에서는 우리 팀이 상대 팀에게 (승리할) 것으로 예상된다.
92	그 선수는 체중 감량에 (실패하여) 체급을 올릴 수밖에 없었다.
93	결승전에서 (진) 우리팀은 슬퍼하지 않고 다음을 기약하며 힘을 내기로 하였다.
94	손기정 선수가 제11회 베를린 올림픽 대회에서 마라톤으로 (우승했다).
95	나는 설레는 마음으로 새로 나온 류시우 시집의 첫 장을 (넘겼다).
96	그녀는 도서관에서 다양한 종류의 책들을 읽으면서 새로운 아이디어를 (착안하곤) 했다.
97	대학에서는 글쓰기 교과를 통해 자신의 생각을 (펼치도록) 교육하고 있다.
98	요즘은 젊은 층일수록 신문화를 (수용하는) 것에 능동적인 편이다.
99	그는 권위 있는 학자의 이론을 자신의 논문에 인용하여 자신의 견해가 (정당하다)고 주장하였다.
100	제37회 청소년 축구대회 결승전에서 심판이 (공정하지) 않았다는 말이 나오고 있다.

실전 모의고사

※ [51~52번] 다음을 읽고 ㉠과 ㉡에 들어갈 말을 <u>각각 한 문장</u>으로 쓰시오. (각 10점)

51.

고객센터 1 : 1 상담

제목 : 책을 교환하고 싶습니다.

내용 : 안녕하세요? 제가 이번 주에 책 세 권을 주문해서 오늘 받았습니다. 그런데 그 중 한 권
이 일부 (㉠   ). 그래서 이 책을 교환을 하고 싶습니다.
만일, (㉡   ) 연락 부탁드리겠습니다. 그러면 반품하고 환불을 받도록 하겠습니
다. 가급적 빠른 시일 내에 답변 주시면 감사하겠습니다.

첨부파일: 1. 사진 첨부

52.

오늘은 전국이 대체로 맑겠고, 낮에는 추위가 어제보다(㉠   ).
오늘 낮 최고기온은 서울이 5도 전국이 3에서 9도로 어제보다 높아지겠습니다.
기상청은 내일은 오늘보다 기온이 더 높겠고, 설 연휴 동안 전국의 기온이 예년보다 높아
포근한 날씨가 (㉡   ) 내다봤습니다.
예년보다 따뜻한 명절을 보낼 수 있을 것으로 보입니다.

53. 다음을 참고하여 최근 결혼 정보업체가 조사한 '한국인이 중요하게 여기는 배우자 조건 1순위'에 대한 글을 200~300자로 쓰시오. 단 글의 제목을 쓰지 마시오.(30점)

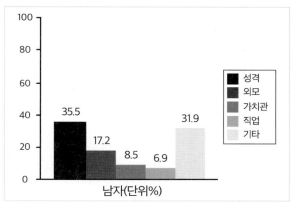

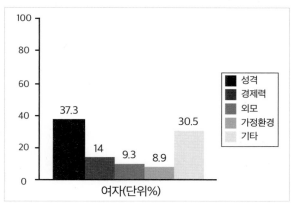

[한국인이 중요하게 여기는 배우자 조건 순위]

54. 다음을 주제로 하여 자신의 생각을 600~700자로 글을 쓰시오. 단, 문제를 그대로 옮겨 쓰지 마시오. (50점)

> 　　민족 간의 교류가 다양해지고 활발해지면서 국내에 거주하는 외국인의 수도 급속하게 증가하였다. 이에 따라, 다문화 가정을 시작으로 한국도 다문화 사회로 접어들게 되었고 각종 부작용으로 인해 적지 않은 사회적 이슈가 발생하기도 한다. 아래의 내용을 중심으로 '다문화 사회의 중요성과 우리의 노력'에 대해 자신의 생각을 쓰라.

- 다문화 사회가 중요한 이유는 무엇인가?
- 다문화 사회의 부작용이 생기는 이유는 무엇인가?
- 안정된 다문화 사회를 만들기 위해서는 어떠한 노력이 필요한가?

※ 원고지 쓰기의 예

	퍼	즐	은		여	러		개	의		조	각	을		모	두		제	
위	치	에		놓	아	야		하	나	의		그	림	이		완	성	된	다.

01회

02회

03회

04회

05회

Chapter 6

TOPIK II 쓰기 (51번 ~ 54번)

※ [51~52번] 다음을 읽고 ㉠과 ㉡에 들어갈 말을 각각 한 문장으로 쓰시오. (각 10점)

51.

초대합니다

....

새봄을 맞이하여 '봄꽃의 향연'이라는 제목으로 사진 전시회가 열립니다.

그래서 고객 여러분을 (㉠   ).

이번에는 온라인 전시회로 개최됨에 따라 관람 신청 접수를 받습니다.

관람을 희망하시는 고객님은 갤러리 홈페이지로 들어오셔서

(㉡   ).

52.

요즘 우리는 스마트폰 앱의 홍수 속에 살고 있다. 앱은 지도를 보여주거나 여행이나 음식에 대한 (㉠   ) 은행 업무, 쇼핑까지 다 할 수 있게 해 준다. 이처럼 그 종류와 기능이 매우 다양하고 편리하다. 하지만 스마트폰 앱의 과다사용은 집중을 방해하고 시간과 돈을 낭비하게 만들기도 한다. 그러므로 필요한 (㉡   ).

53. 다음 표를 보고 '소형 가전제품의 판매량 증가'에 대한 글을 200~300자로 쓰시오. 단 글의 제목을 쓰지 마시오. (30점)

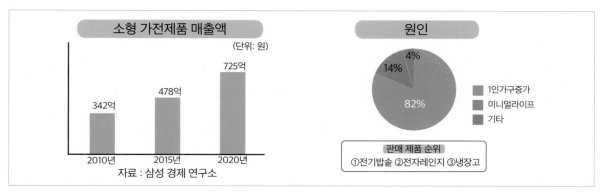

54. 다음을 주제로 하여 자신의 생각을 600~700자로 글을 쓰시오. 단, 문제를 그대로 옮겨 쓰지 마시오.
(50점)

> 우리는 살면서 많은 실패를 경험하게 된다. 하지만 사람에 따라 실패에 대한 인식과 대처하는 자세는 매우 다양하다. 좌절하고 포기하는 사람도 있고, 그 실패를 이겨내고 다시 도전하는 사람도 있다. 아래 내용을 포함하여 '실패'에 대한 자신의 생각을 쓰라.
>
> • 실패가 인간의 삶에 끼치는 긍정적인 영향은 무엇인가?
> • 실패가 인간의 삶에 끼치는 부정적인 영향은 무엇인가?
> • 실패를 극복할 수 있는 효과적인 방법에는 무엇이 있는가?

※ 원고지 쓰기의 예

퍼	즐	은		여	러		개	의		조	각	을		모	두		제
위	치	에		놓	아	야		하	나	의		그	림	이		완	성	된	다	.

TOPIK II 쓰기 (51번 ~ 54번)

※ [51~52번] 다음을 읽고 ㉠과 ㉡에 들어갈 말을 <u>각각 한 문장</u>으로 쓰시오. (각 10점)

51.

외국인 학생 도우미 모집

한국대학교 학생 여러분
이번에 국제교육원에서 (㉠   ).
도우미 활동 기간은 여름학기(6월 15일 ~ 8월 23일) 동안이며, 외국인 학생들의 한국생활과 한국
어 학습을 도와주는 활동입니다.
본교 학생이면 누구나 (㉡   ).
자세한 내용은 홈페이지 안내문을 참고하시기 바랍니다.

- 신청 기간: 5. 20 ~ 5. 27 오후 5시까지
- 신청 방법: 신청서 작성 후 이메일 접수

52.

사람을 처음 만날 때 그 사람에게서 받게 되는 느낌을 '첫인상'이라고 한다. 전문가의 말에 따르면
첫인상이 결정되는 데는 3~10초밖에 (㉠   ). 이렇게 짧은 시간에 결정된 첫인상이 그 사람과 앞으
로의 관계에 영향을 미치게 된다. 첫인상에 따라서 그 사람과의 관계가 좋을 수도 있고 (㉡   ). 그
러므로 우리는 상대방에게 좋은 인상을 주기 위해 노력할 필요가 있다.

53. 다음 표를 보고 'SNS 사용 현황'에 대한 글을 200~300자로 쓰시오. 단 글의 제목을 쓰지 마시오. (30점)

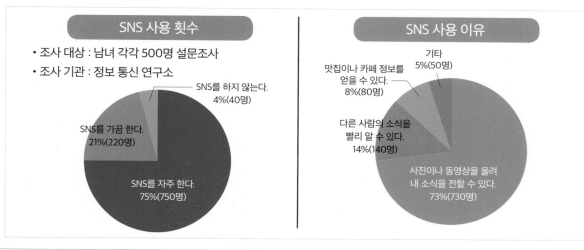

SNS 사용 횟수
- 조사 대상 : 남녀 각각 500명 설문조사
- 조사 기관 : 정보 통신 연구소

SNS를 하지 않는다.
4%(40명)

SNS를 가끔 한다.
21%(220명)

SNS를 자주 한다.
75%(750명)

SNS 사용 이유

맛집이나 카페 정보를
얻을 수 있다.
8%(80명)

기타
5%(50명)

다른 사람의 소식을
빨리 알 수 있다.
14%(140명)

사진이나 동영상을 올려
내 소식을 전할 수 있다.
73%(730명)

54. 다음을 주제로 하여 자신의 생각을 600~700자로 글을 쓰시오. 단, 문제를 그대로 옮겨 쓰지 마시오. (50점)

> 요즘 반려동물을 키우는 가정이 늘고 있다. 반려동물은 우리에게 친구나 가족 같은 존재가 되기도 하지만, 키우는데 부담감을 주기도 한다. 이처럼 반려동물을 키우는데 장-단점이 있다. '반려동물 키우기'에 대해 아래의 내용을 포함하여 자신의 생각을 쓰라.

- 반려동물을 키우면 좋은 점은 무엇인가?
- 반려동물을 키우면 힘든 점은 무엇인가?
- 반려동물을 잘 키울 수 있는 방법은 무엇인가?

※ 원고지 쓰기의 예

퍼	즐	은		여	러		개	의		조	각	을		모	두		제
위	치	에		놓	아	야		하	나	의		그	림	이		완	성	된	다.

TOPIKⅡ 쓰기 (51번 ~ 54번)

※ [51~52번] 다음을 읽고 ㉠과 ㉡에 들어갈 말을 각각 한 문장으로 쓰시오. (각 10점)

51.

> ### 원룸 세입자 구함
>
> 갑자기 유학을 가게 되어서 남은 계약기간 동안 제 원룸에(㉠). 위치는 대한대학교 정문에서 도보로 10분 거리입니다. 방 1개와 주방, 화장실이 분리되어 있습니다. 풀옵션으로 개인용품만 가지고 (㉡). 이사 가능한 날짜는 다음 달 초이고, 가격은 보증금 300만 원에 월세 30만 원입니다. 관심이 있으신 분은 연락을 주시기 바랍니다.
> 연락처는 아래와 같습니다.
>
> 010-1234-5678

52.

> 건강이나 다이어트를 위해서 샐러드를 즐겨 (㉠). 전에는 샐러드가 메인 요리와 함께 먹는 것이 일반적이었다. 하지만 이제는 샐러드 자체가 식사가 가능하도록 만들어져 한 끼 식사에 (㉡). 식사에 부족했던 비타민을 샐러드를 통해 채우는 게 아니다. 반대로 샐러드에 각종 토핑을 얹어 샐러드에 부족한 단백질을 채우는 것이다. 그래서 단백질과 야채가 고루 들어간 샐러드가 각광을 받고 있다.

53. 다음을 참고하여 앱 이용자를 대상으로 최근 모바일 리서치 업체가 조사한 '청결 숙소의 조건과 청결에 대한 신뢰도'에 대한 글을 200~300자로 쓰시오. 단 글의 제목을 쓰지 마시오.(30점)

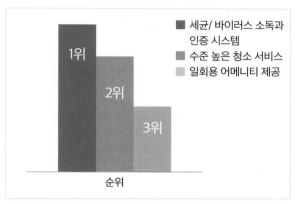

[청결 숙소의 조건 순위]

[청결에 대한 신뢰도]

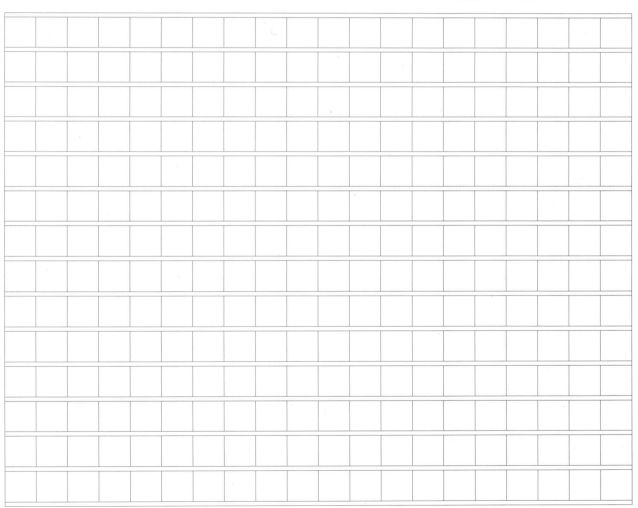

01회

02회

03회

04회

05회

Chapter 6

54. 다음을 주제로 하여 자신의 생각을 600~700자로 글을 쓰시오. 단, 문제를 그대로 옮겨 쓰지 마시오.(50점)

> 최근 전 세계적으로 친환경에 대한 관심이 증대되고 있으며 그린으로의 전환이 커다란 흐름으로 자리 잡게 되었다. 탄소배출량의 감소와 친환경을 위한 활동은 인류의 지속가능한 미래를 위해 모든 국가와 기업은 물론이고 각 지역사회와 개개인들이 참여해야만 하는 공통의 과제가 되었다. 아래의 내용을 중심으로 환경의 보호를 위한 '1회용품의 사용제한'에 대한 자신의 생각을 쓰라.

- 1회용품 사용의 제한이 필요한 이유는 무엇인가?
- 1회용품 사용의 제한이 어려운 이유는 무엇인가?
- 1회용품을 줄이고 친환경 사회를 만들기 위해서는 어떠한 노력이 필요한가?

※ 원고지 쓰기의 예

퍼	즐	은		여	러		개	의		조	각	을		모	두		제
위	치	에		놓	아	야		하	나	의		그	림	이		완	성	된	다.

01회

02회

03회

04회

05회

Chapter 6

TOPIK II 쓰기 (51번 ~ 54번)

※ [51~52번] 다음을 읽고 ㉠과 ㉡에 들어갈 말을 한 문장으로 쓰시오. (각 10점)

51.

이메일

지우 씨

다음 주에 베트남에서 친구들이 한국에 와요.

친구들은 한국이 처음이라 (㉠   ).

그런데 저도 아직 서울도 제대로 구경하지 못해서 아는 곳이 별로 없어요.

서울은 어디가 (㉡   )? 추천 좀 해 주세요.

그리고 친구들이 쇼핑을 좋아해서 여행 마지막 날 동대문시장에 갈 건데 시간되면

지우 씨도 같이 갈래요?

연락 기다릴게요.

흐엉이가

52.

자전거를 탈 때는 안전모를 쓰고, 장갑도 끼고 안전 수칙도 잘 지켜야 한다. 안전 수칙을 잘 지키지 않으면 (㉠   ). 한편 자전거를 꾸준히 타면 하체의 근력이 좋아지고 체중 감소에도 효과가 있다. 그래서 자전거는 안전하게 타기만 하면 하체 운동에만 (㉡   ) 비만 개선에도 도움을 준다.

53. 다음을 참고하여 '인주시의 공공자전거 지원 사업 결과'에 대한 글을 200~300자로 쓰시오. 단 글의 제목을 쓰지 마시오.(30점)

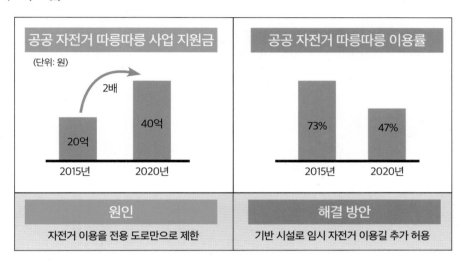

01회

02회

03회

04회

05회

Chapter 6

54. 다음을 주제로 하여 자신의 생각을 600~700자로 글을 쓰시오. 단, 문제를 그대로 옮겨 쓰지 마시오.(50점)

> 　최근 들어 사람이 없는 '무인가게'가 늘어나고 있다. 무인가게는 관리하는 사람이 없어서 손님이 직접 모든 것을 알아서 해야 한다. 그러다보니 편리한 점도 있지만 문제점도 나타나고 있다. 하지만 앞으로 무인가게는 점점 더 증가할 전망이다. 아래의 내용을 중심으로 '무인가게 운영'에 대해 자신의 생각을 쓰라.

- 무인가게가 증가하는 이유는 무엇인가?
- 무인가게의 좋은점과 문제점은 무엇인가?
- 무인가게 운영의 바람직한 방안에는 무엇이 있는가?

※ 원고지 쓰기의 예

	퍼	즐	은		여	러		개	의		조	각	을		모	두		제
위	치	에		놓	아	야		하	나	의		그	림	이		완	성	된	다.

01회

02회

03회

04회

05회

Chapter 6

초판 인쇄	2021년 8월 5일
초판 발행	2021년 8월 10일

저자	권현숙, 고범수
펴낸이	엄태상
책임편집	권이준, 양승주
표지 디자인	권진희
내지 디자인	디자인마루
조판	디자인마루
콘텐츠 제작	김선웅, 김현이, 유일환
마케팅	이승욱, 전한나, 왕성석, 노원준, 조인선, 조성민
경영기획	마정인, 조성근, 최성훈, 정다운, 김다미, 오희연
물류	정종진, 윤덕현, 양희은, 신승진

펴낸곳	한글파크
주소	서울시 종로구 자하문로 300 시사빌딩
주문 및 교재 문의	1588-1582
팩스	0502-989-9592
홈페이지	http://www.sisabooks.com
이메일	book_korean@sisadream.com
등록일자	2000년 8월 17일
등록번호	제1-2718호

ISBN   979-11-6734-007-8   13710

※ 한국어능력시험(TOPIK)의 저작권과 상표권은 대한민국 국립국제교육원에 있습니다.
TOPIK, Trademark® & Copyright© by NIIED(National Institute for International Education),
Republic of Korea.

＊한글파크는 랭기지플러스의 임프린트사이며, 한국어 전문 서적 출판 브랜드입니다.

＊이 책의 내용을 사전 허가 없이 전재하거나 복제할 경우 법적인 제재를 받게 됨을 알려 드립니다.

＊잘못된 책은 구입하신 서점에서 교환해 드립니다.

＊정가는 표지에 표시되어 있습니다.

한국어능력시험

QUICK
TOPIK II
쓰기 *Writing*

저자 권현숙, 고범수

해설집

한글파크

한국어능력시험

QUICK
TOPIK II
쓰기 *Writing*

저자 권현숙, 고범수

해설집

한글파크

목차

01

쓰기 답안 작성 오류와 수정

1 다음을 참고하여 '인주시의 자전거 이용자 변화'에 대한 글을 200~300자로 쓰시오. 단, 글의 제목을 쓰지 마시오. (30점) 60회 기출문제   본책 26쪽

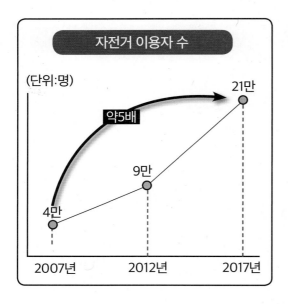

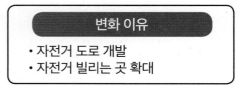

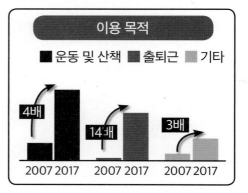

✔첨삭

요즘 인주시의 자전거 이용자가 늘어나고 있다. 10년전에 대해서 지금은 약 5배 증가했다. 그 이유는 2개 있다. 먼저 자전거 도로 개발이 되는 것이다. 다음에는 자전거를 빌리는 곳이 확대했던 것이다. 사람들이 어떤 목적으로 자전거를 이용하고 있냐면 대부분은 운동 및 산책 그리고 출퇴근이다. 운동 및 산책을 하는 사람들은 10년전보다 4배로 늘어났다. 출퇴근하기 위해 이용하는 사람들도 10년전에 대해서 14배나 됐다. 그런 이유 때문에 인주시의 자전거 이용자가 크게 변화하고 있다.

(첨삭 표시)
- 비해서
- 이와같이 자전거 이용자
- 되어져이다.
- 됐었기 때문이다.
- 다음 자전거 이용 을 보면
- 과
- 그리고
- 증가했으며, 기타는 3배로 증가했다.
- 비해
- 이중 출퇴근 시 자전거 이용이 가장 높은 증가율을 보였다.

(수정 방안)

띄어쓰기에 주의하고, 적절한 어휘를 선택하여 정확한 문장으로 정리해야 한다. 다음 내용은 자전거 이용자 수의 증가와 원인, 현황 순으로 정리해야 한다. 즉, 제시된 내용을 차례대로 모두 써야한다.

2 다음을 참고하여 '국내 외국인 유학생 현황'에 대한 글을 200~300자로 쓰시오. 단, 글의 제목을 쓰지 마시오. (30점) **47회 기출문제** 본책 78쪽

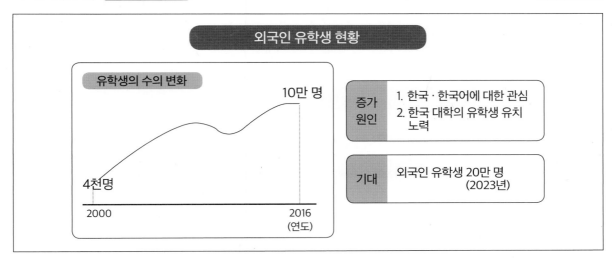

✔**첨삭**

~~요즘~~ 한국에서 유학하는 외국인 유학생~~수~~를 2000년~~보다 많이~~ 급증했다. 2000년 유학생~~수의~~ ~~4천명어었~~
_{최근} _{국내에서} _가 _{에 4천 명이던 유학생은}
~~는데,~~ 2016년에는 10만명으로 상승했다. 증가 원인을 살펴보면 한국과 한국어에 대한 관심이 ~~증가했다.~~ 그
_{가파른 상승을 보이다가 잠시 주춤하더니 다시 증가세를 보이며} _{높아진 것이다.}
리고 한국 대학의 유학생 유치를 위해 노력한 것으로 ~~보입니다.~~ 2023년에는 한국 외국인 유학생 수가 20만
_{위한 노력에도 영향이 컸다.} _{이러한 영향이}
명에 ~~기대하고 있습니다.~~
_{에 이를 것으로 기대된다.}

수정 방안

문제에 제시된 제목을 이용하여 글을 시작해야 한다. 다음 '유학생 수의 변화'를 자세하게 설명해야 한다. 예를 들면
'2000년에 ~ 명이던 유학생 수가 증가하다가 잠시 주춤하더니 다시 증가하면서 2016년에는 ~~' 식으로 시작과 중간의
변화 과정도 제시를 해 주어야 한다. 또한 증가 원인과 향후 기대에 대한 내용이 자연스럽게 연결되게 문장을 정리해서
써야 한다. 그리고 서술어에 격식체와 비격식체를 섞어 쓰면 안 된다. 조사도 정확하게 써야 하며 띄어쓰기도 주의해야
한다. 53번 문제의 답안은 전체적으로 1단락으로 쓰면 된다는 것을 명심해 '줄 바꾸기'를 함부로 하지 않도록 한다.

3 다음을 참고하여 '아이를 꼭 낳아야 하는가'에 대한 글을 200~300자로 쓰시오. 단, 글의 제목을 쓰지 마시오. (30점) **52회 기출문제** 본책 80쪽

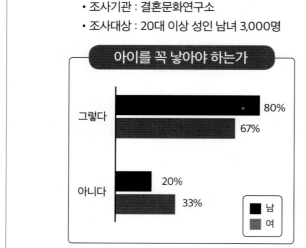

• 조사기관 : 결혼문화연구소
• 조사대상 : 20대 이상 성인 남녀 3,000명

아이를 꼭 낳아야 하는가	
그렇다	80% (남) / 67% (여)
아니다	20% (남) / 33% (여)
■ 남 ■ 여	

'아니다' 라고 응답한 이유	남	여
1위	양육비 부담	자유로운 생활
2위	자유로운 생활	직장생활 유지

✔ 첨삭

결혼문화연구소에서 20대 이상 성인 남녀 300명 대상으로 '아이를 꼭 낳아야 하는가' 조사하였다. '그렇다' ~에 대해
라고 대답한 남자는 80%, 여자는 67%, '아니다'라고 대답한 남자는 20%, 여자는 33% '아니다'라고 응 그 결과
였고   였다. 이들이
답한 이유에 대한 남자는 양육비가 부담하고 자유로운 생활 때문이다. 여자는 자유로운 생활하 대해   부담스러워서이고   둘째,   을 원해서라고 대답하였다. 이어서   첫째,   생활을 원해
첫째,
고 직장생활 유지하라고 응답하였다. (이상의 설문 조사 결과를 통해 남녀 모두 아이를 낳으면 자유로운 둘째,   유지하고 싶어서라고
생활에 제약을 받는다고 생각한다는 사실을 알 수 있다.) → 마무리 문장 추가

수정 방안

  적절한 조사를 넣어서 완전한 문장을 써야 한다. 그리고 지시어를 사용하여 조사 내용에 대한 '결과'와 '원인'을 명확하게 제시해 주어야 한다. 응답 결과는 순위를 나타내는 어휘를 사용하여 제시하는 것이 좋다. 그리고 응답 결과에 대해 분석한(나타난) 내용을 마무리 문장으로 꼭 써야 한다.

4 다음을 참고하여 'K-드라마 수출 현황'에 대한 글을 200~300자로 쓰시오. 단, 글의 제목을 쓰지 마시오. (30점) **예상문제 2번** **본책 128쪽**

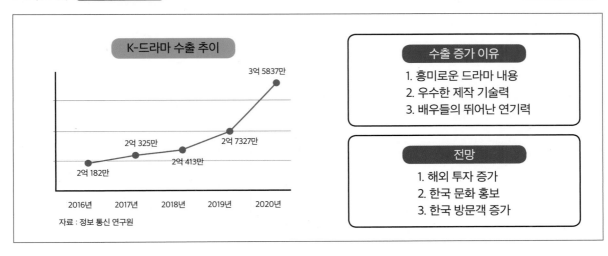

수정 방안

처음 글을 시작할 때 한 칸 들여쓰기를 해야 한다. 또 문장과 문장을 이어주는 접속사나 지시어를 적절히 활용하여 문장 간 연결을 자연스럽게 한다. 단위는 '천 단위'로 띄어쓰기를 해야하며, 동일 어휘를 반복 사용하지 말고 대체할 수 있는 유사 어휘를 사용한다.

5 다음을 참고하여 '청소년들의 수면시간과 규칙적인 운동'에 대한 글을 200~300자로 쓰시오. 단, 글의 제목을 쓰지 마시오.(30점) 예상문제 3번   본책 130쪽

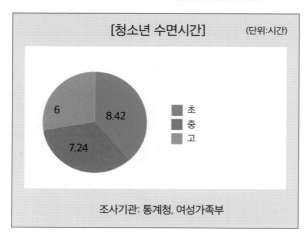

[청소년 수면시간]   (단위:시간)

■ 초
■ 중
■ 고

8.42
6
7.24

조사기관: 통계청, 여성가족부

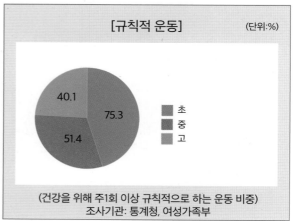

[규칙적 운동]   (단위:%)

■ 초
■ 중
■ 고

75.3
40.1
51.4

(건강을 위해 주1회 이상 규칙적으로 하는 운동 비중)
조사기관: 통계청, 여성가족부

✔첨삭

~~다음~~ 조사 결과에 따르면 초중고 학생들의 평균 수면시간에 ~~차이가 있다.~~ 초등학생은 8시간 42분이고 중학
 통계청과 여성가족부의   차이를 보였다.
생은 7시간 24분이며 고등학생은 6시간으로 ~~학교가~~ ~~올라가면~~ 수면시간이 줄어들었다. 다음 초등학생의
                                    학년이   올라갈수록
75.3%이고 중학생이 51.4%이고 고등학생이 40.1%가 ~~건강을 위해서~~ 운동을 하고 ~~있다는 것을 보여 주고 있~~
                                         건강을 위해서 규칙적으로   있음을 알 수 있었다.
었다. 그러므로 청소년들이 ~~학교가~~ ~~올라가면~~ ~~낮은 학교~~ 때보다 평균 수면시간이 줄어든다. 또 규칙적으로 운
               학년이   올라갈수록   저학년   짧아지고
동을 하는 학생 수도 ~~학교가~~ ~~올라가면~~ ~~떨어지는 것을 알게 해준다.~~
             들의 비율확년이 올라갈수록 현저하게 낮아지고 있는 것을 알 수 있었다.

수정 방안

 '조사기관'을 반드시 써야한다. 그리고 문장의 주어와 서술어가 일치하도록 해야 하며, 명확한 어휘를 사용해서 문장을 완성해야 한다. 또한 '표나 그래프'에서 나타내고 있는 내용을 서술할 때 사용하는 문법이나 표현을 사용해야 한다.(예: '-을수록', 'N보다/N에 따르면' 등의 문법과 '증가한다, 늘어나다, 높아지다/감소한다, 줄어들다, 낮아지다' 등의 어휘와 표현을 적절히 사용해서 조사 내용과 결과를 설명해야 한다.

6 다음을 참고하여 '청소년들의 수면시간과 규칙적인 운동'에 대한 글을 200~300자로 쓰시오. 단, 글의 제목을 쓰지 마시오.(30점) **예상문제 3번** **본책 130쪽**

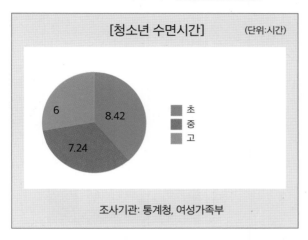

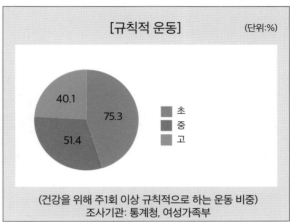

✔**첨삭**

    통계청과 여성가족부의 조사 결과에 따르면 조·중·고 학생들의 평균 수면 시간에 차이가 있었다. 초등학생이 중·고등학생보다 8시간 42%로~~로~~ 수면시간이 가장 높았다. 또한 모든 학생들이 건강을 위해 ~~구칙적으로~~(규칙적으로) 운동을 하는 것으로 <u>나타났다.</u> 이번 조사 결과를 보면 청소년들이 학년이 ~~올라가수록~~(올라갈수록) 평균 ~~수연율~~(수면율)이 줄어드는 것으로 <u>나타났다.</u> 한편 ~~구칙적으로~~(규칙적으로) 운동을 하는 학생들의 ~~바률도~~(비율도) 점점 더 줄어드는 것으로 <u>나타나는</u> 것을 알 수 있었다.

수정 방안

    맞춤법 오류에 주의하고, 설문 결과를 가장 높은 것만 제시하지 말고 순차적으로 정확하게 설문 결과에 대해 설명해야 한다. 또한 규칙적인 운동에 대한 것도 초·중·고 순서대로 제시를 하고 변화 결과를 설명해야 한다. 그리고 설명 시 동일 어휘의 반복보다는 유사어를 사용하도록 해야한다. 53번 그래프 문제 쓰기에 적합한 표현을 익혀서 사용할 필요가 있다.

7 다음을 참고하여 최근 결혼 정보업체가 조사한 '한국인이 중요하게 여기는 배우자 조건 1순위'에 대한 글을 200~300자로 쓰시오. 단 글의 제목을 쓰지 마시오. (30점) 1회 실전모의고사

본책 301쪽

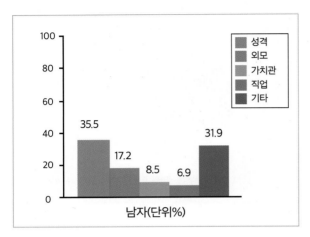
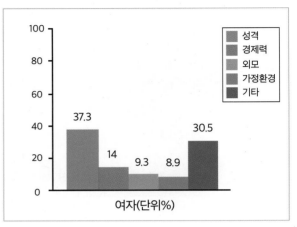

[한국인이 중요하게 여기는 배우자 조건 순위]

✔첨삭

　한국인이 가장 중요하게 여기는 배우자의 조건 순위에 대해 조사한 결과, 남성과 여성이 각각 35.5%, 37.3%로 남녀 모두 성격을 가장 중요한 배우자의 조건으로 생각하고 있는 것으로 <u>나타났으며</u>, 남성의 경우 외모 17.2%, 가치관이 8.5%, 직업이 6.9%로로 <u>나타났다.</u> 그러나 여성의 경우는 외모가 아닌 경제력이 14.0%로로 두 번째로 <u>나타났으며</u>, 외모가 9.3%, 가정환경이 8.9%로 이어서 <u>나타났다.</u>

수정 방안

　'나타나다'라는 표현을 반복해서 사용하였다. 설문조사 결과를 분석하는 글쓰기에서 주로 사용하는 표현(나타나다, 응답하다, 대답하다, 조사되다 등)을 다양하게 사용해야 한다. 또한 한 문장의 길이가 너무 길어서 비문처럼 보이는 것을 정리할 필요가 있다. 글쓰기에서 한 문장은 보통 45자 내외이므로 적절히 끊어주고 문장을 정리해서 전달하고자 하는 내용을 명확하게 써야 한다.

8 다음 표를 보고 '소형가전제품의 판매량 증가'에 대한 글을 200~300자로 쓰시오. 단 글의 제목을 쓰지 마시오. (30점) **2회 실전모의고사**　　　　　　　　　　　　　　　**본책 305쪽**

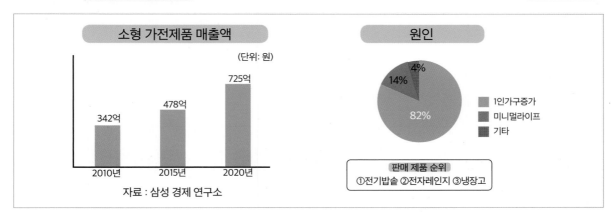

✔**첨삭**

　이 그래프는 삼성 경제연구소가 지난 10년간 소형 가전제품 매출액을 분석한 자료이다. 분석 결과 2010년에 342억 원이었는데, 2015년에는 증가하여 478억 원의 매출을 보였다. 이후 계속 증가하여 2020년에는 725억 원으로 크게 상승하였다. 이렇게 소형가전 제품이 꾸준히 증가한 원인으로 1인 가구의 증가가 82%로 가장 높게 나타났다. 1인 가구는 계속 늘어나 주택 문제에도 영향을 줄 것이다. 그리고 식문화에도 큰 변화를 가져올 것으로 본다.

수정 방안

　표에 제시되지 않은 내용을 쓰고 있다. 소형가전 제품의 증가 원인으로 '1인 가구의 증가'를 이야기한 뒤 다른 원인은 제시하지 않는다. 그리고 '1인 가구 증가'를 중심으로 제시글과 관계없는 개인의 생각만 장황하게 서술하고 있다. 소형가전의 판매량 증가의 첫 번째 원인을 썼으면, 이어지는 다음 원인도 써야 한다. 표에 제시된 내용을 최대한 순서대로 쓰는 것이 중요하다. 또한 그래프에 제시된 내용 외 다른 것은 쓰면 안 된다.

9 다음그림을 보고 대중매체를 어떻게 나눌 수 있는지 200~300자로 쓰시오.(30점) **37회 기출문제**

본책 74쪽

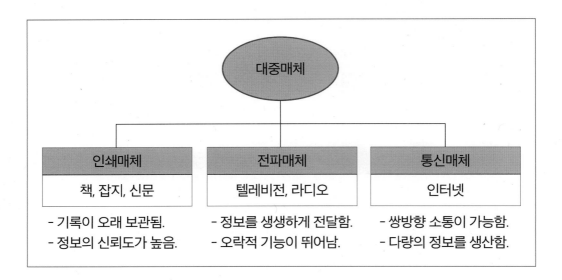

✓**첨삭**

대중매체는 사람에게 대량으로 정보와 생각을 전달하는 것을 이야기한다. 다음 전자매체가 있는데 정보를 싱싱하게 전달하고 재미가 있다는 것이다. 마지막으로 인터넷과 같은 통신매체가 있다. 이처럼 매체의 종류를 구분할 수 있다. 그래서 이런 매체는 특징과 종류에 따라 다양하게 이용할 수 있다.

수정 방안

각 매체에 대한 정확한 정리와 비교가 제대로 나타나지 않았다. 먼저 대중매체의 정의를 알려주고 매체를 기준으로 나누어 줘야 한다. 그리고 각 매체의 특징과 종류에 대해 간단하게 제시해 줘야 한다.

10 다음을 참고하여 '연령대별 AI 음성인식 서비스 이용률과 주요 서비스'에 대해 200~300자로 쓰시오.
단, 글의 제목을 쓰지 마시오. (30점) 예상문제 1번 본책 126쪽

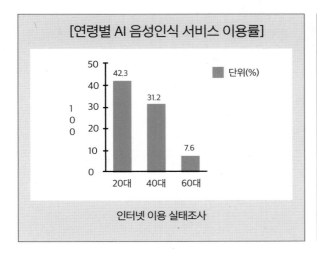

[연령별 AI 음성인식 서비스 이용률]

단위(%)

42.3 / 31.2 / 7.6

20대 / 40대 / 60대

인터넷 이용 실태조사

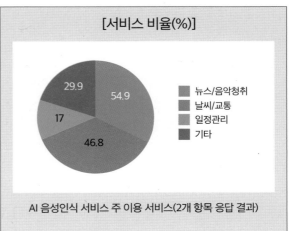

[서비스 비율(%)]

54.9 / 46.8 / 17 / 29.9

뉴스/음악청취
날씨/교통
일정관리
기타

AI 음성인식 서비스 주 이용 서비스(2개 항목 응답 결과)

✔첨삭

 '연령별 AI 음성 인식 서비스 이용률과 주요 서비스'에 대해 조사한 결과, 20대는 42.3%, 40대는 31.2%, 60대는 7.6%로 나타났다. 서비스 비율에 대한 응답은 뉴스와 음악 청취가 54.9%, 날씨와 교통이 46.8% , 일정관리가 17%, 기타가 29.9%로 나타났다. 이 결과처럼 인터넷을 많이 이용하고 있다는 것을 잘 볼 수 있다.

수정 방안

 이 글은 '연령별 AI음성 인식 서비스 이용률과 주요 서비스'에 대한 글이다. 하지만 비교를 전혀 하지 않고 조사 내용만 나열하고 있다. 연령대별 인터넷 이용 실태를 비교하는 표현의 문장을 써줘야 한다. 어느 연령대가 가장 많이 이용하는지? 그 차이는 어느 정도인지 등을 비교하면서 설명해야 한다. 또 설문 조사 결과를 비교할 때 사용하는 '반면에' , '반하여' 등과 같은 비교 어휘를 사용하여 명확하게 분석해서 결과를 써 줘야 한다. 즉, 53번 문제는 제시된 그래프의 내용을 모두 쓰되 비교와 분석을 통한 결과까지 조리있게 정리하는 것이 중요하다.

1 도입이 길고 단락이 명확하게 구분되지 않은 오류 **3회 실전모의고사** 본책 310쪽

> 요즘 반려동물을 키우는 가정이 늘고 있다. 반려동물은 우리에게 친구나 가족 같은 존재가 되기도 하지만, 키우는데 부담감을 주기도 한다. 이처럼 반려동물을 키우는데 장·단점이 있다. '반려동물 키우기'에 대해 아래의 내용을 포함하여 자신의 생각을 쓰라.
>
> • 반려동물을 키우면 좋은 점은 무엇인가?
> • 반려동물을 키우면 힘든 점은 무엇인가?
> • 반려동물을 잘 키울 수 있는 방법은 무엇인가?

✓**첨삭**

요즘 가족제도의 변화로 1인 가구가 증가하고 형제자매가 없는 가정도 점점 많아지는 추세이다. 그러다보니 가족 대신 동물을 키우는 가정이 늘고 있다. 이와 같이 반려동물을 키우면 좋은 점도 있지만 힘든 점도 있다. (1단락)
반려동물을 키우면 좋은 점은 여러 가지이다. 그중 가장 좋은 점은 정신적인 안정을 준다는 것이다. 정신적인 스트레스를 줄여주고 외로움도 달래준다. 또 반려동물이 항우울제 역할을 하여 불안감이나 우울증 같은 정서적인 문제를 해결해 준다. 다음 반려동물과 자녀를 함께 키우면 사회성이 길러진다고 한다. 연구 결과 인성, 사회성, 자아존중감은 높아지고 공격성과 긴장감 같은 부정적인 정서는 낮아졌다고 나왔다. (2단락)

수정 방안

1단락과 2단락의 내용을 정리하여 한 개의 단락으로 만든다. 도입에 해당되는 문장을 1문장이나 2문장을 쓰고 이어서 바로 '반려동물을 키우면 좋은 점'으로 내용을 이어 쓰면서 적당한 분량으로 1단락을 만들면 된다.

> 요즘 반려동물을 키우는 가정이 늘고 있다. 반려동물은 우리에게 친구나 가족 같은 존재가 되기도 하지만, 키우는데 부담감을 주기도 한다. 이처럼 반려동물을 키우는데 장·단점이 있다. '반려동물 키우기'에 대해 아래의 내용을 포함하여 자신의 생각을 쓰라.
>
> • 반려동물을 키우면 좋은 점은 무엇인가?
> • 반려동물을 키우면 힘든 점은 무엇인가?
> • 반려동물을 잘 키울 수 있는 방법은 무엇인가?

✔첨삭

　반면에 부정적인 면도 있다. 먼저 털 알레르기가 있는 사람들은 비염에 걸리기 쉽다. 집안에 날리는 동물 털은 청소를 해도 절대로 완전하게 제거되지 않는다. 그러므로 비염에 걸릴 수밖에 없다. 한편 아파트 같은 다가구 공간에서는 반려동물의 소리로 층간소음 문제가 발생할 수도 있다. 이와 같이 층간소음이 발생하면 심각할 경우는 싸움으로까지로 번질 것이다. 그래서 동물의 성대 수술을 시키는 사람도 있다. 하지만 이것은 동물을 보호하는 것이 아니라 학대하는 것이다. 여기에다가 반려동물의 키우는데 드는 비용도 만만치 않다는 것이다. 심하면 사람을 키우는 것보다 더 많은 비용과 노력이 필요할 것 같기도 하다.

수정 방안

　명확한 중심문장을 쓰고, 근거나 부연 설명은 분량을 고려하면서 간략하게 제시한다. 이때 지극히 개인적인 의견보다는 객관적으로 증명된 것이나 타당한 근거를 바탕으로 하여 부연 설명을 해야 한다. 또한 추측 표현이나 구어 표현을 써서는 안 된다.

3 문장과 단락을 연결하는 표현을 사용하지 않고 나열만 한 오류 `2회 실전모의고사` `본책 306쪽`

> 우리는 살면서 많은 실패를 경험하게 된다. 하지만 사람에 따라 실패에 대한 인식과 대처하는 자세는 매우 다양하다. 좌절하고 포기하는 사람도 있고, 그 실패를 이겨내고 다시 도전하는 사람도 있다. 아래 내용을 중심으로 '실패'에 대한 자신의 생각을 쓰라.
>
> • 실패가 인간의 삶에 끼치는 긍정적인 영향은 무엇입니까?
> • 실패가 인간의 삶에 끼치는 부정적인 영향은 무엇입니까?
> • 실패를 극복할 수 있는 효과적인 방법에는 무엇이 있습니까?

✔**첨삭**

　실패가 우리의 삶에 끼치는 긍정적인 영향은 많다. 실패는 경험이 될 수 있다. 넘어져 그대로 있으면 실패지만 뭐라도 부여잡고 일어나면 그것은 더 이상 실패가 아닌 경험이 되는 것이다. 태도나 마음가짐이 겸손해진다. 그동안 자만하며 살았던 사람도 실패를 겪고 나면 두려움이 생기면서 마음가짐을 가다듬고 자신을 되돌아보게 된다. 실패에 대한 안 좋은 기억이 있으면 행동에 신중해진다.
　실패가 우리에게 끼치는 부정적인 영향도 많다. 우선 자신감이 떨어진다. 무슨 일을 해도 힘이 나지 않고 자꾸 안 될 거라는 생각이 먼저 많이 든다. 새로운 도전을 피하려고 한다. 실패가 두려워 시작도 해 보지 않고 미리 포기해 버리는 것이다. 포기하는 것은 우리에게 안 좋은 영향을 준다.

　수정 방안

　문장과 문장 사이에 문맥적으로 자연스럽게 이어지게 적합한 연결 표현(접속사나 지시어 등)을 넣어준다. 이때 동일한 것을 반복 사용하기 보다는 유사한 것으로 교체하여 쓰는 것이 좋다.

최근 휴대폰과 인터넷이 보편화되고 SNS 등이 확대되면서 우리에게 다양한 긍정적 측면을 제공함과 동시에 부정적인 영향도 가져다주고 있다는 소식을 자주 접한다. 아래의 내용을 중심으로 자신의 생각을 쓰라.

- 휴대폰과 인터넷의 보편화가 주는 긍정적 요소는 무엇인가?
- 부정적인 요소는 무엇인가?
- 부정적 요소를 해소하는 방법은 무엇인가?

✔**첨삭**

휴대폰과 인터넷의 보편화는 장점 못지않게 여러 가지 부정적 요소를 포함하고 있는 것이 우려되는 부분이다. 부정적 요소는 첫째, 손쉽고 빠르게 제공된다는 장점이 오히려 사람을 기계의 지배를 받는 것처럼 느끼게 할 수도 있다는 것이다. 둘째, 제공되는 다양한 정보 안에는 좋은 정보만 있는 것이 아니다. 걸러지지 않은 나쁜 정보도 있다는 점이다. 셋째, 다방면에서 각종 범죄수단으로 이용될 수도 있다. 넷째, 스스로 통제가 되지 않아서 휴대폰이나 인터넷의 중독에 빠질 수도 있다.
이러한 부정적인 요소를 줄이려면 우선 사회에서 제도적으로 접근해야 한다. 각종 법규를 정비하고 인터넷 실명제 같은 제도로 통제를 해야 한다. 이것은 사용자들에게 스스로 책임지고 올바른 의식을 가질 수 있게 할 것이다. 스스로가 참된 의식을 갖고 행동하고 제도적으로 통제를 한다면 휴대폰과 인터넷의 보편화는 우리에게 긍정적으로 작용할 것이다.

〔수정 방안〕

부정적 요소만 나열을 하고 해당되는 근거에 대한 제시가 없거나 제시한 경우는 논리적이지 않다. 이런 경우는 부정적 요소를 4가지까지 제시하기 보다는 2가지 정도를 논리적인 근거와 함께 자세하게 제시하는 것이 바람직하다. 또한 마무리하는 단락 역시 해결 방안에 대한 서술이 논리적이지 않아서 명확하고 강하게 전달되지 못하고 있다. 이것도 개선 방안을 명확하게 2가지 정도로 제시하고 이를 강조하는 문장으로 마무리하면 짜임새와 통일성이 있는 글이 될 것이다.

5 조사 생략과 오류, 비문으로 자신의 생각을 정확하게 전달하지 못한 오류 `예상문제 2번`

`본책 155쪽`

> 언어는 의사소통에 있어서 가장 중요한 수단 중의 하나이다. 그런데 최근에는 인터넷과 SNS 등의 발달로 인해 다양한 비속어나 욕설들이 전파되고 유행어와 줄임 말도 늘어나면서 의사소통에 어려움을 겪는 일이 늘어나고 있다. 바른 말의 사용이 더욱 요구되는 시점이다. '바른말 사용의 중요성과 방법'에 대해 아래의 내용을 중심으로 자신의 생각을 쓰라.

- 바른말의 사용은 왜 중요한가?
- 바른말을 사용하지 않는 사람들이 늘어나고 있는 이유는 무엇인가?
- 바른말 사용을 위한 해결 방법은 무엇인가?

 첨삭

다문화 사회에서 발생하는 부작용도 많다. 먼저 다양한 문화가 섞이다보니 서로 다른 문화에 대한 편견이 생기고 이해 부족으로 사람들 간 갈등과 문화적 충돌이 발생한다. 이것은 악화되면 범죄와 사건이 일어날 수도 있게 된다. 이런 갈등은 사람들과 사람들 사이에 불안감을 생기게 하고 서로 믿지 못하고 오해를 많이 하게 한다. 이러면 다문화 사회는 갈등과 싸움이 많이 있는 불안하고 살기 힘든 사회가 된다.

그러므로 우리는 안정된 다문화 사회를 만들기 위해서는 서로 이해하고 존중하는 ~~생각을 해야 한다.~~ 마음과 태도를 갖도록 노력해야 한다. 이것이 기본이 되면 다양한 국적의 사람들이 서로 잘 지내게 되고 그러면 안정된 다문화 사회가 될 수 있다. 우리 모두 노력하면 할 수 있다.

`수정 방안`

조사를 정확하게 써서 문장을 완성한다. 다음으로 적절한 어휘와 문법을 사용하여 명확한 문장을 만들고, 문장과 문장이 자연스럽게 이어질 수 있도록 단락을 정리한다. 또한 마지막 단락은 '다문화 사회를 만들기 위한 노력 방안'에 대한 내용으로 자신의 생각을 명확하게 전달할 수 있게 문장을 다듬어(예: 밑줄 긋고 수정한 문장) 논리적인 힘이 표현될 수 있게 써야 한다. 그리고 '-게 되다 /-(으)ㄹ 수 있다' 같은 표현을 반복해 사용하기 보다는 대체할 수 있는 다양한 표현을 쓰는 것이 좋다.

현대 사회에서는 디지털 기기에 대한 의존이 더욱 심해지고 있다. 디지털 기기의 사용으로 기억해야 할 필요성을 느끼지 못하다 보니, 뇌의 기능이 제 역할을 하지 못해 발생하는 문제도 늘고 있는 추세다. 이에 어떤 증상들이 나타나며, 예방할 수 있는 방법에는 어떠한 것이 있는 지 자신의 생각을 쓰라.

- 디지털 치매란 무엇인가?
- 디지털 치매에 걸리면 어떤 증상들이 나타나는가?
- 디지털 치매를 예방하기 위해서는 어떠한 노력이 필요한가?

✔첨삭

　과학의 발달로 디지털 기기의 기능이 다양해지다보니 기기 의존도가 점점 더 높아지고 있다. 그래서 사람들은 많은 것을 기기의 힘을 빌려서 해결하고 있다. 이처럼 사람들은 기기에 모든 것을 의존하여서 기억해야 하는 것에　별로 필요성이나 중요성을 느끼지 못한다. 일상생활을 하는데 휴대폰과 같은 디지털 기기 하나만 있으면 많은 것을 해결할 수 있다. 계산도 메모도 저장도 휴대폰에서 다 할 수 있다. 전화번호는 저장만 해두면 언제든지 내가 전화하고 싶은 사람을 찾아서 바로 전화할 수 있다. 또 억지로 무언가를 외우고 기억하지 않고 휴대폰에 메모를 해두면 필요할 때 바로 확인이 가능하다. 이렇게 기기가 다 해주므로 사람들은 외우고 기억하려고 노력할 필요가 없는 것이다. 하지만 이런 상황이 계속되면 기억력이나 계산 능력이 떨어질 것이다.

수정 방안

　문제에서 제시한 '디지털 치매'의 정의에 대한 정보를 제대로 정리하지 못했다. 뒷부분에 디지털 치매와 관련된 내용이 나오고 있으나, 정확히 정리를 하지 않았다. 그래서 본 문제에서 가장 기본이자 중요한 '디지털 치매'에 대한 정보가 누락되어 다음 질문으로 글을 이어가는데 개연성이 떨어지는 글이 될 확률이 높다.
이 문제는 도입 부분에서 현대사회의 디지털 기기의 의존도를 이야기하면서 '디지털 치매'가 무엇인지 명확하게 밝혀야 한다. 다음 전개 부분에서 이런 디지털 치매에 걸리면 나타나는 증상에 대해서 예를 들어 구체적으로 설명하고 이를 예방할 수 있는 노력에 대해서 마무리 부분에 제시해 줘야 한다. 가장 중요한 문제의 개념을 누락해서는 안 된다. 제시된 질문은 한 가지도 누락시키지 말고 써줘야 한다.

7 주제에 대해 잘못 파악한 오류 **1회 실전모의고사** 본책 302쪽

> 　민족 간의 교류가 다양해지고 활발해지면서 국내에 거주하는 외국인의 수도 급속하게 증가하였다. 이에 따라, 다문화 가정을 시작으로 한국도 다문화 사회로 접어들게 되었고 각종 부작용으로 인해 적지 않은 사회적 이슈가 발생하기도 한다. '다문화 사회의 중요성과 우리의 노력'에 대해 아래의 내용을 중심으로 자신의 생각을 쓰라.

> • 다문화 사회가 중요한 이유는 무엇인가?
> • 다문화 사회의 부작용이 생기는 이유는 무엇인가?
> • 안정된 다문화 사회를 만들기 위해서는 어떠한 노력이 필요한가?

✔첨삭

최근 K-드라마가 해외에서 인기가 높아지고 있다. 넷플릭스에 K-드라마가 순위권에 많이 올라오고 있다. 또 해외 수출도 많아지고 있다. 다음 수출 현황은 2016년에 2억182만 달러, 2017년에는 2억325만 달러로 늘어났다. 다음 2018년에 2억413만 달러, 2019년에 2억7327만 달려, 2020년에는 3억5837달러로 증가하였다. 수출이 증가한 이유는 흥미로운 드라마 내용과 우수한 제작 기술력과 배우들의 뛰어난 연기력이라고 했다. 향후 전망은 해외 투자가 증가하고 학국 문화와 학군 방문객이 늘어날 것으로 보았다.
(첨삭 표시: K-POP에 이어 도 / 상위권 / 수출 현황을 보면 / 이처럼 / 분석하였다. / 한 / 한 / 보고 있다.)

수정 방안

　본 문제는 '다문화 사회가 왜 중요한지?, 이런 다문화 사회에서 발생할 수 있는 부작용은 무엇인지?, 이런 부작용을 잘 해결하고 안정된 다문화 사회를 위해 우리가 할 수 있는 노력의 방법'을 물었다. 그런데 문제가 묻고 있는 주제를 정확하게 파악하지 못하고, 다문화 사회의 부작용(문제점)만 기술하고 반대로 긍정적인 면도 있다는 정도만 제시하고 있다. 그리고 무엇보다 중요한 '안정된 다문화 사회을 위한 노력 방안'에 대한 구체적인 제시가 없다.

이 문제는 도입 부분에 '다문화 사회의 중요성'에 대해 상술하고 전개 부분에 도입 부분 내용과 같은 중요한 다문화 사회에서 볼 수 있는 부작용에 대해 예를 들어서 설명해야 한다. 다음 이러한 부작용을 해결하기 위한 방안에 대해 마무리 부분에 2~3가지를 제시해 줘야 한다. 가장 중요한 것은 문제가 무엇을 묻고 있는지를 정확하게 파악하는 것이다. 즉 주제 파악을 제대로 정확하게 한 후 쓸 글의 개요를 작성한 후 실제 글쓰기에 들어가야 한다.

8 제시글을 그대로 쓰고 도입이 너무 긴 경우의 오류 **35회 기출문제**

> 사람들은 다양한 경제 수준의 삶을 살고 있으며 그러한 삶에 대해 느끼는 각자의 만족도도 다양하다. 그러나 경제적 여유와 행복 만족도가 꼭 비례한다고는 할 수 없다. 경제적 여유가 행복에 미치는 영향에 대해 아래의 내용을 중심으로 자신의 생각을 쓰십시오.
>
> • 사람들이 생각하는 행복한 삶이란 무엇인가?
> • 경제적 조건과 행복 만족도의 관계는 어떠한가?
> • 행복 만족도를 높이기 위해 어떠한 노력이 필요한가?

✔**첨삭**

　　사람들이 생각하는 행복한 삶은 사람마다 생각이(는 차이가 있다) 다르다. 사람들은 다양한 경제 수준의 삶을 살고 있으며 그러한 삶에 대해 느끼는 각자의 만족도도 다양하다. 그래서 사람이(은) 행복하다고 느끼는 사람도 있고 사랑하는 사람과 같이 있는 것이 행복하다고 느끼는 사람도 있다. 물론 경제적인 여유가 있는 사람이라면 행복 만족도가 높다고 생각할 수 있지만 경제적 여유와 행복 만족도가 비례하지 않는다. 예를 들어서 경제적 여유가 있어도 가족 관계나 친구 관계 등 사회적인 생활이 좋지 않으면 행복 만족도는 낮아질 수도 있다. 반면 경제적 여유가 없어도 사랑하는 사람과 함께 살면서 고민이 족은(적은) 상황이라면 행복 만족도는 높일(높을) 수도 있다. 거(기본적)본적아로는(으로는) 경제적 여유가 있는 사람들이 경제적 여유가 없는 사람에 비해 행복 만족도가 높다고 생각하지만 경제적 여유와 행복 만족도가 꼭 비례한다고는 할 수 없다.

수정 방안

　　문제에서 제시된 것을 그대로 쓰면 안 된다. 문제에서 설명한 내용을 정확히 이해하고 제시한 내용을 중심으로 3 단계로 나눠서 써야 한다. 특히 서론에서는 문제에 제시된 내용을 바탕으로 '행복한 삶의 조건은 사람마다 다르다'라는 문장을 중심으로 사람들이 생각하는 행복한 삶의 다양성에 대해서만 언급해야 한다. 그리고 뒤에 이어질 전개부분에 나올 경제적 조건과 행복 만족도의 관계에 대해 이어지게 마무리해야 한다. 무엇보다 제시된 글의 문장이나 표현을 그대로 써서는 안 된다는 것을 명심해야 한다. 그것을 자신만의 언어로 풀어서 써야 한다. 그러므로 위의 글은 불필요하게 반복되는 어휘나 표현을 정리하고 '사람마다 다른 행복의 조건'과 그 조건에 해당되는 몇 가지를 제시하면서 전개 부분과 연계되는 문장으로 정리하면서 도입 부분을 써야 한다.

9 비논리적이고 감정적인 경우의 오류 예상문제 6번 본책 167쪽

> 개인이든 국가든 살아가면서 협력이 필요한 상황에 많이 직면하게 됩니다. 이때 사람에 따라, 국가의 위치나 입장에 따라 협력에 대한 생각과 태도가 다르게 나타납니다. 이로 인한 결과도 차이가 큽니다. 이러한 '협력'이 미치는 영향에 대해 아래 내용을 중심으로 자신의 생각을 쓰십시오.

- 협력은 왜 필요한가?
- 협력하지 않을 경우 어떤 문제가 발생하는가?
- 협력이 잘 이루어지기 위해 어떠한 노력이 필요한가?

✔첨삭

   이런 협력이 제대로 이루어지지 않으면 우리는 많은 문제에 부딪쳐 (부딪혀) 큰 어려움을 겪게 된다. 먼저 개인을 보면 살다가 무슨 문제가 생기면 혼자 다 감당해야 한다. 예를 들면 갑자기 아프거나 다쳤을 때 혼자 병원에 가야 하고 입원을 해도 간병해줄 사람이 없다. 퇴원할 때도 혼자 병원비를 계산하고 혼자 물건을 챙겨서 퇴원해야 한다. 또 슬픈 일이 있어도 혼자 울거나 속상해 해야 한다. 한편 국가도 협력하지 않으면 전쟁이 나도 아무도 도와주지 않을 것이다. 자국 국민이 다 알아서 해야 하는 것이다. 이처럼 협력하지 않으면 개인이든 국가든 어떤 문제도 잘 해결학거가 (해결하기가) 어려워진다.
   따라서 개인과 국가는 모두 협력을 잘 해야 한다. 그럼 어떻게 하면 협력을 잘 할 수 있을까?

수정 방안

   개인과 국가 측면에서 협력이 제대로 이루어지지 않을 경우 발생하는 문제를 객관적으로 판단해서 제시해야 한다. 그런데 개인적인 측면에서 발생할 수 있는 문제에 대한 예를 너무 감정적인 내용으로 부연설명을 하고 있다. 또한 국가적인 측면에서도 논리적으로 타당하고 합리적으로 제시를 해야 하는데, 너무 극단적인 표현을 쓰면서 감정적인 쪽으로 기술하고 있다. 이것은 개인과 국가적 측면에서 일어날 수 있는 객관적이고 보편적인 문제를 예를 들고 논리적으로 기술해야 한다. 개인적 측면에서는 인간은 사회적 동물로 절대로 혼자서는 살아가기 어렵다. 그러므로 주변 사람들과 서로 도우면서 협력하며 살아가야 한다는 쪽으로 서술해야 한다. 또한 국가적인 측면에서는 협력이 잘 이루어지지 않을 경우 일어날 피해를 제시하고 협력이 잘 되면 그 피해를 어떻게 줄이거나 해결할 수 있는지 구체적으로 제시해 줘야 한다.

최근 들어 사람이 없는 '무인가게'가 늘어나고 있다. 무인가게는 관리하는 사람이 없어서 손님이 직접 모든 것을 알아서 해야 한다. 그러다보니 편리한 점도 있지만 문제점도 나타나고 있다. 하지만 앞으로 무인가게는 점점 더 증가할 전망이다. 아래의 내용을 중심으로 '무인가게 운영'에 대해 자신의 생각을 쓰라.

- 무인가게가 증가하는 이유는 무엇인가?
- 무인가게의 좋은점과 문제점은 무엇인가?
- 무인가게 운영의 바람직한 방안에는 무엇이 있는가?

✔첨삭

무인가게란 관리하는 사람이 없어서 손님이 직접 가게를 둘러보고 필요한 물건을 골라서 바구니에 담아서 계산하는 가게를 말한다. 이런 무인가게는 최근 들어 증가하고 있는데, 그 이유는 다음과 같다. 첫째, 코로나 19로 사람들과의 접촉을 ~~실어하는~~ (실어하는) 사람들이 ~~높아져서~~ (많아져서) 접촉을 최대한 ~~줄면서~~ (줄이면서) 쇼핑을 할 수 있기 ~~때문이다.~~ 다음 가게 관리비나 가게에서 일하는 사람에게 들어가는 인건비가 절약되기 ~~때문이다.~~ 한편 이러한 무인가게가 다 좋기만 한 것은 아니다. 무인가게라서 사람이 직접 관리를 하고 지켜보지 않기 ~~때문에~~ 물건을 훔쳐가는 경우도 종종 발생하고 있다. 또 물건 값을 정확하게 제대로 ~~돈을 내지~~ (계산하지) 않는 손님도 자주 볼 수 있다.

이런 무인가게의 문제점을 해결하기 위한 방법을 찾아야 한다. 그래서 개선해야 한다. 이것의 방법으로는 첫째, 물건 값 계산하는 기계의 시스템을 강화해야 한다. 둘째, 손님들이 양심을 가지고 알아서 계산을 하는 마음가짐과 태도를 가져야 한다. 사실 둘째 방안이 가장 중요하다. 아무리 스마트 시스템을 설치한다고 해도 인간이 양심을 속이면 이 문제는 완벽하게 해결하기 어렵다.

수정 방안

도입 부분에 무인가게의 정의를 간단하게 설명하고, 증가하는 이유를 첫째, 둘째로 제시하고 간단한 설명을 넣어준다. 다음 무인가게의 좋은점과 문제점을 명확하게 제시하고 이것도 예를 들어주거나 이해를 도울 수 있는 부연설명을 구체적으로 써야 한다. 마찬가지로 마무리 부분에 들어갈 '무인가게의 바람직한 운영 방안(문제점 해결 방안)' 도 2~3가지 정도 중심문장으로 쓴 다음 구체적인 설명 문장을 추가해야 한다. 이와 같이 내용을 단계별로 구분해서 중심문장과 뒷받침 문장으로 문제에서 제시된 질문에 해당되는 내용을 다 써야 한다. 또한 단계별 단락 구분을 명확하게 표시해줘야 한다. 원고지 쓰기에서 '한 칸 들여쓰기'로 단락 구분을 해줘야 한다. 이처럼 내용뿐만 아니라 글쓰기의 기본인 형식적 단락 구분을 명확하게 해야 한다. 그리고 동일 어휘를 반복하지 않도록 해야 한다.

MEMO

정답 및 해설

Unit 06 원고지 쓰기 연습 모범 답안

본책 50쪽

　글을 쓸 때, 각 낱말을 띄어 쓰는 일을 이르는 말로 '띄어쓰기'는 한 단어이다.
　지난 11일 열린 제93회 아카데미상 시상식에서 새 역사를 쓰게 되었다.
　최저임금은 2018년도분이 16.4%, 2019년도분은 10.9% 인상됐지만, 이후 인상률이 급격히 줄어 2020년도분은 2.9%, 올해분은 역대 최저 수준에 그쳤다.
　"Hello, how are you?" 등의 교과서적 영어 표현을 떠올리게 된다.
　지금 무엇을 준비하고 계신가요?
　가족 모두가 안타까운 마음일텐데……, 그러나
　올 가을 단풍은 유난히 아름답구나!
　컵, 용기, 세면도구 등 1회용품들이 무분별하게 사용되고 있다.
　학교 체육대회에서 '단체 응원상' 대신 '사회적 거리두기상'을 만들어 시상하게 되었다.
　"지금 필요한 건 '실천'입니다."
　EBS 라디오 〈아름다운 가요세상〉

인	생	은		다	섯		단	계	를		거	치	는	데	,		첫	째	는
유	년	기	,	둘	째	는		소	년	기	,	셋	째	는		청	년	기	,
넷	째	는		장	년	기	,	마	지	막	은		노	년	기	이	다	.
	회	사	명	을		표	현	할		때		주	식	회	사	가		뒤	에
붙	은		경	우	,	일	반	적	으	로		(	주	)	로		약	칭	하
여		사	용	한	다	.														
	C	C	T	V		설	치	를		반	대	하	는		사	람	들	은	
사	생	활		보	호	를		이	유	로		설	치	를		반	대	하	고
있	다	.																	
	노	사	가		서	로		팽	팽	하	게		대	립	하	고		있	다	.
	제		연	락	처	는		01	0		-	12	34		-	56	78	입	니	다	.

Unit 01 51번 모범답안 및 해설

본책 108~110쪽

문제 1

모범답안

㉠ 바꾸게 되었습니다 / 변경하게 되었습니다

㉡ 게시하겠습니다 / 게시되어 있습니다

문제 풀이

이 글은 신입 회원 환영회 장소 변경에 대해 안내하기 위해 공지를 올리는 게시글이다.

필수 어휘	회원 / 환영회 / 변경 / 맞은 편 / 위치하다 / 늘어나다 / 게시하다 / 변경되다
필수 문법 및 표현	<중급 수준의 표현과 문법을 사용해야 한다.> ㉠ 안내를 위한 게시글에서 문장 앞에 '장소를' 이라는 표현이 나오고 문장 뒤에 '변경된 장소는'라는 표현이 나왔으므로 문맥상 '바꾸다 또는 변경하다'를 써야하며 'ㅂ니다/습니다' 라는 문법을 사용하여 답안을 작성하면 된다. ㉡ 장소 변경 안내 글의 내용에서 문장 앞에 '정확한 장소'와 '게시판에'라는 문장이 나왔으므로 담화의 문맥상 묻는 '게시하다', '게시되다'를 사용해서 답안을 작성하면 된다.

답안 작성 방법

① 답안지 작성에 앞서 전체적인 글의 내용을 파악한 후, 글의 주제와 목적을 파악하도록 한다.

② 글의 주제와 목적이 파악되고 나면, 괄호 안에 들어갈 문장과 괄호 앞, 뒤의 문장이 어떻게 연결 될 수 있는 지 내용을 구상하도록 한다.

③ 최종 구상이 끝나면 답안을 작성한 후 문법과 단어, 맞춤법 등을 최종 점검하여 작성한 답안에 이상이 없는 지 다신 한번 살펴보도록 한다.

④ 답안을 작성할 때는 괄호 부분의 앞뒤 문장을 꼼꼼하게 살펴보고 자연스럽게 이어질 수 있는 괄호 안의 문장을 떠올려야 한다.

⑤ 불필요한 어휘나 문장을 추가하거나 본래의 의미를 해치는 문장을 제시하지 않도록 주의해야 한다.

⑥ 괄호의 답안에 앞뒤의 어구를 함께 포함하여 쓰지 않도록 주의해야 한다.

⑦ 문장의 끝은 '-니다, -요, -니까' 등의 끝나는 말로 통일하여 완성하도록 해야 한다.

⑧ 또한, 괄호 안의 문장이 전체적인 문장과 문법적 요소들이 어울릴 수 있도록 해야 한다.

⑨ ㉠과 ㉡의 답안을 작성할 때 괄호 뒤에 마침표가 있으므로 정답에는 마침표 ' . '를 기입하지 말아야 한다.

확장 어휘

형용사	불가피하다
동사	바뀌다 / 안내하다 / 증가하다 / 자리 잡다

문제 2

모범답안

㉠ 어려운 점이 많습니다

㉡ 중국어가 가능한 친구를 / 중국어를 할 줄 아는 친구를

문제 풀이

이 글은 함께 공부할 친구를 찾기 위해 공지를 올리는 게시글이다.

필수 어휘	실력 / 대화 / 부족하다 / 구하다 / 준비하다 / 찾다 / 이해하다
필수 문법 및 표현	\<중급 수준의 표현과 문법을 사용해야 한다.\> ㉠ 모집을 위한 게시글에서 문장 앞에 '너무'라는 표현이 나오고 문장 뒤에 '가장 어려운 점은'이라는 표현이 나왔으므로 문맥상 '어려운 점이 많다'를 써야하며 '-ㅂ니다/습니다'로 마치면 된다. ㉡ 모집하는 글의 내용에서 문장 앞에 '실력이 부족하다'와 '그래서'라는 문장이 나왔고 문장 뒤에 '찾고 있다'와 '중국어로 대화하다'라는 표현이 나왔으므로 담화의 문맥상 '중국어가 가능한 친구'를 사용해서 답안을 작성하면 된다.

답안 작성 방법

① 답안지 작성에 앞서 전체적인 글의 내용을 파악한 후, 글의 주제와 목적을 파악하도록 한다.
② 글의 주제와 목적이 파악되고 나면, 괄호 안에 들어갈 문장과 괄호 앞, 뒤의 문장이 어떻게 연결 될 수 있는지 내용을 구상하도록 한다.
③ 최종 구상이 끝나면 답안을 작성한 후 문법과 단어, 맞춤법 등을 최종 점검하여 작성한 답안에 이상이 없는지 다신 한번 살펴보도록 한다.
④ 답안을 작성할 때는 괄호 부분의 앞뒤 문장을 꼼꼼하게 살펴보고 자연스럽게 이어질 수 있는 괄호안의 문장을 떠올려야 한다.
⑤ 불필요한 어휘나 문장을 추가하거나 본래의 의미를 해치는 문장을 제시하지 않도록 주의해야 한다.
⑥ 괄호의 답안에 앞뒤의 어구를 함께 포함하여 쓰지 않도록 주의해야 한다.
⑦ 문장의 끝은 '-니다, -요, -니까' 등의 끝나는 말로 통일하여 완성하도록 해야 한다.
⑧ 또한, 괄호 안의 문장이 전체적인 문장과 문법적 요소들이 어울릴 수 있도록 해야 한다.
⑨ ㉠의 답안을 작성할 때 괄호 뒤에 마침표가 있으므로 정답에는 마침표 ' . '를 기입하지 말아야 한다.
⑩ ㉡의 답안을 작성할 때 괄호 뒤에 문장이 바로 이어지므로 정답에는 마침표 ' . '를 기입하지 말아야 한다.

확장 어휘

명사/부사	능력 / 스스로
동사	소통하다 / 대비하다
형용사	수월하다

모범답안

ㄱ 제출해도 됩니까 / 되나요 / 될까요
ㄴ 이메일로 제출이 가능하다면 / 가능하면

문제 풀이

이 글은 리포트를 직접 제출하지 못하게 된 상황에서 교수님께 이메일 제출을 부탁드리는 내용의 이메일이다.

필수 어휘	부탁 / 사정 / 혹시 / 돌아오다 / 제출하다 / 보내드리다
필수 문법 및 표현	<중급 수준의 표현과 문법을 사용해야 한다.> ㄱ 부탁을 위한 이메일에서 문장 앞에 '직접 제출할 수 없을 것 같습니다'라는 표현과 '혹시 이메일'이라는 표현이나오고 문장 뒤에 '물음표'가 나왔으므로 문맥상 '제출하다'라는 표현이 나와야 한다. ㄴ 문장 앞에 '제출해도 됩니까?'라는 표현이 나오고 내용에서 문장 뒤에 '다음 주까지'와 '보내 드리겠습니다'라는 표현이 나왔으므로 담화의 문맥상 '가능하다면'을 사용해서 답안을 작성하면 된다 .

📝 **답안 작성 방법**

① 답안지 작성에 앞서 전체적인 글의 내용을 파악한 후, 글의 주제와 목적을 파악하도록 한다.

② 글의 주제와 목적이 파악되고 나면, 괄호 안에 들어갈 문장과 괄호 앞, 뒤의 문장이 어떻게 연결 될 수 있는지 내용을 구상하도록 한다.

③ 최종 구상이 끝나면 답안을 작성한 후 문법과 단어, 맞춤법 등을 최종 점검하여 작성한 답안에 이상이 없는지 다시 한번 살펴보도록 한다.

④ 답안을 작성할 때는 괄호 부분의 앞뒤 문장을 꼼꼼하게 살펴보고 자연스럽게 이어질 수 있는 괄호안의 문장을 떠올려야 한다.

⑤ 불필요한 어휘나 문장을 추가하거나 본래의 의미를 해치는 문장을 제시하지 않도록 주의해야 한다.

⑥ 괄호의 답안에 앞뒤의 어구를 함께 포함하여 쓰지 않도록 주의해야 한다.

⑦ 문장의 끝은 '-니다, -요, -니까' 등의 끝나는 말로 통일하여 완성하도록 해야 한다.

⑧ 또한, 괄호 안의 문장이 전체적인 문장과 문법적 요소들이 어울릴 수 있도록 해야 한다.

⑨ ㄱ의 답안을 작성할 때 괄호 뒤에 마침표가 있으므로 정답에는 마침표 ' . '를 기입하지 말아야 한다.

⑩ ㄴ의 답안을 작성할 때 괄호 뒤에 문장이 바로 이어지므로 정답에는 마침표 ' . '를 기입하지 말아야 한다.

✏️**확장 어휘**

명사/부사	의뢰 / 갑자기
동사	서두르다 / 송부하다 / 발송하다

문제 4

모범답안

㉠ 바람에 날아갈 수 있습니다 / 바람에 날아가기 쉽습니다

㉡ 낱개로 버리지 마십시오 / 낱개로 버리지 마시기 바랍니다

문제 풀이

이글은 쓰레기 버리는 방법에 대해 안내하는 내용의 안내문이다.

필수 어휘	입주민 / 겨울 / 바람 / 쓰레기 / 낱개 / 봉투 / 불다 / 버리다 / 지저분해지다 / 묶다
필수 문법 및 표현	<중급 수준의 표현과 문법을 사용해야 한다.> ㉠ 안내를 위한 글에서 문장 앞에 '바람이 많이 분다' 라는 표현이 나오고 문장 뒤에 '주변이 지저분해진다'이라는 표현이 나왔으므로 문맥상 '바람에 날아가다'를 써야하며 '-ㅂ니다/습니다'로 마치면 된다. ㉡ 문장 앞에 '낱개로 버리면 주변이 지저분해진다'라는 문장과 '그러니'라는 표현이 나오고 문장 뒤에 '묶어서 버리다'라는 표현이 나왔으므로 담화의 문맥상 '낱개로 버리지 말다'라는 표현을 사용해서 답안을 작성하면 된다.

📝 답안 작성 방법

① 답안지 작성에 앞서 전체적인 글의 내용을 파악한 후, 글의 주제와 목적을 파악하도록 한다.

② 글의 주제와 목적이 파악되고 나면, 괄호 안에 들어갈 문장과 괄호 앞, 뒤의 문장이 어떻게 연결 될 수 있는지 내용을 구상하도록 한다.

③ 최종 구상이 끝나면 답안을 작성한 후 문법과 단어, 맞춤법 등을 최종 점검하여 작성한 답안에 이상이 없는지 다신 한번 살펴보도록 한다.

④ 답안을 작성할 때는 괄호 부분의 앞뒤 문장을 꼼꼼하게 살펴보고 자연스럽게 이어질 수 있는 괄호안의 문장을 떠올려야 한다.

⑤ 불필요한 어휘나 문장을 추가하거나 본래의 의미를 해치는 문장을 제시하지 않도록 주의해야 한다.

⑥ 괄호의 답안에 앞뒤의 어구를 함께 포함하여 쓰지 않도록 주의해야 한다.

⑦ 문장의 끝은 '-니다, -요, -니까' 등의 끝나는 말로 통일하여 완성하도록 해야 한다.

⑧ 또한, 괄호 안의 문장이 전체적인 문장과 문법적 요소들이 어울릴 수 있도록 해야 한다.

⑨ ㉠의 답안을 작성할 때 괄호 뒤에 마침표가 있으므로 정답에는 마침표 '.'를 기입하지 말아야 한다.

⑩ ㉡의 답안을 작성할 때 괄호 뒤에 문장이 바로 이어지므로 정답에는 마침표 '.'를 기입하지 말아야 한다.

✏️확장 어휘

명사/부사	그러니
동사	넣다 / 바라다

Chapter 4 예상 문제를 통한 실전 익히기 31

모범답안

　㉠ 다음 주 주중에나 가능합니다

　㉡ 주문 취소를 하시면 됩니다 / 환불 요청을 하시면 됩니다

문제 풀이

이글은 환불처리에 대해 안내하는 문제메시지 내용이다.

필수 어휘	매장 / 상품 / 판매 / 완료 / 환불 / 주말 / 주중 / 주문 / 취소 / 사이트 불편 / 주문하다 / 가능하다 / 빠르다
필수 문법 및 표현	<중급 수준의 표현과 문법을 사용해야 한다.> ㉠ 환불 안내를 위한 문제메시지에서 문장 앞에 '주말이어서'라는 표현이 나오고 문장 뒤에 '조금 더 빠른 환불'이라는 표현이 나오므로 문맥상 '다음 주 주중에 가능하다'를 써야하며 '-ㅂ니다/습니다'로 마치면 된다. ㉡ 문장 앞에 '더 빠른 환불'이라는 표현과 '직접 구매 사이트에서 주문'이라는 표현이 나오고 문장 뒤에 '마침표'로 마무리 되므로 담화의 문맥상 '주문 최소를 하다 / 환불 요청을 하다'라는 표현을 사용해서 답안을 작성하면 된다 .

✏️ **답안 작성 방법**

① 답안지 작성에 앞서 전체적인 글의 내용을 파악한 후, 글의 주제와 목적을 파악하도록 한다.

② 글의 주제와 목적이 파악되고 나면, 괄호 안에 들어갈 문장과 괄호 앞, 뒤의 문장이 어떻게 연결 될 수 있는지 내용을 구상하도록 한다.

③ 최종 구상이 끝나면 답안을 작성한 후 문법과 단어, 맞춤법 등을 최종 점검하여 작성한 답안에 이상이 없는지 다신 한번 살펴보도록 한다.

④ 답안을 작성할 때는 괄호 부분의 앞뒤 문장을 꼼꼼하게 살펴보고 자연스럽게 이어질 수 있는 괄호안의 문장을 떠올려야 한다.

⑤ 불필요한 어휘나 문장을 추가하거나 본래의 의미를 해치는 문장을 제시하지 않도록 주의해야 한다.

⑥ 괄호의 답안에 앞뒤의 어구를 함께 포함하여 쓰지 않도록 주의해야 한다.

⑦ 문장의 끝은 '-니다, -요, -니까' 등의 끝나는 말로 통일하여 완성하도록 해야 한다.

⑧ 또한, 괄호 안의 문장이 전체적인 문장과 문법적 요소들이 어울릴 수 있도록 해야 한다.

⑨ ㉠의 답안을 작성할 때 괄호 뒤에 마침표가 있으므로 정답에는 마침표 ' . '를 기입하지 말아야 한다.

⑩ ㉡의 답안을 작성할 때 괄호 뒤에 문장이 바로 이어지므로 정답에는 마침표 ' . '를 기입하지 말아야 한다.

✏️ **확장 어휘**

명사/부사	이미 / 더 / 직접
동사	완료되다 / 원하다 / 죄송하다

문제 6

모범답안

㉠ 연기되었다고 들었습니다

㉡ 말하기 대회가 개최되는지요 / 말하기 대회가 열리는지요

문제 풀이

이글은 연기되었던 말하기 대회 개최 시기에 대해 문의하는 이메일의 내용이다.

필수 어휘	매년 / 세계 / 외국인 / 말하기 / 대회 / 일정 / 올해 / 코로나19
필수 문법 및 표현	<중급 수준의 표현과 문법을 사용해야 한다.> ㉠ 문장 앞에 '열릴 예정이었던'라는 표현과 '코로나 19로'라는 표현이 나오고 문장 뒤에 '그렇다면 언제 다시'라는 표현이 나왔으므로 문맥상 '연기되다'를 쓰되 간접 인용문인 '-다고 하다'로 답안을 작성하면 된다. ㉡ 문장 앞에 '그렇다면 언제 다시'라는 표현이 나오고 문장 뒤에 '계획하는 일정을 묻는'문장이 나오므로 담화의 문맥상 '개최되는지/열리는지'라는 표현을 'A/V지요'라는 문장으로 답안을 작성하면 된다 .

📝 **답안 작성 방법**

① 답안지 작성에 앞서 전체적인 글의 내용을 파악한 후, 글의 주제와 목적을 파악하도록 한다.

② 글의 주제와 목적이 파악되고 나면, 괄호 안에 들어갈 문장과 괄호 앞, 뒤의 문장이 어떻게 연결 될 수 있는지 내용을 구상하도록 한다.

③ 최종 구상이 끝나면 답안을 작성한 후 문법과 단어, 맞춤법 등을 최종 점검하여 작성한 답안에 이상이 없는지 다신 한번 살펴보도록 한다.

④ 답안을 작성할 때는 괄호 부분의 앞뒤 문장을 꼼꼼하게 살펴보고 자연스럽게 이어질 수 있는 괄호안의 문장을 떠올려야 한다.

⑤ 불필요한 어휘나 문장을 추가하거나 본래의 의미를 해치는 문장을 제시하지 않도록 주의해야 한다.

⑥ 괄호의 답안에 앞뒤의 어구를 함께 포함하여 쓰지 않도록 주의해야 한다.

⑦ 문장의 끝은 '-니다, -요, -니까' 등의 끝나는 말로 통일하여 완성하도록 해야 한다.

⑧ 또한, 괄호 안의 문장이 전체적인 문장과 문법적 요소들이 어울릴 수 있도록 해야 한다.

⑨ ㉠의 답안을 작성할 때 괄호 뒤에 마침표가 있으므로 정답에는 마침표 ' . '를 기입하지 말아야 한다.

⑩ ㉡의 답안을 작성할 때 괄호 뒤에 물음표가 있으므로 정답에는 물음표 ' ? '를 기입하지 말아야 한다.

✏️ **확장 어휘**

부사	그렇다면 / 언제 / 다시
동사	열리다 / 계획하다 / 알려주다

문제 1

모범답안

㉠ 질병에 걸릴 위험이 높다 / 질병에 걸릴 수 있다

㉡ 손을 꼼꼼하게/깨끗하게 씻어야 한다 / 손을 꼼꼼하게/깨끗하게 씻으면 된다

문제 풀이

이 글은 질병 예방을 위한 손 씻는 방법에 대해 설명하는 글이다.

필수 어휘	각종 / 질병 / 손 / 감염 / 손바닥 / 손등 / 손가락 / 손톱 / 밑 / 물 / 비누 / 방법 / 거품 / 초
필수 문법 및 표현	<중급 수준의 표현과 문법을 사용해야 한다.> ㉠ 문장 앞에 '질병에 감염이 된다'라는 표현과 '그러므로', '깨끗이 씻지 않으면' 등의 표현이 나오므로 문맥상 '질병에 걸리다'라는 표현을 '-ㄹ/을 수 있다' 등의 가정의 문법을 사용하여 답안을 작성하면 된다. ㉡ 문장 앞에 손을 씻을 때 '꼼꼼하게 씻어야 한다'라는 표현과 '방법은'이라는 표현이 나오고 문장 뒤에 마침표 ' . '가 나오므로 담화의 문맥상 '씻어야 한다'라는 표현을 '-아/어야 하다', '-(으)면 되다' 등의 문법을 사용하여 답안을 작성하면 된다.

답안 작성 방법

① 답안지 작성에 앞서 전체적인 글의 내용을 파악한 후, 글의 주제와 목적을 파악하도록 한다.

② 글의 주제와 목적이 파악되고 나면, 괄호 안에 들어갈 문장과 괄호 앞, 뒤의 문장이 어떻게 연결 될 수 있는 지 내용을 구상하도록 한다.

③ 최종 구상이 끝나면 답안을 작성한 후 문법과 단어, 맞춤법 등을 최종 점검하여 작성한 답안에 이상이 없는 지 다신 한번 살펴보도록 한다.

④ 답안을 작성할 때는 괄호 부분의 앞뒤 문장을 꼼꼼하게 살펴보고 자연스럽게 이어질 수 있는 괄호 안의 문장을 떠올려야 한다.

⑤ 불필요한 어휘나 문장을 추가하거나 본래의 의미를 해치는 문장을 제시하지 않도록 주의해야 한다.

⑥ 괄호의 답안에 앞뒤의 어구를 함께 포함하여 쓰지 않도록 주의해야 한다.

⑦ 문장의 끝은 '-니다, -요, -니까' 등의 끝나는 말로 통일하여 완성하도록 해야 한다.

⑧ 또한, 괄호 안의 문장이 전체적인 문장과 문법적 요소들이 어울릴 수 있도록 해야 한다.

⑨ ㉠과 ㉡의 답안을 작성할 때 괄호 뒤에 마침표가 있으므로 정답에는 마침표 ' . '를 기입하지 말아야 한다.

확장 어휘

부사	그러므로 / 깨끗이 / 충분히 / 꼼꼼하게
동사	씻다 / 포함하다 / 흐르다 / 중요하다 / 예방하다

모범답안

ㄱ 안 좋은 것만은 아니다 / 부정적인 것만은 아니다

ㄴ 긍정적인 영향을 줄 수 있다 / 긍정적인 영향을 준다

문제 풀이

이 글은 스트레스의 긍정적인 측면에 대해 설명하는 글이다.

필수 어휘	스트레스 / 병 / 원인 / 직장 / 시험 / 양 /긴장 / 능률 / 단기 기억
필수 문법 및 표현	<중급 수준의 표현과 문법을 사용해야 한다.> ㄱ 부정적인 앞의 문장에 이어 '그러나'라는 역접 접속부사와 '무조건' 등의 표현이 나오므로 문맥상 '부정적인 것만은 아니다'라는 긍정의 문법을 사용하여 답안을 작성하면 된다. ㄴ 전체 내용에서 스트레스의 부정적 인식의 설명 뒤에 '오히려' 라는 예상과 반대되는 표현이 나오고 문장 뒤에 마침표 ' . '가 나오므로 담화의 문맥상 '긍정적인 영향을 주다'라는 표현을 '-ㄹ/을 수 있다' 등의 문법을 사용하여 답안을 작성하면 된다 .

✏️ **답안 작성 방법**

① 답안지 작성에 앞서 전체적인 글의 내용을 파악한 후, 글의 주제와 목적을 파악하도록 한다.

② 글의 주제와 목적이 파악되고 나면, 괄호 안에 들어갈 문장과 괄호 앞, 뒤의 문장이 어떻게 연결 될 수 있는 지 내용을 구상하도록 한다.

③ 최종 구상이 끝나면 답안을 작성한 후 문법과 단어, 맞춤법 등을 최종 점검하여 작성한 답안에 이상이 없는 지 다신 한번 살펴보도록 한다.

④ 답안을 작성할 때는 괄호 부분의 앞뒤 문장을 꼼꼼하게 살펴보고 자연스럽게 이어질 수 있는 괄호 안의 문 장을 떠올려야 한다.

⑤ 불필요한 어휘나 문장을 추가하거나 본래의 의미를 해치는 문장을 제시하지 않도록 주의해야 한다.

⑥ 괄호의 답안에 앞뒤의 어구를 함께 포함하여 쓰지 않도록 주의해야 한다.

⑦ 문장의 끝은 '-니다, -요, -니까' 등의 끝나는 말로 통일하여 완성하도록 해야 한다.

⑧ 또한, 괄호 안의 문장이 전체적인 문장과 문법적 요소들이 어울릴 수 있도록 해야 한다.

⑨ ㄱ과 ㄴ의 답안을 작성할 때 괄호 뒤에 마침표가 있으므로 정답에는 마침표 ' . '를 기입하지 말아야 한다.

✏️ **확장 어휘**

부사	그러나 모든 무조건 빨리 오히려 긍정적
동사	나쁘다 정해지다 끝내다 높이다

모범답안

㉠ 준다는 연구결과가 나왔다 / 미친다는 연구결과가 나왔다

㉡ 소식이 아닐 수 없다 / 뉴스가 아닐 수 없다

문제 풀이

이 글은 아이의 자율성을 존중하는 양육방식에 대한 연구결과를 설명하는 글이다.

필수 어휘	스트레스 / 병 / 원인 / 직장 / 시험 / 양 / 긴장 / 능률 / 단기 기억
필수 문법 및 표현	**<중급 수준의 표현과 문법을 사용해야 한다.>** ㉠ 문장 앞에 '연구에 따르면'이라는 표현과 '긍정적 영향을'이라는 표현이 나왔으므로 문맥상 '주다/미치다'로 문장을 표현해야 한다. 또한, 문장 뒤에 '이러한 결과는'이라는 표현이 나왔으므로 결과에 대한 표현을 사용해야 하며 '-가 나오다'라는 표현을 사용하여 답안을 작성하면 된다. ㉡ 문장 앞에 '이러한 결과는'이라는 표현과 긍정적 표현의 '반가운'이라는 표현이 나오므로 담화의 문맥상 긍정적 내용의 표현이 나와야 한다. '-아닐 수 없다' 사용해서 답안을 작성하면 된다.

답안 작성 방법

① 답안지 작성에 앞서 전체적인 글의 내용을 파악한 후, 글의 주제와 목적을 파악하도록 한다.

② 글의 주제와 목적이 파악되고 나면, 괄호 안에 들어갈 문장과 괄호 앞, 뒤의 문장이 어떻게 연결 될 수 있는지 내용을 구상하도록 한다.

③ 최종 구상이 끝나면 답안을 작성한 후 문법과 단어, 맞춤법 등을 최종 점검하여 작성한 답안에 이상이 없는지 다신 한번 살펴보도록 한다.

④ 답안을 작성할 때는 괄호 부분의 앞뒤 문장을 꼼꼼하게 살펴보고 자연스럽게 이어질 수 있는 괄호 안의 문장을 떠올려야 한다.

⑤ 불필요한 어휘나 문장을 추가하거나 본래의 의미를 해치는 문장을 제시하지 않도록 주의해야 한다.

⑥ 괄호의 답안에 앞뒤의 어구를 함께 포함하여 쓰지 않도록 주의해야 한다.

⑦ 문장의 끝은 '-니다, -요, -니까' 등의 끝나는 말로 통일하여 완성하도록 해야 한다.

⑧ 또한, 괄호 안의 문장이 전체적인 문장과 문법적 요소들이 어울릴 수 있도록 해야 한다.

⑨ ㉠과 ㉡의 답안을 작성할 때 괄호 뒤에 마침표가 있으므로 정답에는 마침표 ' . '를 기입하지 말아야 한다.

확장 어휘

명사	부정적 / 자존감
동사	반대하다 / 거부하다 / 양육하다

모범답안

㉠ 생각하는 경우가 많다 / 판단하는 경우가 많다

㉡ 이상이 있을 확률이 높다 / 문제가 있을 확률이 높다

　이상이 있을 가능성이 높다 / 문제가 있을 가능성이 높다

문제 풀이

이 글은 혈액순환과 관련된 건강에 대해 설명하는 글이다.

필수 어휘	혈액순환 / 저림 / 증상 / 일시적 / 현상 / 부위 / 신경계 / 질환 / 비교적 / 유지하다 / 저리다 / 사라지다 / 반복되다 / 의심하다
필수 문법 및 표현	<중급 수준의 표현과 문법을 사용해야 한다.> ㉠ 문장 앞에 '우리는', '저리다면'이라는 표현과 '문제가 있다고'라는 표현이 나오고 문장 뒤에서 '하지만'이라는 표현이 나오므로 문맥상 '~하는 경우가 많다'라는 표현을 사용하여 답안을 작성하면 된다 . ㉡ 문장 앞에 '그러나', '반복된다면'이라는 표현이 나오므로 담화의 문맥상 추측의 표현을 사용해서 답안을 작성하면 된다.

답안 작성 방법

① 답안지 작성에 앞서 전체적인 글의 내용을 파악한 후, 글의 주제와 목적을 파악하도록 한다.

② 글의 주제와 목적이 파악되고 나면, 괄호 안에 들어갈 문장과 괄호 앞, 뒤의 문장이 어떻게 연결 될 수 있는지 내용을 구상하도록 한다.

③ 최종 구상이 끝나면 답안을 작성한 후 문법과 단어, 맞춤법 등을 최종 점검하여 작성한 답안에 이상이 없는지 다신 한번 살펴보도록 한다.

④ 답안을 작성할 때는 괄호 부분의 앞뒤 문장을 꼼꼼하게 살펴보고 자연스럽게 이어질 수 있는 괄호 안의 문장을 떠올려야 한다.

⑤ 불필요한 어휘나 문장을 추가하거나 본래의 의미를 해치는 문장을 제시하지 않도록 주의해야 한다.

⑥ 괄호의 답안에 앞뒤의 어구를 함께 포함하여 쓰지 않도록 주의해야 한다.

⑦ 문장의 끝은 '-니다, -요, -니까' 등의 끝나는 말로 통일하여 완성하도록 해야 한다.

⑧ 또한, 괄호 안의 문장이 전체적인 문장과 문법적 요소들이 어울릴 수 있도록 해야 한다.

⑨ ㉠과 ㉡의 답안을 작성할 때 괄호 뒤에 마침표가 있으므로 정답에는 마침표 ' . '를 기입하지 말아야 한다.

확장 어휘

명사/부사	한시적 / 대부분
동사	지속되다 / 계속되다 / 일정하다 / 고르다

문제 5

모범답안

ⓐ 월등히 높게 나타났다 / 현저히 높게 나타났다

　월등히 높은 것으로 조사되었다 / 현지히 높은 것으로 조사되었다

ⓑ 이용자들이 늘어난 것으로 분석된다 / 이용자들이 늘어난 결과로 분석된다

문제 풀이

이 글은 코로나19 확산 이후 방송시간과 온라인동영상서비스의 시청 시간에 대한 조사결과를 설명하는 글이다.

필수 어휘	확산 / 비율 / 활동시간 / 월등히 / 현저히 / 위축되다 / 확인되다 / 감소하다 / 응답하다 / 시청하다
필수 문법 및 표현	<중급 수준의 표현과 문법을 사용해야 한다.> ⓐ 문장 앞에 증가한 비율이 '32.1%'로 감소한 비율 '2.3%' 보다 높게 나왔으므로 문맥상 '월등히', '현저히' 등으로 문장을 시작해야 한다. 또한, 증가한 결과를 표현하는 것이므로 '나타났다' 라는 표현을 사용하여 답안을 작성하면 된다. ⓑ 문장 앞에 조사된 결과로 인해 '외부활동이 위축되면서 실내활동이 늘어나'라는 표현과 이러한 이유로 TV나 OTT를 '시청한'이라는 표현, 문장 뒤에 마침표 ' . '가 나오므로 담화의 문맥상 조사 결과에 대한 '분석'의 결과를 표현하는 내용으로 답안을 작성하면 된다.

📝 **답안 작성 방법**

① 답안지 작성에 앞서 전체적인 글의 내용을 파악한 후, 글의 주제와 목적을 파악하도록 한다.

② 글의 주제와 목적이 파악되고 나면, 괄호 안에 들어갈 문장과 괄호 앞, 뒤의 문장이 어떻게 연결 될 수 있는지 내용을 구상하도록 한다.

③ 최종 구상이 끝나면 답안을 작성한 후 문법과 단어, 맞춤법 등을 최종 점검하여 작성한 답안에 이상이 없는지 다신 한번 살펴보도록 한다.

④ 답안을 작성할 때는 괄호 부분의 앞뒤 문장을 꼼꼼하게 살펴보고 자연스럽게 이어질 수 있는 괄호 안의 문장을 떠올려야 한다.

⑤ 불필요한 어휘나 문장을 추가하거나 본래의 의미를 해치는 문장을 제시하지 않도록 주의해야 한다.

⑥ 괄호의 답안에 앞뒤의 어구를 함께 포함하여 쓰지 않도록 주의해야 한다.

⑦ 문장의 끝은 '-니다, -요, -니까' 등의 끝나는 말로 통일하여 완성하도록 해야 한다.

⑧ 또한, 괄호 안의 문장이 전체적인 문장과 문법적 요소들이 어울릴 수 있도록 해야 한다.

⑨ ⓐ과 ⓑ의 답안을 작성할 때 괄호 뒤에 마침표가 있으므로 정답에는 마침표 ' . '를 기입하지 말아야 한다.

🖊️ **확장 어휘**

부사	매우 / 굉장히 / 훨씬
동사	조사하다 / 설문하다 / 나타나다

모범답안

㉠ 잘 수 있게 한다 / 잘 수 있도록 한다

㉡ 눈을 붙이는 것이 좋다 / 낮잠을 자는 것이 좋다

문제 풀이

이 글은 낮잠의 긍정적인 측면에 대해 설명하는 글이다.

필수 어휘	낮잠 / 건강 / 일부 / 숙면 / 기억력 / 집중력 / 졸음
필수 문법 및 표현	<중급 수준의 표현과 문법을 사용해야 한다.> ㉠ 문장 앞에 숙면과 관련된 문장과 함께 '오히려'와 '깊은 잠을' 등의 표현이 나오므로 문맥상 '잘 수 있게 하다'라는 표현을 '-게 하다'라는 문법을 사용하여 답안을 작성하면 된다. ㉡ 문장 앞에 '졸음이 온다면'이라는 가정의 표현과 '것 보다는'이라는 비교의 표현이 나오므로 담화의 문맥상 '낮잠을 자다', '눈을 붙이다' 등의 표현을 '-는 것이 좋다'의 문법을 사용하여 답안을 작성하면 된다.

📝 **답안 작성 방법**

① 답안지 작성에 앞서 전체적인 글의 내용을 파악한 후, 글의 주제와 목적을 파악하도록 한다.

② 글의 주제와 목적이 파악되고 나면, 괄호 안에 들어갈 문장과 괄호 앞, 뒤의 문장이 어떻게 연결 될 수 있는지 내용을 구상하도록 한다.

③ 최종 구상이 끝나면 답안을 작성한 후 문법과 단어, 맞춤법 등을 최종 점검하여 작성한 답안에 이상이 없는지 다신 한번 살펴보도록 한다.

④ 답안을 작성할 때는 괄호 부분의 앞뒤 문장을 꼼꼼하게 살펴보고 자연스럽게 이어질 수 있는 괄호 안의 문장을 떠올려야 한다.

⑤ 불필요한 어휘나 문장을 추가하거나 본래의 의미를 해치는 문장을 제시하지 않도록 주의해야 한다.

⑥ 괄호의 답안에 앞뒤의 어구를 함께 포함하여 쓰지 않도록 주의해야 한다.

⑦ 문장의 끝은 '-니다, -요, -니까' 등의 끝나는 말로 통일하여 완성하도록 해야 한다.

⑧ 또한, 괄호 안의 문장이 전체적인 문장과 문법적 요소들이 어울릴 수 있도록 해야 한다.

⑨ ㉠과 ㉡의 답안을 작성할 때 괄호 뒤에 마침표가 있으므로 정답에는 마침표 ' . '를 기입하지 말아야 한다.

✏️ **확장 어휘**

부사	그러므로 / 오히려 / 애써 / 물론
동사	건강하다 / 방해하다 / 높아지다 / 참다 / 낫다

문제 1

🧊 생각해 보기

※ 제시된 내용을 정확하게 파악한 후 자신의 생각을 간단히 아래에 정리해 본다.

구분	구조	주요 내용
도입	조사 대상, 조사 내용	▶ 20대, 40대, 40대를 대상으로 인터넷 이용 실태조사를 하였다. ▶ 연령별 AI 음성인식 서비스 이용률에 대해 조사를 하였다.
전개	조사 결과	▶ AI 음성인식 서비스 이용률은 20대가 42.3%, 40대가 31.2%, 60대가 7.6%순으로 연령대가 낮을수록 높은 이용률을 차지했다. ▶ AI 음성인식 서비스의 주요 이용 내용은 뉴스와 음악청취가 54.9%, 날씨와 교통이 46.8%, 일정관리가 17%를 차지했다.
마무리	알게 된 점	▶ 젊은 연령층일수록 AI 음성인식 서비스를 자주 이용하고 있었다. ▶ 많은 이용자들이 뉴스와 날씨 등 최신 정보를 얻기 위해 서비스를 이용하고 있었다.

모범답안

	인	터	넷		이	용		실	태	조	사	에		의	하	면		20	대
가		42	.3	%	,		40	대	가		31	.2	%	,		60	대	가	
%	로		연	령	대	가		낮	을	수	록		A	I		음	성	인	식
서	비	스		이	용	률	이		높	은		것	으	로		나	타	났	다.
또	한	,	이	러	한		서	비	스	를		통	해		주	로		이	용
하	는		내	용	을		살	펴	보	면		뉴	스		및		음	악	청
취	를		위	해		이	용	하	는		경	우	가		54	.9	%	로	
가	장		많	은		비	율	을		차	지	했	다	.		다	음	으	로
날	씨	와		교	통	을		위	한		이	용	이		46	.8	%	,	일
정	관	리	를		위	해	서	가		17	%	를		차	지	했	다	.	이
와		같	은		결	과	를		통	해		젊	은		연	령	층	일	수
록		A	I		음	성	인	식	서	비	스	를		자	주		이	용	하

고		있	음	을		알		수		있	었	으	며		많	은		이	용
자	들	이		뉴	스	와		날	씨		등		최	신		정	보	를	
얻	기		위	해		서	비	스	를		이	용	함	을		알		수	
있	다	.																	

문제 2

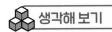 생각해 보기

※ 제시된 내용을 정확하게 파악한 후 자신의 생각을 간단히 아래에 정리해 본다.

구분	구조	주요 내용
도입	조사 대상, 조사 내용	▶ 정보통신연구원에서 K-드라마 수출 현황에 대해 조사하였다.
전개	조사 결과	▶ 2016년부터 2019년까지 증가하다가 2020년에 급증하였다. ▶ 이유는 드라마 내용이 흥미롭고, 제작 기술력이 높으며, 배우들의 연기력이 뛰어나다는 것이다.
마무리	향후 전망	▶ 향후 전망은 해외투자가 늘 것이며 한국문화를 홍보할 수 있을 뿐만 아니라 한국 방문객도 증가할 것이다.

모범답안

	최	근		K	-	P	O	P	에		이	어		K	-	드	라	마	도
해	외	에	서		큰		인	기	를		끌	고		있	다	.	넷	플	렉
스	에		K	-	드	라	마	가		상	위	권	에		여	러		편	이
올	라	오	고		해	외	수	출	도		급	증	하	고		있	는		추
세	이	다	.	수	출		현	황	을		살	펴	보	면		20	16	년	에
2	억	18	2	만		달	러	,		20	17	년	에	는		2	억	32	5	만
달	러	로		늘	어	났	다	.	이	어		20	18	년	에		2	억	41
3	만		달	러	,	20	19	년	에		2	억	73	27	만		달	러	였
던		것	이		20	20	년	에	는		3	억	58	37	만		달	러	로
급	증	하	였	다	.	이	렇	게		수	출	이		증	가	한		이	유
는		흥	미	로	운		드	라	마		내	용	과		우	수	한		제
작		기	술	력	,	배	우	들	의		뛰	어	난		연	기	력	으	로
조	사	되	었	다	.	향	후		전	망	은		해	외		투	자	가	
증	가	하	고		한	국	문	화		홍	보	와		한	국		방	문	객

이		증	가	할		것	으	로		보	고		있	다	.				

생각해 보기

※ 제시된 내용을 정확하게 파악한 후 자신의 생각을 간단히 아래에 정리해 본다.

구분	구조	주요 내용
도입	조사 대상, 조사 내용	▶ 통계청과 여성가족부는 초, 중, 고 학생들을 대상으로 청소년 통계 조사를 진행하였다. ▶ 초, 중, 고 학생을 대상으로 평균 수면시간과 규칙적인 운동 참여 비율에 대해 조사 하였다.
전개	조사 결과	▶ 평균 수면시간은 초등학생이 8시간 42분, 중학생이 7시간 24분, 고등학생이 6시간으로 조사되었다. ▶ 규칙적 운동에 참여하는 비율은 초등학생이 75.3%, 중학생이 51.4%, 고등학생이 40.1%를 차지하였다.
마무리	알게 된 점	▶ 학년이 올라갈수록 저학년 때 보다 평균 수면시간이 짧아졌다. ▶ 고학년이 될수록 규칙적인 운동에 참여하는 비율이 저학년 보다 현저하게 낮아졌다.

모범답안

	통	계	청	과		여	성	가	족	부	의		조	사		결	과	에
따	르	면		초	·	중	·	고		학	생	들	의		평	균		수	면
시	간	에		차	이	가		있	었	다	.		초	등	학	생	은		8	시
간		42	분	,		중	학	생	은		7	시	간		24	분	,		고	등	학
생	은		6	시	간	으	로		학	년	이		올	라	갈	수	록		수
면	시	간	이		짧	았	다	.		또	한	,		초	등	학	생	의		75	.3
%	,		중	학	생	의		51	.4	%	,		고	등	학	생	의		40	.1	%
가		건	강	을		위	해		규	칙	적	으	로		운	동	을		하
고		있	음	을		알		수		있	었	다	.		이	번		조	사
결	과	를		살	펴	보	면		청	소	년	들	이		학	년	이		올
라	갈	수	록		저	학	년		때		보	다		평	균		수	면	시

간이 짧아지고, 규칙적으로 운동을 하는 학생들의 비율도 저학년 때보다 고학년으로 올라갈수록 현저하게 낮아지고 있는 것을 알 수 있었다.

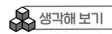 생각해 보기

※ 제시된 내용을 정확하게 파악한 후 자신의 생각을 간단히 아래에 정리해 본다.

구분	구조	주요 내용
도입	조사 대상, 조사 내용	▶ 만 10세부터 49세까지의 스마트폰 이용자에 대한 스마트폰 및 인터넷 중독 비율에 대해 조사하였다. ▶ 스마트폰 이용자 382명을 대상으로 커뮤니케이션 단절 및 소외 현상 경험에 대해 조사하였다.
전개	조사 결과	▶ 8.4%에 해당하는 사람들이 스마트폰에 중독되어 있었고, 7.7에 해당하는 사람들이 인터넷에 중독되어 있었다. ▶ 48%에 해당하는 사람들이 스마트폰 이용에 따라 커뮤니케이션 단절 및 소외현상을 경험하였다.
마무리	알게 된 점	▶ 기존의 인간관계보다 인터넷과 스마트폰 등을 통해 맺어지는 디지털 네트워킹이 이전보다 더욱 활성화 되고 있는 것이 커뮤니케이션 단절과 소외현상을 경험하게 되는 원인이 되었다.

모범답안

	만		10	세	부	터		49	세	까	지	의		스	마	트	폰		이
용	자		3,	74	0	명	을		대	상	으	로		조	사	한		결	과
그		중	에		8.	4%	에		해	당	하	는		사	람	들	이		스
마	트	폰	에		중	독	된		것	으	로		나	타	났	다	.		이	것
은		인	터	넷	에		중	독	된		7.	7%	의		사	람	들	보	다
도		높	은		수	치	이	다	.		또	한	,		스	마	트	폰		이	용
자		38	2	명	을		대	상	으	로		조	사	한		결	과		커
뮤	니	케	이	션		단	절		및		소	외	현	상	을		경	험	한
적	이		있	다	고		응	답	한		사	람	의		비	율	이		48
%	를		차	지	하	였	다	.		이	러	한		단	절		및		소	외
현	상	을		경	험	하	게		되	는		원	인	은		기	존	의	

인	간	관	계	보	다		인	터	넷	과		스	마	트	폰		등	에	서
맺	어	지	는		디	지	털		네	트	워	킹	이		이	전	보	다	
더	욱		활	발	해	진		것	이		원	인	으	로		나	타	났	다.

문제 5

 생각해 보기

※ 제시된 내용을 정확하게 파악한 후 자신의 생각을 간단히 정리하여 아래에 정리해 본다.

구분	구조	주요 내용
도입	조사 대상, 조사 내용	▶ 삼성경제연구소에서 1인 가구의 증가 현황을 조사하였다.
전개	조사 결과	▶ 2000년부터 2019년까지 거의 2배 정도 증가하였고, 2020년에도 계속 증가하고 있다. ▶ 증가의 원인은 가족제도의 변화를 시작으로 개인주의 확산과 여성들의 정체성 강화이다.
마무리	알게 된 점	▶ 향후 주택 공급 정책이 변화할 것이며, 1인 가구에 적합한 제품의 인기가 증가할 것이다.

모범답안

	삼	성	경	제	연	구	소	의		자	료	에		따	르	면		1	인
가	구	가		점	점		증	가	하	고		있	다	.		20	00	년	에
22	6	만		가	구	였	던		것	이		20	10	년	에	는		41	5
만		가	구	로		거	의		2	배		정	도		증	가	한		것
으	로		나	타	났	다	.		이	런		변	화	는		20	20	년	에
들	어	서		58	8	만		가	구	로		꾸	준	히		증	가	하	는
추	세	를		보	이	고		있	다	.		이	런		증	가	의		원	인
은		가	족	제	도	의		변	화	로		시	작	되	어		개	인	주
의		확	산	의		영	향	도		있	는		것	으	로		나	타	났
다	.		또	한		여	성	의		지	위	가		높	아	지	면	서		정
체	성	이		강	화	된		것	도		영	향	이		있	었	다	.		향
후		전	망	은		주	택	시	장	의		변	화	로		주	택	공	급
정	책	도		변	할		것	으	로		보	고		있	다	.		또	한	

1	인		가	구	를		위	한		제	품	의		인	기	도		더	
높	아	질		것	으	로		전	망	된	다	.							

생각해 보기

※ 제시된 내용을 정확하게 파악한 후 자신의 생각을 간단히 정리하여 아래에 정리해 본다.

구분	구조	주요 내용
도입	조사 대상, 조사 내용	▶ 한국관광공사에서 한국을 방문한 남녀 관광객 3,000명을 대상으로 '가장 인상 깊은 한국 음식'에 대해서 조사하였다.
전개	조사 결과	▶ 치맥(31%), 김치(25%), 불고기(14%), 삼겹살(13%), 비빔밥(10%), 기타(7%) 순으로 나타났다. ▶ 응답 이유로는 'K-드라마에서 봤거나 맛이 좋아서 또 '건강에 좋을 것 같다'로 나왔다.
마무리	향후 과제	▶ 향후 과제는 외국인 입맛을 고려한 메뉴 개발을 해야 하며, 지역별·국가별로 차별화된 홍보가 필요하다.

모범답안

	한	국	관	광	공	사	에	서		한	국	을		방	문	한		남	녀
관	광	객		30	00	명	을		대	상	으	로		'	가	장		인	상
깊	은		한	국		음	식	'	에		대	해		물	었	다	.		그
결	과		치	맥		31	%	,		김	치		25	%	,		불	고	기	14
%	,		삼	겹	살		13	%	,		비	빔	밥		10	%	,		기	타
7	%		순	으	로		나	왔	다	.		이	와	같	이		응	답	한
이	유	는		첫	째	,		K	-	드	라	마	에	서		봤	다	.	둘	째 ,
맛	이		좋	다	.	셋	째	,		건	강	에		좋	을		것		같	다
는		것	이	었	다	.		이	러	한		결	과	와		이	유	들	로
보	았	을		때		앞	으	로		한	식	의		발	전	을		위	해
서		먼	저		외	국	인		입	맛	을		고	려	하	여		그	들
이		좋	아	할		메	뉴	를		개	발	해	야		할		것	이	다	.
또	한		지	역	과		국	가	에		따	라		차	별	화	된		홍

보가　필요하다는　것을　향후　과제로　제
시하였다.

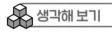

문제1

생각해 보기

※ 제시된 내용을 정확하게 파악한 후 자신의 생각을 간단히 아래에 정리해 본다.

구분	구조	주요 내용	
도입	과학 기술의 발달이 환경에 미치는 긍정적 영향	▶ 생활이 편리해지고 자연환경 개발을 통해 유용한 자원의 이용과 생산이 가능해졌다. ▶ 과학 기술을 이용해 환경 문제를 해결하거나 완화할 수 있다. ▶ 신재생 에너지를 개발하거나 오염 물질 처리 기술 발달에 따라 인류의 삶을 개선해 나갈 수 있다.	첫 번째 질문
전개	부정적 영향	▶ 과학 기술의 발달로 자연환경이 파괴되었고, 산업혁명 이후 기술의 발전과 기계의 발명으로 자연환경의 파괴는 더욱 가속화 되었다. ▶ 과학과 기술이 결합되면서 오늘날과 같은 환경 문제가 발생하였다. ▶ 과학 기술의 발달로 산업 전반의 생산량을 극대화하여 자원의 고갈과 환경의 악화가 심화되었다.	두 번째 질문
마무리	바람직학 과학 기술의 발달 방향	▶ 지나친 부정적 비판은 자제하고 과학 기술을 통해 환경문제를 해결할 수 있다는 신념으로 실용성 높은 기술을 개발해야 한다. ▶ 다만, 기술의 편리함과 장점만을 생각한 기술의 개발이 아닌 자연과 환경을 고려한 공존과 발전을 위해 노력해야 한다.	세 번째 질문
브레인 스토밍	중심 어휘나 떠오르는 생각 간략히 정리	▶ 과학과 환경의 관계와 영향 ▶ 긍정적 영향: 편리해진 생활, 환경개발에 따른 자원 이용과 생산 가능, 환경문제 해결 수단, 환경문제 완화 수단, 에너지 개발을 통한 오염물질 처리 ▶ 부정적 영향: 환경파괴, 자원의 고갈, 환경문제 악화 ▶ 바람직한 방향: 지나친 비판 자제, 환경문제 해결을 위한 과학 기술 연구, 자연과 환경의 공존, 공존을 위한 발전 방향 모색	

	과	학		기	술	의		발	달	로		생	활	이		편	리	해	지
고		자	연	환	경	을		개	발	하	여		유	용	한		자	원	을
이	용		및		생	산	할		수		있	게		되	었	다	.		발	달
된		과	학		기	술	을		이	용	하	여		환	경		문	제	를
해	결	하	거	나		완	화	할		수		도		있	다	.		과	학		기
술	의		발	달	을		통	해		신	·	재	생		에	너	지	를	
개	발	하	거	나		오	염		물	질	을		처	리	하	는		기	술
의		수	준	을		높	여		환	경		위	기	에		보	다		능
동	적	으	로		대	처	함	으	로	써		과	학	을		유	용	하	게
활	용	한	다	면		인	류	의		삶	을		보	다		좋	게		개
선	해		나	갈		수		있	다	는		긍	정	적		측	면	이	
있	다	.																	
	반	면	,		과	학		기	술	의		발	달	에		따	라		자	연
환	경	의		파	괴	가		가	속	화	되	고		있	다	는		부	정
적	인		측	면	도		있	다	.		인	류	의		문	명	이		탄	생
한		이	래		자	연	환	경	은		조	금	씩		파	괴	되	어
왔	지	만	,		산	업	혁	명		이	후		기	술	의		발	전	과
기	계	의		발	명	으	로		자	연	환	경	의		파	괴	는		가
속	화	되	었	다	.		특	히	,		19	세	기		이	후		과	학	이
기	술	과		본	격	적	으	로		결	합	되	면	서		오	늘	날	과
같	은		환	경		문	제	가		나	타	나	기		시	작	했	다	.
과	학		기	술	이		발	달	하	여		산	업		전	반	의		생
산	량	을		극	대	화	함	으	로	써		자	원	이		고	갈	되	고

환경 악화가 매우 심각한 수준까지 이르게 된 것이다.

　그러나 인간은 과학 기술을 통해 환경 문제를 해결할 수 있다는 신념을 갖고 실용성 높은 기술을 개발해야 한다. 과학 기술의 발달은 무조건 자연환경을 파괴하고 삶과 환경에 부정적인 영향만을 준다는 지나친 비판은 자제해야 한다. 오히려 과학 기술을 통해 환경 문제를 개선하고 해결할 수 있다. 다만, 과학 기술의 편리함과 장점만을 생각한 개발이 아닌, 자연과 환경을 고려한 조화로운 공존과 발전을 위해 노력해야 한다.

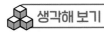 생각해 보기

※ 제시된 내용을 정확하게 파악한 후 자신의 생각을 간단히 아래에 정리해 본다.

구분	구조	주요 내용	
도입	바른말 사용의 중요성	▶ 평소하는 말들이 그 사람의 생각과 행동을 드러낸다. ▶ 어떻게 말을 하느냐에 따라 그 사람에 대한 인상과 평가가 달라지게 된다. ▶ 바른말을 사용하지 않으면 의사소통이 제대로 이루어지기 어렵다. ▶ 각종 비속어나 유행어들은 자라나는 청소년들의 올바른 언어 사용에 혼란을 초래하기도 한다.	첫 번째 질문
전개	바른말을 사용하지 않는 사람이 늘어나는 이유	▶ 급격한 인턴넷의 보급과 SNS 등의 발달로 비속어와 욕설에 여과 없이 노출 된다. ▶ 유행어와 줄임 말들을 수 없이 접하게 된다. ▶ 이러한 이유로 바른말인지 아닌지에 대한 구분조차 못하고 사용하게 된다.	두 번째 질문
마무리	바른말 사용을 위한 방법	▶ 평소의 말 한마디 한마디에 조심하고 주의해야 한다. ▶ 나도 모르게 사용하던 비속어나 욕설, 유행어와 줄임말 등을 사용하지 않도록 주의해야 한다. ▶ 부득이한 경우에는 장소와 때를 가려서 사용하려 노력해야 한다.	세 번째 질문
브레인 스토밍	중심 어휘나 떠오르는 생각 간략히 정리	▶ 언어는 의사소통, 인터넷 발달에 따른 욕설과 비속어의 난무, 바른 언어 사용의 중요성 대두 ▶ 바른말 사용의 중요성: 언어는 생각과 행동을 드러냄, 말에 따라 인상과 평가가 수반됨, 의사소통의 핵심, 청소년의 올바른 언어사용 ▶ 바른말 사용자의 감소 이유: 인터넷과 SNS 보편화에 따른 비속어와 욕설의 무분별한 노출, 유행어와 줄임말 등에 대한 노출, 바르고 그른 것에 대한 인식 부족 초래 ▶ 방법: 나 스스로가 조심/주의 노력, 장소와 때를 가려서 사용	

	우	리	는		흔	히		말	은		'	그		사	람	의		마	음
을		비	추	는		거	울	'	이	라	고		말	하	곤		한	다	.
이	러	한		말	이		생	겨	난		이	유	는		평	소		그	
사	람	이		하	는		말	들	이		그		사	람	의		생	각	과
행	동	을		드	러	내	기		때	문	이	다	.		그	렇	기		때	문
에		말		한	마	디		한	마	디	가		중	요	하	며		어	떻
게		말	을		하	느	냐	에		따	라		그		사	람	에		대
한		인	상	과		평	가	가		달	라	지	게		되	는		것	이
다	.		또	한	,		바	른	말	을		사	용	하	지		않	으	면		의
사	소	통	이		제	대	로		이	루	어	질		수		없	다	.		최
근		늘	어	나	고		있	는		유	행	어	와		줄	임	말	,		비
속	어		등	이		의	사	소	통	을		방	해	하	는		수	단	이
되	기	도		하	며		자	라	나	는		청	소	년	들	에	게	는	
올	바	른		언	어		사	용	에		혼	란	을		초	래	하	기	도
한	다	.		이	렇	듯		바	른	말	의		사	용	은		우	리	의	
삶	에		있	어		매	우		중	요	한		역	할	을		한	다	.
	바	른	말	의		사	용	이		중	요	하	다	는		것	은		누
구	나		알	고		있	다	.		그	럼	에	도		불	구	하	고		바
른	말	을		사	용	하	지		않	는		사	람	들	이		늘	어	나
고		있	는	데	,		가	장		큰		원	인		중	의		하	나	가
급	격	하	게		늘	어	난		인	터	넷	의		보	급	과		SN	S
등	의		발	달	로		볼		수		있	다	.		이	러	한		매	체
를		통	해		어	린	아	이	부	터		성	년	에		이	르	기	까

지　다양한　　비속어와　　욕설들에　　여과　　없
이　노출되고　　유행어와　　줄임말　　등을　　수
없이　접하게　　되면서　　바른말인지　　아닌지
에　대한　구분조차　　못하고　　사용하게　　되
는　것이다.

　　이를　위한　해결　방법은　나스로가
평소에　사용하는　말　한마디　한마디에
조심하고　주의해야　한다.　나도　모르게
사용하고　있는　비속어나　욕설,　유행어와
줄임말　등을　사용하지　않도록　주의해야
하며,　부득이한　경우라도　장소와　때를
가려서　사용하려는　노력을　아끼지　않아
야　할　것이다.

생각해 보기

※ 제시된 내용을 정확하게 파악한 후 자신의 생각을 간단히 아래에 정리해 본다.

구분	구조	주요 내용	
도입	휴대폰과 인터넷의 보편화가 주는 긍정적 요소	▶ 신속한 정보와 전문적 지식을 제공한다. ▶ 육아정보부터 아이들 교육, 성인의 삶에 필요한 정보까지 다양하게 접할 수 있게 되었다. ▶ 코로나와 같은 상황에서 중요한 정보를 쉽게 공유하고 대처할 수 있게 한다.	첫 번째 질문
전개	부정적인 요소	▶ 손쉽고 빠르게 제공되는 정보가 사람의 창의력을 저하시킨다. ▶ 걸러지지 않은 유해한 정보가 그대로 전달되고 학습된다. ▶ 각종 범죄수단으로 이용된다. ▶ 스스로 통제가 불가능해지는 중독에 빠질 수 있다.	두 번째 질문
마무리	부정적 요소를 해소하는 방법은 무엇인가	▶ 사회에서 법규의 정비 등 제도적 접근이 필요하다. ▶ 인터넷 실명제 등 스스로의 행동에 책임을 지도록 해야 한다. ▶ 스스로가 참된 의식을 갖고자 노력해야 한다. ▶ 스스로의 노력과 제도적 보완이 융화되면 사회에 기여하는 순기능이 발휘된다.	세 번째 질문
브레인 스토밍	중심 어휘나 떠오르는 생각 간략히 정리	▶ 휴대폰의 보편화와 SNS의 확대 ▶ 긍정적 요소: 신속한 정보, 다양한 정보, 편리함 긴급상황에 신속히 대처 가능 ▶ 부정적 요소: 기계 의존에 따른 창의력 저하, 걸러지지 않은 무분별한 정보, 범죄수단 악용, 중독 위험성 ▶ 활용 방안: 사회적 법규 정비, 책임성 강화, 참된 의식 노력, 개인과 정부의 노력, 융화를 통한 순기능 발휘, 사회 기여	

　　다양한　정보가　넘처나는　현실　속에서
스마트폰과　인터넷이　보편화되면서　더욱
많은　정보들이　쉽고　빠르게　보급되고
있다. 인터넷은　빠른　시간　안에　여러
사람들에게　신속한　정보와　전문적인　지
식을　제공한다. 이러한　정보들은　우리가
살아가는데　유용하고　편리한　내용들을
다수　포함하고　있으며　육아에　필요한
정보에서부터　아이들의　교육　그리고　성
인들의　삶에　필요한　정보까지　다양하게
접할　수　있게　되었다. 코로나바이러스감
염증-19와　같은　상황에서는　중요한　정
보들을　손쉽게　공유하고　대처할　수　있
게　되었다.
　　그러나　장점　못지않게　여러　부정적
요소를　포함하고　있는　것이　우려되는
부분이다. 부정적　요소는　첫째, 손쉽고
빠르게　제공된다는　장점이　오히려　사람
의　창의력을　저하시키는　단점으로　작용
될　수　있다. 둘째, 제공되는　다양한　정
보　속에는　유익한　정보만　포함되는　것
이　아니다. 걸러지지　않은　각종　유해
정보들이　그대로　전달되고　학습된다는

점이다. 셋째, 다양한 방면에서 각종 범죄 수단으로 이용되기도 한다. 마지막으로 스스로 통제가 불가능해지는 중독에 빠지는 일이다.

　이러한 부정적 요소들을 최소화하기 위해서는 우선 사회에서 제도적으로 접근해야 한다. 각종 법규들을 제도적으로 정비하고 인터넷 실명제 등을 통해 스스로의 행동에 책임을 질 수 있도록 해야 한다. 스스로가 참된 의식을 갖고 행동하는 노려과 제도적 보완이 융화된다면 단점보다 장점으로 사회에 기여하는 것이 인터넷의 순기능이다.

문제 4

🔲 생각해 보기

※ 제시된 내용을 정확하게 파악한 후 자신의 생각을 간단히 아래에 정리해 본다.

구분	구조	주요 내용	
도입	주제의 긍정적인 면	▶ 시간을 절약할 수 있다.(멀리서도 들을 수 있다.) ▶ 반복해서 볼 수 있다.	첫 번째 질문
전개	주제의 부정적인 면	▶ 집중하기 어려워 학습효과가 저하된다. ▶ 인터넷 환경이 갖추어져야 수강이 가능하다	두 번째 질문
마무리	자신의 생각 제시	▶ 교사는 다양하고 특색있는 교육자료를 활용한다. ▶ 학생은 수업에 최대한 집중해서 참여한다.	세 번째 질문
브레인 스토밍	중심 어휘나 떠오르는 생각 간략히 정리	▶ 과학의 발달(인터넷 환경의 변화) ▶ 사회적 요인(코로나19) ▶ 온라인 교육의 장점: 시간 절약, 어디서든 수강가능, 반복 수강 가능, 학교에 가지 않아도 됨. ▶ 온라인 교육의 단점: 인터넷 환경의 영향, 집중이 어려움, 교사와 소통 부족, 친구를 못 만남, ▶ 효과적인 온라인 교육 방법: 장점을 살린다, 단점을 보완한다. 동영상 콘텐츠보다 실시간 강의가 낫다. 집중해서 듣는다. 예습-복습을 철저히 한다. 다양한 교육 자료를 개발 및 활용한다.	

모범답안

	최	근		인	터	넷		환	경	의		변	화	와		코	로	나	라
는		사	회	적		요	인	으	로		교	실	이	라	는		오	프	라
인		공	간	에	서		온	라	인	이	라	는		인	터	넷		공	간
으	로		교	육		공	간	이		바	뀌	고		있	다	.		이	런
온	라	인		교	육	은		수	업	을		듣	기		위	해		학	교
에		오	는		시	간	을		절	약	할		수		있	게		해	
준	다	.		또	한		다	른		지	역	이	나		나	라	에	서	도
수	업	을		받	을		수		있	어	서		시	간	을		효	율	적
으	로		사	용	할		수		있	다	.	이	뿐	만		아	니	라	

수업이 잘 이해되지 않을 때는 이해될 때까지 무한 반복해서 학습할 수 있어서 좋다.

　반면 온라인 수업에 대해 부정적인 시선도 있다. 우선 학년이 어린 학생일수록 수업에 집중하기가 어렵다는 것이다. 선생님이 아닌 컴퓨터나 휴대폰 화면만 보면서 공부해야 해서 학습 효과가 떨어질 수밖에 없다. 또한 온라인 수업을 하려면 인터넷 환경이 갖추어져 있어야 하는 것도 부정적인 면이다. 인터넷 속도, 카메라, 오디오까지 제대로 갖추어야만 원활한 온라인 수업이 이루어질 수 있기 때문이다.

　따라서 온라인 수업이 효과적으로 이루어지기 위해서는 첫째, 교사는 다양하고 특색 있는 교육자료를 활용해야 한다. 대면수업이 아니므로 학생들의 관심을 끌 수 있게 보다 효율적이고 창의적 자료 준비가 필요하다. 둘째, 학생들은 최대한 수업에 집중하는 태도를 가져야 한다. 작은 화면이지만 선생님의 얼굴과 목소리에 집중해서 수업에 적극적으로 참여할 수 있도록 노력해야 한다.

생각해 보기

※ 제시된 내용을 정확하게 파악한 후 자신의 생각을 간단히 아래에 정리해 본다.

구분	구조	주요 내용	
도입	주제 소개	▶ 현대 사회에서는 디지털 기기의 사용으로 정보를 기억해야 할 필요성을 느끼지 못한다. ▶ 우리의 뇌에서 기억을 담당하는 부분이 제대로 기능을 하지 못하는 문제가 발생할 수 있다.	첫 번째 질문
전개	디지털 치매의 정의와 증상	▶ 정의: 디지털 기기에 지나치게 의존하여 기억력과 계산 능력, 더 나아가 전반적인 사고능력이 떨어지는 것 ▶ 증상 ① 가족이나 가까운 친구의 전화번호를 기억하지 못한다. ② 쉬운 계산도 스스로 하지 못하고 계산기의 힘을 빌린다.	두 번째 질문
마무리	자신의 생각 제시	▶ 디지털 기기의 사용을 줄인다. ▶ 뇌를 자극한다.(글씨 쓰기, 돈 계산하기, 간단한 정보 암기하기 등)	세 번째 질문
브레인 스토밍	중심 어휘나 떠오르는 생각 간략히 정리	▶ 디지털 기기 사용의 장점 ① 버튼 하나만 누르면 원하는 정보를 신속하게 얻을 수 있다. ② 정보를 따로 기억하지 않아도 된다. (저장 가능) ▶ 디지털 기기 사용의 단점 ① 기기에 의존도가 높아진다. ② 기기 분실 시 정보를 잃을 수 있다. ③ 뇌 활동이 저하된다.(기억력, 계산 능력, 암기력 등 전반적인 사고 능력 저하) ▶ 디지털 치매의 증상 ① 전화번호를 기억 못한다. ② 계산을 못한다. ③ 전체적으로 기억력이 저하된다. ▶ 예방법 ① 디지털 기기 사용 줄이기 ② 뇌 훈련하기(글씨 쓰기, 독서하기, 계산하기, 간단한 정보 암기하기 등) ③ 뇌에 좋은 음식 복용하기	

　과학의　발달로　디지털　기기의　기능이 다양해지다보니　기기　의존도가　점점　더 높아지고　있다.　그래서　기억의　필요성을 느끼지　못　하다보니　뇌가　제　기능을 하지　못　하는　문제가　발생하고　있다. 이처럼　우리가　일상생활에서　휴대폰같은 디지털　기기에　지나치게　의존하여　기억 력과　계산　능력,　더　나아가　자발적인 사고　능력이　떨어지는　것을　의학에서는 '디지털　치매'라고　한다.　이런　디지털 치매는　디지털　기기　의존도가　높은　10 대　후반에서　40대　초반의　사람들에게 주로　많이　나타난다.

　디지털　치매에　걸리면　보이는　증상에 는　여러　가지가　있다.　먼저　가족이나 가까운　친구의　전화번호를　기억하지　못 한다.　휴대폰에　저장해두고　이름이나　번 호만　누르면　연락을　할　수　있으니,　기 억을　할　필요를　못　느끼기　때문이다. 또한　쉬운　계산도　스스로　못　하고　계 산기의　힘을　빌린다.　아주　쉬운　사칙연 산도　계산기가　없으면　어려워한다는　것 이다.

그러므로 이런 디지털 치매를 예방하기 위해서는 노력이 필요하다. 제일 먼저 디지털 기기 사용을 줄여야 한다. 일이나 공부를 할 때는 휴대폰을 만지지 말고, 잠 자기 전에도 사용을 자제해야 한다. 또한 뇌를 자극해야 한다. 이를 위해서 글씨 쓰기, 돈 계산하기, 간단한 정보는 암기하는 습관을 길러야 한다. 이와같이 생활 속에서 실천할 수 있는 것부터 시작하는 것이 효과적인 디지털 치매 예방 방법이다.

생각해 보기

※ 제시된 내용을 정확하게 파악한 후 자신의 생각을 간단히 아래에 정리해 본다.

구분	구조	주요 내용	
도입	협력의 필요성	▶ 우리는 살아가면서 개인적으로나 국가적으로 협력이 필요한 상황이나 문제를 자주 접하게 된다. ▶ '협력'이 개인과 국가에 미치는 영향은 매우 크다.	첫 번째 질문
전개	협력 부재 시 발생하는 문제점	▶ 협력의 필요성 ① 개인이나 국가는 단독으로는 살아갈 수 없다. ② 어려움을 빨리 해결할 수 있다. ▶ 협력하지 않을 때 발생하는 문제 ① 개인은 혼자 모든 문제를 다 해결해야 한다. ② 국가는 국제 사회에서 고립되거나 전쟁이 발생 할 수도 있다.	두 번째 질문
마무리	자신의 생각 제시	▶ 서로에 대한 믿음을 갖고 진심으로 대해야 한다. ▶ 최대한 적극적으로 임해야 한다.	세 번째 질문
브레인 스토밍	중심 어휘나 떠오르는 생각 간략히 정리	▶ 협력은 왜 필요한가? ① 인간은 혼자서는 살아갈 수 없다. ② 국제사회의 문제는 국가 간 협력 없이는 해결할 수 없다. ▶ 협력하지 않으면 발생할 수 있는 문제 ① 세상을 살아가면서 부딪히는 문제들을 혼자다 해결할 수 없다.(좌절하거나 포기하게 된다.) ② 국가 간 갈등이 생길 수 있다. ③ 국제사회에서 고립될 수 있다. ④ 전쟁이 발생할 수 있다. ▶ 협력을 잘 하기 위한 방안 ① 신뢰해야 한다. ② 진심으로 임해야 한다. ③ 적극적으로 참여해야 한다.	

	우	리	는		살	아	가	면	서		개	인	적	으	로	나		국	가
적	으	로	나		협	력	이		필	요	한		상	황	이	나		문	제
를		자	주		접	하	게		된	다	.		이	때		협	력	에		대
한		자	세	에		따	라		결	과	는		크	게		차	이	가	
난	다	.		인	간	은		사	회	적		동	물	로		혼	자	서		살
아	갈		수		없	는		존	재	이	다	.		그	래	서		누	군	가
와		관	계	를		맺	고		협	력	하	면	서		살	아	야		한
다	.		국	가	도		마	찬	가	지	다	.		현	대	사	회	에	서		발
생	하	는		많	은		자	연	재	해	와		재	난	,		사	회	문	제
를		단	독	으	로		해	결	하	기	가		쉽	지		않	다	.		그
러	므	로		다	른		국	가	와		긴	밀	히		협	력	해	야	만
발	생	하	는		문	제	들	을		원	만	하	고		신	속	하	게	
해	결	해		나	갈		수		있	다	.		이	처	럼		협	력	이
개	인	이	나		국	가	에		미	치	는		영	향	은		매	우
크	다	.																	
	하	지	만		이	런		협	력	이		이	루	어	지	지		않	으
면		우	리	는		많	은		문	제	에		부	딪	혀		큰		어
려	움	을		겪	게		된	다	.		먼	저		개	인	을		보	면	,
살	면	서		발	생	하	는		문	제	들	을		혼	자		다		해
결	해	야		한	다	.		하	지	만		이	것	은		거	의		불	가
능	하	다	.		한	편		국	가	는		협	력	하	지		않	으	면	
국	제	사	회	에	서		고	립	되	거	나		심	하	면		전	쟁	이
발	생	할		수	도		있	다	.		반	대	로		협	력	을		잘	하

면 전쟁이 일어났을 때 피해를 줄이고 빨리 휴전을 하거나 종식시킬 수도 있다.

　따라서 개인과 국가가 협력을 잘 하기 위해서는 먼저 진심으로 신뢰를 쌓을 필요가 있다. 거짓이나 계산된 마음이 아닌 진실된 마음으로 신뢰를 쌓을 수 있게 해야 한다. 다음은 적극적인 자세로 협력에 임해야 한다. 적극적인 자세는 협력이 보다 빠르고 잘 이루어지게 한다. 이와같은 마음과 자세라면 협력의 결과도 매우 낙관적일 것이다.

문제 1

답안

발달	유용한	조화	능동적	파괴
가속화	비판	극대화	악화	수준
부정적인	공존	발전	개발	무조건
고갈되다	대처하다	완화하다	개선하다	자제하다

1	신속하게 (대처했기에) 더 큰 사고로 이어지는 것을 막을 수 있었다.
2	정부는 그린벨트 지역의 개발과 관련한 규제를 (완화하기로) 발표하였다.
3	노력과 (발전)을 거듭한 결과 국내 최고의 기업으로 발돋움 할 수 있었다.
4	인간과 자연의 (공존)을 위해 인간과 자연이 상생할 수 있는 방안을 지속적으로 모색해야만 한다.
5	설문조사 결과 (부정적인) 입장을 표명하는 시민들이 월등히 높은 것으로 나타났다.
6	이번 신제품은 기존의 결함을 (개선하여) 출신된 만큼 소비자들의 기대감은 더욱 커지고 있다.
7	과학과 기술이 (발달)함과 동시에 인간이 자연과 환경을 배려하는 자세는 더욱 더 중요시되고 있다.
8	규제로 인해 신약의 (개발)이 늦어지고 있다는 안타까운 소식이 전해지고 있다.
9	오랜 가뭄으로 하천의 물이 (고갈될) 지경에 이르렀다.
10	최근 발생한 규모 2.6의 지진은 인근 지역에서도 진동을 느낄 수 있는 (수준)이었다.
11	기업의 대표가 최근 지속되고 있는 실적 (악화)에 대한 책임을 지고 사임하기로 결정하였다.
12	공간과 (조화)를 이루는 일체감 있는 디자인과 함께 다양한 소재와 컬러 또한 큰 호평을 받고 있다.
13	공간과 (능동적)를 이루는 일체감 있는 디자인과 함께 다양한 소재와 컬러 또한 큰 호평을 받고 있다.
14	패류독소는 냉장, 동결 등 저온에 노출되더라도 (파괴)되지 않는다.
15	'공학교육인증제'는 커리큘럼 및 이수 체계가 잘 잡혀있어 취업 시 매우 (유용한) 제도라고 할 수 있다.
16	이번 사업을 통해 디지털 전환을 (가속화)하고 고부가가치 사업 환경을 조성하도록 할 방침이다.
17	누구나 받을 수 있지만 어떤 사람에게 (비판)은 정말 감당하기 어려운 일이다.
18	대비되는 두 색을 이용하면 시각적인 효과를 (극대화)할 수 있다.
19	그는 이유를 듣지도 않고 (무조건) 화부터 내기 시작했다.
20	무엇보다도 그에게는 분노를 (자제)하고 감정을 조절할 수 있도록 하는 치료가 시급하다.

답안

의사소통	인상	매체	평가	역할
유행어	혼란	보급	부득이한	급격하게
불구하고	여과 없이	생겨나다	비추다	방해하다
드러내다	주의하다	초래하다	노출되다	접하다

1	그의 소설은 평론가들에게 높이 (평가)되고 있다.
2	주변이 너무 시끄러워서 두 사람이 (의사소통)을 하는데 어려움이 있다.
3	그녀는 우리나라의 영화 발전에 매우 중요한 (역할)을 하였다.
4	(부득이한) 사정으로 인해 약속을 지키지 못하게 된 점 많은 양해 부탁드리겠습니다.
5	장사꾼은 아닌 듯싶고 선비 같은 (인상)도 아니었으며 차림새는 초라했다.
6	모처럼 갖는 휴식을 (방해하)게 된점 대단히 죄송스럽게 생각합니다.
7	그는 호숫가에 도착하자 잔잔한 수면위로 얼굴을 (비추)어 보았다.
8	인터넷이 대중화되면서 정보의 양은 (급격하게) 많아지기 시작하였다.
9	처음 만난 상대에게 나의 속마음을 모두 (드러내고) 싶지는 않았다.
10	교사들은 되도록 비어나 (유행어) 사용을 자제 하도록 해야 한다.
11	불이 나자 선생님들은 (혼란)을 수습하고 학생들을 교실 밖으로 내보냈다.
12	이번 장마로 수해를 입은 지역에 생활필수품을 신속히 (보급)하였다.
13	그 어르신은 85세의 노령에도 (불구하고) 젊은이 못지않은 건강을 유지하고 있는 듯 보였다.
14	나는 자연과 (접하다)보면 깨끗하고 바르게 살아야겠다는 생각이 들곤 한다.
15	전철에서는 주변 사람들에게 불편을 주는 행동을 하지 않도록 (주의해야) 한다.
16	자신의 감정을 아무런 (여과 없이) 밖으로 표출하는 것은 바람직하지 않다.
17	햇볕에 장시간 (노출되는) 것은 건강과 미용에 이롭지 못하다.
18	대중문화는 대중 (매체)라는 매개물을 통해 번성한다.
19	한순간의 부주의가 돌이킬 수 없는 결과를 (초래)할 수 있으니 주의해야 한다.
20	시대가 발달하면서 각 분야에서 새로운 직업이 (생겨나게) 되었다.

답안

보편화	다수	요소	통제	의식
보완	융화	순기능	부정적	제도적
제공하다	포함하다	유용하다	공유하다	정비하다
유해하다	포함되다	걸러지다	접근하다	기여하다

1	정부가 주도하여 재활용품 사용을 (보편화)하였다.
2	한국을 방문하는 외국 방문객에게 최대한의 편의를 (제공하기)위해 노력하였다.
3	우리 측의 제안을 협정안에 (포함하도록) 요구하였다.
4	그 소설가는 인간의 부조리를 다룬 (다수)의 소설을 발표하였다.
5	전자계산기는 복잡한 계산을 신속히 처리하는데 매우 (유용하다).
6	우리는 그 회사와 사무실을 (공유)하여 사용하고 있습니다.
7	국가 안보에 위험한 (요소)를 제거하기 위해 부단한 노력을 기하고 있다.
8	삶에 대한 (유익한) 이야기를 많이 듣는 것은 인생을 살아가는데 있어 매우 중요하다.
9	문화라는 한마디 말에는 여러 가지 의미가 (포함)되어 있다.
10	미세 먼지는 점막에 (걸러지지) 않고 호흡 과정에서 폐 속에 침착되게 된다.
11	화학조미료가 첨가된 식품은 인체에 매우 (유해하다)고 할 수 있다.
12	변이바이러스에 대한 우려가 확산되면서 외국인의 출입국을 철저히 (통제)하게 되었다.
13	그는 새로운 정책에 대하여 늘 (부정적) 태도를 보이고 있다.
14	권력의 남용과 부정을 막을 수 있는 (제도적) 장치가 필요하다.
15	타인의 시각으로 (접근하다) 보면 또 다른 면이 보이기 시작할 것이다.
16	최근 들어 자연환경을 보존하려는 (의식)이 더욱 높아 가고 있다.
17	이번 정책의 시행에 허점이 있어 제도적으로 대폭 (보완)이 필요하다.
18	출신 지역은 달라도 주민들이 서로 (융화)해서 협력한 덕분에 부유한 마을을 만들 수 있었다.
19	그는 세계 평화에 (기여)한 공로가 인정되어 노벨 평화상을 수상하게 되었다.
20	사회의 정보화는 (순기능)뿐만 아니라 역기능도 함께 수반한다.

답안

각종	기술력	봉투	변화	실시간
입주민	인터넷 환경	전망	추이	판매
감염되다	다양하다	보완하다	불편을 드리다	완료되다
주문하다	지저분하다	취소하다	홍보하다	효과적이다

1	비대면 수업이 확대되면 (인터넷 환경)에 대한 시설 확충이 늘고 있다.
2	한류의 영향으로 K-드라마 수출이 밝다는 (전망)이 나오고 있다.
3	질병관리본부는 코로나 19 확진자의 정보를 (실시간)으로 제공해주고 있다.
4	주가는 경제 여건의 (변화)에 민감하게 반응한다.
5	빌딩 관리사무소에서 (입주민)들에게 재활용 쓰레기 배출 안내 책자를 배부하였다.
6	마스크 (판매) 첫 날에 사람들이 몰려 세트는 다 팔리고 낱개만 조금 남았다.
7	이 그래프는 2010년부터 2020년까지 김치 수출 (추이)를 잘 보여주고 있다.
8	한국에서는 일반쓰레기를 버릴 때는 (봉투)에 넣어서 버려야 한다.
9	넷플릭스에서 K-드라마가 인기가 높은 것은 배우들의 연기력과 제작(기술력)이 뛰어난 것이 주요 요인이라는 분석 결과가 나왔다.
10	갑자기 내린 폭설로 길이 막혀 통행에 (불편을 드려서) 죄송합니다.
11	한국의 하회탈은 (다양한) 표정이 재미있어서 관광객들에게 인기가 많다.
12	건강에 대한 관심이 높아지면서 홍삼을 (주문하는) 외국 사람이 증가하고 있다.
13	백화점 지하 식품류에 가면 (각종) 반찬과 찌개를 구입할 수 있어서 편하다.
14	이번 세계박람회에서는 한국 문화를 (홍보하는) 행사도 준비되어 있다고 한다.
15	온라인으로 시험을 볼 때는 답안지를 제출해야 시험이 (완료됩니다).
16	지나가는 사람들이 함부로 버린 쓰레기로 빌딩 주변이 (지저분해지고) 있다.
17	올라온 상품 후기를 보고 조금 전에 주문한 가방을 바로 (취소하였다).
18	다이어트에 성공하려면 식이요법과 운동을 병행해야 더욱 (효과적이다).
19	손을 깨끗이 자주 씻지 않으면 세균에 (감염되기) 쉽다.
20	새로 출시된 휴대폰은 기존의 문제점을 (보완하)고 디자인도 업그레이드 했다.

답안

능률	무조건	스트레스	주택공급	저하
치매	정보	정체성	확산	필요성
강화하다	기억하다	긴장하다	개발하다	늘다
발생하다	신속하다	의존하다	높이다	영향을 주다

1	정부 관계자는 상반기에 새로운 (주택 공급)정책을 마련하겠다고 했다.
2	현대인들에게는 (스트레스)가 모든 병의 근원이 될 정도로 심각하다고 한다.
3	인터넷의 발달로 필요한 (정보)는 언제, 어디서든 바로 검색할 수 있다.
4	갑작스러운 기온 (저하)로 감기 환자가 급증하고 있다고 한다.
5	귀농하는 사람들이 늘면서 농업 교육의 (필요성)이 제기되고 있다.
6	10~15분 정도의 낮잠은 피곤을 풀어주어 오히려 학습 (능률)을 높여준다.
7	자녀가 귀하다고 투정을 (무조건) 다 받아주는 것은 바람직하지 않다.
8	여성의 (정체성)이 강화되면서 1인 가구의 수도 증가하고 있는 추세이다.
9	요즘 노인성 (치매)가 점차 사회 문제로 대두되고 있다.
10	마을에서 발생한 불이 강한 바람이 불면서 인근 산으로까지 (확산)되고 있다.
11	나는 고등학교 때 읽은 책의 내용을 아직도 뚜렷이 (기억하)고 있다.
12	신차 개발과 판매는 기술 향상으로 생산율을 (높이는데) 달려 있다.
13	경제적인 어려움을 너무 부모에게만 (의존하는) 것은 좋지 않다
14	기업에서는 각 사원의 능력을 (개발하는) 아이디어를 찾고 있다.
15	이번이 마지막 기회라는 생각에 (긴장해서) 실수를 하고 말았다.
16	누전으로 화재가 (발생하여) 소방차 3대가 동원되었다.
17	국방부는 적의 침입에 대비하여 주변 경계를 (강화하)라고 지시하였다.
18	부모는 모든 면에서 자녀에게 (영향을 주는) 존재이다.
19	요즘 가족제도의 변화와 개인주의의 확산으로 1인 가구가 (늘고) 있다.
20	교통사고가 발생하자 경찰이 와서 사고를 (신속하게) 처리하였다.

답안

대상	숙면	일상생활	일정	입장
위치	지역	졸음	협력	미치다
고려하다	고립되다	개최하다	계획하다	문의하다
방해하다	인상 깊다	신뢰하다	필요하다	차이가 나다

1	봄이 되자 고속도로에서 (졸음)운전으로 사고가 발생하는 사례가 늘고 있다.
2	코로나 백신 1차 접종은 먼저 65세 노인분들을 (대상)으로 시행한다고 한다.
3	그 가게는 (위치)가 안 좋아서 장사가 잘 안 된다.
4	올해는 연휴가 많아서 생산 (일정)에 차질이 생길 것 같다.
5	현대사회는 사람뿐만 아니라 국가와 국가도 서로 (협력)이 필요하다.
6	그 회사는 배송료를 (지역)에 따라 다르게 적용하고 있다.
7	전 세계가 코로나19로 인해 (일상생활)이 모두 정지되는 상황이 되었다.
8	불면증이라면 따뜻한 우유를 한 잔 마시고 자면 (숙면)을 취할 수 있을 것이다.
9	생산이 수요에 못 (미쳐서) 상반기 기업 실적이 저조하다.
10	서로의 입장이 (상반되어) 합의점을 찾지 못하고 있습니다.
11	사장님은 매사에 성실하고 부지런한 김 대리를 아주 많이 (신뢰한다).
12	올해 한국어 말하기 대회는 코로나로 (개최하)지 않는다고 한다.
13	새로 출시되는 신상품은 고객의 취향을 (고려하여) 개발하기로 하였다.
14	학생의 학습 방법에 따라 시험 결과는 (차이가 날)수밖에 없다.
15	아직도 영화 '기생충'의 줄거리와 배경은 사람들에게 (인상깊)게 남아있다.
16	손님, 교환·환불은 '고객 센터'에 (문의해) 주시기 바랍니다.
17	무엇보다 독거노인들에게는 대화를 할 상대가 (필요하다).
18	모처럼 휴일에 쉬고 있는데, 층간소음이 잠을 (방해해) 화가 났다.
19	폭설로 설악산 대청봉 산장에 등산객들이 며칠째 (고립돼) 있다.
20	이번 방학에는 친구와 함께 부산 여행을 (계획하)고 있다.

MEMO

제1회 실전 모의고사 모범답안 및 해설

51. 다음을 읽고 ㉠과 ㉡에 들어갈 말을 <u>각각 한 문장</u>으로 쓰시오. (각 10점)

고객센터 1:1 상담

제목 : 책을 교환하고 싶습니다.

내용 : 안녕하세요? 제가 이번 주에 책 세권을 주문해서 오늘 받았습니다. 그런데 그 중 한 권이 일부 (㉠ <u>파손되어 왔습니다</u> / 파손되어 도착했습니다). 그래서 이 책을 교환을 하고 싶습니다. 만일, (㉡<u>교환이 불가능하다면</u> / 교환이 불가능하면) 연락 부탁드리겠습니다. 그러면 반품하고 환불을 받도록 하겠습니다. 가급적 빠른 시일 내에 답변 주시면 감사하겠습니다.

첨부파일: 1. 사진 첨부

문제 풀이

▶ 글의 종류는 이메일로 구입한 책을 교환하고 싶어 구입처에 문의를 하는 것이 목적이다.
▶ ㉠은 앞에 '일부' 라는 표현이 나오고 뒤에 그래서 교환하고 싶다는 표현이 나왔으므로 답안은 '파손되다'라는 표현과 '-아/어 오다'라는 문법을 사용하여 문장을 쓰도록 한다.
▶ ㉡은 앞에 '만일'이라는 표현이 나오고 뒤에 그러면 반품과 한불을 하고 싶다는 표현이 나왔으므로'교환'과 '불가능'이라는 표현과 '-(으)면'이라는 문법을 사용하여 문장을 쓰도록 한다.

52. 다음을 읽고 ㉠과 ㉡에 들어갈 말을 <u>각각 한 문장</u>으로 쓰시오. (각 10점)

오늘은 전국이 대체로 맑겠고, 낮에는 추위가 어제보다(㉠ <u>누그러지겠습니다</u>).
오늘 낮 최고기온은 서울이 5도 전국이 3에서 9도로 어제보다 높아지겠습니다.
기상청은 내일은 오늘보다 기온이 더 높겠고, 설 연휴 동안 전국의 기온이 예년보다 높아
포근한 날씨가 (㉡<u>이어질 것으로</u> / 계속될 것으로) 내다봤습니다.
예년보다 따뜻한 명정을 보낼 수 있을 것으로 보입니다.

문제 풀이

▶ ㉠ 앞에 '추위가' 라는 표현과 뒤에 '높아지겠습니다'라는 표현이 나왔으므로 '누그러지다'라는 표현을 써 답안을 작성하도록 한다.
▶ ㉡ 앞에 기온이 높아지고 '포근한 날씨' 라는 표현이 나오고 뒤에 '내다봤습니다.'라는 표현이 나오므로 '이어지다'라는 표현을 '(으)로'라는 문법을 사용하여 문장을 쓰도록 한다.

53. 다음을 참고하여 최근 결혼 정보업체가 조사한 '한국인이 중요하게 여기는 배우자 조건 1순위'에 대한 글을 200~300자로 쓰시오. 단 글의 제목을 쓰지 마시오.(30점)

구분	구조	개요작성
도입	조사 기관, 조사 내용	▶ 결혼 정보업체 ▶ 한국인 남녀가 중요하게 여기는 '배우자의 조건 1순위'
전개	조사 결과	▶ 남자 : 성격(35.5%), 외모(17.2%), 가치관(8.5%), 직업(6.9%), 기타(31.9%) 순으로 나타남. ▶ 여자: 성격(37.3%), 경제력(14.0%), 외모(9.3%), 가정환경(8.9%), 기타(30.5%) 순으로 나타남. ▶ 남녀 모두 성격을 가장 중요한 배우자의 조건으로 선택함.
마무리	요약	▶ 한국인 남녀 모두 배우자의 조건 1순위로 성격을 꼽고 있는 것을 알 수 있었으며 그 외의 조건은 남녀가 서로 다른 조건을 중요시하고 있다는 것을 알 수 있었음.

	한	국	인	이		가	장		중	요	하	게		여	기	는		배	우
자	의		조	건		순	위	에		대	해		조	사	한		결	과	,
남	성	과		여	성	이		각	각		35	.5	%	,		37	.3	%	로
남	녀		모	두		성	격	을		가	장		중	요	한		배	우	자
의		조	건	으	로		생	각	하	고		있	는		것	으	로		나
타	났	으	며	,		남	성	의		경	우		외	모		17	.2	%	,	가
치	관	이		8.	5%	,		직	업	이		6.	9%	로		그		뒤	를
이	었	다	.		그	러	나		여	성	의		경	우	는		외	모	가
아	닌		경	제	력	이		14	.0	%	로		두		번	째	를		차
지	했	으	며	,		외	모	가		9.	3%	,		가	정	환	경	이		8.	9%
로		그		뒤	를		이	었	다	.		조	사		결	과	를		통	해
배	우	자	의		조	건	으	로		성	격	을		가	장		중	요	시
하	는		것	을		제	외		하	면		남	녀		간	에		배	우
자	를		선	택	하	는		조	건	이		서	로		다	르	다	는	
것	을		알		수		있	다	.										

54. 다음을 주제로 하여 자신의 생각을 600~700자로 글을 쓰시오. 단, 문제를 그대로 옮겨 쓰지 마시오. (50점)

구분	개요작성
도입	▶ 글로벌화 되고 인적교류, 기술적 교류, 문화적 교류, 학술적 교류 등이 활발해짐. ▶ 교류의 다양화는 근로자와 유학생 등 다방면에서 외국인의 체류도 확대됨. ▶ 교류의 활성화로 자연스럽게 국제결혼과 다문화 가정이 확대되어 다문화 사회로 변모함. ▶ 다문화 사회는 다양한 문화를 이해하고 세계와 공존할 수 있는 기회를 부여함. ▶ 사회 구성원들이 세계시민으로 거듭날 수 있도록 하는 중요한 역할을 함.
전개	▶ 반면, 다문화 사회의 부작용 또한 적지 않게 나타남. ▶ 다른 문화에 대한 편견과 이해 부족으로 인해 갈등과 문화적 충돌이 발생함. ▶ 서로에 대한 불신과 오해가 발생하고 범죄와 사건으로도 확대됨. 분열된 사회 현상도 나타남.
마무리	▶ 세계화와 다문화 시대의 흐름에 맞춰 다양한 문화를 이해해야 함. ▶ 상호 존중하는 마음과 태도를 갖도록 노력해야 함. ▶ 함께 하고자 하는 책임 있는 공동체 역량을 갖는다면 건강한 다문화 사회를 이룰 수 있음.

	전		세	계	가		글	로	벌	화		되	면	서		국	가		간
의		장	벽	이		없	어	지	고		기	술	적		교	류	와		인
적		교	류	는		물	론	이	고		다	양	한		문	화	적	,	학
술	적		교	류		또	한		활	발	해	지	게		되	었	다	.	이
러	한		교	류	는		점	점		더		활	기	를		띠	면	서	
나	라	마	다		외	국	인		근	로	자	를		시	작	으	로		유
학	생	과		다	방	면	에	서	의		체	류	자	들	이		증	가	하
게		되	었	고		자	연	스	럽	게		국	제	결	혼		또	한	
증	가	하	게		되	면	서		다	문	화		가	정	이		확	대	되
고		사	회	는		다	문	화		사	회	로		변	모	하	게		된
다	.	이	러	한		다	문	화		사	회	는		우	리	에	게		다
양	한		문	화	를		접	할		수		있	도	록		하	고		다
름	에		대	한		이	해	의		기	회	를		제	공	하	면	서	
세	계	와		공	존	할		수		있	는		기	회	를		부	여	한

다. 이를 통해 사회 구성원들이 세계 시민으로 거듭날 수 있도록 하는 역할을 하게 된다.

　반면 다문화 사회에서 생기는 부작용 또한 적지 않다. 다양한 문화가 어우러지게 되면서 서로의 문화에 대한 편견과 이해 부족으로 인해 사회 구성원들 간의 갈등과 문화적 충돌의 발생을 시작으로 각종 범죄와 사건이 발생하게 된다. 이러한 갈등은 사회 구성원들 사이의 불안감을 유발하게 되고 서로에 대한 불신과 오해가 깊어지면서 다문화 사회가 하나의 통합된 사회를 이루지 못하고 분열과 분쟁이 만연한 사회를 만들기도 한다.

　그러나 세계 시민으로 미래를 살아가야 하는 우리는 세계화와 다문화 시대의 흐름에 발맞춰 다양한 문화를 이해하고 상호 존중하는 마음과 태도를 갖도록 노력해야 한다. 같은 사회 구성원으로서 함께 하고자 하는 책임 있는 공동체 역량을 갖는다면 건강한 다문화 사회가 될 것이다.

51. 다음을 읽고 ㉠과 ㉡에 들어갈 말을 각각 한 문장으로 쓰시오. (10점)

> ### 초대합니다
>
> 새봄을 맞이하여 '봄꽃의 향연'이라는 제목으로 사진 전시회가 열립니다.
> 그래서 고객 여러분을 (㉠ 전시회에 초대하려고 합니다).
> 이번에는 온라인 전시회로 개최됨에 따라 관람 신청 접수를 받습니다.
> 관람을 희망하시는 고객님은 갤러리 홈페이지로 들어오셔서
> (㉡ 신청해 주시기 바랍니다).

(문제 풀이)

▶ 글의 종류는 초대글로 전시회에 초대를 알리는 것이 목적이다.
▶ ㉠은 목적의 '-(으)려고 하다'를 사용하여 문장을 쓰도록 한다.
▶ ㉡은 전시회에 참여할 수 있는 방법에 대한 안내로 앞의 문장에서 제시된 내용을 바탕으로 신청해 달라는 문장을 쓰도록 한다.

52. 다음을 읽고 ㉠과 ㉡에 들어갈 말을 각각 한 문장으로 쓰시오. (10점)

> 요즘 우리는 스마트폰 앱의 홍수 속에 살고 있다. 앱은 지도를 보여주거나 여행이나 음식에 대한 (㉠정보를 주는 것뿐만 아니라 / 정보를 주는 것 외에) 은행 업무, 쇼핑까지 다 할 수 있게 해 준다. 이처럼 그 종류와 기능이 매우 다양하고 편리하다. 하지만 스마트폰 앱의 과다사용은 집중을 방해하고 시간과 돈을 낭비하게 만들기도 한다. 그러므로 필요한 (㉡ 앱만 선별하여 사용하도록 해야 한다).

(문제 풀이)

▶ ㉠은 앞의 내용을 바탕으로 앱의 역할(기능)에 대해 나열하는 내용이 이어지므로 '- (으)ㄹ 뿐(만) 아니다 / - 외에'를 이용하여 뒤에 내용이 더 해짐을 나타내는 문장을 쓰도록 한다.
▶ ㉡은 앱의 과다 사용의 문제점을 이야기하고 이것을 해결하기 위한 방법을 설명하는 내용이 나와야 한다. 그러므로 '목적이나 결과에 이를 수 있게'라는 의미를 나타내는 '-도록'을 사용해 문장을 쓰도록 한다.

53. 다음 표를 보고 '소형가전제품의 판매량 증가'에 대한 글을 200~300자로 쓰시오. 단 글의 제목을 쓰지 마시오. (30점)

구분	구조	개요작성
도입	조사 기관, 조사 내용	▶ 삼성 경제 연구소 ▶ '소형가전 제품 매출액'과 원인, 판매 순위 조사
전개	조사 결과	▶ 2010년 - 342억 ▶ 2015년 - 478억으로 증가 ▶ 2020년 - 725억으로 크게 증가 ▶ 원인: 1인 가구 증가(82%), 미니멀 라이프(14%), 기타(4%) ▶ 판매 제품 순위: ①전기밥솥 ②전자레인지 ③냉장고
마무리	요약	▶ 이 결과 소형가전 제품 판매의 증가는 1인 가구 증가의 영향이 가장 크다는 것을 알 수 있음.

	이		그	래	프	는		삼	성		경	제		연	구	소	가		10
년	간		소	형	가	전		제	품		매	출	액	을		분	석	한	
자	료	이	다	.		분	석		결	과		20	10	년	에		34	2	억	
원	이	었	는	데	,		20	15	년	에	는			증	가	하	여		47	8	억	
원	의		매	출	을		보	였	다	.		이	후		계	속		증	가	하	
여		20	20	년	에	는		72	5	억		원	으	로		크	게		상	
승	하	였	다	.		이	렇	게		소	형	가	전		제	품	이		꾸	준	
히		증	가	한		원	인	으	로		1	인		가	구	의		증	가	
가		82	%	로		가	장		높	게		나	타	났	다	.		이	어	서	
미	니	멀		라	이	프	가		14	%	,		기	타	가		4	%	로	
분	석	되	었	다	.		한	편		소	형	가	전		제	품		중		판	
매	된		순	위	를		살	펴	보	면		첫	째	,		전	기	밥	솥	,	
둘	째	,		전	자	레	인	지	,		셋	째	,		냉	장	고	로		나	타	났	
다	.		이		결	과		소	형	가	전		제	품		판	매	의		증	
가	는		1	인		가	구		증	가	의		영	향	이		가	장	
크	다	고		볼		수		있	다	.						

54. 다음을 주제로 자신의 생각을 600~700자로 글을 쓰시오. 단, 문제를 그대로 옮겨 쓰지 마시오. (50점)

구분	개요작성
도입	▶ 실패는 그것을 대하는 태도는 사람마다 차이가 있고, 삶에 끼치는 영향도 다르다. ▶ 긍정적인 영향 ① 실패는 경험이 될 수 있다. ② 태도나 마음가짐이 겸손해진다.
전개	▶ 부정적인 영향 ① 자신감이 떨어진다. ② 도전을 기피한다.
마무리	▶ 실패를 극복하는 방법 ① 실패의 원인을 정확하게 찾는다. ② 같은 실패를 반복하지 않도록 노력해야 한다.

	우	리	는		인	생	을		살	아		가	면	서		여	러		면
에	서		실	패	를		겪	게		된	다	.		실	패	는		대	하	는
사	람	마	다		차	이	가		있	고	,		삶	에		끼	치	는		영
향	도		다	르	다	.		먼	저		실	패	는		경	험	이		될
수		있	다	.		넘	어	져		그	대	로		있	으	면		실	패	지
만		뭐	라	도		부	여	잡	고		일	어	나	면		그	것	은
더		이	상		실	패	가		아	닌		경	험	이		되	는		것
이	다	.		다	음		태	도	나		마	음	가	짐	이		겸	손	해	진
다	.		그	동	안		자	만	하	면	서		살	았	던		사	람	도
실	패	를		겪	고	나	면		두	려	움	이		생	기	면	서		마
음	가	짐	을		가	다	듬	고		자	신	을		되	돌	아		보	게
된	다	.		이	런		점	은		실	패	가		우	리	에	게		주	는
긍	정	적	인		영	향	이	라	고		볼		수		있	다	.
	반	면	에		부	정	적	인		영	향	으	로	는		우	선		자
신	감	이		떨	어	진	다	.		어	떤		일	에	도		의	욕	이

생기지 않고 잘할거라는 생각보다는 못할거라는 생각을 더 많이 한다. 또한 새로운 도전을 기피한다. 실패를 반복하게 될까 봐 시작도 해보지 않고 미리 포기해 버리는 것이다.

　그렇다면 실패를 두려워하지 않고 이겨낼 수 있는 방법은 무엇이 있을까? 먼저 실패의 원인을 정확하게 찾는다. 원인을 찾아서 그것부터 해결하도록 해야 한다. 다음은 같은 실패를 반복하지 않도록 노력해야 한다. 그러기 위해서는 항상 긍정적인 생각을 하고, 실패의 경험을 살려 부족한 것을 보완하는데에 너지를 쏟아야 한다. 이렇게 한다면 실패는 다른 사람보다 먼저 미지의 세계로 나아갈 수 있는 기회를 잡는 것이 될 것이다.

51. 다음을 읽고 ㉠과 ㉡에 들어갈 말을 각각 한 문장으로 쓰시오. (10점)

외국인 학생 도우미 모집

한국대학교 학생 여러분
이번에 국제교육원에서 (㉠ 외국인 학생 도우미를 모집합니다).
도우미 활동 기간은 여름학기(6월 15일 ~ 8월 23일) 동안이며, 외국인 학생들의 한국생활과 한국어 학습을 도와주는 활동입니다.
본교 학생이면 누구나 (㉡ 신청이 가능합니다 / 신청할 수 있습니다).
자세한 내용은 홈페이지 안내문을 참고하시기 바랍니다.
  • 신청 기간: 5. 20 ~ 5. 27 오후 5시까지
  • 신청 방법: 신청서 작성 후 이메일 접수

문제 풀이

▶ 글의 종류는 모집글로 도우미 모집에 대한 정보를 알려주는 것이 목적이다.
▶ ㉠은 제목에서 들어갈 내용을 유추하여 국제교육원에서 하려고 하는 내용을 문장으로 쓰도록 한다.
▶ ㉡은 '본교 학생이면'이라는 조건이 나오고 '누구나'라는 부사가 나왔으므로 '누구나 -(으)ㄹ 수 있다'를 쓰거나, '가능하다' 동사를 이용해 문장을 쓰도록 한다.

52. 다음을 읽고 ㉠과 ㉡에 들어갈 말을 각각 한 문장으로 쓰시오. (10점)

사람을 처음 만날 때 그 사람에게서 받게 되는 느낌을 '첫인상'이라고 한다. 전문가의 말에 따르면 첫인상이 결정되는 데는 3~10초밖에 (㉠ 걸리지 않는다고 한다). 이렇게 짧은 시간에 결정된 첫인상이 그 사람과 앞으로의 관계에 영향을 미치게 된다. 첫인상에 따라서 그 사람과의 관계가 좋을 수도 있고 (㉡ 힘들 수도 있는 것이다 / 나쁠 수도 있는 것이다). 그러므로 우리는 상대방에게 좋은 인상을 주기 위해 노력할 필요가 있다.

문제 풀이

▶ ㉠은 앞에 '전문가의 말에 의하면'이 나오므로 '간접 인용'을 사용해야 한다. 또 앞에 첫 인상이 결정되는 시간이 나오고 뒤에 '밖에'가 있으므로 시간이 생각보다 적다는 것으로 부정형이 나와야 한다. 이에 동사 '걸리다'를 이용하여 부정형 문장을 쓰도록 한다.
▶ ㉡은 첫인상에 따라 관계의 변화에 대한 내용을 이야기하고 있다. 이에 앞에 긍정적인 '좋을 수도 있다'가 나왔으므로 뒤에 반대되는 내용이 나와야 한다.

53. 다음 표를 보고 'SNS 사용 현황'에 대한 글을 200~300자로 쓰시오. 단 글의 제목을 쓰지 마시오. (30점)

구분	구조	개요작성
도입	조사 기관, 조사 내용	▶ 남녀 각각 500명 설문 조사 ▶ SNS 사용 횟수와 이유
전개	조사 결과	▶ 자주 한다 - 75% ▶ 가끔 한다 - 21% ▶ 안한다 - 4% ▶ 이유: 자신의 소식 전한다(73%) 다른 사람의 소식을 안다(14%) 맛집이나 카페 정보를 얻는다(8%) 기타 (5%)
마무리	요약	▶ 이 결과 대부분의 사람들이 SNS를 한다는 것을 알 수 있음.

	정	보	통	신		연	구	소	에	서		남	녀		각	각		50	0
명	을		대	상	으	로		S	N	S		사	용		현	황	에		대
해		설	문	조	사	를		하	였	다	.		먼	저		S	N	S	를
자	주		한	다	는		응	답	자	가		75	%	로		가	장		많
았	다	.	다	음	으	로		가	끔		한	다	에		21	%	,	하	지
않	는	다	에		4	%	가		대	답	했	다	.		이	처	럼		S	N
S	를		하	는		이	유	로	는		사	진	이	나		동	영	상	을
올	려		자	신	의		소	식	을		전	할		수		있	어	서	가
73	%	로		가	장		많	았	다	.		다	음	은		다	른		사	람
의		소	식	을		빨	리		알		수		있	다	고		응	답	한
사	람	이		14	%	,		맛	집	이	나		카	페		정	보	를		얻
을		수		있	다	가		8	%	,		기	타		4	%	로		나	타
났	다	.	이		결	과		많	은		사	람	들	이		S	N	S	를
하	는		것	을		알		수		있	다	.							

54. 다음을 주제로 자신의 생각을 600~700자로 글을 쓰시오. 단, 문제를 그대로 옮겨 쓰지 마시오. (50점)

구분	개요작성

도입	요즘 가족제도의 변화로 반려동물을 키우는 가정이 늘고 있다.
	▶ 긍정적인 영향
	  ① 정신적인 안정을 준다.
	  ② 자녀들의 사회성을 키워 준다

전개	▶ 부정적인 영향
	  ① 털 알레르기와 배설물이 문제가 된다.
	  ② 사육비가 많이 든다.

마무리	▶ 잘 키우는 방법
	  ① 가족이나 친구처럼 대해 주어야 한다.
	  ② 털이나 배설물을 잘 처리해야 한다.

	요	즘		가	족	제	도	의		변	화	로		1	인		가	구	가
증	가	하	고		형	제	자	매	가		없	는		가	정	도		점	점
많	아	지	는		추	세	이	다	.		이	러	한		변	화	로		반	려
동	물	을		키	우	는		가	정	이		늘	고		있	다	.		가	정
에	서		반	려	동	물	을		키	우	면		무	엇	보	다		정	신
적	으	로		안	정	을		얻	을		수		있	다	고		한	다	.
현	대	사	회	에	서		많	이		쌓	이	는		스	트	레	스	를
줄	여	주	고	,		외	로	움	도		달	래	준	다	.		또		반	려	동
물	이		항	우	울	제		역	할	을		하	여		불	안	감	이	나
우	울	증	같	은		정	서	적	인		문	제	를		해	결	해	준
다	.		다	음		반	려	동	물	과		자	녀	를		함	께		키	우
면		자	녀	의		사	회	성	을		기	르	는	데	도		도	움	이
된	다	고		한	다	.		연	구		결	과		인	성	·	사	회	성	·
자	아	존	중	감	은		높	아	지	고	,		공	격	성	과		긴	장	감
같	은		부	정	적	인		정	서	는		낮	아	졌	다	고		한	다	.

반면에 부정적인 면도 있는데, 먼저 털 알레르기가 있는 사람들은 비염에 걸리기 쉽다. 또한 아파트 같은 공택주택에는 반려동물의 소리로 층간소음 문제가 발생하기도 한다. 여기에다가 반려동물의 사육비가 만만치 않다는 것도 힘든 점으로 들 수 있다.

　따라서 반려동물을 잘 키우기 위해서는 첫째, 가족이나 친구처럼 대해 주어야 한다. 반려동물을 소유하는 것이 아니라 함께 살아가는 인격체로 생각해야 한다. 둘째, 동물의 털이나 배설물을 잘 처리해야 한다. 주변 환경을 깨끗이 하는 것은 서로에게 좋은 것이다. 이와 같이 다른 사람에게 피해를 주지 않으면서 반려동물과 함께하는 것이 무엇보다 중요하다. 이런 점만 주의한다면 반려동물과 행복한 생활을 할 수 있다.

51. 다음을 읽고 ㉠과 ㉡에 들어갈 말을 각각 <u>한 문장으로</u> 쓰시오. (10점)

원룸 세입자 구함

갑자기 유학을 가게 되어서 남은 계약기간 동안 제 원룸에(㉠ 사실 분을 구합니다 / 이사하실 분을 구합니다). 위치는 대한대학교 정문에서 도보로 10분 거리입니다. 방 1개와 주방, 화장실이 분리되어 있습니다. 풀옵션으로 개인용품만 가지고 (㉡이사하시면 됩니다 / 들어오시면 됩니다). 이사 가능한 날짜는 다음 달 초이고, 가격은 보증금 300만 원에 월세 30만 원입니다. 관심이 있으신 분은 연락을 주시기 바랍니다. 연락처는 아래와 같습니다.

010-1234-5678

문제 풀이

▶ 글의 종류는 공지문으로 모집 공지를 통해 새로운 세입자를 구하는 것이 목적이다.

▶ ㉠은 세입자를 구하는 공지문으로 ㉠앞에 '남은 계약기간 동안', '원룸에' 라는 표현이 나오므로 답안은 '구하다'라는 표현과 'N을/를 -하다'라는 문법을 사용하여 문장을 쓰도록 한다.

▶ ㉡은 앞에 '개인용품만'이라는 표현이 나오고 뒤에 '이사 가능한 날짜는' 이라는 표현이 나왔으므로 '이사하다', '들어오다' 등의 표현과 '-(으)면 되다'라는 문법을 사용하여 문장을 쓰도록 한다.

52. 다음을 읽고 ㉠과 ㉡에 들어갈 말을 각각 <u>한 문장으로</u> 쓰시오. (10점)

건강이나 다이어트를 위해서 샐러드를 즐겨 (㉠ 찾는/먹는 사람들이 늘고 있다). 전에는 샐러드가 메인 요리와 함께 먹는 것이 일반적이었다. 하지만 이제는 샐러드 자체가 식사가 가능하도록 만들어져 한 끼 식사에 (㉡부족함이 없어지게 되었다). 식사에 부족했던 비타민을 샐러드를 통해 채우는 게 아니다. 반대로 샐러드에 각종 토핑을 얹어 샐러드에 부족한 단백질을 채우는 것이다. 그래서 단백질과 야채가 고루 들어간 샐러드가 각광을 받고 있다.

문제 풀이

▶ ㉠ 앞에 '~을 위해' 라는 표현과 '샐러드를 즐겨' 라는 표현이 나오므로 '찾는/먹는 사람들'이라는 표현과 '늘다'라는 표현을 '-고 있다'라는 문법을 사용하여 답안을 작성하도록 한다.

▶ ㉡ 앞에 '샐러드 자체가' 라는 표현과 '한 끼 식사에' 라는 표현이 나오고 뒤에 '부족했던'이라는 표현이 나오므로 '부족함이' 라는 표현과 '없어지다' 라는 표현을 '-게 되다' 라는 문법을 사용하여 답안을 작성하도록 한다.

53. 다음을 참고하여 앱 이용자를 대상으로 최근 모바일 리서치 업체가 조사한 '청결 숙소의 조건과 청결에 대한 신뢰도'에 대한 글을 200~300자로 쓰시오. 단 글의 제목을 쓰지 마시오.(30점)

구분	구조	개요작성
도입	조사 기관, 조사 내용	▶ 모바일 리서치 ▶ '청결 숙소의 조건 순위' '청결에 대한 신뢰도'
전개	조사 결과	▶ 청결 숙소의 조건 순위: 1위(세균/바이러스 소독과 인증 시스템), 2위(수준 높은 청소 서비스), 3위(일회용 어메니티 제공) ▶ 청결에 대한 신뢰도: 5점 만점에 호텔/리조트(4.12점), 펜션/풀빌라(3.38점), 모텔(3.16점), 캠핑/글램핑(2.69점)
마무리	요약	▶ 청결 숙소의 조건으로 세균/바이러스 소독과 소독에 대한 인증 시스템을 가장 중요한 조건으로 꼽았음. 세균과 바이러스에 대한 소독을 중요한 요소로 생각하고 있음을 알 수 있음. ▶ 호텔/리조트와 같이 대규모의 숙박시설이 청결할 신뢰도가 높았으며 대규모 시설일수록 청결할 것이라는 인식을 가지고 있는 결과로 볼 수 있음.

	최	근		조	사		결	과	에		따	르	면		숙	소	의		청
결		조	건	으	로		세	균	과		바	이	러	스	에		대	한	
소	독	을		가	장		중	요	한		조	건	으	로		생	각	하	고
있	으	며		그	것	을		인	증	하	는		시	스	템		또	한	
매	우		중	요	하	게		있	는		것	으	로		나	타	났	다	.
수	준		높	은		청	소		서	비	스	와		일	회	용	품		제
공		또	한		중	요	한		요	소	로		꼽	고		있	는		것
으	로		보	아		개	인	과		숙	소	에		대	한		위	생	
인	식	이		높	은		것	을		알		수		있	다	.	숙	소	별
로	는		호	텔	과		리	조	트	가		4.	12	점		펜	션	과	
풀	빌	라	가		3.	38	점	,		모	텔	이		3.	16	점	,	캠	핑	과
글	램	핑	이		2.	69	점		순	으	로		조	사	되	었	다	.	이
를		통	해		대	규	모	의		숙	박	업	소	에		대	한		청
결		신	뢰	도	가		소	규	모	의		숙	박	업	소		보	다	
높	다	는		것	을		알		수		있	었	다	.					

54. 다음을 주제로 하여 자신의 생각을 600~700자로 글을 쓰시오. 단, 문제를 그대로 옮겨 쓰지 마시오.(50점)

구분	개요작성
도입	▶ 인류가 편리함을 위해 무분별하게 플라스틱과 1회용품들을 사용해 옴. ▶ 1회용품들은 적지 않은 환경 문제들을 야기하게 됨. ▶ 미세 플라스틱은 생태계 순환을 거쳐 다시 인간의 몸에 들어오게 됨. ▶ 플라스틱들이 해양 동물의 생명을 위협하고 생태계를 파괴하고 있음. ▶ 인류의 미래를 위해서는 1회 용품의 사용 제한이 매우 중요함.
전개	▶ 1회용품의 사용 제한이 말처럼 쉬운 일만은 아님. ▶ 환경의 오염을 인식하기 전까지 우리는 컵, 접시, 용기, 젓가락, 세면도구 등 너무나도 당연하고 손쉽게, 편안하게 1회용품을 사용해 왔음. ▶ 우리의 실생활에 깊숙이 스며들어 있는 1회용품을 하루아침에 멈추기는 쉽지 않음.
마무리	▶ 더 이상 미루고 방치할 수만은 없음. ▶ 1회용 봉투대신 재활용 봉투, 티슈대신 손수건, 플라스틱이나 종이컵 대신 개인 컵을 사용하는 등 스스로가 줄이기 위한 노력을 해야만 함. ▶ 정부도 제도적 지원이나 정책의 실행을 통해 무조건적 제한이 아닌 자연스러운 환경을 조성하고 독려하는 노력을 해야 함.

	지	금	까	지		인	류	가		편	리	함	을		위	해		무	분
별	하	게		사	용	해		왔	던		각	종		플	라	스	틱		제
품	들	과		대	부	분		그	것	으	로		구	성	된		1	회	용
품	들	은		적	지		않	은		문	제	를		야	기	하	고		있
다	.	미	세		플	라	스	틱	은		생	태	계		순	환	을		거
쳐		다	시		인	간	의		몸	에		들	어	오	고		있	다	.
바	다	로		흘	러	들	어	간		다	량	의		플	라	스	틱	들	이
해	양		동	물	들	의		생	명	을		위	협	하	고		생	태	계
를		파	괴	하	고		있	으	며		이	러	한		생	태	계	의	
파	괴	는		고	스	란	히		우	리		인	간	들	에	게		돌	아
오	게		되	는		것	이	다	.	그	러	므	로		환	경	과		인
류	의		미	래	를		위	해	서	는		1	회	용	품		사	용	의
제	한	이		매	우		중	요	하	다	.								

하지만 1회용품의 제한이 말처럼 쉬운 일만은 아니다. 우리가 환경의 오염을 인식하기 전까지 수많은 세월동안 컵, 접시, 용기, 젓가락, 봉투, 세면도구 등 너무나도 당연하고도 손쉽게 사용하고 편리하게 사용해 왔던 것들이 이 환경 파괴의 주범이 되어 온 1회용품들이기 때문이다. 우리의 실생활에 너무나도 깊숙이 스며들어 있기에 무조건적인 제한만으로 하루아침에 사용을 멈추기는 쉽지않으며 스스로의 노력과 제도의 뒷받침이 필요한 시점이라고 볼 수 있다.

　하지만 언제까지 미루고 방치할 수만은 없다. 1회용 대신 재활용 봉투, 티슈 대신 손수건, 플라스틱컵이나 종이컵 대신 개인컵을 사용하는 등 우리 스스로가 1회용품을 줄이기 위해 노력하고 환경을 생각해야 한다. 정부도 제도적 지원이나 정책의 실현을 통해 무조건적 제한이 아닌 실생활에서 자연스럽게 1회용품의 사용이 줄어들도록 환경을 조성하고 독려해 나가야 할 것이다.

※ [51~52번] 다음을 읽고 ㉠과 ㉡에 들어갈 말을 각각 <u>한 문장으로 쓰시오.</u> (각 10점)

51.

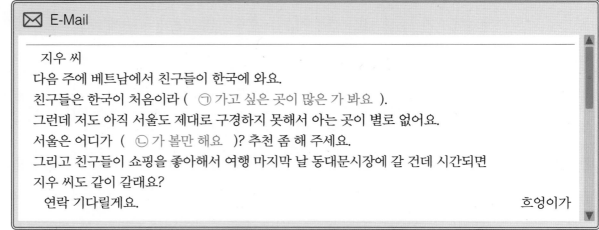

> ✉ E-Mail
> ─────────────────────────────
> 　지우 씨
> 다음 주에 베트남에서 친구들이 한국에 와요.
> 친구들은 한국이 처음이라 (　㉠ 가고 싶은 곳이 많은 가 봐요).
> 그런데 저도 아직 서울도 제대로 구경하지 못해서 아는 곳이 별로 없어요.
> 서울은 어디가 (　㉡ 가 볼만 해요)? 추천 좀 해 주세요.
> 그리고 친구들이 쇼핑을 좋아해서 여행 마지막 날 동대문시장에 갈 건데 시간되면
> 지우 씨도 같이 갈래요?
> 　연락 기다릴게요.
> 　　　　　　　　　　　　　　　　　　　　　　　　　　　　　　　흐엉이가

문제 풀이

▶ 글의 종류는 이메일로 여행지 추천과 동대문시장 동행을 요청하는 것이 목적이다.

▶ ㉠은 한국을 방문하는 친구들이 '처음이라'는 내용이 나오고 괄호 뒤에 전환 접속사를 사용하여 자신이 아는 곳이 별로 없으니 추천을 부탁하는 문장이 나오고 있다. 그러므로 괄호에는 '가고 싶은 곳이 많은 것 같다'는 친구들의 생각이나 상황을 추측하는 문장이 나와야 한다. 그래서 '가 보고 싶다'를 '-(으)ㄴ가 보다' 문법을 사용하여 답안을 작성하도록 한다.

▶ ㉡은 앞에 '서울에 대해서 아는 것이 별로 없다'는 말이 나오고 이어서 '어디에'라는 장소를 묻는 의문사가 나오면서 물음표가 있다. 그러므로 서울에서 구경할 만한 것을 물어보는 의문형 문장을 써야 한다. 이에 '가 보다'라는 동사를 '-(으)ㄹ 만하다' 문법을 사용하여 답안을 작성하도록 한다.

52.

> 자전거를 탈 때는 안전모를 쓰고, 장갑도 끼고 안전 수칙도 잘 지켜야 한다. 안전 수칙을 잘 지키지 않으면 (㉠ 사고가 날 수 있기 때문이다 / 사고가 날 수도 있다). 한편 자전거를 꾸준히 타면 하체의 근력이 좋아지고 체중 감소에도 효과가 있다. 그래서 자전거는 안전하게 타기만 하면 하체 운동에만 (㉡ 도움을 주는 것이 아니라 / 도움을 줄 뿐만 아니라) 비만 개선에도 도움을 준다.

문제 풀이

▶ ㉠ 앞에 '안 부정'과 '-(으)면' 조건을 나타내는 표현이 있으므로 안전 수칙을 지키지 않았을 때 일어날 수 있는 결과에 대한 내용이 나와야 한다. 그러므로 앞에 제시된 문장 내용을 고려하여 '~ 때문이다'나 '-(으)ㄹ 수 있다'라는 문법을 사용하여 답안을 작성하도록 한다.

▶ ㉡ 앞에 '이처럼'이 있으므로 앞의 내용을 정리하면서 강조하는 내용이 나와야 한다. 여기는 괄호가 문장 중간에 있는데, '하체 운동에' 뒤에 '만'이 붙어 앞의 내용을 한정 짓고 있다. 그러므로 이것 외에 추가되는 내용이 나올 수 있도록 '-(으)ㄴ/는 것이 아니라' 또는 '(으)ㄹ 뿐만 아니라'를 사용해서 답안을 작성하도록 해야 한다.

53. 다음을 참고하여 '인주시의 공공자전거 지원 사업 결과'에 대한 글을 200~300자로 쓰시오. 단 글의 제목을 쓰지 마시오.(30점)

구분	구조	개요작성
도입	조사기관 조사 대상, 조사 내용	▶ 인주시 ▶ 인주시의 공공자전거 지원 사업 결과 ▶ 공공자전거 '따릉따릉' 사업 지원금, 공공자전거 '따릉따릉'이용률을 조사하여 감소 원인과 해결 방안 모색
전개	조사 결과	▶ 사업 지원금: 2015년에 20억에서 2020년 2배 증가한 40억 ▶ 자전거 이용률: 2015년 73%에서 2020년 47%로 감소 ▶ 감소 원인: 자전거 이용 도로 제한 ▶ 해결 방안: 기반 시설로 임시 자전거 이용길 추가 허용
마무리	요약	▶ 사업 지원금은 2015년에 비해 5년 사이에 2배로 증가하였으나, 자전거 이용률은 오히려 감소하였음. ▶ 임시 자전거 이용길을 추가로 허용할 필요가 있음.

	다	음	은		인	주	시	의		공	공	자	전	거		'	따	릉	따
릉	'		사	업		결	과	이	다	.		공	공	자	전	거		사	업	을
위	해		20	15	년	부	터		지	원	을		시	작	했	는	데	,		그
액	수	가		20	15	년		20	억	에	서		20	20	년		40	억	으
로		2	배	나		증	가	하	였	다	.		하	지	만		따	릉	따	릉
의		이	용	률	은		오	히	려		감	소	하	여		20	15	년	
73	%	에	서		20	20	년		47	%	로		떨	어	졌	다	.		이	렇
게		부	정	적	인		결	과	가		나	온		원	인	은		따	릉
따	릉	이	를		자	전	거		전	용		도	로	에	서	만		이	용
할		수		있	게		했	기		때	문	이	다	.		이	에		문	제
해	결	을		위	해	서		따	릉	따	릉	이	를		자	전	거		전
용		도	로	에	서		뿐	만		아	니	라		기	반	시	설	로	
임	시		자	전	거		이	용	길	을		추	가	로		허	용	할	
필	요	가		있	다	.		그	래	서		따	릉	따	릉	이	를		탈
수		있	는		길	이		확	대	되	어	야		한	다	.				

54. 다음을 주제로 하여 자신의 생각을 600~700자로 글을 쓰시오. 단, 문제를 그대로 옮겨 쓰지 마시오.(50점)

> 최근 들어 사람이 없는 '무인가게'가 늘어나고 있다. 무인가게는 관리하는 사람이 없어서 손님이 직접 모든 것을 알아서 해야 한다. 그러다보니 편리한 점도 있지만 문제점도 나타나고 있다. 하지만 앞으로 무인가게는 점점 더 증가할 전망이다. 아래의 내용을 중심으로 '무인가게 운영'에 대해 자신의 생각을 쓰라.

> • 무인가게가 증가하는 이유는 무엇인가?
> • 무인가게의 좋은점과 문제점은 무엇인가?
> • 무인가게 운영의 바람직한 방안에는 무엇이 있는가?

구분	개요작성
도입	▶ 무인가게란 운영하는 사람이 없이 손님이 자유롭게 물건을 고르고 계산하는 방식으로 운영되는 곳이다. ▶ 아이스크림 가게나 편의점등 이용객이 많은 업종 중심으로 개업하는 추세이다. ▶ 무인가게의 증가 원인 ① 코로나19의 영향으로 사람과의 접촉을 줄일 수 있다. ② 가게 관리비와 인건비를 절약할 수 있다. ③ 24시간 운영이 가능하다.
전개	▶ 무인가게의 편리한 점 ① 24시간 영업이 가능하여 언제든지 물건을 구매할 수 있다. ② 손님이 부담없이 자유롭게 물건을 살펴보고 편안하게 구매할 수 있다. ▶ 무인가게 운영 시 나타나는 문제점 ① 물건이 도난 되는 사례가 자주 발생한다. ② 물건 값을 정확하게 계산하지 않는 일이 일어난다.
마무리	▶ 무인가게의 바람직한 운영 방안 ① 관리 시스템을 강화한다. 　- 안면인식이 가능한 계산대를 설치 　- 계산 안 된 물건에 반응하는 시스템 장치 설치 ② 구매자가 양심을 가지고 정확하게 물건 값을 계산을 한다.

요즘　길을　걷다　보면　무인으로　운영되는　가게들을　쉽게　발견할　수　있다.　이처럼　무인가게는　관리하는　사람이　없어서　손님이　모든　것을　알아서　해야　하는　곳이다.　이런　무인가게가　증가하는　것은　첫째,　코로나　19로　사람들과의　접촉을　줄일　수　있기　때문이다.　사람과의　접촉을　피해　편하게　이용할　수　있다.　둘째,　가게　관리비나　인건비를　절약할　수　있다.　가게　운영　시　가장　지출이　큰　부분에서　비용　부담을　줄일　수　있다는　것이다.

　이런　무인가게는　24시간　영업이　가능하여　손님들이　언제든지　이용할　수　있다.　또　손님이　가게　주인의　눈치를　안　보고　편안하고　자유롭게　쇼핑할　수　있다는　장점이　있다.　반면에　물건을　훔쳐　가거나　물건　값을　정확하게　계산하지　않는　사례가　자주　발생하고　있다.　아무도　보는　사람이　없다는　상황은　인간의　양심을　저울질하여　유혹에　빠뜨리기도　한다.　이때　유혹을　견디지　못하면　도둑질을　하게　되거나　계산　시　양심을　속이는　행동을　하게　되는　것이다.

코로나 이후 비대면이라는 소비 트랜드에 대응하고 심야 시간에 추가 매출을 올리기에 적합한 무인가게의 바람직한 운영 방안이 필요하다. 먼저 관리 시스템을 강화해야 한다. AI의 도움을 받아 스마트 가게가 되도록 해야 한다. 가게 안에 안면인식 계산대를 설치하거나, 계산이 안된 물건에는 반응하는 시스템을 설치하는 것이다. 그리고 무엇보다 손님들의 양심있는 행동이 우선되어야 할 것이다.

한국어능력시험
TOPIK II

1 교시 (쓰기)

성명
(Name)
한국어 (Korean)
영어 (English)

수험번호

주관식 답안은 정해진 답란을 벗어나거나 답란을 바꿔서 쓸 경우 점수를 받을 수 없습니다.
(Answers written outside the box or in the wrong box will not be graded.)

51 ㉠
   ㉡

52 ㉠
   ㉡

53 아래 빈칸에 200자에서 300자 이내로 작문하십시오 (띄어쓰기 포함).
   (Please write your answer below; your answer must be between 200 and 300 letters including spaces.)

50
100
150
200
250
300

※ 54번은 뒷면에 작성하십시오. (Please write your answer for question number 54 at the back.)

※ 결시 확인란 결시자의 영어 성명 및 수험번호 기재 후 표기

※ 답안지 표기 방법(Marking examples)
바른 방법(Correct) ●
바르지 못한 방법(Incorrect) ⊘ ⊙ ⊗ ◑

※ 위 사항을 지키지 않아 발생하는 불이익은 응시자에게 있습니다.

※ 감독관 본인 및 수험번호 표기가
  확 인 정확한지 확인 (인)

97

주 관 식 답 란 (Answer sheet for composition)

아래 빈칸에 600자에서 700자 이내로 작문하십시오 (띄어쓰기 포함).
(Please write your answer below; your answer must be between 600 and 700 letters including spaces.)

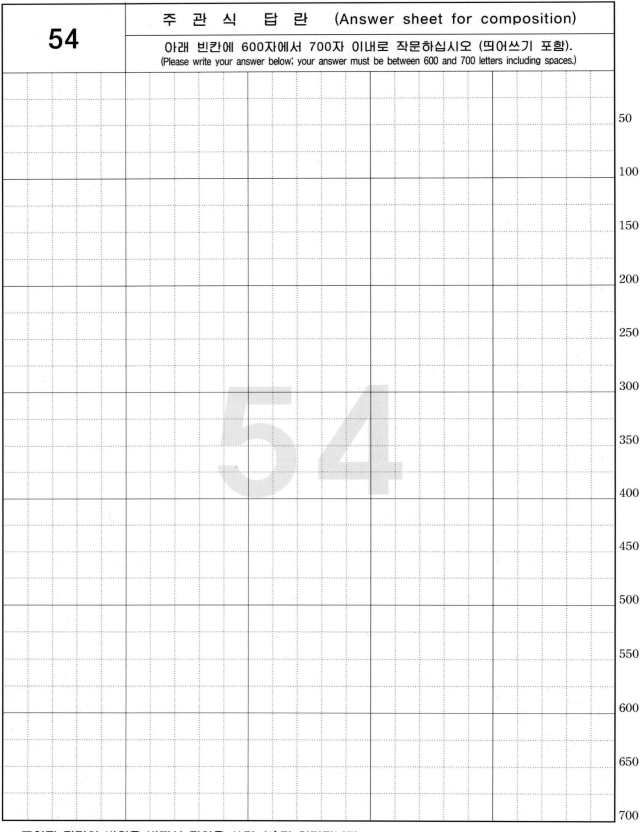

50

100

150

200

250

300

350

400

450

500

550

600

650

700

한국어능력시험
TOPIK II

1 교시 (쓰기)

51 ㉠
㉡

52 ㉠
㉡

53 아래 빈칸에 200자에서 300자 이내로 작문하십시오 (띄어쓰기 포함).
(Please write your answer below; your answer must be between 200 and 300 letters including spaces.)

50 100 150 200 250 300

※ 54번은 뒷면에 작성하십시오. (Please write your answer for question number 54 at the back.)

| 성 명 (Name) | 한국어 (Korean) | |
| | 영 어 (English) | |

수 험 번 호

8

0 1 2 3 4 5 6 7 8 9
0 1 2 3 4 5 6 7 8 9
0 1 2 3 4 5 6 7 8 9
0 1 2 3 4 5 6 7 8 9
0 1 2 3 4 5 6 7 8 9
0 1 2 3 4 5 6 7 8 9
0 1 2 3 4 5 6 7 8 9
0 1 2 3 4 5 6 7 8 9
0 1 2 3 4 5 6 7 8 9
0 1 2 3 4 5 6 7 8 9

※ 결시 결시자의 영어 성명 및
확인란 수험번호 기재 후 표기

※ 답안지 표기 방법(Marking examples)
바른 방법(Correct) ●
바르지 못한 방법(Incorrect) ⊙ ⊘ ⊗ ⦸

※ 위 사항을 지키지 않아 발생하는 불이익은 응시자에게 있습니다.

※ 감독관 본인 및 수험번호 표기가
확 인 확인 정확한지 확인 (인)

주 관 식 답 란　(Answer sheet for composition)

아래 빈칸에 600자에서 700자 이내로 작문하십시오 (띄어쓰기 포함).
(Please write your answer below; your answer must be between 600 and 700 letters including spaces.)

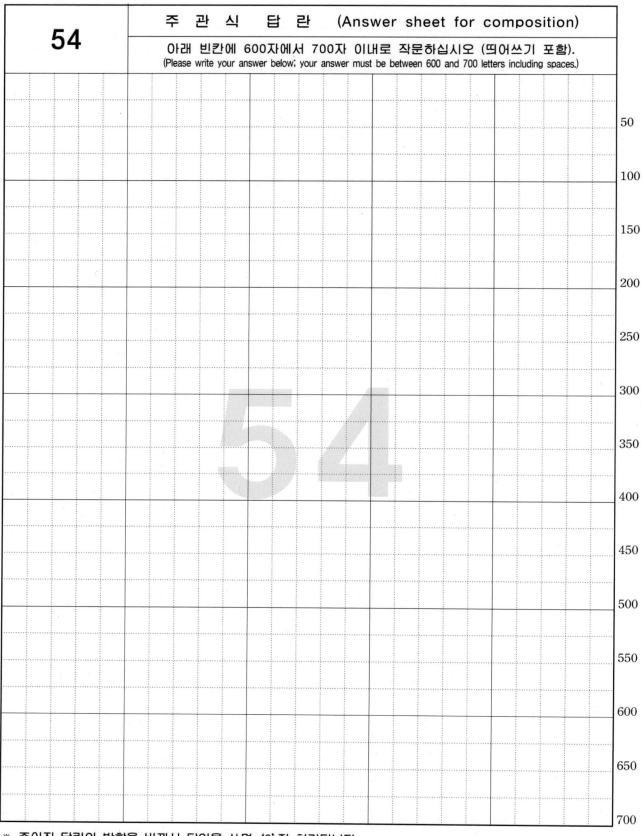

50

100

150

200

250

300

350

400

450

500

550

600

650

700

한국어능력시험
TOPIK II

1 교시 (쓰기)

주관식 답안은 정해진 답란을 벗어나거나 답란을 바꿔서 쓸 경우 점수를 받을 수 없습니다.
(Answers written outside the box or in the wrong box will not be graded.)

51	㉠
	㉡
52	㉠
	㉡

53 아래 빈칸에 200자에서 300자 이내로 작문하십시오 (띄어쓰기 포함).
(Please write your answer below; your answer must be between 200 and 300 letters including spaces.)

53

50
100
150
200
250
300

※ 54번은 뒷면에 작성하십시오. (Please write your answer for question number 54 at the back.)

54

주 관 식 답 란 (Answer sheet for composition)

아래 빈칸에 600자에서 700자 이내로 작문하십시오 (띄어쓰기 포함).
(Please write your answer below; your answer must be between 600 and 700 letters including spaces.)

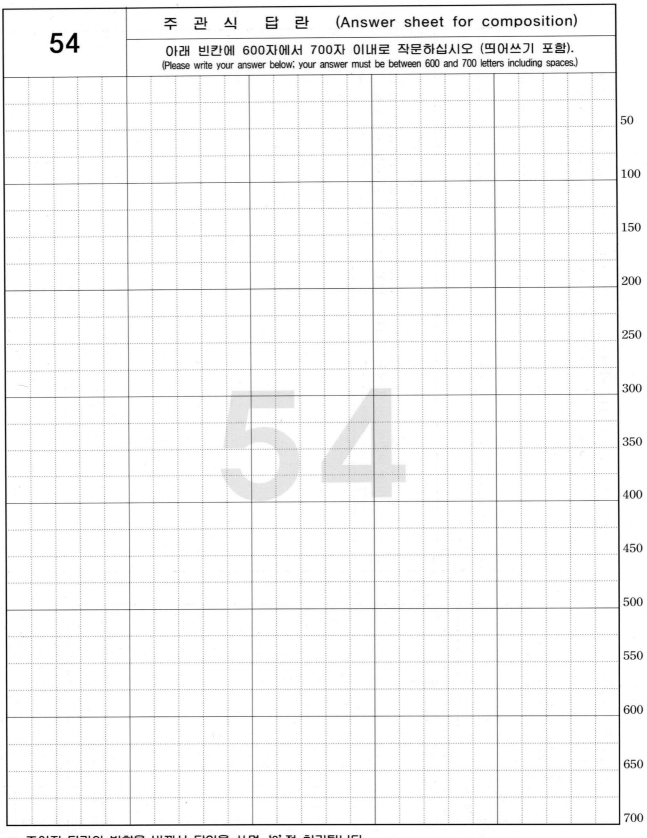

50

100

150

200

250

300

350

400

450

500

550

600

650

700

한국어능력시험
TOPIK II
1 교시 (쓰기)

주관식 답안은 정해진 답란을 벗어나거나 답란을 바꿔서 쓸 경우 점수를 받을 수 없습니다.
(Answers written outside the box or in the wrong box will not be graded.)

51	㉠
	㉡
52	㉠
	㉡

53 | 아래 빈칸에 200자에서 300자 이내로 작문하십시오 (띄어쓰기 포함).
(Please write your answer below; your answer must be between 200 and 300 letters including spaces.)

50	
100	
150	
200	
250	
300	

※ 54번은 뒷면에 작성하십시오. (Please write your answer for question number 54 at the back.)

주 관 식 답 란 (Answer sheet for composition)

아래 빈칸에 600자에서 700자 이내로 작문하십시오 (띄어쓰기 포함).
(Please write your answer below; your answer must be between 600 and 700 letters including spaces.)

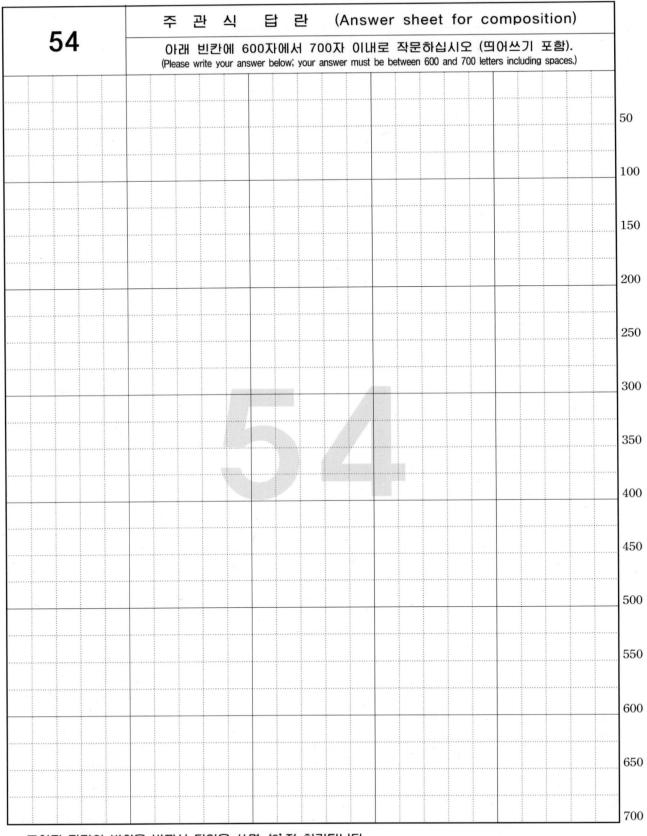

50

100

150

200

250

300

350

400

450

500

550

600

650

700

※ 주어진 답란의 방향을 바꿔서 답안을 쓰면 '0'점 처리됩니다.
(Please do not turn the answer sheet horizontally. No points will be given.)

한국어능력시험
TOPIK II

1 교시 (쓰기)

성 명 (Name)
- 한국어 (Korean)
- 영 어 (English)

수 험 번 호

8											
⓪	⓪	⓪	⓪	⓪	⓪		⓪	⓪	⓪	⓪	
①	①	①	①	①	①		①	①	①	①	
②	②	②	②	②	②		②	②	②	②	
③	③	③	③	③	③		③	③	③	③	
④	④	④	④	④	④		④	④	④	④	
⑤	⑤	⑤	⑤	⑤	⑤		⑤	⑤	⑤	⑤	
⑥	⑥	⑥	⑥	⑥	⑥		⑥	⑥	⑥	⑥	
⑦	⑦	⑦	⑦	⑦	⑦		⑦	⑦	⑦	⑦	
⑧	⑧	⑧	⑧	⑧	●		⑧	⑧	⑧	⑧	
⑨	⑨	⑨	⑨	⑨	⑨		⑨	⑨	⑨	⑨	

※ 결 시 | 결시자의 영어 성명 및
  확인란 | 수험번호 기재 후 표기

○

※ 답안지 표기 방법(Marking examples)

바른 방법(Correct)	바르지 못한 방법(Incorrect)
●	⊘ ● ⊗ ◐

※ 위 사항을 지키지 않아 발생하는 불이익은 응시자에게 있습니다.

※ 감독관 | 본인 및 수험번호 표기가 | (인)
  확 인 | 정확한지 확인

주관식 답안은 정해진 답란을 벗어나거나 답란을 바꿔서 쓸 경우 점수를 받을 수 없습니다.
(Answers written outside the box or in the wrong box will not be graded.)

| 51 | ㉠ |
| | ㉡ |

| 52 | ㉠ |
| | ㉡ |

53 아래 빈칸에 200자에서 300자 이내로 작문하십시오 (띄어쓰기 포함).
(Please write your answer below; your answer must be between 200 and 300 letters including spaces.)

※ 54번은 뒷면에 작성하십시오. (Please write your answer for question number 54 at the back.)

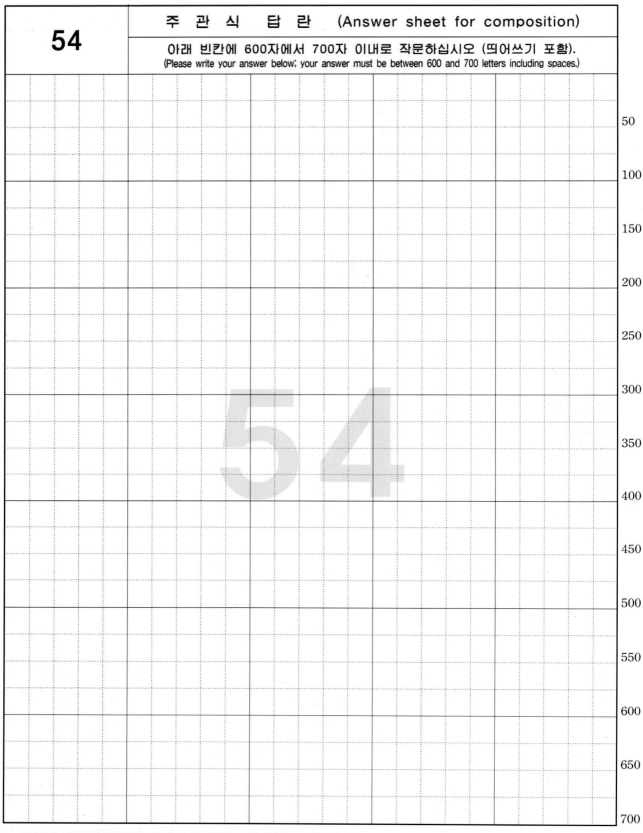

54

주 관 식 답 란 (Answer sheet for composition)

아래 빈칸에 600자에서 700자 이내로 작문하십시오 (띄어쓰기 포함).
(Please write your answer below; your answer must be between 600 and 700 letters including spaces.)

50
100
150
200
250
300
350
400
450
500
550
600
650
700

※ 주어진 답란의 방향을 바꿔서 답안을 쓰면 '0'점 처리됩니다.
　(Please do not turn the answer sheet horizontally. No points will be given.)

초판 인쇄	2021년 8월 5일
초판 발행	2021년 8월 10일
저자	권현숙, 고범수
펴낸이	엄태상
책임편집	권이준, 양승주
표지 디자인	권진희
내지 디자인	디자인마루
조판	디자인마루
콘텐츠 제작	김선웅, 김현이, 유일환
마케팅	이승욱, 전한나, 왕성석, 노원준, 조인선, 조성민
경영기획	마정인, 조성근, 최성훈, 정다운, 김다미, 오희연
물류	정종진, 윤덕현, 양희은, 신승진
펴낸곳	한글파크
주소	서울시 종로구 자하문로 300 시사빌딩
주문 및 교재 문의	1588-1582
팩스	0502-989-9592
홈페이지	http://www.sisabooks.com
이메일	book_korean@sisadream.com
등록일자	2000년 8월 17일
등록번호	제1-2718호

ISBN   979-11-6734-007-8   13710

※ 한국어능력시험(TOPIK)의 저작권과 상표권은 대한민국 국립국제교육원에 있습니다.
TOPIK, Trademark® & Copyright© by NIIED(National Institute for International Education),
Republic of Korea.

QUICK TOPIK Ⅱ 쓰기 Writing

해설집